Matthäusevangelium
Band I

ausgelegt von
William Barclay

Aussaat Verlag
Wuppertal

Aus dem Englischen übersetzt von Dr. Elfriede Leseberg. Titel der Originalausgabe „The Gospel of Matthew (Volume 1)" in der Reihe „The Daily Study Bible" bei The Saint Andrew Press, Edinburgh, 1. bis 7. Auflage 1956 bis 1965.

Einband: T. Hagen, Wuppertal
Satz und Druck: Aussaat-Druck, Wuppertal
ISBN 3 7615 0050 5

Inhalt

Vorwort zur deutschen Ausgabe

Die Auslegung des Neuen Testaments von Professor William Barclay, Glasgow, will in erster Linie eine Hilfe für die tägliche Bibellese sein. Und das ist sie tatsächlich in hervorragender Weise. In übersichtlicher Anordnung bietet diese neue Reihe den Text der revidierten Lutherübersetzung mit einem anschließenden Kommentar. Die Gedanken Barclays sind geeignet, das persönliche Bibelstudium zu gestalten, es zu einer interessanten und spannenden Angelegenheit werden zu lassen. Gestützt auf große Sachkenntnis, kann sich Barclay einfühlen in die Gedanken der Verfasser des Neuen Testaments. Eine einfache Sprache trägt dazu bei, daß der Leser ohne allzu große Mühe der Interpretation zu folgen vermag. Die Vielzahl von Beispielen aus der Gegenwart vermitteln einen präzisen Eindruck, wie Barclay das Neue Testament lebensnah und anschaulich auslegt. Viele seiner Gedanken und Anregungen unterstreicht er durch eine große Anzahl von Dokumenten, die er zitiert. So bietet Barclay neben einer Reihe von kritischen Denkansätzen viele neue Gesichtspunkte und Erkenntnisse, wie wir sie kaum in einem anderen der großen Kommentarwerke finden. Ebenbürtig steht diese Auslegungsreihe an der Seite der wichtigen englischen und deutschen Kommentare.

Diese moderne Taschenbuchausgabe ist geeignet, einen weit gestreuten Leserkreis wirkungsvoll anzusprechen und besonders dem Nicht-Theologen eine in jeder Hinsicht ansprechende Verstehenshilfe zu sein. Ohne sich in die theologischen Auseinandersetzungen unserer Zeit einzumischen oder sie zu bewerten, stellt der Verfasser zu den verschiedensten Punkten die möglichen Auslegungen zur Diskussion und kommt so auch dem Informationsbedürfnis des Nicht-Fachmanns nach. Zur gleichen Zeit läßt Barclay jedoch keinen Zweifel an seiner eigenen Position, macht unmißverständlich deutlich, wo er im theologischen Meinungsstreit steht. Sein Standpunkt ist wohlbegründet und verarbeitet zugleich wesentliche Erkenntnisse der theologischen Wissenschaft. Seine Gedanken sind wohltuend und kritisch und doch huldigen sie nicht jener „Kritik", die den „Tod Gottes" in die Welt posaunt. Wo Barclay Kritik übt, ist diese begründet und von theologischer Sachkenntnis getragen.

Die jetzt vorliegende Auslegungsreihe muß man zu den stillen, aber wirkungsvollen Arbeiten rechnen, die ohne den marktschreierischen Rummel revolutionärer Thesen der überaus wichtigen Aufgabe gewidmet sind, den immer wieder aufregenden

Text des Neuen Testaments für unsere Zeit verständlich und interessant zu machen. Selbst wenn man an einzelnen Stellen seiner Interpretation nicht zustimmen kann, ist hier eine Hilfe für die Gemeinde- und Jugendarbeit gegeben, die allen Anforderungen gerecht wird und auf die man zurückgreifen sollte. Zugleich ist dieser umfangreiche Kommentar geeignet für das unterrichtliche Gespräch und die Diskussion in der Schule. Nicht zuletzt liegt der Sinn dieser Reihe, wie Barclay betont, darin, „Menschen zu helfen, Jesus Christus besser kennenzulernen, ihm besser folgen und ihn inniger lieben zu können".

Die Synoptiker

Seit dem 18. Jahrhundert dient das Wort Synoptiker zur Bezeichnung der ersten drei Evangelien. Das Wort ist von zwei griechischen Wörtern abgeleitet, die zusammenschauen bedeuten. Synopsis heißt Zusammenschau. Das Matthäus-, das Markus- und das Lukasevangelium berichten von denselben Ereignissen im Leben Jesu und enthalten von einzelnen Zusätzen und Auslassungen abgesehen soviel Gemeinsames — sowohl im Hinblick auf den dargebotenen Stoff als auch hinsichtlich ihres Aufbaus —, daß man sie nebeneinanderstellen und sie auf diese Weise lesen und miteinander vergleichen kann. Daraus geht hervor, daß zwischen diesen drei Evangelien ein sehr enger Zusammenhang besteht. Wenn wir zum Beispiel die Speisung der Fünftausend nehmen, stellen wir fest, daß der Bericht in allen drei Evangelien fast wörtlich übereinstimmt (Matth. 14, 12—21; Mark. 6, 30—44; Luk. 9, 10—17). Ein eklatantes Beispiel dafür ist auch die Geschichte von der Heilung des Gichtbrüchigen Matthäus 9, 1—8; Markus 2, 1—12 und Lukas 5, 17—26. So sehr ähneln sich die Berichte, daß selbst die kleine Parenthese „sprach er zu dem Gichtbrüchigen" in allen drei Evangelien vorkommt, und zwar an genau der gleichen Stelle. Die Übereinstimmung zwischen diesen Evangelien ist so groß, daß sich daraus nur zwei Schlüsse ziehen lassen: Entweder gehen alle drei auf eine gemeinsame Quelle zurück, oder aber zwei der Evangelien basieren auf dem dritten.

Das älteste Evangelium

Bei näherer Untersuchung erkennen wir, daß wir allen Grund zu der Annahme haben, das Markusevangelium sei als erstes entstanden und dieses Evangelium bilde die Grundlage für das Matthäus- und das Lukasevangelium. Von den 105 Abschnitten, in die sich das Markusevangelium gliedern läßt, finden sich bei Matthäus 93 und bei Lukas 81. Nur vier der bei Markus vorkommenden Teile lassen sich weder bei Matthäus noch bei Lukas feststellen. Das Markusevangelium hat 661 Verse, das Matthäusevangelium 1068 und das Lukasevangelium 1149 Verse. Während im Matthäusevangelium nicht weniger als 606 Verse des Markusevangeliums wiedergegeben werden, sind es im Lukasevangelium 320 Verse. Von den 55 Versen des Markusevangeliums, die sich bei Matthäus nicht finden, lassen sich 31 bei Lukas feststellen. So verbleiben also nur 24 Verse des ganzen Markusevangeliums, die weder bei Matthäus noch bei Lukas wiederkehren. Es wird jedoch nicht nur der Inhalt der

Verse wiedergegeben, sondern auch der Wortlaut ist der gleiche. Im Matthäusevangelium ist der Wortlaut des Markusevangeliums zu 51 Prozent, im Lukasevangelium zu 53 Prozent verwendet worden.

Auch in der Reihenfolge, in der von den Ereignissen berichtet wird, stimmen Matthäus und Lukas weitgehend mit Markus überein. Zuweilen weicht entweder Matthäus oder Lukas von der Reihenfolge des Markus ab, doch niemals beide gleichzeitig; wenigstens einer der beiden hält sich stets an die Reihenfolge der Ereignisse bei Markus.

Vervollkommnung gegenüber dem Markusevangelium

Da sowohl das Matthäus- als auch das Lukasevangelium wesentlich umfangreicher als das Markusevangelium sind, könnte man vermuten, daß es sich beim Markusevangelium um eine Zusammenfassung der beiden anderen Evangelien handelt; dagegen sprechen jedoch andere Tatsachen, aus denen hervorgeht, daß das Markusevangelium früher entstanden ist. Matthäus und Lukas haben das Markusevangelium, falls dieser Ausdruck gestattet ist, gewissermaßen verbessert und geglättet. Dafür ein paar Beispiele. Bei Markus hat es zuweilen den Anschein, als sei die Macht Jesu begrenzt; zumindest könnte ein übelgesinnter Kritiker das zu beweisen versuchen. Nehmen wir einmal folgende drei Stellen, an denen jeweils von demselben Vorfall die Rede ist:

Markus 1, 34: Und er half vielen Kranken, die mit mancherlei Gebrechen beladen waren, und trieb viele böse Geister aus.

Matthäus 8, 16: Und er trieb die Geister aus durch sein Wort und machte alle Kranken gesund.

Lukas 4, 40: Und er legte auf einen jeglichen die Hände und machte sie gesund.

Weitere drei Beispiele sind:

Markus 3, 10: Denn er heilte ihrer viele.

Matthäus 12, 15: Und er heilte sie alle.

Lukas 6, 19: Er heilte alle.

Sowohl Matthäus als auch Lukas sagen nicht wie Markus viele, sondern alle, um von vornherein die Vermutung auszuschließen, daß die Macht Jesu irgendwie beschränkt sei.

Ähnlich verhält es sich mit dem Bericht vom Besuch Jesu in Nazareth. Vergleichen wir die Stellen bei Markus und Matthäus:

Markus 6, 5. 6: Und er konnte allda nicht eine einzige Tat tun . . . Und er verwunderte sich ihres Unglaubens.

Matthäus 13, 57: Und er tat daselbst nicht viel Zeichen um ihres Unglaubens willen.
Matthäus schreckt davor zurück, zu behaupten, daß Jesus keine Tat habe tun können, und ändert den Ausdruck dergestalt, daß jede Einschränkung der Macht Jesu ausgeschlossen ist.
Zuweilen lassen Matthäus und Lukas auch etwas aus, was unter Umständen dazu angetan sein könnte, Jesus herabzusetzen. So lassen Matthäus und Lukas drei Bemerkungen weg, die sich bei Markus finden:
Markus 3, 5: Und er sah sie umher an mit Zorn und ward betrübt über ihr verstocktes Herz.
Markus 3, 21: Und da es die Seinen hörten, gingen sie aus und wollten ihn halten; denn sie sprachen: Er ist von Sinnen!
Markus 10, 14: (Jesus) ward unwillig.
Matthäus und Lukas tragen Bedenken dagegen, Jesus menschliche Zorngefühle zuzuschreiben und schaudern bei dem Gedanken, daß jemand auch nur vermuten könne, Jesus sei von Sinnen gewesen.
Manchmal werden bei Matthäus und Lukas Bemerkungen des Markus leicht abgeändert, die die Apostel in einem schlechten Licht erscheinen lassen könnten. Dafür nur ein Beispiel. Es handelt sich um den Versuch des Jakobus und Johannes, sich den höchsten Platz im Reich Gottes zu sichern. Vergleichen wir die einleitenden Worte dazu bei Markus und Matthäus:
Markus 10, 35: Da gingen zu ihm Jakobus und Johannes, die Söhne des Zebedäus, und sprachen:
Matthäus 20, 20: Da trat zu ihm die Mutter der Kinder des Zebedäus mit ihren Söhnen, fiel vor ihm nieder und wollte etwas von ihm bitten.
Da Matthäus Bedenken hegt, den beiden Aposteln ehrgeizige Motive direkt zu unterstellen, schreibt er sie ihrer Mutter zu.
Aus alledem geht hervor, daß das Markusevangelium das älteste der Evangelien ist. Während Markus ganz schlicht, unmittelbar und anschaulich berichtet, spielen bei Matthäus und Lukas bereits dogmatische und theologische Überlegungen eine Rolle, so daß sie ihre Ausdrücke sehr viel sorgfältiger wählen.

Die Lehre Jesu

Wie bereits erwähnt, hat das Matthäusevangelium 1068, das Lukasevangelium 1149 und das Markusevangelium 661 Verse. Das heißt, Matthäus- und Lukasevangelium enthalten wesentlich mehr Stoff als das Markusevangelium, von dem nur 24 Verse nicht in einem der anderen beiden Evangelien wiederkehren. Bei der Untersuchung dieses zusätzlichen Materials stellt sich heraus, daß mehr als 200 Verse davon nahezu identisch sind. So sind beispielsweise Stellen wie Lukas 6, 41. 42 und Matthäus 7, 3. 5; Lukas 10, 21. 22 und Matthäus 11, 25—27 und Lukas 3, 7—9 und Matthäus 3, 7—10 nahezu identisch miteinander. Bei dem Material, das bei Matthäus und Lukas auf Markus zurückgeht, handelt es sich fast ausschließlich um Ereignisse aus dem Leben Jesu, bei den 200 Versen, die Matthäus und Lukas darüber hinaus noch gemeinsam haben, handelt es sich dagegen ausschließlich um die Lehre Jesu. Aus diesen Versen ersehen wir weniger, was Jesus getan als vielmehr das, was er gesagt hat. Offensichtlich haben Matthäus und Lukas bei diesen 200 Versen die gleiche Quelle mit der Lehre Jesu benutzt. Das entsprechende Buch ist nicht erhalten geblieben, doch bezeichnen Theologen es mit dem Buchstaben Q für Quelle. Es muß seinerzeit ein ungewöhnlich wichtiges Buch gewesen sein, da es sich dabei um das erste Handbuch der Lehre Jesu gehandelt hat.

Die Stellung des Matthäus nach der Evangelientradition

Wir kommen nunmehr zum Apostel Matthäus. Die Theologen stimmen darin überein, daß das erste Evangelium nicht unmittelbar aus der Feder des Matthäus stammt. Wer selbst Augenzeuge des Lebens Jesu gewesen war, brauchte als Quelle für das Leben Jesu nicht auf das Markusevangelium zurückzugreifen, wie dies bei Matthäus der Fall ist. Einer der ältesten Kirchenhistoriker mit Namen Papias schreibt um das Jahr 130: „Matthäus hat in hebräischer Sprache die Worte zusammengestellt.“ Aufgrund dieses Hinweises dürfen wir annehmen, daß niemand anders als Matthäus das erste Buch mit der Lehre Jesu zusammengestellt hat, das allen denen als Quelle diente, die wissen wollten, was Jesus gelehrt hatte. Und weil aus diesem Quellenmaterial so viel in das erste Evangelium eingegangen ist, bezeichnete man es als Matthäusevangelium. Wir können Matthäus gar nicht dankbar genug sein, wenn wir bedenken, daß wir ihm die Bergpredigt und fast alles verdanken, was wir von der Lehre Jesu wissen.

Der Zöllner Matthäus

Wir wissen nur sehr wenig über Matthäus selbst. Matthäus 9, 9 hören wir von seiner Berufung. Wir wissen, daß er Zöllner war und infolgedessen bitter verhaßt gewesen sein muß. Die Juden verabscheuten nämlich alle Angehörigen ihres Volkes, die in den Staatsdienst der Römer eingetreten waren. In ihren Augen war der Zolleinnehmer Matthäus ein Verräter. Doch besaß Matthäus im Gegensatz zu den meisten Jüngern, die Fischer waren und wenig Übung darin hatten, sich schriftlich ausdrücken, durchaus Erfahrung auf diesem Gebiet. Als Jesus Matthäus am Zoll sitzen sah und ihn zu sich rief, stand Matthäus auf, folgte ihm nach und ließ alles hinter sich, mit einer einzigen Ausnahme — seiner Federfertigkeit, die er dazu benutzte, als erster zusammenzustellen, was Jesus gelehrt hatte.

Das Evangelium der Juden

Wir wollen jetzt einen Blick auf die Hauptmerkmale des Matthäusevangeliums werfen, damit wir dann beim Lesen darauf achten. Zunächst und vor allem: Das Matthäusevangelium wurde für die Juden geschrieben. Ein Jude hat es geschrieben, um andere Juden zu überzeugen. Ein wesentlicher Zweck des Matthäusevangeliums besteht darin, zu beweisen, daß sich in Jesus alle Prophezeiungen des Alten Testaments erfüllen und daß er infolgedessen der Messias sein muß. Wie ein roter Faden durchzieht der Satz: „Das ist aber alles geschehen, auf daß erfüllt würde, was der Herr durch den Propheten gesagt hat, der da spricht . . ." das ganze Evangelium, in dem diese Wendung sechzehnmal vorkommt. Geburt und Name Jesu sind Erfüllung dieser Prophezeiungen (1, 21 bis 23), ebenso die Flucht nach Ägypten (2, 14. 15), der Kindermord des Herodes (2, 16—18), daß Joseph sich in Nazareth niederließ und daß Jesus dort aufwuchs (2, 23), daß Jesus in Gleichnissen spricht (13, 34. 35), der Einzug in Jerusalem (21, 3—5), der Verrat des Judas um dreißig Silberlinge willen (27, 9) und das Loswerfen um die Kleider Jesu, als er am Kreuz hing (27, 35). Matthäus zielt mit seiner Darstellung in erster Linie darauf ab, zu beweisen, daß die alttestamentlichen Prophezeiungen sich in Jesus erfüllt haben und daß das Leben Jesu in allen seinen Einzelheiten schon bei den Propheten vorausgeahnt wurde, um dadurch die Juden zu zwingen, Jesus als den Messias anzuerkennen.

1. Das Matthäusevangelium ist vor allem daran interessiert, die Juden, die dem Verfasser besonders am Herzen liegen, zu bewegen, zum christlichen Glauben überzutreten. Als das kanaanäische Weib Jesus um Hilfe bat, lautete seine erste Antwort: „Ich bin nur gesandt zu den verlorenen Schafen des Hauses Israel" (15, 24). Bei der Aussendung der zwölf Jünger lautete die Anweisung Jesu: „Gehet nicht auf der Heiden Straße und ziehet nicht in der Samariter Städte, sondern gehet hin zu den verlorenen Schafen aus dem Hause Israel" (10, 5. 6). Trotzdem ist der Schluß unzulässig, daß die Heiden ganz und gar ausgeschlossen seien. Viele werden vom Osten und vom Westen kommen, um im Himmelreich zu sitzen (8, 11). „Es wird gepredigt werden dies Evangelium vom Reich in der ganzen Welt"

(24, 14). Matthäus erteilt uns auch den Missionsbefehl: „Gehet hin und machet zu Jüngern alle Völker" (28, 19). Das Interesse des Matthäus gilt zwar in erster Linie den Juden, doch er sieht auch die Zeit voraus, in der alle Völker in Christus versammelt sein werden.

Bezeichnend ist auch die Haltung des Matthäusevangeliums gegenüber dem Gesetz. Jesus ist nicht gekommen, das Gesetz aufzulösen, sondern um es zu erfüllen. Nicht der kleine Buchstabe noch ein Tüpfelchen vom Gesetz wird vergehen. Niemand soll die Menschen lehren, das Gesetz aufzulösen. Die Christen sollen die Pharisäer und Schriftgelehrten an Gerechtigkeit übertreffen (5, 17—20). Jemand, der das Gesetz kannte, liebte und erkannte, daß ihm auch im Christentum ein gebührender Platz zukomme, muß das Matthäusevangelium geschrieben haben.

Auch das Verhalten des Matthäus gegenüber den Pharisäern und Schriftgelehrten ist widersprüchlich. Während ihnen einerseits besondere Autorität zugesprochen wird: „Auf des Mose Stuhl sitzen die Schriftgelehrten und Pharisäer. Alles nun, was sie euch sagen, das tut und haltet" (23, 2), werden andererseits in keinem der Evangelien die Schriftgelehrten und Pharisäer so konsequent und unerbittlich verurteilt. Gleich zu Beginn erhebt Johannes der Täufer seine drohende Anklage gegen sie als Otterngezücht (3, 7—12). Die Pharisäer beklagen sich darüber, daß Jesus mit den Zöllnern und Sündern ißt (9, 11). Sie schreiben die Macht Jesu nicht Gott, sondern Beelzebub, dem obersten der bösen Geister zu (12, 24). Sie halten Rat darüber, wie sie Jesus umbringen könnten (12, 14). Die Jünger werden vor der Lehre der Pharisäer und Sadduzäer gewarnt (16, 12). Die Pharisäer gleichen schlechten Pflanzen, die ausgerissen werden (15, 13). Sie sind unfähig, die Zeichen der Zeit zu beurteilen (16, 3). Sie sind die Mörder der Propheten (23, 31). Im ganzen Neuen Testament gibt es kein Kapitel, in dem die Schriftgelehrten und Pharisäer so sehr verurteilt werden wie Matthäus 23. Dabei verdammt Matthäus nicht etwa, was sie lehren, sondern er verurteilt sie, weil sie sind, wie sie sind, das heißt, weil sie selbst in ihrem Tun und Lassen so wenig dem entsprechen, was sie lehren.

2. Besonderes Interesse gilt im Matthäusevangelium auch der Gemeinde. Von den Synoptikern benutzt überhaupt nur Matthäus das Wort der Gemeinde. Nur bei Matthäus findet sich die Aussage über die Gemeinde, nachdem Petrus zu Cäsarea Philippi sein Bekenntnis abgelegt hat (Matth. 16, 13—23; vgl. Mark. 8, 27—33; Luk. 9, 18—22). Nur bei Matthäus heißt es, Streitfragen sollten von

der Gemeinde beigelegt werden (18, 17). Zu der Zeit, in der das Matthäusevangelium aufgeschrieben wurde, war die Kirche bereits zu einer bedeutenden, organisierten Institution und zum beherrschenden Faktor im Leben der Christen geworden.

3. Besonders stark ist bei Matthäus auch das Interesse an der Apokalyptik. Das heißt, Matthäus ist außerordentlich stark an allem interessiert, was Jesus über eine Wiederkunft, über das Ende der Welt und über das Gericht gesagt hat. Matthäus 24 enthält eine umfassendere Darstellung der endgeschichtlichen Aussagen Jesu als alle anderen Evangelien. Nur bei Matthäus finden wir das Gleichnis von den anvertrauten Zentnern (25, 14—30), das Gleichnis von den klugen und törichten Jungfrauen (25, 1—13) und das Gleichnis von den Schafen und den Böcken (25, 31. 46). Bei Matthäus liegt ein besonderes Interesse an allen endgeschichtlichen Ereignissen und Zuständen und am Gericht Gottes vor.

4. Bis jetzt haben wir jedoch das wichtigste Merkmal des Matthäusevangeliums noch nicht erwähnt. Das Matthäusevangelium ist vor allem das Evangelium von der Lehre Jesu. Wie bereits erwähnt war der Apostel Matthäus für die erste Sammlung und schriftliche Zusammenstellung der Lehre Jesu verantwortlich. Matthäus war der große Systematiker, der alles, was er selbst wußte und was ihm anderweitig zugänglich war von dem, was Jesus gelehrt hatte, zusammenstellte. Als Ergebnis seiner Bemühungen lassen sich fünf umfassende Blöcke feststellen, fünf große Abschnitte, in denen das, was Jesus gelehrt hat, systematisch zusammengetragen ist. Alle Abschnitte haben etwas mit dem Reich Gottes zu tun. Es handelt sich um folgende Blöcke:

a) Die Bergpredigt oder das Gesetz des Reiches Gottes (5—7)
b) Pflichten und Aufgaben derer, die zum Reich Gottes führen sollen (10).
c) Die Gleichnisse vom Reich Gottes (13)
d) Größe und Vergebung im Reich Gottes (18)
e) Vom Kommen Christi (24, 25).

Matthäus läßt es jedoch beim Zusammentragen und Systematisieren nicht bewenden. Wir dürfen nicht vergessen, daß Matthäus zu einer Zeit schrieb, in der das Drucken noch nicht erfunden war und Bücher selten waren, weil sie mit der Hand geschrieben werden mußten. Nur verhältnismäßig wenige Menschen besaßen daher überhaupt Bücher. Wer also Leben und Lehre Jesu kennenlernen und sich danach richten wollte, mußte alles im Gedächtnis haben. Matthäus hat infolgedessen auch den Stoff so geordnet, daß er sich leicht behalten ließ. Er gliedert ihn in Dreier- und Siebenergruppen. Drei Botschaften ergehen an Joseph; dreimal verleugnet Petrus den Herrn, dreimal fragt Pilatus Jesus. Kapitel 13 enthält sieben Gleichnisse vom Reich Gottes; Kapitel 23 ertönt siebenmal das „Weh euch!" wider die Schriftgelehrten und Pharisäer. Auch der Stammbaum Jesu, mit dem das Evangelium beginnt, ist ein gutes Beispiel dafür. Mit dem Stammbaum soll nachgewiesen werden, daß Jesus der Sohn Davids ist. Im Hebräischen gibt es keine Ziffern; wenn Zahlzeichen erforderlich sind, werden sie durch Buchstaben des Alphabets dargestellt. Im Hebräischen gibt es auch keine geschriebenen Vokale. David wird auf Hebräisch DWD geschrieben; werden diese Buchstaben als Zahlzeichen verstanden, ergeben sie die Zahl 14. Der Stammbaum besteht aus drei Gruppen von Namen, von denen jede Gruppe 14 Namen umfaßt. Matthäus bemüht sich auf alle erdenkliche Weise, die Lehren Jesu so systematisch zu ordnen, daß die Menschen imstande sind, sie sich anzueignen und zu behalten.

Alle Lehrer schulden Matthäus Dankbarkeit, weil dieses Evangelium vor allem das Evangelium eines Lehrers ist.

5. Noch ein letztes Merkmal des Matthäusevangeliums müssen wir erwähnen. Matthäus ist beherrscht von dem Gedanken an Jesus als dem König. Er will anschaulich dartun, daß Jesus der König ist. Gleich zu Anfang soll der Stammbaum beweisen, daß Jesus ein Sohn Davids ist (1, 1—17). Der Hoheitstitel Sohn Davids kommt bei Matthäus öfter als in einem der anderen Evangelien vor (15, 22; 21, 9; 21, 15). Die Weisen aus dem Morgenland kamen, um nach dem König der Juden zu forschen (2, 2). Mit dem triumphalen Einzug in Jerusalem will Matthäus bewußt den Anspruch Jesu auf die Königswürde zum Ausdruck bringen (21, 1—11). Vor Pilatus erkennt Jesus absichtlich den Namen König für sich an (27, 11). Selbst am Kreuz wurde zu seinen Häupten ein Schild mit dem Namen König angebracht, auch wenn es nur aus Hohn geschah (27, 37). In der Bergpredigt läßt Matthäus Jesus das Gesetz zitieren und es fünfmal mit den königlichen Worten widerrufen: „Ich aber sage euch . . ." (5, 21. 27. 34. 39. 44). Der letzte Anspruch, den Jesus erhebt, lautet: „Mir ist gegeben alle Gewalt" (28, 18). Das Bild Jesu bei Matthäus ist das Bild eines zum König geborenen Mannes. Jesus durchschreitet die Seiten des Matthäusevangeliums, als ob er ein in Purpur und Gold gekleideter König wäre. Matthäus liegt daran, den Menschen klar zu machen, daß Jesus Christus der Herr ist, daß das Reich, die Kraft und die Herrlichkeit tatsächlich sein sind.

JESU STAMMBAUM

Matthäus 1, 1–17

Dies ist das Buch von der Geschichte Jesu Christi, der da ist ein Sohn Davids, des Sohnes Abrahams.
Abraham zeugte Isaak. Isaak zeugte Jakob. Jakob zeugte Juda und seine Brüder. Juda zeugte Perez und Serach von der Thamar. Perez zeugte Hezron. Hezron zeugte Ram. Ram zeugte Amminadab. Amminadab zeugte Nachschon. Nachschon zeugte Salma. Salma zeugte Boas von der Rahab. Boas zeugte Obed von der Ruth. Obed zeugte Jesse. Jesse zeugte den König David. David zeugte Salomo von dem Weib des Uria. Salomo zeugte Rehabeam. Rehabeam zeugte Abia. Abia zeugte Asa. Asa zeugte Josaphat. Josaphat zeugte Joram. Joram zeugte Usia. Usia zeugte Jotham. Jotham zeugte Ahas. Ahas zeugte Hiskia. Hiskia zeugte Manasse. Manasse zeugte Amon. Amon zeugte Josia. Josia zeugte Jojachin und seine Brüder um die Zeit der babylonischen Gefangenschaft. Nach der babylonischen Gefangenschaft zeugte Jojachin Sealthiel. Sealthiel zeugte Serubabel. Serubabel zeugte Abiud. Abiud zeugte Eliakim. Eliakim zeugte Asor. Asor zeugte Zadok. Zadok zeugte Achim. Achim zeugte Eliud. Eliud zeugte Eleasar. Eleasar zeugte Matthan. Matthan zeugte Jakob. Jakob zeugte Joseph, den Mann der Maria, von welcher ist geboren Jesus, der da heißt Christus.
Alle Glieder von Abraham bis auf David sind vierzehn Glieder. Von David bis auf die babylonische Gefangenschaft sind vierzehn Glieder. Von der babylonischen Gefangenschaft bis auf Christus sind vierzehn Glieder.

So ungewöhnlich es heutigen Lesern vorkommen mag, daß Matthäus seinen Evangelienbericht mit einer so entmutigend langen Aufzählung von Namen beginnt, so selbstverständlich war dies für die Juden jener Zeit, für die es gar keinen interessanteren und wichtigeren Auftakt geben konnte.
Die Juden waren an Stammbäumen ganz außerordentlich interessiert. Matthäus nennt diesen Abschnitt das Buch vom Geschlecht (biblos geneseos) Jesu Christi. Dieser Ausdruck war den Juden sehr geläufig. Man verstand darunter den Bericht über die Abstammung eines Menschen mit erklärenden Anmerkungen, wo dies erforderlich war. Im Alten Testament kommen solche Geschlechtsregister oder Geschlechter-

tafeln häufig vor (1. Mose 5,1; 10,1; 11,10; 11,27). Der jüdische Geschichtsschreiber Josephus begann seine Autobiographie mit dem Stammbaum seiner Familie, den er nach seinen Aussagen aufgrund amtlicher Urkunden zusammenstellte. Die Ursache für dieses Interesse an Stammbäumen müssen wir darin sehen, daß die Juden äußerstes Gewicht auf die Reinheit ihrer Abstammung legten. Wer auch nur die geringste fremde Blutbeimischung aufwies, verlor damit das Recht, sich Jude zu nennen und zum Volk Gottes zu zählen. Priester mußten ihren Stammbaum zum Beispiel bis auf Aaron nachweisen, und sofern sie verheiratet waren, mußten die Frauen ihre rein jüdische Abstammung für mindestens fünf Generationen zurück nachweisen. Als Esra nach der Rückkehr aus der Verbannung den Tempeldienst neu gestaltete und die Priester wieder einsetzte, blieben die Söhne Habaja, die Söhne Hakkoz und die Söhne Barsillai vom Priestertum ausgeschlossen und galten als befleckt, weil sie ihre Geschlechtsregister suchten „und fanden sie nicht" (Esra 2, 61. 62). Die Geschlechtsregister wurden im Hohen Rat aufbewahrt. Die reinblütigen Juden verachteten Herodes den Großen, weil er ein halber Edomiter war. Wie wichtig selbst Herodes diese Geschlechtsregister nahm, ersehen wir daraus, daß er die offiziellen Register vernichten ließ, so daß niemand in der Lage war, einen reineren Stammbaum nachzuweisen als er selbst. So uninteressant uns dieser Abschnitt auch erscheinen mag, für die Juden war es außerordentlich eindrucksvoll, daß der Stammbaum Jesu bis auf Abraham zurückverfolgt werden konnte.

Zu beachten ist auch, mit welcher Sorgfalt der Stammbaum Jesu zusammengestellt ist. Er ist in drei Gruppen zu je vierzehn Namen eingeteilt, nach mnemotechnischen Gesichtspunkten also, das heißt so, daß man ihn leicht auswendig lernen kann. Wir dürfen nicht vergessen, daß die Evangelien viele Jahrhunderte vor der Erfindung der Druckkunst entstanden und aufgeschrieben wurden. Nur sehr wenige Menschen besaßen eine Abschrift. Wer sich die Evangelien zu eigen machen wollte, mußte sie daher auswendig lernen. Daher ist auch dieser Stammbaum so geordnet, daß er sich leicht auswendig lernen läßt. Die Juden kannten keine besonderen Zahlzeichen und benutzten daher die Buchstaben des Alphabets auch als Ziffern, so als ob wir sagen würden: A bedeutet 1, B bedeutet 2 und so fort. Die hebräischen Konsonanten für David sind D W D. Da der Buchstabe D bei den Juden zugleich die Zahl 4 und W die Zahl 6 verkörperte, verkörpern die Buchstaben D W D also 4 + 6 + 4, das heißt insgesamt die Zahl 14. Durch den

Stammbaum soll der Nachweis erbracht werden, daß Jesus ein Sohn Davids ist. Er ist so gegliedert, daß er leicht auswendig zu lernen und zu behalten war.

DIE DREI ETAPPEN

Matthäus 1, 1—17 (Fortsetzung)

Die Art, in der der Stammbaum Jesu gegliedert ist, hat etwas Symbolisches für das menschliche Leben überhaupt. Der Stammbaum zerfällt in drei Teile, die ihrerseits auf drei wichtigen Etappen der jüdischen Geschichte basieren. Der erste Abschnitt umfaßt die Zeitspanne bis zu David, der Israel zu einem Volk zusammenschweißte und den Juden zu einer Machtstellung verhalf. Der erste Abschnitt spiegelt den Aufstieg bis zum größten König Israels, der zweite den Abstieg bis hin zur babylonischen Gefangenschaft. Dieser Abschnitt umfaßt eine Zeit der Schmach, des Unglücks und der Katastrophen. Der dritte Abschnitt umfaßt die Zeit bis zur Geburt Jesu Christi. Jesus Christus war es, der die Menschen aus ihrer Knechtschaft und Schmach befreite und ihr Unglück in einen Sieg verwandelte.

Mit diesen drei Abschnitten werden zugleich die drei Etappen der geistigen Geschichte der Menschheit gekennzeichnet.

1. Der Mensch war zur Größe geboren. „Gott schuf den Menschen zu seinem Bilde, zum Bilde Gottes schuf er ihn" (1. Mose 1, 27). Gott sprach: „Lasset uns Menschen machen, ein Bild, das uns gleich sei" (1. Mose 1, 26). Die Menschen waren zur Gemeinschaft mit Gott ausersehen worden, sie sollten Gott verwandt sein. Nach Ansicht des römischen Denkers Cicero bestand nur in zeitlicher Hinsicht ein Unterschied zwischen Gott und den Menschen. Die Menschen waren zu Königen geboren.

2. Der Mensch büßte seine Größe ein. Statt zu Gottesknechten wurden die Menschen zu Sklaven der Sünde. Der englische Dichter G. K. Chesterton hat einmal gesagt: „Was immer sonst auch auf ihn zutreffen mag, der Mensch ist nicht, was er sein sollte." Statt seine Willensfreiheit dazu zu gebrauchen, die Freundschaft und Gemeinschaft Gottes zu erlangen, hat er sie dazu mißbraucht, Gott zu trotzen und ihm ungehorsam zu werden. Er wurde statt zu einem Freund Gottes zum Rebellen gegen Gott. Sich selbst überlassen verfehlte der Mensch seine Bestimmung nach dem göttlichen Schöpfungsplan.

3. Der Mensch kann seine Größe wiedergewinnen. Selbst als die Menschen sich von Gott abwandten, gab Gott sie nicht preis und überließ sie auch nicht sich selbst. Gott ließ nicht zu, daß der Mensch sich in seiner Torheit selbst zerstörte. Gott sandte vielmehr seinen Sohn, Jesus Christus, damit er die Menschen aus dem Sumpf der Sünden rettete, in dem sie sich verloren hatten, damit er sie von ihren selbstgewählten Ketten der Sünde befreite und damit sie durch ihn die Gemeinschaft mit Gott wiedererlangten, die sie durch eigene Schuld eingebüßt hatten.

Der Stammbaum bei Matthäus ist ein Sinnbild der königlichen Würde, die der Mensch erlangte, ein Sinnbild der tragisch verlorenen Freiheit und ein Sinnbild der Herrlichkeit der wiedergewonnenen Freiheit. Das ist nach Gottes Barmherzigkeit die Geschichte der ganzen Menschheit und zugleich die Geschichte jedes einzelnen Menschen.

DIE TRÄUME DER MENSCHEN WERDEN WIRKLICHKEIT

Matthäus 1, 1—17 (Fortsetzung)

In diesem Abschnitt wird im Hinblick auf Jesus zweierlei besonders betont:

1. Einmal wird betont, daß er ein Sohn Davids war. Das ist der Hauptgrund, weswegen der Stammbaum Jesu aufgestellt wird. Im Neuen Testament wird dieser Sachverhalt immer wieder betont. Petrus weist in der ersten schriftlich festgehaltenen Predigt der christlichen Gemeinde darauf hin (Apg. 2, 29—36). Paulus spricht von Jesus Christus, der geboren ist aus dem Geschlecht Davids (Röm. 1, 3). Der Verfasser der Pastoralbriefe fordert die Menschen dringend auf, nicht zu vergessen, daß Jesus Christus aus dem Geschlecht Davids von den Toten auferstanden sei (2. Tim. 2, 8). Der Verfasser der Offenbarung des Johannes hört den auferstandenen Christus sagen: „Ich bin die Wurzel und das Geschlecht Davids" (Offb. 22, 16). Im Evangelium des Matthäus wird Jesus wiederholt als der Sohn Davids angeredet. Nach der Heilung des blinden und stummen Mannes rufen die Menschen: „Ist dieser nicht Davids Sohn?" (Matth. 12, 23). Das kanaanäische Weib aus der Gegend von Tyrus und Sidon, das bei Jesus Hilfe für ihre kranke Tochter sucht, spricht ihn an: „Du Sohn Davids" (Matth. 15, 22). Als die beiden Blinden Jesus hörten, schrien sie und sprachen ihn als Sohn Davids an (Matth. 20, 30. 31). Als Sohn

Davids begrüßte das Volk Jesus bei seinem Einzug in Jerusalem (Matth. 21, 9. 15).

Darin liegt etwas sehr Bezeichnendes. Aus allem Gesagten geht eindeutig hervor, daß die einfachen Menschen, das gemeine Volk Jesus als Sohn Davids anredete. Die Juden waren ein wartendes Volk, das zu keiner Zeit vergaß, daß es das erwählte Volk Gottes war. Obwohl ihre Geschichte eine lange Kette von Katastrophen bildete, und obwohl sie auch zur Zeit Jesu unter einer Fremdherrschaft standen, waren sie sich ihrer Bestimmung stets bewußt. Das einfache Volk träumte davon, daß ein Nachkomme Davids in die Welt kommen und ihnen zu dem Sieg verhelfen werde, der ihnen nach ihrer Auffassung rechtmäßig zustand. Das heißt, Jesus stellt die Antwort auf die Träume der Menschen dar, obwohl sie dies sehr häufig nicht erkennen, sondern Macht, Reichtum, materiellen Überfluß und die Erfüllung ihrer ehrgeizigen Pläne dafür ansehen. Doch nur in Jesus Christus kann der Traum der Menschheit von einem Leben in Frieden, Schönheit, Größe und Zufriedenheit zur Wirklichkeit werden. Die Josephsgeschichte enthält eine Stelle, die nicht nur für diese Episode gilt, sondern weit darüber hinaus. Als Joseph zusammen mit dem Mundschenk und dem Bäcker des Königs im Gefängnis saß, wurden diese beiden Männer von Träumen bedrängt, die sie traurig machten. „Es hat uns geträumt, und wir haben niemand, der es uns auslege", sagten sie zu Joseph. Weil die Menschen Menschen sind, Kinder der Ewigkeit, werden sie stets von Träumen heimgesucht, deren einzige Verwirklichungsmöglichkeit in Jesus liegt.

2. Betont wird in diesem Abschnitt auch, daß sich in Jesus die Porphezeiungen erfüllen. In ihm wurde die Botschaft der Propheten zur Wirklichkeit. Wir neigen dazu, wenig auf Weissagungen zu geben und sind meistens nicht sehr daran interessiert, im Alten Testament nach Aussagen zu forschen, die sich im Neuen Testament erfüllt haben. Alle Weissagungen enthalten im Kern die ewige Wahrheit, daß wir in einer geplanten Welt leben, daß Gott mit dieser Welt einen bestimmten Zweck verfolgt. In einem Theaterstück, das zur Zeit der schrecklichen Hungersnot Mitte des neunzehnten Jahrhunderts in Irland spielt, geschieht folgendes: Da es nichts Besseres zu tun gab und man keine andere Lösung wußte, ließ die Regierung, ohne bestimmte Zwecke damit zu verfolgen, Straßen anlegen. Das erfährt Michael eines Tages und sagt in seinem nagenden Schmerz zu seinem Vater: „Sie lassen Straßen bauen, die nirgendwohin führen." Wer an Weissagungen glaubt, kann so nicht sprechen. Die Geschichte kann nicht zu einer Straße werden, die nirgend-

wohin führt. Wenn wir die Weissagungen auch nicht in der gleichen Weise verstehen wie unsere Vorväter, so wissen wir doch, daß in ihnen die unvergängliche Wahrheit zum Ausdruck kommt: Die Welt und alles Leben befindet sich nicht auf dem Wege nirgendwohin, sondern auf einem Wege, dessen Ziel Gott heißt.

NICHT DIE GERECHTEN, SONDERN DIE SÜNDER

Matthäus 1, 1–17 (Fortsetzung)

Am meisten verblüffen am Stammbaum Jesu die Namen der darin vorkommenden Frauen. Frauennamen in jüdischen Stammbäumen sind keineswegs die Regel, da Frauen keinerlei gesetzliche Rechte besaßen und nicht als Personen, sondern als Sache angesehen wurden. Frauen gehörten entweder ihrem Vater oder Ehemann, die mit ihrem Besitz nach Belieben verfahren konnten. Beim Morgengebet dankten die Juden Gott, daß er sie nicht als Heiden, Sklaven oder Frauen erschaffen habe. Daß diese Namen in einem Stammbaum überhaupt vorkommen, ist ein erstaunliches, ungewöhnliches Phänomen.

Noch erstaunlicher wird diese Tatsache, wenn wir uns klarmachen, wer diese Frauen waren und was sie taten. Rahab war eine Hure in Jericho (Jos. 2, 1–7). Ruth war nicht einmal Jüdin, sondern eine Moabiterin (Ruth 1, 4). Hieß es nicht im Gesetz: „Es soll auch kein Mischling in die Gemeinde des Herrn kommen; auch seine Nachkommenschaft bis ins zehnte Glied soll nicht in die Gemeinde des Herrn kommen" (5. Mose 23, 3)? Ruth war Angehörige eines fremden, verhaßten Volkes. Thamar hatte absichtlich einen Mann verführt und war eine Ehebrecherin (1. Mose 38). Bathseba, die Mutter Salomos, hatte David ihrem Mann Uria mit unverzeihlicher Grausamkeit entführt (2. Sam. 11. 12). Wenn Matthäus die Seiten des Alten Testaments nach unwahrscheinlichen Anwärtern für den Stammbaum Jesu durchstöbert hätte, wäre es ihm nicht möglich gewesen, unglaubhaftere Vorfahren als diese zu entdecken. Doch zeigt sich darin gerade etwas sehr Schönes. Gleich zu Beginn seines Evangelienberichts weist Matthäus uns symbolisch auf das Wesen des Evangeliums Gottes in Jesus Christus hin, indem er aufzeigt, wie die Schranken fallen.

1. Die Schranke zwischen Juden und Heiden ist gefallen. Rahab, die Frau aus Jericho, wird ebenso in den Stammbaum Jesu Christi aufgenommen wie Ruth, die Moa-

biterin. Schon hier stoßen wir auf die Erkenntnis, daß durch Christus die Unterschiede zwischen Juden und Griechen aufgehoben sind. Daß das Evangelium und die Liebe Gottes allen Menschen gilt, kommt gleich zu Anfang zum Ausdruck.

2. Die Schranken zwischen Männern und Frauen sind gefallen. Normalerweise fand sich in keinem Stammbaum der Name einer Frau. Im Stammbaum Jesu verhält es sich anders. Mit der verächtlichen Stellung der Frau ist es vorbei. Vor Gott gelten Mann und Frau gleich viel und sind hinsichtlich seiner Absichten mit den Menschen gleich wichtig.

3. Die Schranke zwischen Frommen und Sündern ist gefallen. Gott bedient sich bei der Verfolgung seiner Absichten auch der großen Sünder. „Ich bin gekommen", hat Jesus gesagt, „die Sünder zu rufen und nicht die Gerechten" (Matth. 9, 13).

Schon zu Beginn des Evangeliums werden wir auf die allumfassende Liebe Gottes hingewiesen. Gott findet seine Diener auch unter den Menschen, vor denen sich ehrbare Rechtgläubige schaudernd abwenden.

DER HEILAND KOMMT IN DIE WELT

Matthäus 1, 18–25

Die Geburt Jesu Christi geschah aber also: Als Maria, seine Mutter, dem Joseph vertrauet war, erfand sich's, ehe er sie heimholte, daß sie schwanger war von dem heiligen Geist. Joseph aber, ihr Mann, war fromm und wollte sie nicht in Schande bringen, gedachte aber, sie heimlich zu verlassen. Indem er aber also gedachte, siehe, da erschien ihm ein Engel des Herrn im Traum und sprach: Joseph, du Sohn Davids, fürchte dich nicht, Maria, dein Gemahl, zu dir zu nehmen; denn das in ihr geboren ist, das ist von dem heiligen Geist. Und sie wird einen Sohn gebären, des Namen sollst du Jesus heißen, denn er wird sein Volk retten von ihren Sünden. Das ist aber alles geschehen, auf daß erfüllt würde, was der Herr durch den Propheten gesagt hat, der da spricht (Jes. 7, 14): „Siehe, eine Jungfrau wird schwanger sein und einen Sohn gebären, und sie werden seinen Namen Immanuel heißen", das ist verdolmetscht: Gott mit uns.

Da nun Joseph vom Schlaf erwachte, tat er, wie ihm des Herrn Engel befohlen hatte, und nahm sein Gemahl zu sich. Und er berührte sie nicht, bis sie einen Sohn gebar; und hieß seinen Namen Jesus.

Für abendländische Begriffe sind die zwischenmenschlichen Beziehungen dieses Abschnitts in ihren Bezeichnungen sehr verwirrend. Zunächst heißt es, daß Maria dem Joseph vertrauet war; dann heißt es, Joseph habe beabsichtigt, sie heimlich zu verlassen, und schließlich wird Maria als Gemahl Josephs bezeichnet. Hier wird jedoch nichts anderes als die normalen Vorgänge bei jüdischen Eheschließungen geschildert, die in drei Etappen vollzogen wurde.

1. Die Verlobung. Sie erfolgt häufig schon im Kindesalter durch Absprache zwischen den Eltern des Paares oder durch berufsmäßige Ehevermittler. Sie kam oft zustande, ohne daß das betreffende Paar sich je gesehen hatte. Man hielt die Heirat für einen so ernsten Schritt, daß man sie möglichst nicht den Leidenschaften des menschlichen Herzens ausgesetzt wissen wollte.

2. Die Bestätigung, die Ratifizierung des Verlöbnisses. Zu diesem Zeitpunkt konnte das von den Eltern vereinbarte Verlöbnis noch rückgängig gemacht werden, sofern das Mädchen nicht bereit war, die vorgesehene Ehe einzugehen. War jedoch die Verlobung bestätigt worden, galt sie als absolut bindend. Diese Zeit dauerte ein Jahr, in dem das Paar als Mann und Frau galt, obwohl sie noch nicht die Rechte als solche besaßen. Eine Trennung war jetzt nur noch durch Scheidung möglich. Im jüdischen Gesetz begegnet uns häufig ein uns merkwürdig anmutender Ausdruck. Ein Mädchen, dessen Verlobter während dieses Jahres starb, wurde „eine Jungfrau, die Witwe ist" genannt. Da Joseph und Maria sich zur Zeit, als Maria schwanger wurde, gerade in diesem Stadium der Eheschließung befanden, hätte Joseph sich nur noch durch Scheidung von Maria trennen können, die während dieses Jahres gesetzlich bereits als seine Frau galt.

3. Die eigentliche Hochzeit, die nach Ablauf des verabredeten Jahres stattfand.

Wenn wir die jüdischen Hochzeitssitten berücksichtigen, wird uns klar, daß es sich in diesem Abschnitt um durchaus normale, klare Verhältnisse handelt. Joseph erfuhr also im zweiten Stadium des Verlöbnisses, daß Maria schwanger war vom Heiligen Geist und daß er das Kind Jesus nennen solle. Jesus ist die griechische Form des jüdischen Namens Josua, der seinerseits bedeutet: Gott ist unsere Rettung. Lange zuvor hatte der Psalmist von Gott gesagt: „Und er wird Israel erlösen aus allen seinen Sünden" (Ps. 130, 8). Und jetzt wurde Joseph gesagt, daß das Kind, das geboren werden sollte, der Heiland sei, der das Volk Gottes aus seinen Sünden erlösen werde. Jesus war weniger ein Mensch, zum König geboren, als vielmehr ein Mensch, zum Heiland geboren. Er ist nicht um seiner selbst willen in die Welt gekommen, sondern um unseretwillen.

GEBOREN VOM HEILIGEN GEIST

Matthäus 1, 18–25 (Fortsetzung)

In diesem Abschnitt wird gesagt, daß Jesus vom Heiligen Geist empfangen worden sei. Es ist die Rede von der sogenannten Jungfrauengeburt. Die Lehre von der Jungfrauengeburt stellt uns vor mancherlei Schwierigkeiten, und unsere Kirche zwingt uns nicht, diese Doktrin buchstäblich und in leiblichem Sinne zu verstehen. Vielmehr läßt die Kirche uns im Hinblick auf diese Lehre völlige Freiheit. Im Augenblick geht es nur darum, herauszufinden, was diese Geburt für uns besagt.

Wer unverbildet und so, als ob er diesen Abschnitt zum ersten Mal läse, an ihn herangeht, wird erkennen, daß weniger darauf Gewicht gelegt wird, daß Jesus von einer Jungfrau geboren wurde, als darauf, daß die Geburt Jesu das Werk des Heiligen Geistes war. „Es erfand sich, daß sie schwanger war von dem Heiligen Geist." „Das in ihr geboren ist, das ist von dem Heiligen Geist." Es ist, als ob diese beiden Sätze unterstrichen oder gesperrt gedruckt wären, denn das will Matthäus uns in diesem Abschnitt sagen. Was besagt es nun, daß der Heilige Geist Gottes bei der Geburt Jesu besonders wirksam war? Wir wollen alles, was zweifelhaft und strittig ist, unberücksichtigt lassen und beiseite schieben und uns stattdessen auf diesen wichtigen Sachverhalt konzentrieren, was sicher auch im Sinne des Matthäus wäre.

Nach jüdischen Denkvorstellungen fielen dem Heiligen Geist ganz bestimmte Aufgaben zu. Wir dürfen jedoch die christlichen Vorstellungen vom Heiligen Geist in all ihrem Reichtum nicht mit diesem Abschnitt verknüpfen, weil Joseph davon noch nichts wußte, sondern müssen ihn im Lichte der jüdischen Vorstellung vom Heiligen Geist auslegen, denn mit dieser Vorstellung mußte Joseph zwangsläufig an die Botschaft herangehen, die ihm zuteil wurde, da er keine andere kannte.

1. Das Wesen, das den Menschen die Wahrheit Gottes übermittelte, war nach jüdischen Denkvor-

stellungen der Heilige Geist. Der Heilige Geist lehrte die Propheten, was sie sagen sollten; er lehrte die Gottesmänner, was zu tun sei; er übermittelte zu allen Zeiten allen Geschlechtern die Wahrheit Gottes. Mithin ist Jesus der eine, der den Menschen die Wahrheit Gottes bringt. Anders ausgedrückt: Jesus ist der einzige, der uns sagen kann, wie Gott ist und wie wir nach Gottes Willen sein sollen. Nur in Jesus erkennen wir, wie Gott ist und wie die Menschen sein sollten. Ehe Jesus in die Welt kam, hatten die Menschen nur unklare, verschwommene und oftmals völlig falsche Vorstellungen von Gott. Sie waren bestenfalls auf Vermutungen angewiesen. Jesus dagegen konnte sagen: „Wer mich sieht, sieht den Vater" (Joh. 14, 9). In Jesus erkennen wir wie sonst nirgends auf dieser Welt die Liebe, das Mitleid, die Barmherzigkeit und die Reinheit Gottes. Mit Jesu Kommen ist die Zeit der Vermutungen vorbei und die Zeit der Gewißheit gekommen. Ehe Jesus in die Welt kam, wußten die Menschen nicht wirklich, was Güte heißt. Nur in Jesus erkennen wir echtes Menschentum, echte Güte und echten Gehorsam gegenüber dem Willen Gottes. Jesus ist gekommen, um uns die Wahrheit über Gott und uns selbst zu sagen.

2. Die Juden glaubten nicht nur, daß der Heilige Geist der Überbringer der göttlichen Wahrheit sei, sondern auch, daß er die Menschen befähige, diese Wahrheit zu erkennen, wenn sie ihnen begegnete. Jesus öffnete mithin den Menschen die Augen, daß sie die Wahrheit erkennen. Unwissenheit, Vorurteile, Leidenschaft und ihre Sünden machen die Menschen blind, so daß sie die Wahrheit nicht zu erkennen vermögen. Jesus kann uns die Augen öffnen, so daß wir sie erkennen. Wenn wir das Leben mit den Augen Jesu betrachten, sieht es plötzlich ganz anders aus. Erst wenn Jesus einen Platz in unserem Herzen hat, vermögen wir alles richtig zu sehen; denn er öffnet unsere Augen.

SCHÖPFUNG UND NEUSCHÖPFUNG

Matthäus 1, 18–25 (Fortsetzung)

3. Ganz besonders war der Geist Gottes bei den Juden mit der Schöpfung verknüpft. Durch den Geist bewirkte Gott das Schöpfungswerk. Im Anfang war die Erde wüst und leer, und der Geist Gottes schwebte auf dem Wasser (1. Mose 1, 2). „Der Himmel ist durch das Wort des Herrn gemacht", heißt es Psalm 33, 6, „und all sein Heer durch

den Hauch seines Mundes." (Das hebräische Wort r u a c h und das griechische Wort p n e u m a bedeuten sowohl A t e m als auch G e i s t.) „Du sendest aus deinen Odem, so werden sie geschaffen" (Ps. 104, 30). „Der Geist Gottes hat mich gemacht", heißt es bei Hiob, „und der Odem des Allmächtigen hat mir das Leben gegeben" (Hiob 33, 4). Der Geist ist der Schöpfer der Welt und der Spender alles Lebens. Mit Jesus ist mithin die lebenspendende und schöpferische Kraft Gottes in die Welt gekommen. Mit Jesus ist das Leben und die Kraft Gottes in die Welt gekommen. Die Kraft, die das anfängliche Chaos geordnet hat, ist gekommen, um in unser verwirrtes Leben Ordnung zu bringen. Die Kraft, die dem Leblosen Leben einhaucht, bringt auch uns in unserer Schwachheit Leben. Es läßt sich auch so formulieren: Erst wenn Jesus in unser Leben tritt, sind wir wirklich lebendig.

4. Die Juden brachten den Geist jedoch nicht nur besonders mit der Schöpfung in Verbindung, sondern auch m i t d e r N e u - e r s c h a f f u n g, d e r N e u w e r d u n g. Bei Hesekiel begegnen wir dem düsteren Bild vom Feld voller Totenbeine. Er spricht davon, wie die verdorrten Gebeine wieder lebendig wurden; und er hört Gott sprechen: „Ich will meinen Odem in euch geben, daß ihr wieder leben sollt" (Hes. 37, 1–14). Ein Ausspruch der Rabbinen lautete: „Gott sprach zu Israel: ‚In dieser Welt hat euch mein Geist mit Weisheit erfüllt, doch in der zukünftigen wird mein Geist bewirken, daß ihr wieder lebt.'" Wenn die Menschen in Sünde und Stumpfheit sterben, wenn Geist, Herz und Sinne tot sind, kann der Geist Gottes sie zu neuem Leben erwecken. Mit Jesus ist mithin die Kraft in die Welt gekommen, die neues Leben schafft und bewirkt. Er kann unsere in Sünden gestorbene Seele und unsere dahingeschwundenen Ideale wieder beleben und unseren Willen zum Guten stärken. Er kann unser Leben erneuern und neumachen.

Dieses Kapitel enthält wesentlich mehr als die nackte Tatsache, daß Jesus Christus von einer Jungfrau geboren wurde. Wesentlich ist an dem Bericht des Matthäus vielmehr, daß bei der Geburt Jesu der Geist Gottes in einer Weise wie nie zuvor auf dieser Welt wirksam wurde. Dem Geist verdanken die Menschen Gottes Wahrheit; der Geist macht die Menschen fähig, diese Wahrheit zu erkennen, wenn sie ihnen begegnet; der Geist war das Werkzeug Gottes bei der Erschaffung der Welt; nur der Geist vermag die Menschen zu neuen Menschen zu machen, wenn sie das rechte Leben eingebüßt haben. Jesus macht uns fähig, zu erkennen, wie Gott ist und wie wir sein sollen; Jesus öffnet uns die Augen, so daß wir die Wahrheit

Gottes erkennen; mit Jesus ist eine schöpferische Kraft zu den Menschen gekommen; er ist die Kraft, durch die die Menschen vom Tod der Sünde erlöst werden.

DER GEBURTSORT DES KÖNIGS

Matthäus 2, 1. 2

Da Jesus geboren war zu Bethlehem im jüdischen Lande zur Zeit des Königs Herodes, siehe, da kamen Weise vom Morgenland nach Jerusalem und sprachen: Wo ist der neugeborene König der Juden? Wir haben seinen Stern gesehen im Morgenland und sind gekommen, ihn anzubeten.

Jesus wurde in Bethlehem geboren, einer kleinen Stadt acht Kilometer südlich von Jerusalem. In alter Zeit hatte der Ort Ephratha oder auch Ephrath geheißen. Der Name Bethlehem bedeutet B r o t h a u s e n, was verständlich ist, wenn man bedenkt, daß Bethlehem in einer fruchtbaren Landschaft lag. Die Stadt lag 777 Meter hoch auf einer Kalksteinhöhe. An beiden Enden des Höhenrückens hoben sich Berggipfel, und zwischen ihnen befand sich ein Sattel, so daß die Stadt wie in einem Amphitheater gelegen aussah.

Die Geschichte Bethlehems reichte weit zurück. Dort hatte Jakob Rahel begraben und ihr ein Grabmal errichtet (1. Mose 48, 7; 35, 19). Dort hatte Ruth gelebt, nachdem sie Boas geheiratet hatte (Ruth 2, 4). Von Bethlehem aus konnte Ruth das Land der Moabiter, ihre Heimat, jenseits des Jordantales erblicken. Vor allem aber war Bethlehem die Stadt Davids gewesen (1. Sam. 16, 4; 17, 12; 20, 6); nach dem Wasser aus dem Brunnen am Tor zu Bethlehem sehnte sich David, als er vor den Philistern in die Berge geflohen war (2. Sam. 23, 14. 15). Im zweiten Buch der Chronik heißt es, Rehabeam habe Bethlehem später zur Festung ausgebaut (2. Chron. 11, 6). Geschichtlich gesehen und im Bewußtsein der Menschen war Bethlehem jedoch auf einzigartige Weise die Stadt Davids. Aus dem Geschlecht Davids sollte der Retter des Volkes Gottes kommen. So heißt es denn auch beim Propheten Micha: „Und du, Bethlehem, Ephratha, die du klein bist unter den Städten in Juda, aus dir soll mir der kommen, der in Israel Herr sei, dessen Ausgang von Anfang und von Ewigkeit her gewesen ist" (Micha 5, 1).

Die Juden hofften darauf, daß in Bethlehem, der Stadt Davids, des großen David größerer Sohn geboren werde; sie warteten darauf, daß dort der Gesalbte Gottes, der Christus, in die Welt kommen würde, wie es tatsächlich geschah.

Uns hat sich das Bild von dem Stall mit der Krippe als der Geburtsstätte Jesu unauslöschlich eingeprägt; dennoch ist durchaus möglich, daß es nicht ganz korrekt ist. Justinus, der Märtyrer, Heilige und Kirchenvater, der um 150 n. Chr. lebte und aus der Gegend von Bethlehem stammte, spricht davon, daß Jesus in einer Höhle in der Nähe Bethlehems geboren sei; es kann durchaus sein, daß diese Mitteilung des Justinus zutrifft. Die Häuser Bethlehems stehen am Abhang des Kalksteinhöhenzuges, und es war vielfach üblich, daß sich unterhalb des Hauses ein in den Fels gehauener höhlenähnlicher Stall befand; höchstwahrscheinlich ist Jesus in einem solchen Höhlenstall geboren worden.

Noch heute ist eine solche Grotte in Bethlehem zu sehen, die unter der fünfschiffigen Geburtskirche liegt und seit uralter Zeit als Geburtsstätte Jesu gilt. Zur Zeit der römischen Kaiser versuchte Hadrian die Stätte bewußt zu entweihen, indem er oberhalb der Grotte dem heidnischen Gott Adonis einen Altar errichten ließ. Als das römische Reich christlich wurde, ließ Konstantin, der erste christliche Kaiser, Anfang des vierten Jahrhunderts dort eine große Kirche erbauen, die heute noch steht. In einer mächtigen Mauer befindet sich dort eine so niedrige Tür, daß selbst Zwerge sich bücken müßten beim Hindurchgehen. Auf der anderen Seite der Mauer steht die Kirche. Unter dem Hochaltar befindet sich die Grotte, und wer zu ihr hinabsteigt, sieht eine kleine dunkle Höhle vor sich, die etwa dreizehn Meter lang und vier Meter breit und von dreiundfünfzig silbernen Leuchtern erhellt ist. Im Fußboden befindet sich ein Stern mit der lateinischen Inschrift: „Hier wurde Jesus Christus von der Jungfrau Maria geboren."

Als der Herr der Herrlichkeit in die Welt kam, wurde er in einer Grotte geboren, in der die Tiere Schutz vor den Unbilden der Witterung fanden. Ob es sich nun bei der Geburtsgrotte in der Geburtskirche zu Bethlehem um eben diese Grotte handelt oder nicht, wird sich mit Sicherheit nie feststellen lassen; doch es liegt eine wunderbare Symbolik darin, daß die Kirche, in der sich die Grotte befindet, eine so niedrige Tür hat, daß alle, die sie betreten wollen, sich bücken müssen, um hineinzugelangen. Es ist höchst angemessen, daß wir alle uns dem Jesuskind kniend nähern.

DIE HULDIGUNG AUS DEM MORGENLAND

Matthäus 2, 1. 2 (Fortsetzung)

Als Jesus in Bethlehem geboren war, kamen weise Männer aus dem Morgenland, um ihm zu huldigen. Der Name dieser Männer, M a g i, ist ein Wort, das sich nur schwer übersetzen läßt. Bei Herodot erfahren wir über diese Magi genannten Männer, daß es sich ursprünglich um einen medischen Stamm gehandelt habe. Die Meder gehörten zum Perserreich, die die Perser zu stürzen versuchten, um selbst ihre Machtstellung einzunehmen. Dieser Versuch mißlang, und die Magi hörten von diesem Augenblick an auf, nach Macht und Ansehen zu streben und wurden ein Stamm von Priestern. Sie spielten in Persien fast die gleiche Rolle wie die Leviten in Israel und wurden zu Lehrern und Ratgebern der Perserkönige. Nur in Gegenwart eines Magi durften in Persien Opfer dargebracht werden. Die Magi waren heilige und weise Männer.

Die Magi waren philosophisch, medizinisch und naturwissenschaftlich geschulte und gebildete Männer, die weissagten und Träume deuteten. Später machte das Wort einen Bedeutungswandel durch. Man verstand darunter kaum mehr als Wahrsager, Zauberer, Magier und Scharlatane. Solche Männer waren zum Beispiel Elymas, der Zauberer (Apg. 13, 6. 8) und Simon (Apg. 8, 9. 11). Von ihrer besten Seite gesehen waren die Magi jedoch gute, heilige Männer, die nach der Wahrheit forschten. Zu jener Zeit glaubten alle Menschen an die Astrologie. Man glaubte die Zukunft aus den Sternen lesen zu können und ebenso, daß das Schicksal der Menschen von dem Stern abhängig sei, unter dem er geboren werde. Es ist unschwer zu erkennen, wie dieser Glaube entstand. Die Sterne ziehen unveränderlich auf ihrer Bahn dahin, ein Sinnbild der Ordnung, die im Kosmos herrscht. Wenn dann jedoch plötzlich ein besonders heller Stern auftauchte, wenn die unwandelbare Ordnung am Firmament durch eine besondere Erscheinung gestört wurde, sah es aus, als ob Gott in seine eigene Ordnung eingreife, um damit etwas Besonderes anzukündigen.

Wir wissen nicht, welchen besonders hell leuchtenden Stern die Magi damals gesehen haben. Viele Vermutungen sind darüber angestellt worden. Etwa 11 v. Chr. schoß ein Halleyscher Komet sichtbar quer durch das Himmelsgewölbe. Etwa 7 v. Chr. gab es eine helle Konjunktion von Saturn und Jupiter. Für die Jahre 5 bis 2 v. Chr. ist ein ungewöhnliches astronomisches Phänomen zu verzeichnen. In dieser Zeit ging der Hundsstern,

Mesori oder Sirius, heliakalisch, das heißt bei Sonnenaufgang auf und war von ungewöhnlicher Helligkeit. Da der Name Mesori Geburt eines Fürsten bedeutet, besagte das für die Astrologen jener Zeit eindeutig, daß ein großer König geboren würde. Wir wissen nicht, welchen Stern die Magi gesehen haben, wohl aber, daß sie von Berufs wegen die Sterne beobachteten und daß irgendeine Himmelserscheinung von ungewöhnlichem Glanz ihnen gesagt hat, daß ein König in die Welt gekommen sei.

So merkwürdig es uns auch vorkommt, daß diese Männer aus dem Morgenland aufbrachen, um einen König zu suchen, nicht weniger merkwürdig ist, daß eben zu der Zeit, als Jesus geboren wurde, die Welt in der Erwartung eines kommenden Königs lebte. Davon wissen sogar die römischen Geschichtsschreiber zu berichten. So schrieb gar nicht viel später, zur Zeit Kaiser Vespasians, Sueton folgendes: „Im ganzen Orient war der Glaube verbreitet, daß es zu jener Zeit den Menschen aus Judäa bestimmt sei, die Welt zu beherrschen." Auch Tacitus berichtet davon, daß man „fest davon überzeugt gewesen sei, der Orient werde zu dieser Zeit mächtig werden und Herrscher aus Judäa würden die Weltherrschaft antreten". Die Juden glaubten, daß „zu jener Zeit jemand aus ihrem Lande Herrscher über die bewohnte Erde werden würde". Nur wenig später besuchte König Tiridates von Armenien zusammen mit seinen Magi Nero in Rom. In Athen opfern Magi zur Erinnerung an Plato. Fast zur gleichen Zeit, da Jesus geboren wurde, jubelte man dem römischen Kaiser Augustus als dem Retter der Welt zu, und der römische Dichter Vergil schrieb seine vierte Ecloge, die in der christlichen Welt besonderen Ruhm genoß, weil man sie als eine prophetische Verkündigung des Heilands auffaßte. Es besteht nicht die geringste Veranlassung, die Geschichte von den Weisen aus dem Morgenland, die das Jesuskind in der Krippe aufsuchten, als eine hübsche Legende abzutun. Genau so kann es sich zu jener Zeit zugetragen haben. Als Christus in die Welt kam, war die Welt von einer fieberhaften Erwartung erfüllt. Die Menschen warteten auf Gott, da sie sich nach ihm sehnten. Sie hatten erkannt, daß sie ohne Gott nicht imstande waren, die Zeit des Heils herbeizuführen. Jesus kam in eine wartende Welt, und als er kam, versammelten sich Menschen von den Enden der damaligen Welt an seiner Krippe. Das war ein erstes Zeichen und ein Symbol der Welteroberung Christi.

DER LISTIGE KÖNIG

Matthäus 2, 3–9a

Da das der König Herodes hörte, erschrak er und mit ihm das ganze Jerusalem und ließ versammeln alle Hohenpriester und Schriftgelehrten unter dem Volk und erforschte von ihnen, wo der Christus sollte geboren werden. Und sie sagten ihm: Zu Bethlehem im jüdischen Lande; denn also steht geschrieben durch den Propheten (Micha 5, 1): „Und du Bethlehem im jüdischen Lande bist mitnichten die kleinste unter den Städten in Juda; denn aus dir soll mir kommen der Herzog, der über mein Volk Israel ein Herr sei." Da berief Herodes die Weisen heimlich und erkundete mit Fleiß von ihnen, wann der Stern erschienen wäre, und wies sie nach Bethlehem und sprach: Ziehet hin und forschet fleißig nach dem Kindlein; und wenn ihr's findet, so sagt mir's wieder, daß ich auch komme und es anbete. Als sie nun den König gehört hatten, zogen sie hin.

Herodes kam zu Ohren, daß weise Männer aus dem Morgenland gekommen seien, um nach dem Kind zu forschen, das zum König der Juden geboren worden war. Wohl jeder König wäre betrübt gewesen, wenn er gehört hätte, daß ein Kind geboren sei, das seinen Thron einnehmen solle. Herodes jedoch war doppelt beunruhigt über diese Nachricht, weil er halb Jude, halb Idumäer war. In seinen Adern floß edomitisches Blut. Da er sich den Römern bei den kriegerischen Auseinandersetzungen und den Bürgerkriegen in Palästina als nützlich erwiesen hatte, vertrauten sie ihm und ernannten ihn im Jahre 47 v. Chr. zum Statthalter. Im Jahre 40 v. Chr. war ihm der Königstitel verliehen worden, und er regierte bis zum Jahre 4 v. Chr. Lange Zeit übte er seine Macht aus. Daß man ihn Herodes den Großen nannte, geschah in vielerlei Hinsicht verdientermaßen. Er war der einzige Herrscher Palästinas, dem es gelang, den Frieden aufrechtzuerhalten und Ordnung herzustellen, wo Unordnung herrschte. Er war der Erbauer des Tempels zu Jerusalem und konnte sehr großzügig sein. In schwierigen Zeiten erließ er den Leuten die Steuern, um ihnen Erleichterung zu verschaffen, und während der Hungersnot im Jahre 25 v. Chr. ließ er sein eigenes goldenes Tafelgeschirr einschmelzen und kaufte dafür Getreide für die hungernde Bevölkerung. Doch besaß Herodes einen schrecklichen Charakterfehler: Er war von irrsinnigem

Mißtrauen erfüllt. Je älter er wurde, desto schlimmer wurde sein Mißtrauen, bis er schließlich hochbetagt zu einem „blutrünstigen Greis" wurde, wie einmal jemand gesagt hat. Sobald er in jemandem einen Machtrivalen vermutete, ließ er ihn umbringen. Er ließ seine Frau Mariamne und ihre Mutter Alexandra hinrichten. Seinen ältesten Sohn Antipater und zwei weitere Söhne, Alexander und Aristobul ließ er meuchlings ermorden. Voller Bitterkeit meinte Kaiser Augustus, als Schwein des Herodes lebe man sicherer denn als sein Sohn. (Noch schlagkräftiger ist diese Aussage auf Griechisch, denn im Griechischen heißt y o s F e r k e l und h y o s S o h n.) Die Vorsorge, die Herodes traf, als sein Leben sich dem Ende zuneigte, wirft ein bezeichnendes Licht auf seine grausame Natur. Als er siebzig Jahre alt war und wußte, daß er bald sterben würde, zog er sich nach Jericho, der schönsten von allen Städten, zurück. Er befahl, eine Anzahl der vornehmsten und angesehensten Bürger Jerusalems aufgrund fälschlich erhobener Anklagen zu verhaften und ins Gefängnis zu werfen. Weiter ordnete er an, daß sie zum Zeitpunkt seines Todes getötet werden sollten. Voller Grimm sagte er, er sei sich wohl bewußt, daß niemand seinen Tod beklagen werde. Dennoch sei er fest entschlossen, dafür zu sorgen, daß man bei seinem Ableben Tränen vergieße. Was ein solcher Mann bei der Nachricht von der Geburt eines Kindes, das dazu bestimmt war, König zu sein, empfinden mußte, läßt sich unschwer vorstellen. Nicht nur Herodes erschrak, sondern ganz Jerusalem, denn man wußte dort nur zu gut, welche Schritte Herodes unternehmen würde, um alles weitere zu unterbinden und das Kind zu beseitigen. In Jerusalem kannte man Herodes und wartete zitternd auf die unausbleibliche Reaktion des Königs.

Herodes ließ die Hohenpriester und Schriftgelehrten zusammenrufen. Die Schriftgelehrten kannten sich in der Heiligen Schrift und im Gesetz aus. Zu den Hohenpriestern zählten alle gewesenen Hohenpriester, die alle aus einigen wenigen Familien stammten. Herodes versammelte also die religiöse Aristokratie und die Gottesgelehrten seiner Zeit um sich und befragte sie, wo nach der Heiligen Schrift der Gesalbte Gottes, der Christus, geboren werden solle. Sie nannten ihm die entsprechende Stelle, Micha 5, 1. Danach ließ Herodes die Weisen zu sich kommen und entließ sie mit dem Auftrag, fleißig nach dem Kind zu forschen, da er, wie er sagte, auch hingehen und es anbeten wolle, obwohl er in Wirklichkeit keinen anderen Wunsch hatte, als das Kind zu ermorden, das dazu bestimmt war, ein König zu sein.

Kaum ist Jesus geboren, da bilden sich auch schon die drei Gruppen, die sich im Hinblick auf Jesus Christus zu allen Zeiten feststellen lassen. Welches sind die drei Möglichkeiten, auf Jesus Christus zu reagieren?

1. Aus der Reaktion des Herodes sprachen Haß und Feindseligkeit. Herodes befürchtete, daß dieses Kind sein Leben, seine Stellung, seinen Einfluß und seine Macht beeinträchtigen könne, und sein erster Instinkt war daher, es auszuschalten. Auch heute noch gibt es Menschen, die Jesus Christus gern beseitigen möchten, weil sie in ihm einen Störenfried ihres Lebens sehen. Sie möchten tun, was ihnen gefällt; doch Christus läßt dies nicht zu, und daher möchten sie ihn ausschalten. Wer keinen anderen Wunsch kennt, als zu tun, was ihm selbst gefällt, kann Jesus Christus nicht gebrauchen. Wirkliche Christen tun nicht mehr, was ihnen gefällt, sondern versuchen, ein Leben zu führen, das Christus gefällt.

2. Aus der Reaktion der Hohenpriester und Schriftgelehrten sprach völlige Gleichgültigkeit. Der Tempeldienst und die Erörterungen über das Gesetz nahmen sie so in Anspruch, daß sie Jesus überhaupt nicht beachteten. Er bedeutete ihnen überhaupt nichts. Auch heute noch gibt es Menschen, die so ausschließlich an ihre eigenen Angelegenheiten denken, daß Jesus Christus ihnen nichts bedeutet. Auch heute noch gilt die Klage des Propheten, der sich fragt, ob allen, die vorübergehen, sein Schmerz nichts ausmache (Klagel. 1, 12).

3. Aus der Reaktion der Weisen aus dem Morgenland sprachen Anbetung und Verehrung, das Verlangen, Jesus Christus die edelsten Gaben zu Füßen zu legen, über die sie verfügten. Alle, denen die Liebe Gottes in Jesus Christus zum Bewußtsein kommt, sollten ihn anbeten, lieben und preisen.

DIE CHRISTUS DARGEBRACHTEN GABEN

Matthäus 2, 9b–12

Und siehe, der Stern, den sie im Morgenland gesehen hatten, ging vor ihnen hin, bis daß er kam und stand oben über, wo das Kindlein war. Da sie den Stern sahen, wurden sie hocherfreut und gingen in das Haus und fanden das Kindlein mit Maria, seiner Mutter, und fielen nieder und beteten es an und taten ihre Schätze auf und schenk-

ten ihm Gold, Weihrauch und Myrrhe. Und Gott befahl ihnen im Traum, daß sie nicht sollten wieder zu Herodes gehen, und sie zogen auf einem andern Weg wieder in ihr Land.

Die Weisen aus dem Morgenland fanden also den Weg nach Bethlehem. Wir dürfen nun nicht etwa denken, daß der Stern buchstäblich wie ein Führer am Himmel vor ihnen herzog, sondern müssen bedenken, daß es sich hier um eine poetische Darstellung handelt, die wir nicht einfach in nüchterne Prosa verwandeln dürfen. Auf jeden Fall aber schien der Stern über Bethlehem. Einer hübschen Legende zufolge soll der Stern, nachdem seine Aufgabe als Führer beendet war, in den Brunnen zu Bethlehem gefallen sein; dort könnten ihn zuweilen immer noch Menschen sehen, die reinen Herzens seien, heißt es in der Legende.

Später haben sich vor allem um die Weisen aus dem Morgenland eine Reihe von Legenden gebildet. Waren es nach der frühen orientalischen Überlieferung zwölf, so gilt heute fast allgemein die Überlieferung, daß es sich um drei Männer gehandelt habe. Im Neuen Testament wird nirgends erwähnt, daß es drei Weise gewesen seien, doch geht diese Vorstellung zweifellos darauf zurück, daß die drei Männer dreierlei Gaben mit sich brachten. Die Legende machte später Könige aus ihnen, und in noch später entstandenen Legenden gab man ihnen die Namen Kaspar, Melchior und Balthasar. Schließlich enthielten die Legenden sogar Personenbeschreibungen, und es wurde genau angegeben, wer von ihnen Jesus welche Gaben dargebracht habe. Melchior wurde als alter Mann mit grauen Haaren und langem Bart dargestellt und schenkte dem Jesuskind Gold. Kaspar war jung, bartlos, hatte eine rötliche Gesichtsfarbe und schenkte Weihrauch. Balthasar war dunkelhäutig, hatte einen kurzen Bart und schenkte Myrrhe.

Schon seit den ältesten Zeiten hat man die Geschenke, die die Weisen aus dem Morgenland mitbrachten, für eigentümlich angemessen gehalten, weil jede der Gaben in besonderer Weise für Jesus und sein Wirken charakteristisch ist.

1. Gold ist ein königliches Geschenk. Der lateinische Schriftsteller Seneca berichtet, bei den Parthern sei es Sitte gewesen, daß niemand sich dem König ohne ein Geschenk nähern durfte. Gold, das königliche Metall, ist eine angemessene Gabe für die Könige der Menschen. Jesus war mithin „der Mensch, zum König geboren". Doch er herrscht nicht mit Hilfe von Gewalt, sondern durch Liebe; er regiert die Herzen der

Menschen nicht vom Thron, sondern vom Kreuz aus. Wir sollten nicht vergessen, daß Jesus Christus König ist, daß wir uns nicht auf die gleiche Stufe mit ihm stellen, sondern daß wir ihm nur als die ganz und gar Unterlegenen entgegentreten können. Erst, wenn wir uns Christus ganz ergeben, können wir zu Freunden Christi werden.

2. Weihrauch ist eine priesterliche Gabe. Beim Tempeldienst und bei der Darbringung von Opfern wurde der süßduftende Weihrauch verwendet. Die Aufgabe des Priesters besteht darin, den Menschen den Weg zu Gott zu erschließen. Das kommt auch in dem lateinischen Wort für Priester, pontifex = Brückenbauer zum Ausdruck. Priester schlagen eine Brücke zwischen Menschen und Gott. Das tat auch Jesus. Ihm verdanken wir den Zugang zu dem lebendig gegenwärtigen Gott.

3. Myrrhe ist eine Totengabe. Myrrhe wurde zum Salben der Leichname verwendet. Jesus ist in die Welt gekommen, um zu sterben. Auf einem berühmten englischen Jesusgemälde ist Jesus als Knabe dargestellt, der an der Tür einer Zimmermannswerkstatt in Nazareth steht. Die Abendsonne scheint zur Tür herein, in der der junge Jesus seine Glieder reckt, um sich von der Arbeit an der Werkbank zu entspannen. Während er mit ausgestreckten Armen in der Tür steht, wirft die Abendsonne seinen Schatten – ein Kreuz – an die Rückwand der Werkstatt, in deren Hintergrund Maria steht. Sie erblickt den Schatten an der Wand, und Furcht vor dem Kommenden steht in ihren Augen. Jesus ist in die Welt gekommen, um für die Menschen zu leben und schließlich für sie zu sterben. Er ist gekommen, um sein Leben für die Menschen hinzugeben.

Gold für den König, Weihrauch für den Priester, Myrrhe für den Sterbenden – das waren die Geschenke der Weisen aus dem Morgenland. Schon an seiner Krippe weissagten sie, daß er der wahre König, der vollkommene Hohepriester und der Erlöser und Heiland der Menschen sein werde.

FLUCHT NACH ÄGYPTEN

Matthäus 2, 13–15

Da sie aber hinweggezogen waren, siehe, da erschien der Engel des Herrn dem Joseph im Traum und sprach: Stehe auf und nimm das Kindlein und seine Mutter zu dir und flieh nach Ägyptenland und bleib allda, bis ich dir's sage;

denn Herodes geht damit um, daß er das Kindlein suche, es umzubringen. Und er stand auf und nahm das Kindlein und seine Mutter zu sich bei der Nacht und entwich nach Ägyptenland und blieb allda bis nach dem Tod des Herodes, auf daß erfüllt würde, was der Herr durch den Propheten gesagt hat, der da spricht (Hos. 11, 1): „Aus Ägypten habe ich meinen Sohn gerufen."

Man zweifelte zu jener Zeit nicht daran, daß Gott den Menschen seine Botschaften im Traum übermittelte. So wurde auch Joseph im Traum gewarnt und aufgefordert, nach Ägypten zu fliehen, um den Mordabsichten des Herodes zu entgehen. Die Flucht nach Ägypten ist eine ganz natürliche Angelegenheit. Während der unruhigen Jahrhunderte, die der Geburt Jesu vorausgegangen waren, hatten die Juden, wenn ihr Leben durch Unterdrückung und Verfolgung gefährdet war, schon häufig Zuflucht in Ägypten gesucht. So kam es, daß es in allen Städten Ägyptens jüdische Kolonien gab. In Alexandrien gab es sogar über eine Million Juden, und einige Stadtteile waren ausschließlich von Juden bewohnt. Joseph tat in der Stunde der Gefahr also nur, was vor ihm schon viele Juden getan hatten. Zudem befanden sich Joseph und Maria in Ägypten nicht unter Fremden, sondern trafen in allen kleineren und größeren Städten Juden an, die dort Zuflucht gesucht hatten.

Interessant ist, daß in der Zeit darauf die Gegner des Christentums und die Widersacher Jesu sich zum Vorwand in Ägypten aufhielten, um ihn von dort aus zu verleumden. Ägypten war allgemein bekannt und berüchtigt als d a s Land der Zauberei, Hexerei und Magie. Im Talmud, der bedeutendsten Zusammenfassung des nachbiblischen jüdischen Schrifttums, heißt es: „Von den zehn Maßeinheiten Zauberei, die über die Welt hereingebrochen sind, fallen neun auf Ägypten und nur eine auf die ganze übrige Welt." Die Gegner Jesu erklärten infolgedessen, Jesus habe in Ägypten Zauberei und Magie gelernt, die ihn dazu befähigt hätten, Wunder zu bewirken und die Menschen zu täuschen. In seiner Schrift gegen das Christentum, die bei Origenes überliefert und von ihm widerlegt worden ist, behauptete der heidnische Philosoph Celsus im Jahre 179 n. Chr., Jesus sei als uneheliches Kind aufgewachsen, habe sich in Ägypten verdingt, dort gewisse übernatürliche Kräfte erworben und sei dann in seine Heimat zurückgekehrt, um sich mit Hilfe dieser Kräfte zum Gott zu proklamieren. Rabbi Elieser ben Hyrkanos, ein führender Talmudgelehrter in Jerusalem, behauptete, Jesus habe sich die erforderlichen Zauberformeln eintätowiert, um sie nicht zu vergessen. Derartige Verleumdungen wurden im Zusammenhang mit der Flucht nach Ägypten ausgesprochen und verwirrten die Gemüter. Sie sind aber offensichtlich unzutreffend, denn Jesus kam als Säugling nach Ägypten und war noch ein kleines Kind, als Maria und Joseph von dort zurückkehrten.

Zwei der schönsten Legenden zum Neuen Testament hängen mit der Flucht nach Ägypten zusammen. Die erste Legende rankt sich um den bußfertigen Übeltäter am Kreuz, der in dieser Legende Dismas genannt wird und der Legende zufolge Jesus nicht zum ersten Mal begegnete, als beide auf Golgatha am Kreuz hingen. Die Legende hat folgenden Inhalt. Auf dem Wege nach Ägypten wurden Maria und Joseph von Wegelagerern überfallen. Einer der Räuberhäuptlinge wollte sie auf der Stelle töten und das bißchen Habe, das sie besaßen, stehlen. Doch etwas an dem Jesuskind rührte Dismas, der einer dieser Räuber war. Er ließ nicht zu, daß Jesus und seinen Eltern ein Leid geschah, und sagte, indem er Jesus ansah: „Du Gesegneter unter den Kindern, vergiß diese Stunde nicht und denke an mich, wenn ich einmal Barmherzigkeit nötig haben sollte.“ Nach der Legende sollen die beiden sich also auf Golgatha wiederbegegnet sein, wo Dismas am Kreuz Vergebung und Gnade zuteil wurde.

Bei der anderen Legende handelt es sich um eine sehr schöne Kindergeschichte. Auf der Flucht nach Ägypten suchten Joseph und Maria mit Jesus eines Abends, als sie erschöpft und müde von dem Weg waren, in einer Felsgrotte Zuflucht. Es war so bitterkalt, daß der Boden mit Rauhreif bedeckt war. Eine Spinne, die gern etwas tun wollte, damit das Jesuskind trotz der kalten Winternacht nicht fror, beschloß, quer vor dem Höhleneingang ein schützendes Spinnengewebe anzulegen, das einzige, was sie zu tun imstande war. Als ein Trupp Kriegsknechte des Herodes des Weges daherkam, die in Ausübung des blutdürstigen Befehls des Königs nach Kindern suchten, um sie zu töten, kamen sie auch an der Höhle vorbei. Sie waren schon im Begriff, einzudringen, um sie zu durchsuchen und festzustellen, ob sich jemand darin verborgen hätte, da bemerkte ihr Hauptmann das Spinnengewebe, das ganz mit Rauhreif überzogen war und quer über den ganzen Eingang gespannt war. „Seht euch dieses Spinnengewebe an“, sagte er. „Es ist völlig unversehrt. Es kann also niemand in der Höhle sein; denn wenn jemand hineingegangen wäre, hätte er es bestimmt zerrissen.“ So kam es, daß die Kriegsknechte weiterzogen und die heilige Familie in Ruhe ließen, weil eine kleine Spinne den Eingang der Höhle mit ihrem Gewebe überspannt hatte. Das sei auch der Grund, weshalb wir noch heute unsere Weihnachtsbäume mit Flitter schmückten, heißt es weiter, der weiß wie das vom Rauhreif überzogene Netz der Spinne vor dem Höhleneingang damals sei. An dieser kleinen Geschichte ist zumindest wahr, daß nichts, was wir Jesus schenken, vergeblich ist.

Am Schluß dieses Absatzes lernen wir eine charakteristische Gewohnheit des Matthäus kennen. Er sieht in der Flucht nach Ägypten die Erfüllung eines Hosea-Wortes, das er so zitiert: „Aus Ägypten habe ich meinen Sohn gerufen." Hosea 11, 1 lautet: „Als Israel jung war, hatte ich ihn lieb und rief ihn, meinen Sohn, aus Ägypten." Wir erkennen auf den ersten Blick, daß dieser Satz in einer ursprünglichen Form nichts mit Jesus und der Flucht nach Ägypten zu tun hat. Es handelt sich vielmehr um die schlichte Feststellung, daß Gott das Volk Israel aus der ägyptischen Knechtschaft befreit hat. Wir werden noch sehen, daß diese Stelle typisch ist für die Art, in der Matthäus sich auf das Alte Testament beruft. Er ist bereit, in jeder Aussage, deren Wortlaut es irgendwie zuläßt, einen prophetischen Hinweis auf Jesus zu sehen, auch wenn sie ursprünglich überhaupt nichts mit der im Augenblick zur Debatte stehenden Frage zu tun hatte und auch keineswegs in dieser Absicht geschrieben worden war. Matthäus wußte nur zu gut, daß es kaum einen anderen Weg gab, die Juden davon zu überzeugen, daß Jesus der Gesalbte Gottes, der Christus sei, als den, ihnen zu beweisen, daß sich in Jesus die alttestamentlichen Prophezeiungen erfüllt hatten. Und in seinem Übereifer fand er im Alten Testament sogar dort Prophezeiungen, wo sie gar nicht vorhanden und beabsichtigt waren. Bei derartigen Stellen müssen wir stets bedenken, daß sie, so sonderbar und so wenig überzeugend sie uns vorkommen, bei den Juden, für die Matthäus schrieb, durchaus Anklang fanden.

DER KINDERMORD DES HERODES

Matthäus 2, 16—18

Da Herodes nun sah, daß er von den Weisen betrogen war, ward er sehr zornig und schickte aus und ließ alle Knäblein zu Bethlehem töten und in der ganzen Gegend, die da zweijährig und darunter waren, nach der Zeit, die er mit Fleiß von den Weisen erkundet hatte. Da ist erfüllt, was gesagt ist von dem Propheten Jeremia, der da spricht (Jer. 31, 15): „Zu Rama hat man ein Geschrei gehört, viel Weinen und Heulen; Rahel beweinte ihre Kinder und wollte sich nicht trösten lassen, denn es war aus mit ihnen."

Wir haben bereits gehört, daß Herodes ein unübertroffener Meister in der Kunst des Meuchelmordes war. Kaum war er auf den Thron gelangt, da begann er auch schon den Hohen Rat auszuschalten, unter römischer Herrschaft die höchste geistliche und weltliche Obrigkeit in Juda. Später hatte er kurzerhand dreihundert Hofbeamte umbringen lassen. Man konnte also nicht erwarten, daß Herodes die Nachricht von der Geburt eines Kindes, das zum König bestimmt war, ruhig hinnahm. Wir haben auch bereits gehört, wie sorgfältig er die Weisen danach ausforschte, wann sie den Stern gesehen hätten. Danach berechnete er das Alter des Kindes, um entsprechende Schritte einleiten zu können, und jetzt schlug er schnell und grausam zu. Er befahl, alle Kinder unter zwei Jahren in Bethlehem und Umgebung zu töten.

Zweierlei müssen wir dabei beachten. Erstens: Bethlehem war keine große Stadt, und es gab dort nicht mehr als zwanzig bis dreißig Kinder dieses Alters. Wir dürfen also nicht an Hunderte von Kindern denken. Zwar verliert das Verbrechen des Herodes dadurch nichts von seiner Schrecklichkeit, doch sollten wir unbedingt eine richtige Vorstellung von den Vorgängen haben.

Zweitens sind manche Kritiker der Ansicht, daß dieser Mord schon deswegen nicht stattgefunden haben könne, weil abgesehen von dieser einen Stelle im Neuen Testament kein einziger Schriftsteller ihn erwähne. Das trifft zum Beispiel auch für den jüdischen Geschichtsschreiber Josephus zu. Dazu ist zweierlei zu sagen: Erstens war, wie bereits erwähnt, Bethlehem ein verhältnismäßig kleiner Ort, und in einem Lande, in dem Morde so häufig waren, verursachte der Mord an zwanzig bis dreißig Kleinkindern nur geringes Aufsehen, wenn man von den bekümmerten Müttern in Bethlehem absieht. Zweitens beweist die Tatsache, daß irgendwelche Dinge selbst dort, wo man sie erwarten könnte, nicht erwähnt werden, noch keineswegs, daß sie nicht geschehen sind. Dafür liefert die Geschichte mehr als ein Beispiel. Der ganze Vorfall ist so bezeichnend für Herodes, daß wir an der Wahrheit dessen, was Matthäus berichtet, nicht zu zweifeln brauchen.

Hier haben wir ein schreckliches Beispiel dafür, wozu die Menschen fähig sind, wenn sie Jesus Christus loswerden wollen. Wer nur seinen eigenen Weg verfolgt und in Christus jemanden sieht, der seine Ambitionen durchkreuzt, hat keinen anderen Wunsch als den, Christus auszuschalten. Von diesem Wunsch beseelt, läßt er sich zu den schrecklichsten Dingen hinreißen, denn er möchte, wenn nicht den Körper, so doch die Herzen der Menschen brechen.

Auch am Schluß dieses Absatzes begegnen wir wieder der für Matthäus charakteristischen Art, das Alte Testament heranzuziehen. Matthäus zitiert Jeremia 31, 15: „So spricht der Herr: Man hört Klagegeschrei und bitteres Weinen in Rama: Rahel weint über ihre Kinder und will sich nicht trösten lassen über ihre Kinder; denn es ist aus mit ihnen." Ganz sicher hat dieser Vers nichts mit dem Kindermord des Herodes zu tun. Vielmehr beschreibt Jeremia hier, wie die Bevölkerung Jerusalems in die Gefangenschaft fortgeführt wird. Auf ihrem traurigen Weg in ein fremdes Land kamen sie durch Rama, wo Rahel begraben lag (1. Sam. 10, 2). Jeremia schildert nun, wie Rahel selbst im Grabe noch das Geschick ihres Volkes beweint. Wieder sieht Matthäus in seinem Übereifer dort eine Weissagung, wo keine ist. Ebenso müssen aber auch wir wieder bedenken, daß das, was uns seltsam daran erscheint, den Zeitgenossen des Matthäus, für die er schrieb, keineswegs seltsam vorkam.

RÜCKKEHR NACH NAZARETH

Matthäus 2, 19—23

Da aber Herodes gestorben war, siehe, da erschien der Engel des Herrn dem Joseph im Traum in Ägyptenland und sprach: Stehe auf und nimm das Kindlein und seine Mutter zu dir und zieh hin in das Land Israel; sie sind gestorben, die dem Kinde nach dem Leben standen. Und er stand auf und nahm das Kindlein und seine Mutter zu sich und kam in das Land Israel. Da er aber hörte, daß Archelaus im jüdischen Lande König war anstatt seines Vaters Herodes, fürchtete er sich, dahin zu kommen. Und im Traum empfing er Befehl von Gott und zog ins galiläische Land und kam und wohnte in der Stadt, die da heißt Nazareth; auf daß erfüllt würde, was da gesagt ist durch die Propheten: Er soll Nazarener heißen.

Nach dem Tode des Herodes wurde sein Herrschaftsgebiet aufgeteilt. Da die Römer sich auf Herodes verlassen konnten, hatten sie ihm ein Gebiet von beachtlicher Größe überlassen.

Doch Herodes wußte sehr wohl, daß keiner seiner Söhne die gleichen Machtbefugnisse erhalten würde; er hatte daher das Reich in drei Teile aufgeteilt und in seinem Testament jedem seiner drei Söhne einen Teil vermacht. Danach bekam Archelaus Judäa, Herodes Antipas Galiläa und Philippus das nordöstlich und jenseits des Jordans liegende Gebiet. Trotzdem waren dadurch die Probleme nicht gelöst. Archelaus war ein schlechter König und regierte nicht sehr lange, da er gleich zu Beginn seiner Herrschaft versucht hatte, Herodes noch zu überbieten, indem er dreitausend einflußreiche Männer des Landes ermorden ließ. Es war also selbst nach dem Tode des Königs Herodes eine unsichere Sache, nach Judäa zurückzukehren, wo der grausame und unberechenbare Archelaus den Thron innehatte. Joseph wurde daher nach Galiläa geführt, wo der sehr viel bessere König Herodes Antipas regierte.

Joseph ließ sich in Nazareth nieder, und dort wuchs Jesus auf. Es ist nun aber keineswegs angebracht, Nazareth für einen kleinen abgelegenen Ort ohne Berührung mit der Außenwelt zu halten. Nazareth lag in einer Talsenke im Süden Galiläas. Man brauchte jedoch nur zu den Höhen ringsum aufzusteigen, dann lag die halbe Welt unmittelbar vor einem. Nach Westen zu sah man in der Ferne das blaue Mittelmeer mit den Schiffen darauf, die in allen Richtungen verkehrten. Wenn man in die Küstenebene blickte, sah man, wie sich zu Füßen der Anhöhe, auf der man stand, eine der wichtigsten Straßen der damaligen Welt entlangschlängelte. Es war die Straße, die von Damaskus nach Ägypten führte und die Landbrücke nach Afrika bildete. Diese Straße gehörte zu den bedeutendsten Karawanenstraßen. Jahrhunderte zuvor war auf ihr entlang Joseph als Sklave nach Ägypten verkauft worden. Etwa dreihundert Jahre lag die Zeit zurück, in der Alexander der Große mit seinen Legionen dieser Straße gefolgt war. Viele Jahrhunderte später sollte dereinst auch Napoleon auf dieser Straße marschieren. Sie hieß zeitweilig Straße des Südens, zu anderen Zeiten Straße des Meeres. Wenn Jesus als junger Bursche die Anhöhen bei Bethlehem erklomm, konnte er auf dieser Straße Menschen der verschiedensten Völker, die sich aus den verschiedensten Gründen unterwegs befanden, beobachten. Reisende kamen aus den entlegensten Gebieten der Welt und gingen in die entlegensten Gebiete der Welt. Noch eine andere Straße führte von Akko oder Ptolemäis aus von der Küste fort ostwärts bis an die östliche Grenze des römischen Weltreiches. Auch auf ihr zogen endlose Karawanen mit Seidenstoffen und Gewürzen entlang, ebenso die römischen Legionen mit ihrem Gerassel. Nazareth

lag keineswegs am Ende der Welt, sondern Jesus wuchs an einem Ort auf, in dessen Nähe das Leben der großen Welt pulsierte. Von Jugend an sah er sich mit einer Welt konfrontiert, die zu ihm von einer Welt für Gott gesprochen haben muß.
Wir haben bereits festgestellt, daß Matthäus alle Geschehnisse aus der Frühzeit Jesu mit Stellen aus dem Alten Testament in Verbindung bringt, die er für Prophezeiungen hält. In diesem Absatz zitiert Matthäus die Weissagung: „Er soll Nazarener heißen" und stellt uns damit vor ein unlösbares Problem, denn an keiner Stelle des Alten Testaments findet sich ein derartiger Text. Ja, Nazareth wird im Alten Testament nicht einmal erwähnt. Niemand hat je eine befriedigende Lösung dieser Frage anzubieten vermocht. Die Schriftsteller der Antike liebten Wortspielereien, und so hat man vermutet, daß Matthäus mit den Worten Jesajas Jesaja 11, 1 ein Wortspiel getrieben habe: „Und es wird ein Reis hervorgehen aus dem Stamm Isais und ein Zweig aus seiner Wurzel Frucht bringen." Da Zweig auf hebräisch nezar heißt, ist denkbar, daß Matthäus hier mit Nazarener und nezer ein Wortspiel treibt und damit gleichzeitig sagt, daß Jesus aus Nazareth stammt und daß er der nezer, der verheißene Zweig war aus dem Stamm Isais, der Nachkomme Davids, der Gesalbte Gottes, der Christus. Sicheres darüber kann niemand sagen. An welche Prophezeiung Matthäus bei diesen Worten dachte, wird ein Geheimnis bleiben.
Damit steht der Schauplatz fest. Matthäus hat Jesus nach Nazareth geführt, das in einem sehr realen Sinne ein Tor zur Welt war.

DIE ZWISCHENZEIT

Bevor wir uns an das dritte Kapitel des Matthäusevangeliums begeben, sollten wir uns noch über einige Dinge Gedanken machen. Am Schluß des zweiten Kapitels ist Jesus ein kleines Kind; zu Beginn des dritten Kapitels ist Jesus ein Mann von etwa dreißig Jahren (vgl. Luk. 3, 23). Das heißt, zwischen beiden Kapiteln klafft ein Zeitraum von dreißig Jahren. Weshalb? Was geschah in dieser stillschweigend übergangenen Zeitspanne? Jesus, der als Heiland der Welt in die Welt gekommen war, kam abgesehen vom Passahfest in Jerusalem dreißig Jahre lang nicht über diese palästinensische Stadt hinaus. Er starb im Alter von dreiunddreißig Jahren, von denen er dreißig Jahre in Nazareth verbrachte, ohne daß über diese Zeit schriftliche Aufzeichnungen vorliegen. Mit anderen Worten: Jesus verbrachte zehn Elftel seines Lebens in Nazareth. Was aber geschah in dieser Zeit?

1. Jesus wuchs in einem guten Elternhaus zum Knaben und Mann heran; einen besseren Start fürs Leben gibt es nicht. Wir können Gott gar nicht genug danken, wenn die Art, in der das Elternhaus uns geprägt hat, zu einer Lebenshilfe für uns wird. Jemand hat einmal gesagt: „Eine gute Mutter wiegt hundert Schulmeister auf." Ruhig vergingen die Jahre, die Jesus im Kreise der Seinen verbrachte; doch sie formten ihn auf immer.

2. Jesus erfüllte seine Pflicht als ältester Sohn. Sehr wahrscheinlich starb Joseph, noch ehe alle Kinder erwachsen waren. Vielleicht war er, als er Maria heiratete, wesentlich älter gewesen als sie. In dem Bericht von der Hochzeit zu Kana in Galiläa wird Joseph nicht erwähnt, obwohl Maria anwesend ist. Die Vermutung liegt nahe, daß Joseph zu diesem Zeitpunkt bereits tot war. Jesus wurde Zimmermann in Nazareth, um seine Mutter und die jüngeren Geschwister zu unterstützen. Obwohl die Welt nach ihm rief, erfüllte er zunächst seine Pflichten gegenüber der Mutter und den Seinen. Wer von sich sagen darf, er habe nichts ungeschehen gelassen, wenn seine Mutter stirbt, kann sich glücklich schätzen. Das Leben beruht nun einmal darauf, daß wir getreulich und ohne zu murren unsere kleinen Pflichtten erfüllen. Ein großartiges Beispiel dafür ist der Arzt Sir James Y. Simpson, der das Chloroform zur Narkose einführte und aus einem armen Elternhaus stammte. Eines Tages, nachdem die Mutter seine Strümpfe gestopft hatte, nahm sie ihren Sohn auf den Schoß und besah sich ihre saubere Stopferei. „Wenn deine Mutter eines Tages einmal nicht mehr sein wird", sagte sie zu ihrem Sohn, „vergiß nicht, Jamie, daß sie großartig stopfen konnte." Jamie war schon als kleines Kind ungewöhnlich klug, und das wußte man in der Familie. Ihm galten alle ihre Träume. Sein Bruder Sandy hat einmal gesagt: „Ich fühlte es, daß er eines Tages ein bedeutender Mann werden würde." Und so arbeiteten seine Brüder bereitwillig und ohne jeden Neid in einer Bäckerei, damit der junge Mann studieren konnte. Es hätte nie einen Sir James Simpson gegeben, wenn seine schlichten Angehörigen nicht bereit gewesen wären, einfache Arbeiten zu verrichten und auf vieles zu verzichten, um so dem hochbegabten Jungen eine Chance für sein ganzes Leben zu geben. Auch Jesus ist ein Beispiel für diese schlichte Pflichterfüllung.

3. Jesus lernte, was es heißt, ein Arbeitsmann zu sein. Er lernte, was es heißt, für den Lebensunterhalt anderer sorgen zu müssen, zu sparen, damit sie zu essen und etwas anzuziehen hat-

ten und vielleicht hin und wieder auch ein kleines Vergnügen. Er lernte, was es heißt, mit unzufriedenen und kritischen Kunden umzugehen und mit Kunden fertig zu werden, die nicht bereit waren, ihre Schulden zu bezahlen. Wenn Jesus den Menschen helfen wollte, mußte er zunächst einmal das Leben der Menschen kennenlernen. Er führte kein bequemes, behütetes Leben, sondern mußte leben wie alle anderen auch. Das mußte so sein, wenn er das Leben der einfachen Menschen verstehen wollte. Von der französischen Königin Marie Antoinette wird folgendes erzählt. Bevor die französische Revolution ausbrach, mußten viele Menschen hungern, und es kam zu Unruhen unter der Bevölkerung. Die Königin fragte nach der Ursache des Aufruhrs, und als man ihr sagte: „Sie haben kein Brot", meinte sie: „Wenn sie kein Brot haben, sollen sie Kuchen essen." Sie konnte sich ein Leben ohne Überfluß überhaupt nicht vorstellen; es überstieg ihren Horizont, und sie verstand die einfachen Menschen nicht. Jesus arbeitete all die Jahre über, damit er wußte, wie das Leben ist und als Verstehender imstande war, zu helfen.

4. Bevor Jesus seine große Aufgabe übertragen wurde, versah er getreulich eine kleinere Aufgabe. Wenn Jesus bei den kleineren Aufgaben versagt hätte, hätte ihm nie die große Aufgabe, der Heiland der Welt zu sein, übertragen werden können. Er war treu im Kleinen, damit er im Großen Meister wurde. Wir sollten nie vergessen, daß wir unser Geschick dadurch bestimmen, wie wir unsere Alltagspflichten erfüllen, und so entweder die Krone des Lebens gewinnen oder verlieren.

JOHANNES DER TÄUFER TRITT AUF

Matthäus 3, 1–6

Zu der Zeit kam Johannes der Täufer und predigte in der Wüste des jüdischen Landes und sprach: Tut Buße, denn das Himmelreich ist nahe herbeigekommen! Und er ist der, von dem der Prophet Jesaja gesagt hat und gesprochen (Jes. 40, 3): „Es ist eine Stimme eines Predigers in der Wüste: Bereitet dem Herrn den Weg und machet richtig seine Steige!" Er aber, Johannes, hatte ein Kleid von Kamelhaaren und einen ledernen Gürtel um seine Lenden; seine Speise aber war Heuschrecken und wilder Honig. Da ging zu ihm hinaus die Stadt Jerusalem und das ganze jüdische Land und alle Länder an dem Jordan und bekannten ihre Sünden und ließen sich taufen von ihm im Jordan.

Als Johannes der Täufer auftrat, war es, als ob plötzlich die Stimme Gottes ertöne. Die Juden waren zu jener Zeit sehr betrübt darüber, daß kein Prophet mehr seine Stimme erhob. Sie sagten, seit vierhundert Jahren seien die Propheten verstummt. „Da war keine Stimme und keine Antwort", hieß es bei ihnen. Doch mit Johannes ertönte die Stimme der Propheten von neuem. Wie sehen die charakteristischen Merkmale Johannes des Täufers und seiner Botschaft aus?

1. Furchtlos brandmarkte er alle Übel, wo immer er auf sie stieß. Wenn König Herodes sündigte, indem er eine ungesetzliche Ehe einging, machte Johannes ihm daraus einen Vorwurf. Wenn die Sadduzäer und Pharisäer, die Anführer des orthodoxen Judentums, die führenden Männer der Kirche jener Zeit, im Formalismus des Rituals ertranken, scheute Johannes sich nicht, dies auch auszusprechen. Wenn die Bevölkerung ein gottloses Leben führte, sagte Johannes es in aller Deutlichkeit. Wo immer Johannes ein Übel erkannte — im Staat, in der Kirche, im Volk —, erhob er furchtlos seine anklagende Stimme. Er war wie ein Licht, das auf dunkle Stellen scheint; wie ein von Gott durch das Land gefegter Wind. In der christlichen Botschaft haben Warnung und Anklage ihren Platz. „Die Wahrheit schmerzt, wie das Licht kranken Augen schmerzt", hat Diogenes einmal gesagt. Und weiter: „Wer niemals einen Menschen gekränkt hat, hat auch nie einem Menschen etwas Gutes getan." Vielleicht hat es Zeiten gegeben, in denen die Kirche allzu ängstlich vermieden hat, Ärgernis zu erregen. Es gibt Gelegenheiten, bei denen allzugroße Höflichkeit unangebracht, offene Anklage dagegen angemessen ist.

2. Er forderte die Menschen dringend zur Gerechtigkeit auf. Die Botschaft Johannes des Täufers hatte nicht nur negativen Charakter, sondern es ging ihm darum, die göttlichen Maßstäbe der Sittlichkeit aufzurichten. Wohl klagte er die Menschen wegen ihres bisherigen Verhaltens an, aber darüber hinaus wies er sie auch darauf hin, wie sie sich in Zukunft verhalten sollten. Er verdammte die Menschen nicht bloß, weil sie waren, wie sie waren, sondern er suchte sie auch dazu herauszufordern, zu werden, wie sie eigentlich sein sollten. Er erhob seine Stimme, um die Menschen auf Höheres hinzuweisen. Er tadelte nicht nur das Böse, sondern zeigte den Menschen auch das Gute. Ein Vorwurf gegen die Kirche in diesem Zusammenhang: Vielleicht hat sie zeitweilig zuviel Gewicht auf das gelegt, was die Men-

schen nicht tun sollen, und zu wenig darauf, ihnen immer wieder das christliche Lebensideal vor Augen zu halten.

3. Johannes kam von Gott. Er kam aus der Wüste und ging erst nach jahrelanger geistlicher Vorbereitung in der Einsamkeit unter die Menschen. Er kam nicht, um seine persönlichen Ansichten zu vertreten, er kam vielmehr mit einer Botschaft von Gott. Erst nach einer langen Zeit des Umgangs mit Gott begann er zu den Menschen zu sprechen. Jeder Prediger und Lehrer, dessen Wort Gültigkeit haben soll, kann erst, nachdem er vor Gott gestanden hat, vor die Menschen treten.

4. Johannes wies über sich selbst hinaus. Dieser Mann war nicht nur ein Licht, das das Böse im richtigen Licht erscheinen ließ, nicht nur eine Stimme, die Anklage gegen die Sünden der Menschen erhob, sondern er war auch ein Wegweiser Gottes. Er wollte nicht, daß die Menschen auf ihn schauten; er wollte nur dem Einen, der kommen würde, den Weg bereiten. Die Juden glaubten, vor der Ankunft des Messias werde Elias zurückkehren, um das Kommen des Königs anzukündigen. „Siehe, ich will euch senden den Propheten Elia, ehe der große und schreckliche Tag des Herrn kommt" (Mal. 3, 23). Johannes trug ein Gewand aus Kamelhaaren und einen ledernen Gürtel um seine Lenden. Ebenso wird auch die Kleidung Elias beschrieben (2. Kön. 1, 8). Matthäus bringt Johannes mit einer Prophezeiung bei Jesaja in Verbindung (Jes. 40, 3). Die Straßen im Orient befanden sich in der damaligen Zeit in schlechtem Zustand. Ein orientalisches Sprichwort besagt denn auch: „Es gibt drei elende Zustände: Krankheit, Fasten und Reisen." Ein Rat an alle, die sich auf eine Reise begaben, lautete, daß sie zuvor ihre Schulden bezahlen, Vorsorge für ihre Angehörigen treffen, Abschiedsgeschenke machen, alles Wichtige einem Treuhänder anvertrauen, genügend Geld und Zuversicht mitnehmen und allen Lebewohl sagen sollten. Bei den normalen Straßen handelte es sich eigentlich nur um ausgetretene Wege, auf denen einer der Spur des anderen folgte. Sie waren überhaupt nicht befestigt, da der trockene Boden Palästinas den Verkehr mit Maultieren, Eseln, Ochsen und Karren auch so erlaubte. Eine Reise auf derartigen Straßen war ein regelrechtes Abenteuer, das man tunlichst vermied. Nur wenige Straßen waren künstlich angelegt und befestigt. So schreibt der jüdische Geschichtsschreiber Josephus zum Beispiel, daß Salomo einen schwarzen Basaltweg für Fußgänger entlang den Straßen, die nach Jerusalem führten, habe anlegen lassen, um den Pilgern die Reise zu erleichtern und um damit die Größe seiner Herrschaft und seines Reichtums zu dokumentieren. Ursprünglich waren alle

künstlich angelegten und befestigten Straßen von den Königen gebaut worden und auch ihnen allein vorbehalten. Sie hießen deshalb auch „Straße des Königs". Nur wenn der König sie benutzen wollte, wurden sie ausgebessert. Wenn der König sich auf die Reise begab, wurden zuvor Boten in das betreffende Gebiet gesandt, um die Bewohner aufzufordern, den Königsweg in Ordnung zu bringen. Auch Johannes bereitete dem König den Weg. Prediger und Lehrer weisen mit ihren Worten nicht auf sich, sondern auf Gott hin. Ihr Ziel besteht nicht darin, die Augen der Menschen auf ihre eigene Klugheit zu lenken, sondern auf die Majestät Gottes. Der wahre Prediger verschwindet hinter seiner Botschaft.
Die Menschen erkannten, obwohl seit Jahren nicht mehr die Stimme eines Propheten erklungen war, in Johannes den Propheten, weil er ein Licht war, das auf alles schien, was böse war; weil er eine Stimme war, die die Menschen zur Gerechtigkeit aufforderte; weil er ein Wegweiser war, der die Menschen auf Gott hinwies, und weil er die Autorität besaß, die Menschen anhaftet, die von Gott kommen, wenn sie vor die Menschen treten.

DIE BOTSCHAFT DES JOHANNES – EINE DROHUNG

Matthäus 3, 7–12

Als er nun viele Pharisäer und Sadduzäer sah zur Taufe kommen, sprach er zu ihnen: Ihr Otterngezüchte, wer hat denn euch gewiesen, daß ihr dem künftigen Zorn entrinnen werdet? Sehet zu, tut rechtschaffene Frucht der Buße! Denket nur nicht, daß ihr bei euch wollt sagen: Wir haben Abraham zum Vater. Ich sage euch: Gott vermag dem Abraham aus diesen Steinen Kinder zu erwecken. Es ist schon die Axt den Bäumen an die Wurzel gelegt. Darum, welcher Baum nicht gute Frucht bringt, wird abgehauen und ins Feuer geworfen. Ich taufe euch mit Wasser zur Buße; der aber nach mir kommt, ist stärker als ich, und ich bin nicht genug, ihm die Schuhe abzunehmen; der wird euch mit dem heiligen Geist und mit Feuer taufen. Und er hat seine Worfschaufel in der Hand; er wird seine Tenne fegen und den Weizen in seine Scheune sammeln; aber die Spreu wird er verbrennen mit unauslöschlichem Feuer.

Drohung und Verheißung, beides ist in der Botschaft Johannes des Täufers enthalten. Dieser Abschnitt ist voller anschaulicher Bilder.

Johannes nennt die Pharisäer und Sadduzäer Otterngezücht und fragt sie, wer sie veranlaßt habe, vor dem künftigen Zorn zu fliehen. Johannes kann bei diesen Worten zwei Bilder vor Augen gehabt haben. Er kannte die Wüste, in der es stellenweise Flächen mit kurzem, dürrem, vertrocknetem Gras und verkrüppelten Dornbüschen gab, deren Zweige während der fehlenden Feuchtigkeit ganz brüchig waren. Wenn dort ein Steppenbrand ausbrach, was zuweilen vorkam, fegte das Feuer über Gras und Büsche hinweg, die zundertrocken waren. Vor dem Feuer her jagten und hasteten Schlangen, Skorpione und alle Kreatur, denen das Gras und die Büsche Schutz geboten hatten. Das Feuer vertrieb sie aus ihren Lagern, und sie rannten um ihr Leben. Vielleicht dachte Johannes aber auch an ein anderes Bild. Viele kleine Tiere halten sich in den Kornfeldern auf — Feldmäuse, Ratten, Kaninchen und Vögel. Sie alle vertreibt der Schnitter aus ihren Nestern und Schlupfwinkeln, und sobald das Feld abgemäht ist, müssen sie fliehen, um sich zu retten. Auf diese Bilder gehen die Worte des Johannes zurück. Die Pharisäer und Sadduzäer, die zur Taufe kommen, sind wie die Tiere, die sich vor dem Steppenbrand zu retten versuchen oder vor der Sichel des Schnitters.

Johannes warnt sie vor dem Trugschluß, es werde ihnen nützen, wenn sie sich auf Abraham als ihren Vater beriefen. Das war in den Ohren rechtgläubiger Juden eine unglaubliche Behauptung. Glaubten sie doch, daß Abrahams Frömmigkeit so einzigartig gewesen sei und daß er bei Gott in so hoher Gunst gestanden habe, daß seine Verdienste nicht nur ihm, sondern auch allen seinen Nachkommen zugute kämen. Er hatte sich einen derartigen Schatz an Verdiensten erworben, daß dieser Schatz auch noch allen Ansprüchen und Bedürfnissen seiner Nachkommen gerecht zu werden vermöchte, ohne daß sie ihn je erschöpften. Aus der Tatsache, daß sie Juden waren, glaubten die Juden folgern zu können, daß sie auch im künftigen Leben sicher sein würden. Sie behaupteten: „Alle Israeliten haben teil an der künftigen Welt." Sie sprachen von der „erlösenden Kraft der Verdienste ihrer Vorväter". Es hieß bei ihnen, Abraham säße an der Pforte zur Gehenna, der Hölle, um die Israeliten, die durch Zufall für ihre Schrecken ausersehen worden seien, von dort zurückzuschicken. Sie behaupteten, um der Verdienste Abrahams willen könnten ihre Schiffe sicher die Meere befahren; er sei es, dessen Verdiensten sie den Regen verdankten, daß

Mose das Gesetz empfangen und in den Himmel gekommen und daß David erhört worden sei. Die Verdienste Abrahams kamen nach ihrer Auffassung sogar noch den Gottlosen zugute. „Selbst wenn deine Söhne nur Leichname ohne Blutgefäße und Knochen wären, würden ihnen deine Verdienste nützen", behaupteten sie von Abraham. Diese Gesinnung, dieser Geist war es, den Johannes scharf verurteilte. Vielleicht trieben es die Juden in dieser Hinsicht besonders schlimm, doch diese Warnung gilt auch uns: Niemand kann nur von dem geistigen Kapital der Vergangenheit zehren. Eine degenerierte Epoche hat kein Recht, sich auf eine heroische Vergangenheit zu berufen, um so dem Verderben zu entgehen. Schlechte Söhne haben kein Recht, sich auf die Verdienste ihres frommen Vaters zu berufen. Noch einmal kommt Johannes auf das Bild von der Ernte zurück. Nach der Ernte pflegten die Besitzer von Weingärten und Feigenbäumen, Weinstöcke und Feigenbäume, die keine oder wenig Früchte getragen hatten, auszumerzen, da sie nur unnütz Boden beanspruchten. Nutzlosigkeit hat traurige Folgen. Wer Gott und den Mitmenschen nichts nützt, befindet sich ernstlich in Gefahr, verurteilt zu werden.

DIE BOTSCHAFT DES JOHANNES – EINE VERHEISSUNG

Matthäus 3, 7–12 (Fortsetzung)

Auf die Drohung folgt die Verheißung, die freilich auch wieder eine Warnung enthält. Wie schon gesagt wies Johannes auf den hin, der nach ihm kommen werde. Wenn er auch im Augenblick ungeheures Ansehen genoß und mächtigen Einfluß ausübte, so scheute er sich doch nicht, zuzugeben, daß er nicht wert sei, dem, der nach ihm komme, die Schuhe abzunehmen und zu tragen, obwohl diese Arbeit sonst nur von Sklaven und Knechten besorgt wurde. Johannes kennt keinen Eigendünkel, sein ganzes Verhalten zielt eher darauf, sich selbst auszulöschen. Seine Bedeutung lag für ihn nur darin, daß er der Wegweiser war, der auf den hinwies, der nach ihm kommen sollte.

Johannes sagte, der nach ihm komme, werde mit dem Heiligen Geist und mit Feuer taufen. Hesekiel hörte Gott sprechen: „Und ich will euch ein neues Herz und einen neuen Geist in euch geben . . . Ich will meinen Geist in euch geben und will solche Leute aus euch machen, die in meinen Geboten wandeln und meine Rechte halten und danach tun" (Hes. 36, 26. 27). „Und ich will meinen Odem in euch geben, daß ihr wieder leben sollt" (Hes. 37, 14). „Und ich will mein Angesicht nicht mehr vor ihnen verbergen; denn ich habe meinen Geist über das Haus Israel ausgegossen, spricht Gott der Herr" (Hes. 39, 29). „Denn ich will Wasser gießen auf das Durstige und Ströme auf das Dürre; ich will meinen Geist auf deine Kinder gießen und meinen Segen auf deine Nachkommen" (Jes. 44, 3). „Und nach diesem will ich meinen Geist ausgießen über alles Fleisch" (Joel 3, 1). Worin besteht nun die Gabe und das Wirken des göttlichen Geistes, des Geistes Gottes? Bei der Beantwortung dieser Frage dürfen wir nicht vergessen, daß Johannes Jude war und zu Juden sprach, das heißt, daß wir ebenso, wie er aus der jüdischen Denkwelt heraus sprach, versuchen müssen, von diesen Denkkategorien her zu verstehen. Mit anderen Worten: Johannes sprach nicht im Sinne des Christentums, sondern im Sinne des Judentums vom Heiligen Geist.

1. Das hebräische Wort *ruach* bedeutet ebenso wie das griechische Wort *pneuma* nicht nur *Geist*, sondern auch *Odem, Atem. Odem bedeutet Leben*; die Verheißung des Geistes ist mithin die *Verheißung des Lebens*. Wer vom Geist Gottes erfüllt wird, dessen Leben ist fortan nicht mehr glanzlos und niedergeschlagen, sondern von einer neuen Woge des Lebens erfüllt.

2. Das Wort *ruach* heißt außerdem auch noch *Wind*, und zwar Sturmwind, mächtig rauschende Winde, wie sie einst Elias vernahm. Dieser *Wind ist gleichbedeutend mit Kraft*. Der Sturmwind peitscht die Schiffe vor sich her und entwurzelt Bäume, da er unwiderstehliche Gewalt besitzt. *Der Geist Gottes ist der Geist der Kraft*. Wen der Geist Gottes erfüllt, dessen Schwachheit wird mit der Kraft Gottes bekleidet, die ihn fähig macht, Unmögliches zu vollbringen, zu bewältigen, was zuvor nicht zu bewältigen war, und zu ertragen, was unerträglich ist. Statt des Geistes der Vergeblichkeit und Enttäuschung hält der Geist der Überwindung seinen Einzug.

3. Der Geist Gottes hängt auch mit der *Schöpfung, der Erschaffung der Welt* zusammen. Der Geist Gottes schwebte auf dem Wasser und verwandelte das Chaos in einen Kosmos, Unordnung in Ordnung. Der Geist Gottes kann auch aus uns neue Menschen machen. Wenn der Geist Gottes die Menschen erfüllt, wird aus der Unordnung der Menschen die Ordnung Gottes; durch den Geist Gottes kommt Harmonie in unser wirres, unordentliches, unbeherrschtes Leben.

4. Nach jüdischen Denkvorstellungen hatte der Geist besondere Funktionen. *Durch den Geist gelangte die Wahr-*

heit Gottes zu den Menschen, er offenbarte sie den Menschen. Jede neue Erkenntnis ist eine Gabe des Geistes. Dem Geist verdanken die Menschen, daß aus menschlichen Vermutungen göttliche Gewißheit wird, aus menschlicher Unkenntnis göttliche Erkenntnis.

5. Der Geist Gottes befähigt die Menschen, die göttliche Wahrheit zu erkennen, wenn sie ihr begegnen. Wenn unsere Herzen vom Heiligen Geist erfüllt sind, werden uns die Augen geöffnet. Vorurteile, die uns blind gemacht haben, verschwinden; ebenso der Eigenwille, der uns verfinstert hat. Der Heilige Geist befähigt die Menschen zur Einsicht, zur Erkenntnis.

Diese Gaben des Geistes werde der, der nach ihm komme, den Menschen bringen, sagte Johannes der Täufer.

DIE BOTSCHAFT DES JOHANNES – EINE VERHEISSUNG UND EINE DROHUNG

Matthäus 3, 7–12 (Fortsetzung)

Die Botschaft des Johannes enthält ein Wort, in dem beides, Verheißung und Drohung, enthalten ist. Er sagt, der aber nach ihm komme, werde sie mit Feuer taufen. Dieses Bild beinhaltet drei Vorstellungen.

1. Erleuchtung. Der Feuerschein erhellt selbst die dunkelste Nacht. Das Leuchtfeuer führt die Schiffer sicher in den Hafen und die Reisenden sicher an ihr Ziel. Das Feuer ist nicht nur eine zerstörende Macht, sondern sein Schein hat auch schützende und lenkende Qualitäten. Jesus ist das Leuchtfeuer, das den Menschen auf dem Wege zur Wahrheit und zu Gott leuchtet.

2. Wärme. Von besonders gütigen Menschen heißt es, sie strömten Wärme aus. In den Herzen der Menschen, in deren Leben Jesus getreten ist, wird das wärmende Licht der Liebe zu Gott und den Mitmenschen entzündet. Der christliche Glaube hat zu allen Zeiten die Herzen der Menschen entzündet.

3. Läuterung. Der Gedanke an die reinigende Kraft des Feuers schließt auch Vernichtung mit ein, denn in der reinigenden Flamme vergeht das Unechte, und nur das Echte bleibt zurück. Im Feuer werden die Metalle geläutert und gehärtet. Jesus entfernt die Schlacken aus den Herzen der Menschen. Das geschieht zuweilen durch schmerzliche Erfahrungen, doch wenn der Mensch trotz aller schweren Erfahrungen nicht den Glauben daran verliert, daß Gott ihm alle Dinge zum Guten dienen

läßt, wird er aus allem Schweren als ein geläuterter und reiner Mensch hervorgehen und Gott auch darin erkennen.
Das Wort Feuer besagt also, daß mit Jesus Christus Erleuchtung und Wärme in die Herzen der Menschen einziehen und daß sie geläutert werden.
Drohung und Verheißung enthält auch das Bild von der Worfschaufel, auf der das Getreide von der Dreschtenne aufgeschaufelt und hochgeworfen wurde, wobei die Spreu vom Winde fortgetrieben wurde und nur das Korn wieder zu Boden fiel. Das Korn wurde in Scheunen gespeichert, die Spreu dagegen verbrannt.
Mit dem Kommen Christi erfolgt zwangsläufig auch eine Scheidung der Menschen in jene, die ihn annehmen, und jene, die ihn zurückweisen. Wer Christus begegnet, wird damit vor die unumgängliche Entscheidung gestellt: Für oder gegen ihn. Und eben von dieser Entscheidung hängt ihr Leben ab. Die Menschen unterscheiden sich dadurch, wie sie auf Jesus Christus reagieren.
Eine Flucht vor dieser Wahl läßt der christliche Glaube nicht zu.

DIE BOTSCHAFT DES JOHANNES – EINE AUFFORDERUNG

Matthäus 3, 7–12 (Fortsetzung)

Eine entscheidende Forderung kehrt bei Johannes ständig wieder, die wichtige Forderung: „Tut Buße" (Matth.3, 2). Das war auch die grundlegende Forderung Jesu, der gesagt hat: „Tut Buße und glaubt an das Evangelium" (Mark. 1, 15). Es ist von unverkennbarer Wichtigkeit, das Wesen der Buße und den Sinn dessen, was diese grundlegende Forderung des Königs und seines Herolds besagt, zu erfassen.
Wir müssen dabei beachten, daß sowohl Jesus als auch Johannes das Wort B u ß e verwenden, ohne es näher zu erklären, da sie annahmen, daß die, die es hörten, es kannten und verstanden. Was lehrte das Judentum über die Buße?
Die Buße stand bei den Juden im Mittelpunkt alles Glaubens und aller Beziehungen zu Gott. Buße war die einzige, unerbittliche Bedingung, ohne die niemand, der sich nach der Vergebung Gottes und der Wiederherstellung des gestörten Verhältnisses zu ihm sehnte, diese Vergebung erlangen konnte. Nur wer aufrichtig bereute und Buße tat, dem konnte vergeben werden. Daß Gott die Sünden der Bußfertigen bereitwillig und vollständig

vergibt, ist ein Kernsatz der jüdischen Religion. Ein Wort der Rabbinen besagte: „Buße ist wichtig, weil sie den Menschen Heilung bringt; Buße ist wichtig, weil sie bis an den Thron der Herrlichkeit reicht." Buße ist das zwischen Gott und den Menschen vermittelnde Band. Die Rabbinen lehrten, daß noch vor dem Gesetz die Buße in die Welt gekommen sei. Sechs Dinge gäbe es: Buße, Paradies, Hölle, den Thron Gottes in Herrlichkeit, den Himmelstempel und den Namen des Messias. Einen Pfeil könne man nur ein paar hundert Meter weit schießen, die Buße der Menschen dagegen reiche bis zum Thron Gottes. „Wer lehrt die Menschen so wie Gott, Buße zu tun?" lautet ein Satz bei den Rabbinen. Die Antwort der Weisheit auf die Frage, welches die Strafe der Sünder sein werde, lautet: „Unheil verfolgt die Sünder" (Spr. 13, 21). Und der Prophet beantwortet die Frage so: „Jeder, der sündigt, soll sterben." Die Antwort des Gesetzes auf die gleiche Frage lautet, der Betreffende solle ein Brandopfer bringen (3. Mose 1, 4). Und Gott antwortet auf diese Frage: „So tut nun Buße und bekehret euch, daß eure Sünden getilgt werden. Suchet mich, auf daß ihr lebet." Bei den Juden führt mithin der Weg zu Gott zurück nur über die Buße.

Das hebräische Wort für Buße, teshubah, das von dem Verb shub = sich drehen, umkehren abgeleitet ist, besagt, daß man sich vom Bösen abkehrt und sich Gott zuwendet. Buße bedeutete bei den Juden ganz offenkundig in erster Linie, daß der Mensch sich in seinem Verhalten Gott gegenüber und damit auch in seinem Leben änderte. Der einzelne oder auch ein Volk, das Buße tut, erfahren eine religiöse und sittliche Erneuerung. Das Wesen der Buße bestand nach Auffassung der Rabbinen darin, daß der Gesinnungswandel, der dadurch bewirkt wurde, auch einen Wandel des Lebens nach sich zog. Maimonides, der bedeutendste jüdische Religionsphilosoph des Mittelalters, definiert den Begriff Buße folgendermaßen: „Was ist Buße? Buße tun heißt, daß der Sünder von seinen Sünden läßt, daß er seine Gedanken völlig von ihnen frei macht und beschließt, dergleichen nicht wieder zu tun, wie denn auch geschrieben steht: ‚Der Gottlose lasse von seinem Wege und der Übeltäter von seinen Gedanken.'" Immer wieder ist in der Bibel davon die Rede, daß die Menschen von der Sünde ablassen und sich Gott zuwenden sollen. So heißt es bei Hesekiel: „So wahr ich lebe, spricht Gott der Herr: Ich habe kein Gefallen am Tode der Gottlosen, sondern daß der Gottlose umkehre von seinem Wege und lebe. So kehrt nun um von euren bösen Wegen. Warum wollt ihr sterben, ihr vom Hause Israel?" (Hes. 33, 11). Bei Jeremias heißt es: „Bekehre du mich, so will ich mich bekehren; denn du, Herr, bist mein Gott!" (Jer. 31, 18). Und bei Hosea: „Bekehre dich, Israel, zu dem Herrn, deinem Gott; . . . Nehmt diese Worte mit euch und bekehrt euch zum Herrn" (Hos. 14, 2. 3).

Aus alledem geht klar hervor, daß Buße bei den Juden immer auch eine sittliche Forderung einschloß. Das Ablassen vom Bösen und die Umkehr zu Gott gehen Hand in Hand mit einer Verhaltensänderung des Menschen. Johannes befand sich also in völliger Übereinstimmung mit der Tradition seines Volkes, wenn er von den Menschen verlangte, daß ihre Buße auch Früchte trage. Das kommt auch sehr schön in dem nachstehenden jüdischen Gebet zum Ausdruck: „Mach, daß wir uns wieder zu deinem Gesetz bekehren, o Herr; daß wir dir dienen, o König; laß uns in vollkommener Buße zu dir zurückkehren. Gelobet seist du, o Herr, der du dich freust über unsere Reue." Diese Reue wurde jedoch erst zur Buße, wenn sie in einem veränderten Lebenswandel zum Ausdruck kam.

Der Kommentar eines Rabbis zu Jona 3, 10 lautet: „Liebe Brüder, es ist darin nicht die Rede davon, daß Gott die Sackkleider und das Fasten in Ninive gesehen habe, sondern davon, daß er ihr T u n sah und sie sich bekehrten von ihrem bösen Wege." Ein anderer Ausspruch der Rabbinen besagt: „Seid nicht wie die Toren, die ein Opfer bringen, wenn sie gesündigt haben, aber keine Buße tun. Wer sagt: ‚Ich werde Buße tun und wieder sündigen', der soll überhaupt keine Buße tun dürfen." Zu den fünf Sünden, die nicht vergeben werden, zählten auch die Sünden derer, „die sündigen, um Buße zu tun, und die Sünden derer, die viel Buße tun und aufs neue sündigen." „Wer etwas Unreines in den Händen hält", hieß es, „der kann seine Hände in einem Meer von Wasser waschen, ohne daß sie sauber werden; wer aber das Unreine von sich wirft, kommt mit wenig Wasser aus." Die jüdischen Lehrer sprachen von den „neun Regeln der Buße", den neun Erfordernissen, die erst die rechte Buße ausmachen, die Jesaja 1, 16. 17 aufgezeichnet stünden: „Wascht euch, reinigt euch, tut eure bösen Taten aus meinen Augen, laßt ab vom Bösen! Lernet Gutes tun, trachtet nach Recht, helft den Unterdrückten, schaffet den Waisen Recht, führet der Witwen Sache!" Im Buch Jesus Sirach heißt es: „Denke auch nicht: Gott ist sehr barmherzig; er wird mich nicht strafen, ich sündige, wieviel ich will. Er kann bald also zornig werden, wie er gnädig ist; und sein Zorn über die Gottlosen hat kein Aufhören. Darum verzieh nicht, dich zum Herrn zu bekehren, und schieb es nicht von einem Tage auf den andern" (Jesus Sirach 5, 6—8). Und weiter heißt es: „Wer sich wäscht, wenn er einen Toten angerührt hat, und rührt ihn wieder an: was hilft dem sein Waschen? Also ist der Mensch, der für seine Sünden fastet und sündigt immer wieder: wer soll das Gebet erhören, und was hilft ihm sein Fasten?" (Jesus Sirach 34, 30 und 31). Die Juden waren der Ansicht, daß wahre Buße sich nicht nur in sentimentaler Reue ausdrücken darf, sondern eine echte Umkehr sein muß – und das glauben auch wir Christen. Die Juden hatten ebenso wie wir Christen eine heilige Scheu davor, mit der Barmherzigkeit Gottes einen Kuhhandel zu treiben. Ebenso wie die Juden sind auch wir Christen der Ansicht, daß wahre Reue Früchte trägt, an denen sich die Buße, die Umkehr erweist.

Doch das war noch nicht alles, was die Juden über die Buße zu sagen wußten. Sehen wir also weiter zu.

DIE BOTSCHAFT DES JOHANNES – EINE AUFFORDERUNG

Matthäus 3, 7–12 (Fortsetzung)

Die sittlichen Forderungen, die sich bei den Juden mit der Buße verbanden, haben fast etwas Erschreckendes, doch daneben auch etwas Tröstliches.

Buße ist zu jedem Zeitpunkt statthaft. „Die Buße ist wie das Meer", sagte man, „man kann jederzeit darin baden. Vielleicht ist der Gebetsweg zeitweilig verschlossen, der Weg zur Umkehr ist niemals verschlossen. Niemand kann ihn uns verschließen.

Buße, Umkehr, ist etwas sehr Wesentliches. Man sagt, Abraham habe bei einem Streitgespräch mit Gott einmal gesagt: „Du kannst die Leine nicht gleichzeitig an beiden Enden straffen. Wenn du strenge Gerechtigkeit forderst, kann die Welt nicht bestehen. Wenn du die Welt erhalten willst, kann strenge Gerechtigkeit nicht bestehen." Ohne die Barmherzigkeit Gottes, ohne daß er uns die Möglichkeit zur Umkehr läßt, kann die Welt nicht bestehen. Wenn es außer der Gerechtigkeit Gottes nichts gäbe, würden alle und alles aufhören zu sein. Buße ist etwas so Wesentliches, daß Gott, um sie zu ermöglichen, seine eigenen Worte aufhebt: „Vor Gott sind geliebt, die da umkehren, denn um ihretwillen wird er sein Wort aufheben." Die Vernichtung, die den Sündern droht, wird dadurch aufgehoben, daß sie sich als bußfertig erweisen.

Solange wir leben, besteht auch die Möglichkeit zur Buße, zur Umkehr. Gottes Hand ist ausgestreckt, um die Bußfertigen vor dem Zugriff des Gerichts zu bewahren. „Auch wer sein ganzes Leben lang ein Gerechter war und sich nur zum Schluß gegen Gott auflehnt, wird damit alles zunichte machen", heißt es bei Rabbi Simeon ben Yohai, „denn es stehe geschrieben: ‚Wenn ein Gerechter Böses tut, so wird's ihm nicht helfen, daß er gerecht gewesen ist . . . Auch der Gerechte kann nicht am Leben bleiben, wenn er sündigt" (Hes. 33, 12). Wer sein ganzes Leben lang gottlos gewesen ist und schließlich doch noch von seiner Gottlosigkeit umkehrt, den nimmt Gott auf, denn es steht geschrieben: „Wenn ein Gottloser von seiner Gottlosigkeit umkehrt, so soll's ihm nicht schaden, daß er gottlos gewesen ist" (Hes. 33, 12). „Viele Menschen werden erst nach Jahren in die künftige Welt eingehen", heißt es, „andere dagegen werden sie in einer Stunde gewinnen." Gottes Barmherzigkeit ist so groß, daß vor ihm sogar die insgeheim erfolgte Umkehr gilt. Von Rabbi Eleasar stammt der Ausspruch: „Es ist der Lauf der Welt, daß jemand, der einen anderen öffentlich geschmäht hat und ihn nach einiger Zeit zu versöhnen trachtet, von dem anderen zu hören bekommt: „Nachdem du mich öffentlich beleidigt hast, willst du dich jetzt heimlich mit mir aussöhnen! Geh erst einmal hin und hole die Menschen, in deren Gegenwart du mich geschmäht hast, dann werde ich mich mit dir aussöhnen." Gott ist anders. Auch wenn jemand ihn auf dem Marktplatz schmäht und lästert, sagt der Heilige: „Wenn du vor mir allein Buße tust, werde ich dich aufnehmen." Gottes Barmherzigkeit und Gnade steht auch denen offen, die sich so sehr schämen, daß sie niemandem als Gott allein ihre Schande eingestehen mögen.

Gott vergißt nichts, weil er Gott ist, doch, so unglaublich es klingt: Die Barmherzigkeit Gottes ist so groß, daß er dem Bußfertigen nicht nur verzeiht, sondern auch seiner Sünde nicht mehr gedenkt. „Wo ist solch ein Gott, wie du bist, der die Sünde vergibt und erläßt die Schuld denen, die übriggeblieben sind von seinem Erbteil" (Micha 7, 18). „. . . der du die Missetat vormals vergeben hast deinem Volk und alle seine Sünden bedeckt hast" (Ps. 85, 3). Menschen können wohl verzeihen, vergessen kann Gott allein.

Das Schönste jedoch ist, daß Gott den Menschen mehr als halbwegs entgegenkommt. „Kehr um, so weit es geht, den Rest des Weges werde ich dir entgegenkommen." Die besten Rabbinen ahnten etwas von dem Vater, der in seiner Liebe dem verlorenen Sohn entgegengeht.

Doch bei aller Gnade Gottes läßt sich nicht leugnen, daß zu echter Buße, zu einer echten Umkehr auch gehört, daß wir uns soweit wie möglich bessern. Die Rabbinen sagten: „Begangenes Unrecht muß wieder gutgemacht werden, wenn Verzeihung und Vergebung erlangt werden sollen. Wahrhaft bußfertig ist, wer Gelegenheit hat, dieselbe Sünde nochmals zu begehen, und es dennoch nicht tut.“ Immer wieder betonten die Rabbinen, wie sehr es auf die rechte Beziehung der Menschen untereinander ankomme. Es gibt eine merkwürdige Aussage von ihnen: „Wer gut ist zum Himmel und zu seinen Mitmenschen, ist ein guter zadik (Zadik ist ein Gerechter). Wer nur gegenüber dem Himmel, nicht aber zu seinen Mitmenschen gut ist, ist ein schlechter zadik. Wer böse gegen den Himmel und seine Mitmenschen ist, ist ein schlimmer Sünder. Wer böse gegen den Himmel, nicht aber gegen seine Mitmenschen ist, ist kein schlimmer Sünder.“ Weil wir begangenes Unrecht wieder gutmachen sollen, ist der schlimmste Sünder derjenige, der andere zur Sünde verleitet, denn er kann sein Vergehen nicht wieder gutmachen, weil er nicht weiß, welchen Einfluß sie inzwischen bereits ausgeübt und wie weit sie sich schon ausgewirkt hat. Echte Buße macht nicht nur Wiedergutmachung erforderlich; ebenso nötig ist auch, daß wir unsere Sünden bekennen. Diese Forderung begegnet uns in der Bibel immer wieder. „Wenn ein Mann oder eine Frau irgendeine Sünde gegen einen Menschen tut . . . sollen sie ihre Sünde bekennen, die sie getan haben“ (4. Mose 5, 6. 7). „Wer seine Sünde leugnet, dem wird's nicht gelingen; wer sie aber bekennt und läßt, der wird Barmherzigkeit erlangen“ (Spr. 28, 13). „Darum bekannte ich dir meine Sünde, und meine Schuld verhehlte ich nicht. Ich sprach: Ich will dem Herrn meine Übertretungen bekennen. Da vergabst du mir die Schuld meiner Sünde“ (Ps. 32, 5). Wer behauptet, er sei unschuldig, und nicht zugeben will, daß er gesündigt hat, der wird verurteilt werden (Jer. 2, 35). Nach Rabbi Maimonides sollen die Menschen ihre Sünden so bekennen: „Herr Gott, ich habe gesündigt, ich habe Unrecht begangen und mich vor dir vergangen. Ich bin betrübt und schäme mich meiner Taten und will sie künftig nicht wiederholen.“ Der wirklich Bußfertige demütigt sich, gibt seine Sünden zu und bekennt sie.

Es gibt nichts, wovon es keine Umkehr gäbe, und niemanden, der nicht Buße tun könnte. Die Rabbinen sagten: „Niemand soll sagen: ‚Weil ich gesündigt habe, gibt es keine Wiedergutmachung für mich‘, sondern stets sollen wir Gott vertrauen und Buße tun, dann wird er uns auch annehmen.“ Manasse ist ein typisches Beispiel dafür. Er betete die Baalsgötter an, führte den Kult fremder Götter in Jerusalem ein und opferte dem

Moloch im Hinnontal sogar Kinder. Dann geriet er in assyrische Gefangenschaft, und als er dort in Fesseln lag, begann er in seiner Trübsal zu Gott zu beten. Gott erhörte sein demütiges Flehen und führte ihn nach Jerusalem zurück. „Da erkannte Manasse, daß der Herr Gott ist" (2. Chron. 33, 13). Manchmal muß Gott die Menschen erst in Zucht nehmen und ihnen drohen, bevor sie zu ihm zurückkehren, doch niemand ist davon ausgeschlossen, durch die Kraft Gottes heimgeführt zu werden. Noch etwas glaubten die Juden im Zusammenhang mit der Buße, und daran muß auch Johannes gedacht haben. Es gab zumindest einige Lehrer, die lehrten, daß der Messias kommen werde, wenn Israel auch nur einen einzigen Tag aufrichtig Buße täte. Nur die verhärteten Herzen der Menschen seien daran schuld, daß sich das Kommen des Erlösers verzögere.
Buße und Umkehr standen ebenso wie bei den Christen im Mittelpunkt des jüdischen Glaubens. Buße heißt, daß wir von der Sünde ablassen und uns Gott zuwenden und damit dem Leben, das wir nach Gottes Plan führen sollen.

JESU TAUFE

Matthäus 3, 13—17

Zu der Zeit kam Jesus aus Galiläa an den Jordan zu Johannes, daß er sich von ihm taufen ließe. Aber Johannes wehrte ihm und sprach: Ich bedarf wohl, daß ich von dir getauft werde, und du kommst zu mir? Jesus aber antwortete und sprach zu ihm: Laß es jetzt also geschehen, denn so gebührt es uns, alle Gerechtigkeit zu erfüllen. Da ließ er's ihm zu. Und da Jesus getauft war, stieg er alsbald herauf aus dem Wasser. Und siehe, da tat sich der Himmel auf, und er sah den Geist Gottes wie eine Taube herabfahren und über sich kommen. Und siehe, eine Stimme vom Himmel herab sprach: Dies ist mein lieber Sohn, an welchem ich Wohlgefallen habe.

Als Jesus zu Johannes kam, um sich taufen zu lassen, war dieser sehr verwundert und wollte es zunächst nicht tun, da er überzeugt war, daß nicht Jesus dessen bedurfte, was er ihm zu geben vermochte, sondern daß er umgekehrt nötig hatte, was Jesus ihm geben konnte.
Beim Nachdenken über die Evangelienberichte ist es den Menschen von Anfang an schwer gefallen, die Taufe Jesu zu begrei-

fen. Johannes taufte die Menschen, um sie zur Buße aufzufordern und ihnen einen Weg zur Vergebung ihrer Sünden anzubieten. Wenn Jesus jedoch der ist, der er ist, wie wir glauben, dann bedurfte er weder der Umkehr noch der Vergebung Gottest. Johannes taufte Sünder, die sich ihrer Sündigkeit bewußt waren, und darum scheint die Taufe im Hinblick auf Jesus in keiner Weise anwendbar zu sein.

Schon sehr früh ist denn auch vermutet worden, Jesus habe sich nur seiner Mutter und seinen Brüdern zuliebe taufen lassen und sei nur ihrem inständigen Drängen gefolgt. Im Hebräerevangelium, einem der nicht ins Neue Testament aufgenommenen apokryphen Evangelien, kommt eine Stelle vor, die besagt: „Und siehe, die Mutter des Herrn und seine Brüder sprachen zu ihm: ‚Johannes der Täufer tauft zur Vergebung der Sünden; laß uns hingehen, damit wir getauft werden von ihm.' Er aber antwortete und sprach: ‚Was habe ich gesündigt, daß ich hinginge und ließe mich von ihm taufen? Es sei denn, daß ich dieses aus Unwissenheit sage.'"

Wir ersehen daraus, daß man sich schon sehr früh Gedanken über die Taufe Jesu gemacht hat. Es gab aber hinreichend gute Gründe, weshalb Jesus hinging und sich von Johannes taufen ließ.

1. Während der vielen Jahre, in denen Jesus getreulich seine Zimmermannspflichten in Nazareth erfüllt hatte, wußte er, daß die Welt auf ihn warte. Immer mehr wurde er sich der Aufgabe bewußt, die auf ihn wartete. Der Erfolg eines jeden Unternehmens hängt entscheidend von der Klugheit ab, mit der der Augenblick des Beginns gewählt wird. So muß auch Jesus auf die rechte Stunde gewartet haben, seine Stimme zu erheben. Als dann Johannes frei auftrat, wußte er, daß diese Zeit gekommen war.

2. Warum gerade in diesem Augenblick? Dafür gab es eine sehr einfache Antwort von entscheidender Wichtigkeit, nämlich die Tatsache, daß nie zuvor in der jüdischen Geschichte sich Juden hatten taufen lassen. Die Juden kannten zwar die Taufe und wendeten sie auch selbst an, jedoch nur bei Proselyten, bei Menschen, die zum Judentum übertraten. Daß sündenbefleckte Proselyten getauft werden mußten, erschien ihnen selbstverständlich, doch daß sie selbst, das auserwählte Volk, die Nachkommen Abrahams, die der göttlichen Erlösung sicher waren, die Taufe ebenfalls nötig hätten, erschien den Juden undenkbar. Nur die Sünder bedurften der Taufe; als Sünder aber verstanden die Juden sich nicht, als Sünder, die von Gott ausgeschlossen waren, denn waren sie nicht als Nachkommen Abrahams

für alle Ewigkeit gesichert? Jetzt kam den Juden zum ersten Mal in ihrer langen Geschichte zum Bewußtsein, daß auch sie Sünder waren, die Gottes dringend bedurften. Nie zuvor hatte es im jüdischen Volk eine so einzigartige Bußbewegung und Suche nach Gott gegeben.

Das war der Augenblick, auf den Jesus gewartet hatte. Wie nie zuvor waren die Menschen sich ihrer Sünde so bewußt gewesen und nie zuvor hatten sie in so hohem Maße erkannt, wie sehr sie Gott nötig hatten. Jetzt war die Gelegenheit gekommen, sich durch die Taufe mit den Gott suchenden Menschen zu identifizieren. Als Jesus kam, um sich taufen zu lassen, identifizierte er sich mit eben den Menschen, die zu erlösen er in die Welt gekommen war, und zwar in dem Augenblick, in dem sie sich ihrer eigenen Sündigkeit auf neue Weise bewußt geworden waren und nach Gott zu forschen begannen.

Die Stimme, die Jesus bei seiner Taufe hörte, ist von größter Wichtigkeit. „Dies ist mein lieber Sohn, an welchem ich Wohlgefallen habe." Dieser Satz setzt sich aus zwei Zitaten zusammen. „Dies ist mein lieber Shn" geht auf Psalm 2, 7 zurück, in dem alle Juden den Psalm sahen, in dem der Messias, der mächtige König Gottes, der in die Welt kommen sollte, beschrieben wurde. „An welchem ich Wohlgefallen habe" geht auf Jesaja 42, 1 zurück. Dort ist von dem duldenden Knecht die Rede. Die Darstellung dieses Knechts gipfelt im 53. Kapitel des Buches Jesaja. Während der Taufe empfing Jesus die Gewißheit, daß er tatsächlich der Erwählte Gottes war, und die Gewißheit, daß vor ihm der Kreuzesweg lag. In diesem Augenblick erkannte er, daß er zum König auserkoren sei und daß sein Thron das Kreuz sein werde. In diesem Augenblick erkannte er, daß er siegen werde, aber auch, daß seine einzige Waffe die Kraft sein werde, die von seiner leidenden Liebe ausging. In diesem Augenblick empfing Jesus seinen Auftrag und erkannte er den Weg, auf dem einzig und allein er ihn erfüllen konnte.

DIE ZEIT DER PRÜFUNG

Schrittweise breitet Matthäus den Bericht von Jesus vor uns aus. Zunächst hat er geschildert, wie Jesus in die Welt kam. Danach läßt er uns zum Bewußtsein kommen, daß Jesus erst einmal seine Pflichten gegenüber seinen nächsten Angehörigen getreulich erfüllen mußte, ehe er daran gehen konnte, in die Welt zu gehen, daß er sich zunächst als treu im Kleinen erweisen mußte, ehe Gott ihm die größte Aufgabe der Welt übertrug.

Dann schilderte er, wie Jesus erkannte, daß seine Stunde geschlagen habe, als Johannes der Täufer auftrat, daß die Zeit gekommen sei, sein Werk zu beginnen. Er macht uns klar, daß Jesus sich mit der beispiellosen Suche der Menschen nach Gott identifiziert und erkennt, daß er der Erwählte Gottes ist, dessen Weg zum Sieg über das Kreuz führt.

Die Frage, vor die sich Menschen, denen eine Vision zuteil wird, unmittelbar nach dem Gesicht gestellt sehen, ist: Wie kann der Traum zur Wirklichkeit werden? Vor dieses Problem sah sich auch Jesus gestellt. Er war gekommen, um die Menschen wieder zu Gott zu führen. Wie konnte das geschehen? Wie mußte er dabei vorgehen? Sollte er als ein mächtiger Sieger daherkommen, oder sollte er den Weg der geduldigen, opferbereiten Liebe gehen? Mit diesen Fragen wurde Jesus während seiner Versuchungen konfrontiert. Nachdem ihm die Aufgabe anvertraut war, mußte er sich jetzt fragen, auf welche Weise er dem Auftrag Gottes gerecht werden könne.

JESU VERSUCHUNG

Matthäus 4, 1—11

Da ward Jesus vom Geist in die Wüste geführt, auf daß er von dem Teufel versucht würde. Und da er vierzig Tage und vierzig Nächte gefastet hatte, hungerte ihn. Und der Versucher trat zu ihm und sprach: Bist du Gottes Sohn, so sprich, daß diese Steine Brot werden. Und er antwortete und sprach: Es steht geschrieben (5. Mose 8, 3): „Der Mensch lebt nicht vom Brot allein, sondern von einem jeglichen Wort, das durch den Mund Gottes geht." Da führte ihn der Teufel mit sich in die heilige Stadt und stellte ihn auf die Zinne des Tempels und sprach zu ihm: Bist du Gottes Sohn, so wirf dich hinab; denn es steht geschrieben (Ps. 91, 11. 12): „Er wird seinen Engeln über dir Befehl tun, und sie werden dich auf den Händen tragen, auf daß du deinen Fuß nicht an einen Stein stoßest." Da sprach Jesus zu ihm: Wiederum steht auch geschrieben (5. Mose 6, 16): „Du sollst Gott, deinen Herrn nicht versuchen."

Wiederum führte ihn der Teufel mit sich auf einen sehr hohen Berg und zeigte ihm alle Reiche der Welt und ihre Herrlichkeit und sprach zu ihm: Das alles will ich dir geben (5. Mose 6, 16): „Du sollst Gott, deinen Herrn, nicht zu ihm: Hebe dich weg von mir, Satan! denn es steht ge-

schrieben (5. Mose 6, 13): „Du sollst anbeten Gott, deinen Herrn, und ihm allein dienen." Da verließ ihn der Teufel. Und siehe, da traten die Engel zu ihm und dienten ihm.

Bei der Untersuchung dieses Abschnitts müssen wir uns von vornherein über die Bedeutung des Wortes Versuchung klarwerden. Während das Wort bei uns stets beinhaltet, daß jemand zum Bösen verführt werden, vom rechten Wege gelockt werden soll, besagt das entsprechende Wort des griechischen Urtextes, peirasis, darüber hinaus noch etwas anderes, nämlich vor allem Prüfung. Zu den wichtigsten Geschichten des Alten Testaments gehört der Bericht, wie Abraham davon bewahrt blieb, seinen einzigen Sohn, Isaak, zu opfern. Die Geschichte beginnt: „Nach diesen Geschichten versuchte Gott Abraham" (1. Mose 22, 1). Hier kann das Wort versuchen unmöglich bedeuten zu etwas Bösem zu verführen trachten, denn es ist undenkbar, daß Gott die Menschen von sich aus zu Übeltätern zu machen versucht. Ganz klar wird die Sache jedoch, sobald wir darunter verstehen: „Nach diesen Geschichten prüfte Gott Abraham." Die Zeit, daß Gott die Treue Abrahams auf die äußerste Probe stellte, war gekommen. Ebenso wie Metall einem weit über die spätere tatsächliche Beanspruchung hinausreichenden Testverfahren unterworfen wird, was erforderlich ist, damit es sinnvoll verwendet werden kann, so muß Gott die Menschen prüfen, bevor er sie seinen Absichten dienstbar machen kann. „Gelobt sei der Name des Herrn", sagten die Juden, „der niemanden erhöht, den er nicht zuvor geprüft und erforscht hat; nur wer sich dieser Prüfung gewachsen zeigt, erhält einen Ehrenplatz."

Darin liegt etwas sehr Erhebendes. Das, was wir als Versuchung bezeichnen, soll uns nicht etwa zur Sünde veranlassen, sondern uns vielmehr dahin bringen, sie zu überwinden. Versuchungen sollen uns nicht schlechter, sondern besser machen, sie sollen uns nicht schwächen, sondern stärken. Geläutert sollen wir aus allen schweren Prüfungen hervorgehen, die keine Strafe, sondern eine Ehre des Menschseins sind. Gott prüft die Menschen, deren er sich bedienen will. Wir müssen bei diesem Geschehen also immer bedenken, daß es sich eher um eine Erprobung Jesu handelt. Beachten müssen wir auch, an welchem Ort diese Prüfung erfolgte, nämlich in der Wüste. Zwischen Jerusalem, das auf dem zentralgelegenen, das Rückgrat Palästinas bildenden Hochland liegt, und dem Toten Meer erstreckt sich eine Wüste, die eine Fläche von über hundert Quadratkilometern einnimmt. Gelber Sand, bröckeliges Kalkgestein und unzählige Kieselsteine kennzeichnen das Gebiet. Es kommen Schichtverschiebungen vor, so daß die Bergrücken in verschiedenen Richtungen verlaufen. Die Höhen sehen wie Schutthaufen aus; das Kalkgestein ist sehr wasserdurchlässig und bröckelig und die Felsen kahl. Der Boden hallt unter den Hufen der Pferde hohl wider. In der Hitze schimmert und gleißt die Wüste wie ein riesiger Ofen. Zum Toten Meer hin fällt sie mehrere hundert Meter steil ab. In dieser Wildnis war Jesus einsamer als irgendwo sonst in Palästina. Er ging dorthin, um allein zu sein. Nachdem Gott zu ihm gesprochen hatte, wollte er darüber nachdenken, auf welche Weise er sich an die Aufgabe machen könne, die Gott ihm übertragen hatte. Bevor er zu wirken begann, mußte er sich Klarheit über alle damit zusammenhängenden Dinge verschaffen, und dazu brauchte er die Einsamkeit.

Vielleicht geraten wir deswegen so häufig auf Abwege und verfallen Irrtümern, weil wir nicht mehr das Alleinsein suchen. Es gibt Dinge, die der Mensch mit sich allein ausmachen muß. Es gibt Zeiten, in denen uns kein noch so gut gemeinter Rat anderer etwas nützt. Wenn ein solcher Zeitpunkt erreicht ist, müssen wir zu handeln aufhören und erst einmal nachdenken. Vielleicht begehen wir viele Fehler nur deshalb, weil wir uns keine Zeit mehr nehmen, mit Gott allein zu sein.

EINE HEILIGE GESCHICHTE

Matthäus 4, 1–11 (Fortsetzung)

Noch etwas müssen wir beachten, ehe wir darangehen, den Bericht von Jesu Versuchung im einzelnen zu untersuchen.

1. Es scheint, als ob die Verfasser der ersten drei Evangelien Nachdruck darauf legen, daß die Versuchung Jesu unmittelbar im Anschluß an seine Taufe erfolgt sei. Bei Markus heißt es: „Und a l s b a l d trieb ihn der Geist in die Wüste" (Mark. 1, 12). Das Leben lehrt uns, daß auf jeden großen Augenblick ein Augenblick des Rückschlages folgt, und daß gerade hier immer wieder die Gefährdung liegt. So erging es beispielsweise Elia, der den Baalspropheten auf dem Berge Karmel mutig entgegentrat und sie besiegte (1. Kön. 18, 17–40). In diesem Augenblick zeigt Elia größten Mut und legte Zeugnis für Gott ab. Doch der Tod der Propheten Baals brachte die gottlose Isebel so sehr auf, daß sie Elia drohte, sie werde ihn ebenso umbrin-

gen lassen, wie er ihre Propheten umgebracht habe. „Da fürchtete er sich, machte sich auf und lief um sein Leben und kam nach Beerseba" (1. Kön. 19, 3). Der Mann, der zuvor furchtlos allem und jedem entgegengetreten war, rannte jetzt von Angst gepeinigt um sein Leben. Ein Rückschlag erfolgte. Auf besonders große Augenblicke oder Erlebnisse folgen meistens Zeiten des Rückschlags. Auf Höhepunkte folgen Tiefpunkte, das scheint ein Gesetz des Lebens zu sein. Der Versucher hatte den Zeitpunkt, zu dem er an Jesus herantrat, sorgfältig und sehr geschickt gewählt. Trotzdem überwand Jesus ihn. Wir sollten stets dann besonders auf der Hut sein, wenn das Leben uns Höhepunkte beschert hat, denn gerade zu diesem Zeitpunkt sind wir am stärksten gefährdet und stürzen leicht in den Abgrund.

2. Wir dürfen uns das Erlebnis, das Jesus hatte, nicht als einen äußeren Vorgang vorstellen. Es handelt sich vielmehr um einen Kampf in seinem Innern, der Herz, Verstand und Seele betraf. Das geht ganz eindeutig schon daraus hervor, daß es keinen Berg gibt, der so hoch ist, daß man von dort aus alle Reiche der Welt zu überblicken vermöchte. Der Versucher tritt von innen, in unseren Gedanken und unseren Sehnsüchten, an uns heran. Es handelt sich um eine geistige Heimsuchung, die freilich als so real, so wirklich empfunden wird, daß wir den Teufel dabei zu sehen glauben. So wird noch heute auf der Wartburg an der Wand des Lutherzimmers ein Tintenklecks gezeigt, der entstand, als Luther mit dem Tintenfaß nach dem Teufel warf, als dieser ihn versuchte. Die Macht des Teufels besteht nämlich gerade darin, daß er unsere Widerstandskraft zerbricht und uns von innen angreift. Unsere Gedanken und Begierden sind seine besten Bundesgenossen.

3. Wir dürfen uns auch nicht vorstellen, daß Jesus den Versucher damals ein für allemal besiegt habe und nie wieder von ihm heimgesucht worden sei. In Cäsarea Philippi trat der Versucher abermals an Jesus heran, als Petrus ihm vom Weg des Kreuzes abzuraten versuchte und Jesus ihm mit denselben Worten wie dem Versucher antwortete: „Hebe dich, Satan, von mir!" (Matth. 16, 23). Und am Ende seines Lebens sagte Jesus zu den Jüngern: „Ihr aber seid's, die ihr beharrt habt bei mir in meinen Anfechtungen" (Luk. 22, 28). Und nie hat es einen größeren Kampf mit der Versuchung gegeben als den, den Jesus in Gethsemane ausfocht, bevor er den Kreuzestod endgültig annahm (Luk. 22, 42—44). Ständige Wachsamkeit ist der Preis der Freiheit. Bis zum letzten Augenblick hört der Kampf des Christen nicht auf. Manchmal bekümmert es die Menschen, da

sie meinen, einmal müßten sie ein Stadium erreichen, in dem keine Versuchung ihnen etwas anhaben könne. Jesus hat diesen Zustand in seinem Leben nie erreicht, sondern mußte sein ganzes Leben hindurch kämpfen. Deshalb kann er auch uns in unseren Kämpfen beistehen und hindurchhelfen.

4. Eins ist sicher: Die Versuchungen, mit denen Jesus in dieser Zeit fertig werden mußte, konnten nur jemandem widerfahren, der über besondere Kräfte verfügte und sich dessen auch bewußt war. Hier steht Jesus vor dem Problem, was er mit den übernatürlichen Kräften tun sollte, die ihm zuteil geworden waren. Wir dürfen nicht vergessen, daß das auch bei uns ebenso ist. Immer wieder sind es die Gaben, die wir empfangen haben, durch die wir gefährdet sind. Wer Charme besitzt, ist nur zu leicht versucht, damit alles zu bewerkstelligen. Der redegewandte Mensch ist immer wieder versucht, seine Begabung dazu zu mißbrauchen, sich herauszureden und sein Verhalten um jeden Preis zu rechtfertigen. Wer eine lebhafte Phantasie mitbekommen hat, ist viel mehr Versuchungen ausgesetzt als schwerfällige, gleichmütige Menschen. Wer hochbegabt ist, sieht sich der Versuchung ausgesetzt, seine Gaben nicht für andere, sondern nur für sich selbst auszunutzen, um so statt zum Diener der Menschen zu ihrem Herrn zu werden. Es ist eine schreckliche Tatsache, daß wir vor unseren starken Seiten am meisten auf der Hut sein müssen.

5. Wer diesen Bericht liest, kann nicht umhin, sich klarzumachen, daß es dafür nur eine einzige Quelle geben kann: Jesus selbst. Diese Geschichte ist deswegen so besonders geheiligt, weil Jesus uns darin sagt, daß er anderen in allen ihren Versuchungen helfen kann, weil er selbst versucht worden sei.

DER VERSUCHER GREIFT JESUS AN

Matthäus 4, 1–11 (Fortsetzung)

Der Versucher tritt von drei Seiten an Jesus heran. Jede seiner Attacken ergibt sich ganz zwangsläufig.

1. Jesus wird versucht, Steine in Brot zu verwandeln. Die Wüste war mit kleinen Stücken von Kalkgestein übersät, die genau wie kleine Brote aussahen und für Jesus infolgedessen eine Versuchung darstellten, *sich seine Kräfte selbst zunutze zu machen*, ohne an die anderen zu denken. Doch das lehnte Jesus ab. Der Versuchung, dem Eigennutz zu erliegen, sind alle Menschen ausgesetzt. Wir alle haben von Gott

irgendeine Gabe erhalten und stehen vor der Frage: „Was kann mir diese Gabe nützen?“ oder aber vor der Frage: „Wie kann ich mit dieser Gabe anderen Menschen nützen?“ Derartige Versuchungen können schon durch die einfachsten Dinge hervorgerufen werden. Wer zum Beispiel eine gut anzuhörende Stimme besitzt, kann ein Geschäft daraus machen und sich unter Umständen weigern, zu singen, wenn er nicht dafür bezahlt wird. Daß er seine Stimme ausnutzt, um damit Geld zu verdienen, wird ihm niemand verübeln, wohl aber, daß er grundsätzlich und ausschließlich gegen Bezahlung singt. Niemand entgeht der Versuchung, die Gaben, die er von Gott empfangen hat, nur zu seinem persönlichen Nutzen anzuwenden.

Doch noch etwas ist bei dieser Versuchung zu beachten. Jesus wußte, daß er der Messias Gottes war, und stand in der Wüste vor der Entscheidung, welchen Weg er einschlagen sollte, um die Menschen für Gott zu gewinnen. Wie mußte er vorgehen, um dem Auftrag gerecht zu werden, den er von Gott empfangen hatte? Ein sicherer Weg, die Menschen zu bewegen, ihm nachzufolgen, war zweifellos, ihnen Brot zu geben. Gab die Geschichte ihm darin nicht recht? Hatte Gott seinem Volk in der Wüste nicht Manna geschenkt? Hatte Gott nicht gesagt: „Ich werde Brot vom Himmel auf euch regnen lassen?“ Hatten die Propheten in ihren Gesichten nicht eben diesen Traum von der Zeit zukünftigen Heils geträumt? Hatte Jesaja nicht gesagt: „Sie werden weder hungern noch dürsten“ (Jes 49, 10)? War der Traum vom himmlischen Gastmahl nicht fester Bestandteil der zwischentestamentlichen Vorstellungen vom Reich Gottes? Wenn Jesus den Menschen hätte Brot geben wollen, hätte er mehr als genug Gründe anführen können, die dies gerechtfertigt hätten.

Doch es wäre in doppelter Hinsicht falsch gewesen, hätte er den Menschen Brot gegeben. Es hätte erstens nach Bestechung ausgesehen und hätte bedeutet, die Menschen um deswillen, was sie an materiellen Vorteilen daraus gewinnen könnten, zu überreden, ihm nachzufolgen. Dabei bestand der Lohn, den Jesus anzubieten hatte, doch gerade darin, daß er sie aufforderte, mit ihm den Kreuzesweg zu gehen. Er forderte die Menschen zum Geben, nicht zum Nehmen auf. Die Menschen mit materiellen Dingen für sich zu gewinnen, hätte geheißen, daß er alles verleugnete, um dessentwillen er gekommen war. Er hätte damit endgültig seine eigene Absicht durchkreuzt. Zweitens hätte es bedeutet, die Symptome, nicht aber die Krankheit selber zu behandeln. Die Menschen sind hungrig. Die Frage ist jedoch, *weshalb sie hungern müssen*. Sind ihre eigene Torheit, ihre Hilflosigkeit und Sorglosigkeit daran schuld? Müssen sie hungern, weil die einen zu viel, die anderen zu wenig besitzen? Wer den Hunger bekämpfen will, muß die Ursachen des Hungers bekämpfen, die in den Menschen selbst liegen. Außerdem gibt es einen Hunger des Herzens, der durch materielles Wohlergehen niemals gestillt werden kann. So antwortete Jesus dem Versucher mit den gleichen Worten, mit denen Gott seinem Volk bereits in der Wüste Belehrung hatte zuteil werden lassen: „Der Mensch lebt nicht vom Brot allein, sondern von einem jeglichen Wort, das durch den Mund Gottes geht" (vgl. 5. Mose 8, 3). Nur der Hunger derer, die gelernt haben, daß sie sich in allem auf Gott verlassen können, wird wahrhaft befriedigt werden.

2. Darauf attackierte der Versucher Jesus von einer anderen Seite her. In einer Vision führte er ihn auf die Z i n n e d e s T e m p e l s. Das kann zweierlei bedeuten. Der Tempel stand auf dem Berg Zion, dessen Gipfel man zu einem Platz eingeebnet hatte, auf dem sich das Tempelgelände mit seinen verschiedenen Gebäuden befand. Dort, wo die Halle Salomos und die königliche Halle zusammenstießen, fiel das Gelände etwa hundertfünfzig Meter tief steil ins Kidrontal ab. Weshalb sollte Jesus nicht von dieser Zinne aus hinunterspringen und sicher im Tal landen? Das würde die Menschen so in Staunen versetzen, daß sie ihm als jemandem, der etwas Derartiges zu tun vermochte, nachfolgen würden. Auf dem Dach des Tempelhauses selbst befand sich eine Stelle, von der aus ein Priester allmorgendlich, wenn sich die erste Morgenröte über den Anhöhen von Hebron zeigte, seine Posaune ertönen ließ, um damit anzukündigen, daß die Zeit des Morgenopfers gekommen sei. Weshalb sollte Jesus nicht von dort in den Tempelhof hinabspringen und die Menschen durch diese erstaunliche Tat veranlassen, ihm zu folgen? Hatte Maleachi nicht gesagt: „Bald wird kommen zu seinem Tempel der Herr, den ihr sucht" (Mal. 3, 1)? War nicht verheißen worden, daß die Engel den Gottesmann auf Händen tragen würden, damit ihm kein Leid geschehe (Ps. 91, 11. 12)?

Nach dieser Methode gingen die ständig aufs neue auftauchenden Männer vor, die sich als Messias bezeichneten. So hatte Theudas die Menschen an den Jordan geführt und ihnen verheißen, er werde mit einem Wort die Wasser vor ihnen teilen. Der Ägypter, von dem in der Apostelgeschichte die Rede ist (Apg. 21, 38), hatte verheißen, auf ein Wort von ihm hin würden die Mauern Jerusalems umfallen. Von Simon Magus hieß es, er habe verheißen, durch die Luft zu fliegen, sei aber bei diesem Versuch umgekommen. Alle diese Scharlatane hatten sensationelle Dinge in Aussicht gestellt, konnten ihr Versprechen jedoch nicht einlösen. Jesus dagegen konnte alles vollbringen, was er versprach. Weshalb sollte er also keinen Gebrauch davon machen?

Zwei gute Gründe veranlaßten Jesus, von einer solchen Handlungsweise abzusehen. Erstens: Wer die Menschen durch Sensationen für sich zu gewinnen trachtet, begibt sich damit in eine aussichtslose Sackgasse, denn um seine Macht und seinen Einfluß zu behaupten, muß er ständig für neue und größere Sensationen sorgen. Was heute noch ein Wunder ist, gehört morgen schon zum Alltäglichen. Wäre das Evangelium auf Sensationsmache gegründet, wäre es von vornherein zum Mißlingen verurteilt gewesen. Zweitens: Es ist unangemessen, derartigen Gebrauch von der Kraft Gottes zu machen. „Ihr sollt den Herrn, euren Gott, nicht versuchen" (5. Mose 6, 16). Damit ist gemeint: Es ist sinnlos, zu versuchen, wieweit wir gehen dürfen; es ist sinnlos, sich absichtlich in Gefahr zu begeben und dann zu erwarten, daß Gott uns schon retten wird, wenn wir ihr nicht gewachsen sind. Wohl erwartet Gott von uns, daß wir vor Gefahren und Risiken nicht zurückschrecken und ihm vertrauen, doch keineswegs, daß wir es tun, um unser persönliches Ansehen dadurch zu steigern. Ein Glaube, der von Zeichen und Wundern abhängig ist, ist überhaupt kein Glaube. Glaube ist nicht wirklich Glaube, wenn er auf Sensationen angewiesen ist, sondern entpuppt sich in Wahrheit als Zweifel, der nach Beweisen sucht, und zwar an der falschen Stelle. Gottes rettende Kraft ist nicht zum Spielen und Experimentieren da, sondern dazu, daß wir ihr im Hinblick auf den normalen Lebensablauf ruhig und still vertrauen.

Jesus lehnte diesen Weg ab, weil er wußte, daß Sensationen auf die Dauer nicht zum Erfolg führen und daß sie kein Zeichen des Vertrauens, sondern ein Zeichen des Mißtrauens gegenüber Gott sind.

3. Der Versucher beschritt daher noch einen dritten Weg. Jesus war gekommen, um die Welt zu erlösen, und als er im Geist diese Welt vor sich sah, hörte er die Stimme des Versuchers sagen: „Wenn du niederfällst und mich anbetest, will ich dir alle Reiche der Welt geben." Hatte Gott nicht zu seinem Erwählten gesagt: „Bitte mich, so will ich dir Völker zum Erbe geben und der Welt Enden zum Eigentum" (Ps. 2, 8)? Der Versucher sagte: „Laß uns einen Kompromiß schließen! Laß uns einig werden! Stecke deine Ziele nicht ganz so hoch! Drück ein Auge zu – dann werden dir die Menschen in Scharen folgen!"

Hier ging es um die Versuchung, mit der Welt handelseins zu werden, statt ihr kompromißlos mit den Forderungen Gottes entgegenzutreten, um die Versuchung, durch einen Rückzug weiterzukommen und die Welt dadurch zu ändern zu versuchen, daß man wie die Welt wurde. Daher antwortete Jesus denn auch: „Du sollst anbeten Gott, deinen Herrn, und ihm allein dienen" (5. Mose 6, 13). Jesus war ganz sicher, daß sich das Böse nicht dadurch überwinden läßt, daß wir einen Kompromiß mit ihm schließen. Er dokumentierte, daß der christliche Glaube zu keinem Vergleich geneigt ist. Er darf nicht auf das Niveau der Welt herabsinken, sondern soll die Welt zu sich emporziehen.

Jesus entschied sich, die Menschen weder zu bestechen noch durch Sensationen zu veranlassen, ihm zu folgen; er entschied sich für die kompromißlose Verkündigung seiner Botschaft. Damit entschied er sich zwangsläufig für das Kreuz — ebenso zwangsläufig damit aber auch zum endgültigen Sieg. Diesen Weg gehen, hieß den Weg der Überwindung gehen.

DER SOHN GOTTES GEHT HERVOR

Matthäus 4, 12–17

Da nun Jesus hörte, daß Johannes gefangengelegt war, zog er in das galiläische Land und verließ die Stadt Nazareth, kam und wohnte zu Kapernaum, das da liegt am See im Lande Sebulon und Naphthali; auf daß erfüllt würde, was da gesagt ist durch den Propheten Jesaja, der da spricht (Jes. 8, 23; 9, 1): „Das Land Sebulon und das Land Naphthali, die Straße am See, das Land jenseits des Jordan, das heidnische Galiläa, das Volk, das in Finsternis saß, hat ein großes Licht gesehen; und die da saßen am Ort und Schatten des Todes, denen ist ein Licht aufgegangen." Seit der Zeit fing Jesus an zu predigen und zu sagen: Tut Buße, denn das Himmelreich ist nahe herbeigekommen.

Das Unglück des Johannes ließ nicht lange auf sich warten. Er wurde verhaftet und von König Herodes auf der Feste Machärus eingekerkert. Sein Verbrechen bestand darin, daß er Herodes öffentlich angeklagt hatte, weil er die Frau seines Bruders entführt und geheiratet hatte, nachdem er seine eigene Frau verstoßen hatte. Orientalischen Gewaltherrschern Vorwürfe zu machen, ist gefährlich, und so mußte auch Johannes seinen Mut mit Gefangenschaft und Tod bezahlen. Wir werden später noch genauer darauf zu sprechen kommen, da Matthäus erst Kapitel 14, 3—12 Näheres darüber berichtet.

Für Jesus war jetzt der Augenblick gekommen, Nazareth zu verlassen und mit seiner Wirksamkeit zu beginnen.

Er verließ Nazareth und ging nach Kapernaum. Damit tat er einen endgültigen Schritt. Nachdem Jesus seine Heimat einmal verlassen hatte, kehrte er nie mehr zu seinen Angehörigen zurück. Es ist, als habe er die Tür hinter sich geschlossen, bevor er die vor ihm liegende Tür öffnete. Es erfolgte ein sauberer Schnitt zwischen Altem und Neuem. Ein Kapitel war abgeschlossen, ein neues begann. In jedem Leben gibt es solche Augenblicke der Entscheidung, und es ist in jedem Fall besser, durch einen unter Umständen schmerzlichen Einschnitt zur Klarheit zu gelangen, als unentschlossen zwischen zwei Verhaltensweisen hin und her zu schwanken.

Jesus ging nach Galiläa. Er war sich wohl bewußt, was er tat, als er sich dorthin wandte, um mit seiner Wirksamkeit zu beginnen. Galiläa lag im äußersten Norden Palästinas, zwischen der Ebene Jesreel und dem Nahr el Kaimije, dem Mittelmeer und dem Jordan. Es reichte nicht ganz bis an die Mittelmeerküste heran, da sich der Küstenstreifen in der Hand der Phönizier befand. Im Nordosten grenzte es an Syrien, im Osten bildete das Galiläische Meer die Grenze. Galiläa war nicht groß; es erstreckte sich achtzig Kilometer in nordsüdlicher und etwa vierzig Kilometer in westöstlicher Richtung. Trotz seiner geringen Größe war Galiläa dicht besiedelt, da es die weitaus fruchtbarste Landschaft Palästinas war. Das Land war von geradezu sprichwörtlicher Fruchtbarkeit, und es hieß, es sei leichter, in Galiläa eine Legion Olivenbäume großzuziehen als in Judäa auch nur ein einziges Kind. Der jüdische Geschichtsschreiber Josephus, der vorübergehend Galiläa verwaltet hat, beschrieb das Land folgendermaßen: „Es ist reich an Acker- und Weideland; alle Baumsorten gedeihen dort, und es verlockt durch seine Ergiebigkeit selbst jene Menschen zum Ackerbau, die sonst nicht die geringste Neigung dazu zeigen würden. Jedes Fleckchen ist kultiviert, nirgendwo liegt Boden brach." Infolge seiner Fruchtbarkeit war Galiläa im Verhältnis zu seiner Größe dicht besiedelt. Josephus spricht von zweihundertundvier Dörfern, von denen keines unter fünfzehntausend Einwohnern gehabt habe. Jesus begann also in jenem Teil Palästinas, wo er seine Botschaft einer größeren Bevölkerung als anderswo zugänglich machen konnte. Er begann mit seiner Wirksamkeit in

einem Gebiet, das von Menschen wimmelte, denen er das Evangelium verkündigen konnte.
Galiläa war aber nicht nur ein volkreicher Landesteil, sondern auch die Bevölkerung dort war von besonderer Art. Nirgendwo in Palästina war man neuen Gedanken gegenüber so aufgeschlossen wie in Galiläa. Bei Josephus heißt es dazu: „Stets war man für Neuerungen zu haben, und die Menschen waren von Natur aus stets zu Änderungen bereit und ließen sich nur zu gern zum Aufruhr hinreißen." Bereitwillig folgten sie jedem Empörer; sie waren leidenschaftlich, streitsüchtig und gleichzeitig sehr tapfer. „Den Galiläern hat es nie an Mut gefehlt", schreibt Josephus. „Feigheit war so gut wie unbekannt bei ihnen." „Stets ging es ihnen mehr um ihre Ehre als um ihren Gewinn." Die Galiläer waren aufgrund ihrer angeborenen Eigenschaften für alles Neue aufgeschlossen, und daher mußte auch das Evangelium bei ihnen auf fruchtbaren Boden fallen.
Die Aufgeschlossenheit der Galiläer hatte verschiedene Ursachen.

1. Der Name G a l i l ä a geht auf das hebräische Wort g a l i l = K r e i s zurück. Die vollständige Bezeichnung dieser Landschaft lautete: G a l i l ä a d e r H e i d e n, womit nicht gemeint ist, daß Galiläa selbst heidnisch war, sondern, daß es von Heiden umgeben war. Im Westen waren die Phönizier ihre Nachbarn, im Norden und Osten die Syrer und im Süden die Samariter. Galiläa war der einzige Landesteil Palästinas, in dem man zwangsläufig mit nichtjüdischen Gedanken in Berührung kommen mußte, weil man ihrem Einfluß von allen Seiten ausgesetzt war.

2. Der Weltverkehr ging mitten durch Galiläa hindurch. Das haben wir uns bereits bei Nazareth klargemacht. Durch Galiläa führte eine Straße von Damaskus nach Ägypten und weiter ins Innere Afrikas. Auch zu den Ostgrenzen der damaligen Welt führte eine Straße durch Galiläa. Während der Weltverkehr mitten durch Galiläa pulsierte, nahm Judäa im Süden des Landes eine ziemlich isolierte Stellung ein. „Judäa lag auf dem Wege nirgendwohin, Galiläa auf dem Wege überallhin", hat einmal jemand gesagt. Während Judäa sich von allen fremden Einflüssen abschirmen konnte, war dies in Galiläa gänzlich ausgeschlossen. Alles Neue nahm den Weg auch nach Galiläa.

3. Die geographische Lage hatte sich auch auf die geschichtliche Entwicklung des Landes ausgewirkt. Immer wieder war Galiläa überfallen und besiegt worden, Fremdmächte waren über das Land hinweggegangen und hatten es sich zeitweilig ganz und gar einverleibt. Ursprünglich war es den Stämmen Sebulon,

Naphthali und Asser zugewiesen worden, als die Israeliten in das Land gekommen waren (Jos. 9); doch war es diesen Stämmen nie gelungen, die Kanaaniter, die dort ansässig gewesen waren, ganz zu vertreiben, so daß die Bevölkerung Galiläas von Anfang an gemischt war. Von Norden und Osten her war das Land mehr als einmal in die Hände fremder Eroberer geraten und ging dem Reich Israel schon im achten Jahrhundert verloren, als es an die Assyrer fiel. Der größte Teil der Bevölkerung geriet in Gefangenschaft, und Fremde wurde im Lande angesiedelt. So kam viel fremdes Blut nach Galiläa, das sich vom achten bis zum zweiten vorchristlichen Jahrhundert in der Hand der Heiden befand. Als die Juden unter Nehemia und Esra aus Babylon zurückkehrten, kamen viele Galiläer in den Süden, um fortan in Jerusalem zu leben. Im Jahre 164 v. Chr. verfolgte Simon Makkabäus die Syrer und trieb sie bis nördlich von Galiläa in ihr eigenes Land zurück; auf dem Rückwege zogen die restlichen Galiläer mit ihm nach Süden. Im Jahre 104 v. Chr. eroberte Aristobul Galiläa für den jüdischen Staat zurück und begann, die Bewohner gewaltsam zu beschneiden und sie auf diese Weise zu Juden zu machen, ob sie nun damit einverstanden waren oder nicht. Galiläa hatte im Verlauf seiner Geschichte neues Blut, neue Gedanken und neue Einflüsse zu verkraften gehabt.

So war Galiläa aufgrund der natürlichen Gegebenheiten im Hinblick auf die Eigenarten seiner Bevölkerung und den Verlauf seiner Geschichte wie kein anderer Landesteil Palästinas aufnahmebereit für neue Botschaften. Hier begann Jesus seinen Auftrag auszuführen und seine Botschaft zu verkündigen.

DER HEROLD GOTTES

Matthäus 4, 12–17 (Fortsetzung)

Bevor wir uns einem neuen Abschnitt zuwenden, müssen wir noch verschiedenes beachten:

Jesus ging in die Stadt Kapernaum. Korrekt müßte es heißen C a p h a r n a u m, denn die Form K a p e r n a u m kommt erst seit dem fünften nachchristlichen Jahrhundert vor. Dieser Name hat sich bei uns jedoch so eingebürgert, daß es nicht ratsam scheint, ihn durch die korrektere Form Capharnaum zu ersetzen.

Wegen der Lage Kapernaums hat es viel Hin und Her gegeben, da man sich darüber nicht ganz im klaren war. Am wahrscheinlichsten ist, daß Kapernaum an der heutigen Trümmerstätte tell hum am Westufer im äußersten Norden des galiläischen Meeres gelegen hat. Möglicherweise hat sich die Stadt aber auch vier Kilometer südwestlich von tell hum befunden, in Khan Minyeh. Auf jeden Fall sind von Kapernaum nur Trümmer übriggeblieben.

Es entsprach einer Gewohnheit des Matthäus, für alle Geschehnisse im Leben alttestamentliche Stellen als Prophezeiungen anzuführen. So glaubte er auch hier Jesaja 9, 1. 2 eine derartige Prophezeiung gefunden zu haben. In Wirklichkeit handelt es sich auch hier wieder um eine gewaltsame aus dem Zusammenhang gerissene Stelle, die Matthäus in seinem Sinne verwendet. Die Prophezeiung geht auf die Regierungszeit König Pekahs von Israel zurück. Damals waren die nördlichen Landesteile einschließlich Galiläa von den angreifenden Truppen der Assyrer verwüstet worden, und die Prophezeiung bezieht sich ursprünglich auf die Befreiung dieser eroberten Gebiete. Matthäus aber faßt sie als eine Prophezeiung des Lichtes auf, das Jesus in die Welt bringen sollte.

Am Schluß dieses Absatzes faßt Matthäus die Botschaft Jesu in einem kurzen Satz zusammen. In der Lutherbibel heißt es, Jesus habe angefangen zu predigen. Mit diesem Wort verbindet sich leider bei vielen Menschen nur der Gedanke an Langeweile. Deshalb wollen wir hier das entsprechende Wort des griechischen Urtextes heranziehen, das Wort keryssein, das bedeutet: als Herold den König ausrufen. Herold heißt im Griechischen keryx. Der keryx kam unmittelbar vom König und rief dessen Botschaften aus.

Dieses Wort sagt auch etwas über die Merkmale der Predigt Jesu aus, Merkmale, die jede Predigt kennzeichnen sollten.

1. Der Herold sprach mit fester, sicherer Stimme. An seiner Botschaft konnte kein Zweifel bestehen. Sie enthielt kein Vielleicht, kein Möglicherweise und kein Wahrscheinlich, sondern eine eindeutige Aussage, die keinen Widerspruch zuließ. Predigen heißt, das, was gewiß ist, anderen zu verkündigen. Wer selbst Zweifel hat, kann anderen keine Gewißheit geben.

2. Aus der Stimme des Herolds sprach die Autorität des Königs. Der Herold gab die königlichen Gesetze, Befehle und Beschlüsse bekannt. So sagte man auch von einem bekannten Prediger, er spreche keine verschwommenen Vermutungen aus, sondern das, was er erkannt habe und wisse. Das Evangelium verkünden heiße mit der unserer Zeit angepaßten prophetischen Autorität sprechen, wurde einmal gesagt.

3. Der Herold verkündete eine Botschaft, die nicht von ihm

selbst, sondern vom König ausging. Auch predigen heißt, aus einer anderen Quelle als sich selbst schöpfen. Die Predigt soll nicht Ausdruck der persönlichen Ansichten eines Menschen sein, sondern durch sie soll die Stimme Gottes zu den Menschen sprechen. Jesus sprach mit der Stimme Gottes zu den Menschen.

Die Botschaft Jesu bestand aus einem Gebot, das sich aus einer neuen Situation ergab: „Tut Buße!" sagte Jesus. „Laßt ab von euren Wegen und wendet euch zu Gott. Hebt eure Augen von der Erde zum Himmel empor. Ändert die Richtung, geht nicht länger von Gott fort, sondern auf Gott zu." Das war dringend erforderlich, weil das Reich Gottes nahe bevorstand. Die Ewigkeit war in die Zeit eingedrungen; in Jesus Christus war Gott auf die Erde gekommen, und deshalb war es so ungeheuer wichtig, daß die Menschen sich auf die richtige Seite stellten und die richtige Richtung einschlugen.

CHRISTUS BERUFT DIE FISCHER

Matthäus 4, 18–22

Als nun Jesus an dem Galiläischen Meer ging, sah er zwei Brüder, Simon, der da heißt Petrus, und Andreas, seinen Bruder, die warfen ihre Netze ins Meer; denn sie waren Fischer. Und er sprach zu ihnen: Folget mir nach; ich will euch zu Menschenfischern machen! Alsbald verließen sie ihre Netze und folgten ihm nach. Und als er von dannen weiterging, sah er zwei andere Brüder, Jakobus, den Sohn des Zebedäus, und Johannes, seinen Bruder, im Schiff mit ihrem Vater Zebedäus, daß sie ihre Netze flickten. Und er rief sie. Alsbald verließen sie das Schiff und ihren Vater und folgten ihm nach.

Das Galiläische Meer bildete den Mittelpunkt Galiläas. Seine Länge beträgt 21, seine größte Breite 9,5 Kilometer. Es war also klein, und es ist bezeichnend, daß Lukas, ein Heide, der so viel mehr von der Welt gesehen hatte, es niemals Meer (thalatta), sondern stets See (limne) nennt. Das Galiläische Meer bildet ein Oval, das in seinem oberen Teil breiter ist als in seinem unteren. Es liegt in einem Erdgraben, in dem auch das Jordantal verläuft, und sein Spiegel liegt schon 208 Meter unter dem des Mittelmeeres. Durch diese tiefe Lage ist auch das heiße Klima bedingt und die enorme Fruchtbarkeit der umliegenden Gebiete. Das Galiläische Meer oder der See Genezareth, was dasselbe ist, gehört zu den schönsten Seen der Welt. Wie ein blanker Spiegel liegt er inmitten sanfter Anhöhen und zerklüfteter Berge, die sich bis zu den Hängen des Hermon wie ein Gemälde vor dem blauen Himmelsgewölbe abheben.

Von den neun volkreichen Städten, die zur Zeit des Josephus am Ufer des Sees lagen, war in den dreißiger Jahren unseres Jahrhunderts nur noch Tiberias übriggeblieben und kaum mehr als ein Dorf.

Zur Zeit Jesu war der See voller Fischerboote. Es fiel Josephus bei einer seiner Unternehmungen nicht schwer, zweihundertundvierzig Fischerboote zusammenzubekommen, um von Tarichäa aus in See zu stechen; heute sind die wenigen Fischer nur noch in großen Abständen am See anzutreffen.

Es gab drei verschiedene Methoden beim Fischfang. Man fischte mit der Angel und man fischte, indem man Netze auswarf, entweder das große Schleppnetz oder das runde Wurfnetz, dessen Durchmesser bis zu drei Meter betrug. Mit geschicktem Schwung warf man die mit Bleikügelchen beschwerten Wurfnetze entweder vom Ufer aus oder aber von einer flachen, seichten Stelle am Rande des Sees aus ins Wasser. Dann zog man sie durchs Wasser, als ob man die Spitze eines Rundzeltes an Land ziehen wolle, und fing auf diese Weise die Fische. Derartige Netze handhabten Petrus, Andreas, Jakobus und Johannes, als Jesus sie sah. Man nannte sie amphiblestron. Schleppnetze wurden von einem Boot aus benutzt, besser noch von zwei Booten aus. An allen vier Enden des unten ebenfalls beschwerten Netzes befanden sich Taue. Das zunächst aufrecht im Wasser stehende Netz wurde zu einem Kegel, wenn die Boote es hinter sich herzogen, so daß man darin Fische fangen konnte. Um ein solches Schleppnetz handelt es sich im Gleichnis vom Fischnetz. Man nannte es sagene.

Jesus ging am Ufer des Sees entlang und rief Petrus, Andreas, Jakobus und Johannes zu sich. Wir dürfen nun nicht glauben, daß Jesus sie in diesem Augenblick zum ersten Mal sah und umgekehrt auch sie ihn. Nach dem Johannesevangelium waren zumindest einige von ihnen bereits Jünger Johannes des Täufers gewesen (Joh. 1, 35). Zweifellos hatten sie sich vorher schon mit Jesus unterhalten und ihm zugehört, doch erst jetzt forderte Jesus sie auf, ein für allemal gemeinsame Sache mit ihm zu machen.

Bei den Griechen erzählte man sich, Xenophon sei Sokrates das erste Mal auf einem schmalen Pfad begegnet, Sokrates habe ihm mit seinem Stock den Weg versperrt und gefragt, ob er wisse, wo man dies und jenes kaufen könne und wo dies und jenes hergestellt werde. Nachdem Xenophon die gewünschte Auskunft erteilt hatte, fragte Sokrates weiter: „Weißt du auch, wo man die Menschen gut und tugendhaft macht?" „Nein", erwiderte der junge Xenophon. „Dann folge mir nach, damit du es lernst", sagte Sokrates.

Auch Jesus forderte die Fischer auf, ihm zu folgen. Was waren es für Menschen, die Jesus zu sich berief? Sie waren weder besonders gelehrt noch besonders einflußreich oder reich oder von vornehmer Herkunft. Sie waren auch nicht besonders arm, sondern schlichte, arbeitende Menschen, die ihr Auskommen hatten und denen niemand eine große Zukunft vorausgesagt hätte. Jesus wählte also Durchschnittsmenschen. Als einst ein einfacher Mann mit Namen Äschines zu Sokrates kam und zu ihm sagte: „Ich bin ein armer Mann, der nichts als sich selbst zu geben hat", erwiderte Sokrates: „Ist dir nicht bewußt, daß du mir damit das Allerkostbarste gibst?" Auch Jesus braucht Durchschnittsmenschen, die sich ihm ganz schenken. Mit solchen Menschen kann er alles tun.

Diese Männer waren Fischer. Viele Gelehrte haben darauf hingewiesen, daß ein guter Fischer alle jenen Eigenschaften besitzen muß, die ihn befähigen, auch ein guter Menschenfischer zu werden.

1. Fischer müssen G e d u l d haben. Sie müssen lernen, geduldig zu warten, bis der Fisch den Köder nimmt. Wer unruhig ist und sich rasch bewegt, wird nie ein guter Fischer. Auch gute Menschenfischer brauchen Geduld. Nur selten führen Predigt und Unterweisung unmittelbar zu Ergebnissen. Wir müssen lernen, zu warten.

2. Fischer müssen A u s d a u e r haben und lernen, sich nicht entmutigen zu lassen, sondern es immer wieder zu versuchen. Ebenso dürfen auch Prediger und Lehrer den Mut nicht verlieren, wenn es aussieht, als sei all ihr Bemühen vergeblich. Sie müssen stets bereit sein, es aufs neue zu versuchen.

3. Fischer müssen M u t haben. Schon die alten Griechen sagten, wenn sie den Schutz der Götter erflehten: „Mein Schiff ist so klein und das Meer so groß." Fischer müssen bereit sein, auch der Wut des Meeres und den Stürmen standzuhalten. Auch Prediger und Lehrer sollten sich bewußt sein, daß es immer gefährlich bleiben wird, den Menschen die Wahrheit zu sagen.

4. Fischer müssen e i n e n B l i c k f ü r d e n r i c h t i g e n A u g e n b l i c k haben. Kluge Fischer wissen sehr wohl, daß es Zeiten gibt, in denen das Fischen aussichtslos ist. Sie wissen, wann sie ihre Netze werfen können und wann nicht. So wählen

auch gute Prediger und Lehrer den rechten Augenblick, um den Menschen die Wahrheit zu sagen. Ebenso wie es Zeiten gibt, in denen sie die Wahrheit erschüttern wird, gibt es auch Zeiten, in denen sie die Wahrheit in ihrer Opposition nur bestärkt und verhärtet. Kluge Prediger und Lehrer wissen, wann es an der Zeit ist zu sprechen, und wann an der Zeit, zu schweigen.

5. Fischer müssen wissen, mit welchem Köder sie welche Fische fangen müssen. Der eine Fisch beißt auf diesen Köder an, der andere auf jenen. Paulus hat gesagt, er werde allen Menschen alles sein, wenn er dadurch jemanden für Christus gewinnen könne. Kluge Lehrer und Prediger wissen, daß nicht alle Menschen sich auf die gleiche Weise gewinnen lassen, und müssen auch wissen, wo ihre eigenen Grenzen liegen. Sie sollten erkennen, auf welchen Gebieten ihre Stärke liegt und auf welchen Gebieten sie nichts erreichen können.

6. Kluge Fischer bleiben außer Sichtweite. Wer sich zu nahe an die Fische heranwagt, und sei es nur mit seinem Schatten, bei dem werden sie nicht anbeißen. So werden auch kluge Prediger und Lehrer stets darauf bedacht sein, den Menschen Jesus Christus ans Herz zu legen, ohne sich ihnen dabei aufzudrängen. Ihr Ziel soll sein, die Menschen auf den hinzuweisen, der hinter ihnen steht, nicht aber auf sich selbst.

DAS VORGEHEN DES MEISTERS

Matthäus 4, 23—25

Und Jesus ging umher im ganzen galiläischen Lande, lehrte in ihren Synagogen und predigte das Evangelium von dem Reich und heilte alle Krankheit und alle Gebrechen im Volk. Und die Kunde von ihm erscholl durch ganz Syrienland. Und sie brachten zu ihm alle Kranken, mit mancherlei Leiden und Plagen behaftet, die Besessenen, die Mondsüchtigen und die Gichtbrüchigen; und er machte sie gesund. Und es folgte ihm nach viel Volks aus Galiläa, aus den Zehn Städten, von Jerusalem, aus dem jüdischen Lande und von jenseits des Jordan.

Jesus hatte in Galiläa zu wirken begonnen, und wir haben schon gehört, wie wohlbereitet der Boden in Galiläa war, die Saat zu empfangen. Jesus entschloß sich, in Galiläa in den jüdischen Synagogen aufzutreten, der wichtigsten Institution im Leben der Juden. Wir müssen zwischen Synagogen und Tempel unterscheiden. Während es nur einen einzigen Tempel, nämlich den Tempel in Jerusalem gab, befanden sich Synagogen überall dort, wo es auch nur winzige jüdische Kolonien gab. Der Tempel in Jerusalem war nur für die Darbringung der Opfer da; es wurde dort weder gelehrt noch gepredigt. Dagegen waren die Synagogen vor allem Stätten der Unterweisung. Man hat sie daher auch als die religiösen Volkshochschulen der damaligen Zeit bezeichnet. Wem daran lag, religiöse Lehren oder Gedanken zu verbreiten, der konnte nirgendwo besser damit beginnen als in der Synagoge.

Die Gottesdienstordnung der Synagogen gab den Menschen Gelegenheit, auch neue Gedanken vorzutragen. Der Verlauf des Hauptgottesdienstes war dreifach gegliedert. Zuerst kam das Gebet, danach wurden zwei Schriftabschnitte verlesen – der eine aus dem Gesetz, der andere aus den Propheten – und daran schloß sich als dritter Teil eine erbauliche Auslegung oder Predigt. Wichtig ist dabei, daß nicht nur einer predigen durfte. Es gab nämlich keine Geistlichkeit in unserem Sinne, kein Lehramt, sondern alle waren Laien. Der Synagogenvorsteher hatte für die äußere Ordnung des Gottesdienstes zu sorgen. Jeder distinguierte Fremde konnte zu einer Ansprache aufgefordert werden und jeder, der eine Botschaft vorzubringen hatte, konnte von sich aus darum bitten, sie vortragen zu dürfen. Wenn der Oberste oder Vorsteher ihn für geeignet hielt, durfte er sich äußern. So standen Jesus zu Beginn seines Wirkens also die Synagogen mit ihrem Rednerpult offen. Jesus begann in den Synagogen, weil er vor allem dort die gläubigen Menschen jener Zeit antraf und die Möglichkeit hatte, zu ihnen zu sprechen. Im Anschluß an die Schriftauslegung fanden Gespräche statt, es wurden Fragen gestellt, und man diskutierte miteinander. Die Synagogen waren daher eine geradezu ideale Stätte, um neue Lehren unter das Volk zu bringen.

Jesus predigte jedoch nicht nur, er heilte auch Kranke. Kein Wunder, daß die Nachricht von dem, was er tat, sich schnell verbreitete, so daß immer mehr Menschen kamen, um ihm zuzuhören, ihn zu sehen und selber von seinem Mitleid und Erbarmen zu profitieren.

Die Menschen kamen aus Syrien, der großen Provinz, zu der auch Palästina gehörte. Sie erstreckte sich weit nach Norden und Nordosten. Mittelpunkt Syriens war die Großstadt Damaskus. Eine der schönsten überlieferten Legenden, die wir Eusebius verdanken, geht auf diese Zeit zurück. Danach soll der kranke König Abgar von Edessa an Jesus geschrieben haben: „Abgar, der König von Edessa, an Jesus, den herrlichen Heiland, der im Lande Jerusalems erschienen ist. Meinen Gruß zuvor. Ich habe von dir und deinen Heilungen gehört, die du ohne Medizin und Kräuter bewirkt hast. Es heißt, daß du Blinde sehend machst und Lahme gehen heißt, daß du die Aussätzigen heilst, böse Geister und Dämonen austreibst, daß du die Siechen gesund machst und Tote wieder zum Leben erweckst. Nach allem, was ich von dir gehört habe, bin ich zu dem Schluß gekommen, daß du entweder Gott und auf die Erde gekommen bist, um dies alles zu tun, oder aber, daß du dich durch deine Taten als ein Sohn Gottes erweist. Darum schreibe ich dir, um dich zu bitten, zu mir zu kommen und mich von meinem Leiden zu heilen. Denn ich habe gehört, daß die Juden wider dich murren und Böses gegen dich im Sinn haben. Ich besitze nur eine sehr kleine, aber vortreffliche Stadt, die groß genug für uns beide ist." Darauf soll Jesus ihm einen Brief mit folgender Antwort geschickt haben: „Gesegnet seist du, daß du an mich glaubst, ohne mich zu sehen. Denn es steht von mir geschrieben, daß die, die mich sehen, nicht an mich glauben werden, die aber mich nicht sehen, werden glauben und erlöst werden. Deine Bitte, zu dir zu kommen, kann ich erst erfüllen, wenn ich alles getan habe, um dessentwillen ich gesandt worden bin, und wieder zu dem erhöht worden bin, der mich gesandt hat. Dann werde ich dir einen meiner Jünger senden, der deine Krankheit heilen und dir und den Deinen Leben spenden wird." Der Legende zufolge soll Thaddeus nach Edessa gegangen und Abgar geheilt haben. Auch wenn es sich nur um eine Legende handelt, zeigt sie doch, daß die Menschen glaubten, selbst im fernen Syrien habe man von Jesus gehört und sehne sich von ganzem Herzen nach der Hilfe, die er allein zu geben vermochte.

Selbstverständlich kamen die Menschen aus Galiläa zu ihm, und die Nachricht von Jesus breitete sich auch südwärts nach Jerusalem und Judäa aus, so daß die Menschen von dorther ebenfalls kamen. Sie kamen von jenseits des Jordans aus Peräa, und sie kamen aus den Zehn Städten, unabhängigen griechischen Städten, die sich zusammengeschlossen hatten und mit Ausnahme von Skythopolis sämtlich jenseits des Jordans lagen.

Die hier aufgezählten Namen haben symbolische Bedeutung, denn wir ersehen daraus, daß nicht nur Juden, sondern auch Heiden zu Jesus kamen um deswillen, was er allein ihnen geben konnte. Schon jetzt beginnen die Enden der Erde sich um ihn zu versammeln.

Matthäus 4, 23–25 (Fortsetzung)

Dieser Abschnitt ist nicht zuletzt deswegen wichtig, weil er uns einen kurzen Überblick über die drei Wirkungsbereiche im Leben Jesu vermittelt:

1. Er kam und verkündete das Evangelium oder, wie es in der Lutherbibel heißt, er predigte das Evangelium. Wir haben bereits gehört, daß predigen heißt, das, was gewiß ist, zu verkünden. Jesus kam, um die Unwissenheit der Menschen zu überwinden, um ihnen die Wahrheit über Gott zu sagen, um ihnen zu sagen, worauf sie von sich aus niemals gekommen wären. Er kam, um den unsicheren Tatversuchen und Vermutungen der Menschen ein Ende zu bereiten und ihnen zu zeigen, wie Gott ist.

2. Er kam und lehrte in den Synagogen. Welcher Unterschied besteht zwischen dem Lehren und Predigen? Predigen heißt, unerbittlich verkünden, worüber Gewißheit besteht; lehren heißt, ihre Bedeutung und ihren Sinn zu erklären. Jesus ist mithin gekommen, um Mißverständnisse unter den Menschen auszuräumen. Es kommt vor, daß die Menschen die Wahrheit zwar erkannt haben, sie aber falsch deuten. Jesus ist gekommen, um den Menschen zu sagen, was echter Glaube bedeutet.

3. Er ist gekommen, um alle gesund zu machen, die der Heilung bedurften. Das heißt, Jesus ist gekommen, um die Leiden und Schmerzen der Menschen zu überwinden. Jesus begnügte sich nicht damit, den Menschen die Wahrheit zu sagen; er setzte diese Wahrheit auch in die Tat um. Erst indem wir unsere Ideale in die Tat umsetzen, machen wir sie uns wirklich zu eigen. Jesus verwirklichte seine Lehre durch helfende Taten.

Jesus predigte, um die Unwissenheit zu überwinden; er lehrte, um Mißverständnisse auszuräumen, und er machte die Menschen gesund, um ihre Schmerzen zu überwinden. Auch wir sollen verkünden, was wir sicher wissen; auch wir sollen bereit sein, unseren Glauben zu erklären; auch wir sollen unsere Ideale in die Tat umsetzen.

Wir haben bereits festgestellt, daß Matthäus bei seinem Evangelienbericht nach einem sorgfältig erarbeiteten Schema vorgeht.

Mit der Darstellung von der Taufe Jesu will Matthäus auf Folgendes hinweisen: Jesus wurde sich bewußt, daß seine Stunde geschlagen hatte, daß jetzt der Ruf an ihn ergangen war, mit seiner Wirksamkeit zu beginnen. Mit der Darstellung von Jesu Versuchung weist Matthäus darauf hin, wie besonnen Jesus an seine Aufgabe herangeht und bewußt alle Methoden ablehnt, die, wie er wohl wußte, nicht dem Willen Gottes entsprachen. Wer sich an eine große Aufgabe heranwagt, braucht Helfer, die ihn unterstützen, braucht Mitarbeiter. Matthäus schildert also als nächstes, wie Jesus die Männer auswählt, die ihm bei seinem Wirken zur Seite stehen sollen. Helfer und Mitarbeiter, deren Tätigkeit sich vernünftig auswirken soll, bedürfen der Anweisung. Und so schildert Matthäus uns jetzt in der Bergpredigt, wie Jesus die Jünger von der Botschaft in Kenntnis setzt, um deretwillen er gekommen ist und die auch sie unter die Menschen tragen sollen. Das geht aus dem Bericht über die Bergpredigt im Lukasevangelium noch klarer hervor als hier, denn dort schließt sich die Bergpredigt unmittelbar an die Berufung der zwölf Jünger an (Luk. 6, 13 ff.). Aus diesem Grunde hat jemand die Bergpredigt auch einmal als „Einsetzungspredigt für die zwölf Jünger" bezeichnet. Wie jungen Geistlichen bei der Übernahme ihres ersten verantwortlichen Amtes die Aufgabe klargemacht wird, die vor ihnen liegt, so sprach Jesus auch zu den zwölf Jüngern, ehe sie ihre Aufgaben in Angriff nahmen. Deshalb ist die Bergpredigt auch als „Kompendium des christlichen Glaubens", als „Magna Charta des Reiches Gottes" und als „Manifest des Königs" bezeichnet worden. Alle stimmen darin überein, daß Jesus in der Bergpredigt dem engsten Kreis der Erwählten das Kernstück seiner Lehre mitgeteilt hat.

Summe des Glaubens

Das wird bei näherer Betrachtung noch klarer, als es auf den ersten Blick erscheint. Wir sprechen von der Bergpredigt, als handele es sich dabei um eine einzige, bei einer bestimmten Gelegenheit gehaltene Predigt. Sie ist jedoch weit mehr. Es gibt gute, zwingende und überzeugende Gründe für die Annahme, daß es sich bei der Bergpredigt nicht um eine einzelne Predigt, sondern um eine Art Auszug aus allen Predigten Jesu, um eine Sammlung der verschiedensten Aussprüche aus der Zeit seiner Wirksamkeit handelt.

1. Beim Anhören der Predigt in ihrer vorliegenden Form wären die Menschen überfordert gewesen, da sie viel zu inhaltsreich ist, als daß man es bei einmaligem Hören bewältigen könnte. Es ist etwas völlig anderes, ob man sie l i e s t und dabei immer wieder Pausen zum Nachdenken einschiebt, oder ob man sie a n h ö r t. Wir bestimmen das Tempo beim Lesen selbst, und uns sind die Worte auch schon ein wenig vertraut. Wer sie dagegen in der vorliegenden Fassung hätte damals anhören sollen, wäre längst vor ihrem Schluß von der Fülle des Lichts, das auf ihn einströmte, verwirrt gewesen.

2. Bestimmte Abschnitte der Bergpredigt stehen in keinerlei Zusammenhang mit dem Vorhergehenden und dem Nachfolgenden. So stehen zum Beispiel Matthäus 5, 31. 32 und Matthäus 7, 7—11 völlig losgelöst für sich da. Sie ergeben sich weder aus dem zuvor Gesagten noch führen sie zu dem anschließend Gesagten hin.

3. Der wichtigste Gesichtspunkt für diese Auffassung ergibt sich jedoch aus einem Vergleich der beiden Fassungen der Bergpredigt bei Matthäus und Lukas. Von den 107 Versen der Fassung des Matthäus finden sich im Zusammenhang bei Lukas 29 Verse, und zwar Kapitel 6, 20—49; für 47 Verse gibt es bei Lukas keine Parallelen, und 34 Verse finden sich verstreut über das ganze Lukasevangelium in unterschiedlichem Zusammenhang. So steht der Vergleich mit dem Salz im Matthäusevangelium 5, 13, bei Lukas 14, 34. 35; der Vergleich mit dem Licht bei Matthäus 5, 15, bei Lukas 8, 16; der Satz, daß nicht der kleinste Buchstabe noch ein Tüpfelchen vom Gesetz vergehen werde, bei Matthäus 5, 18 und bei Lukas 16, 17. Das heißt, Stellen, die bei Matthäus aufeinander folgen, erscheinen im Lukasevangelium in weit auseinander gezogenen Kapiteln. Dafür ein weiteres Beispiel. Der Satz vom Splitter im Auge unseres Bruders und vom Balken im eigenen Auge steht bei Matthäus 7, 1—5 und bei Lukas 6, 37—42; die Stelle, an der Jesus die Menschen auffordert, zu bitten, zu suchen und zu finden, steht bei Matthäus 7, 7—12 und bei Lukas 11, 9—13. Die Gegenüberstellung sieht folgendermaßen aus:

Matthäus 5, 13	=	Lukas 14, 34. 35
Matthäus 5, 15	=	Lukas 8, 16
Matthäus 5, 18	=	Lukas 16, 17
Matthäus 7, 1— 5	=	Lukas 6, 37—42
Matthäus 7, 7—12	=	Lukas 11, 9—13

Wir haben bereits festgestellt, daß das Matthäusevangelium ein Lehrevangelium ist. Für Matthäus ist charakteristisch, daß er die Lehren Jesu unter bestimmten Gesichtspunkten sammelt und sie in Rubriken einordnet. Es ist daher sehr viel wahrscheinlicher, daß Matthäus die Aussprüche Jesu gesammelt und zu einem vorbildlichen Ganzen zusammengestellt hat, als daß Lukas umgekehrt diese Einheit zerbrochen und die Aussagen stückweise über das ganze Evangelium verteilt hat. Bei der Bergpredigt handelt es sich nicht um eine einzelne Predigt, die Jesus aus einem bestimmten Anlaß gehalten hat, sondern um einen Extrakt, ein Destillat, um eine Zusammenfassung dessen, was er die Jünger ständig lehrte. Vermutlich hat Jesus sich nach der Berufung der Zwölf eine Zeitlang mit ihnen an einen ruhigen Ort zurückgezogen und sie während dieser Zeit unterwiesen, so daß die Bergpredigt also einen Überblick über diese Lehren und Aussprüche Jesu darstellt.

Die Einleitung des Matthäus

Das wird in dem einleitenden Satz des Matthäus etwas umständlich verdeutlicht.

> Da er aber das Volk sah, ging er auf einen Berg und setzte sich; und seine Jünger traten zu ihm. Und er tat seinen Mund auf, lehrte sie und sprach:

Dieser kurze Vers enthält drei Schlüssel, die uns die Bedeutung der Bergpredigt erschließen.

1. Jesus begann zu lehren, *nachdem er sich gesetzt hatte*. Wenn ein Rabbi offiziell die Menschen unterrichtete, geschah dies im Sitzen. Noch heute sprechen wir vom Lehrstuhl der Professoren; noch heute spricht der Papst *ex cathedra*, von seinem Stuhl aus. Die Rabbinen gaben den Menschen auch im Stehen oder beim Gehen irgendwelche Anweisungen, doch die offizielle Unterweisung erfolgte im Sitzen. Die Andeutung, daß Jesus sich setzte, um seine Jünger zu unterweisen, ist ein Hinweis darauf, daß das, was er spricht, von zentraler, entscheidender Bedeutung für seine Lehre ist.

2. Weiter sagt Matthäus *Jesus habe seinen Mund aufgetan* und sie gelehrt. Der Ausdruck: *Er tat seinen Mund auf* ist nicht etwa bloß eine hübsche Floskel für: *Er sagte*, sondern weit mehr. Im Griechischen hatte dieser Ausdruck zwei Bedeutungen. a) Man gebrauchte ihn bei feierlichen, ernsten und würdigen Äußerungen, so zum Beispiel bei Orakeln. Auf diese Weise wurden gewichtige Aussagen eingeleitet. b) Man gebrauchte den Ausdruck auch dann, wenn jemand wirklich sein Herz ausschüttete, wenn jemand seine Ansichten schrankenlos preisgab. Dieser Ausdruck der Bergpredigt besagt

also ebenfalls, daß es sich hier nicht um zufällige Brocken der Lehre Jesu, sondern um die schwerwiegende, feierliche Aussage zentraler Dinge handelt. Jesus erschließt sich selbst den Menschen, die ihm bei seinem Wirken eng zur Seite stehen sollten.
3. In der Lutherübersetzung heißt es: Jesus setzte sich, tat seinen Mund auf, lehrte sie und sprach. Das Griechische kennt zwei Vergangenheitsformen. Die an dieser Stelle verwendete Form des Aorists besagt, daß etwas in der Vergangenheit geschehen und auch abgeschlossen ist. Dafür ein Beispiel. In dem Satz: „Er schloß die Pforte" wurde schloß im Griechischen durch den Aorist ausgedrückt, weil hier ein in der Vergangenheit abgeschlossener Vorgang beschrieben wird. Das Imperfekt wurde im Griechischen dagegen benutzt, um eine in der Vergangenheit wiederholt, fortgesetzt oder gewohnheitsmäßig ausführte Tätigkeit zu beschreiben. In dem Satz: „Er war daran gewöhnt, jeden Sonntag in die Kirche zu gehen" wäre der Ausdruck: Er war gewöhnt, zu gehen im Griechischen durch ein einzelnes Verb im Imperfekt wiedergegeben worden, weil hier ein in der Vergangenheit fortgesetzt wiederholter Vorgang beschrieben wird. Wichtig für uns ist nun, daß im griechischen Urtext des vorliegenden Satzes das Verb lehren nicht im Aorist, sondern im Imperfekt gebraucht wird, also einen gewohnten, oft wiederholten Vorgang in der Vergangenheit beschreibt. Man sollte daher eigentlich übersetzen: „Das ist, was er sie zu lehren pflegte." Matthäus brachte auf höchst einfache Weise durch die Wahl einer bestimmten griechischen Vergangenheitsform zum Ausdruck, daß es sich bei der Bergpredigt nicht um eine einmalige, aus gegebener Veranlassung gehaltene Predigt Jesu, sondern um eine Zusammenfassung alles Wesentlichen, um das Kernstück dessen handelt, was Jesus seine Jünger fortgesetzt zu lehren pflegte.

Die Bergpredigt soll uns nach den einleitenden Worten des Matthäus erkennen lassen, was Jesus offiziell gelehrt hat. Wir sollen erkennen, wie Jesus sich seinen Jüngern erschlossen hat und daß wir hier die Zusammenfassung dessen vor uns haben, was Jesus seine engsten Mitarbeiter gelehrt hat. Die Bergpredigt ist eine im wahrsten Sinne des Wortes „verdichtete" Erinnerung an viele Stunden der innigsten Gemeinschaft des Meisters mit seinen Jüngern.

Bei der Behandlung der Bergpredigt werden wir so vorgehen, daß wir am Anfang jedes Abschnitts die Seligpreisungen im Wortlaut der revidierten Lutherübersetzung wiedergeben, um am Schluß eines jeden Abschnittes über die einzelnen Seligpreisungen jeweils festzustellen, was sie in unserem heutigen Deutsch ausgedrückt besagen.

DIE HÖCHSTE SELIGKEIT

Matthäus 5, 3

Selig sind, die da geistlich arm sind; denn das Himmelreich ist ihr.

Bevor wir uns mit den einzelnen Seligpreisungen befassen, müssen wir noch zwei Sachverhalte beachten, die sie alle betreffen.

1. Alle Seligpreisungen stimmen der Form nach überein. Sie beginnen alle: Selig s i n d. Dazu ist zu sagen, daß dieses Wort im griechischen Text nicht auftaucht und im Deutschen hinzugefügt wurde, um den Sinn des Satzes richtig erkennen zu lassen. Die Seligpreisungen enthielten ursprünglich überhaupt kein Verb, kein s i n d. Wieso? fragen wir uns. Das liegt daran, daß Jesus nicht griechisch, sondern aramäisch sprach, wie zu seiner Zeit alle Juden. Die aramäische und hebräische Sprache sind eng verwandt, und beide kennen einen Ausdruck, der bedeutet: „Wohl dem, der . . ." Dieser Ausdruck (auf Hebräisch a s h e r e) kommt im Alten Testament sehr häufig vor. So beginnt zum Beispiel der erste Psalm: „Wohl dem, der nicht wandelt im Rat der Gottlosen noch tritt auf den Weg der Sünder" (Ps. 1, 1). In der gleichen Weise hat auch Jesus die Seligpreisungen ausgesprochen. Es handelt sich dabei nicht um schlichte Feststellungen, sondern um Ausrufe: „Wohl denen, die da arm sind im Geiste!"

Das ist deswegen so wichtig, weil darin zum Ausdruck kommt, daß es sich bei den Seligpreisungen nicht um fromme Wünsche, nicht um inbrünstige, aber verschwommene Prophezeiungen zukünftiger Seligkeiten handelt, sondern hier werden die Menschen zu etwas beglückwünscht, was ist. Die christliche Seligkeit gehört nicht einer fernen Welt der Herrlichkeit an, sondern ist jetzt und hier bereits vorhanden. Sie ist nicht etwas, das Christen erlangen w e r d e n, sondern etwas, was sie bereits h a b e n. Zwar wird sie sich erst ganz erfüllen, wenn wir vor Gott stehen, dennoch handelt es sich um etwas Wirkliches, Reales, dessen wir uns schon hier und jetzt freuen dürfen. Die Seligpreisungen besagen in Wirklichkeit nichts anderes als: „Welche Seligkeit, Christ sein zu dürfen! Welche Freude, Jesus nachzufolgen! Welch ein Glück zu wissen, daß Jesus unser Meister, unser Erlöser und Herr ist!“ Schon aus der Form der Seligpreisungen geht hervor, welche Freude, welche Fröhlichkeit es bedeutet, ein christliches Leben zu führen. Im Licht der Seligpreisungen gesehen ist ein düsterer, trübsinniger Glaube unvorstellbar.

2. Das Wort selig, das in allen Seligpreisungen vorkommt, ist ein ganz besonderes Wort. Mit dem entsprechenden griechischen Wort makarios wurden vor allem die Götter gekennzeichnet. Das Christentum kennt eine göttliche, gottähnliche Freude. Was makarios bedeutet, läßt sich am Beispiel der Insel Zypern besonders gut verdeutlichen. Die Griechen nannten Zypern he makaria (so lautet die weibliche Form des Adjektivs), die glückliche Insel, weil sie glaubten, sie sei so schön, so reich und so fruchtbar, daß niemand ein glücklicheres und zufriedeneres Leben führen könnte als dort. Das Klima war so günstig, die Vegetation so üppig, der Reichtum an Bodenschätzen so groß, daß damit alle Voraussetzungen für ein glückliches Leben gegeben zu sein schienen. Das Wort makarios ist kennzeichnend für jene innerliche Freudigkeit, die sich durch nichts ihre heitere Gelassenheit nehmen läßt und in sich selbst ruht, für jene Fröhlichkeit, die vollständig unabhängig von allen Zufällen und Wechselfällen des Lebens ist. Menschlich gesehen, hängen Glück und Zufriedenheit von den Wechselfällen des Lebens ab, die sie dem Menschen bescheren oder ihm vorenthalten oder gar rauben können. Die christliche Seligkeit ist dagegen unangreifbar und unerschütterlich. „Eure Freude soll niemand von euch nehmen“, hat Jesus gesagt (Joh. 16, 22). In den Seligpreisungen ist von jener Freude die Rede, die durch unsere Pein hindurch zu uns dringt, so daß ihr weder Not noch Tod etwas anhaben können. Es ist jene Freudigkeit, die durch unsere Tränen hindurchschimmert und die uns nichts und niemand zu rauben vermag.

Die irdischen Freuden sind vergänglich. Unglückliche Umstände, Krankheiten, Mißerfolge, ja selbst ein Umschwung des Wetters sind imstande, uns dieser launischen Freuden zu berauben. Die gelassene und unantastbare christliche Freude beruht darauf, daß Jesus unser ständiger Begleiter ist, der uns nie verläßt.

Das Großartige an den Seligpreisungen ist, daß es sich dabei nicht um sehnsuchtsvolle Ausblicke auf eine bessere Zukunft handelt, nicht um Versprechungen künftiger Herrlichkeit, sondern um triumphierende Jubelrufe und den Ausdruck einer unvergänglichen Freude.

DIE SELIGKEIT DER GEISTLICH ARMEN

Matthäus 5, 3 (Fortsetzung)

Es überrascht uns zunächst, daß ein Gespräch über das Glück mit den Worten beginnt: „Selig sind, die da geistlich arm sind." Der Sinn des Wortes arm läßt sich auf zweierlei Weise erschließen.

Im Griechischen – in dieser Sprache sind uns die Seligpreisungen überliefert worden – wird an dieser Stelle des Textes das Wort ptochos für arm verwendet. Das Griechische kennt zwei Wörter für arm. Da ist einmal das Wort penes. Wer seinen Lebensunterhalt mit seiner Hände Arbeit bestreiten muß, wer autodiakonus ist, wie die Griechen sagten, ist penes. Wer zwar keinen Überfluß kennt, aber auch nicht Mangel leiden muß, weil er sich sein Brot mit seiner Hände Arbeit verdienen kann, wird als penes bezeichnet. Doch nicht dieses Wort wird hier gebraucht, sondern das Wort ptochos, mit dem völlige, regelrechte Armut bezeichnet wurde. Es geht auf das Verb ptossein = hocken, sich bücken, kauern zurück und besagt, daß die Armut die Menschen in die Knie zwingt. Wer keinen Überfluß kennt, ist penes; wem alles fehlt, der ist ptochos. Dadurch wird die Seligpreisung nur noch erstaunlicher. Selig ist demnach also, wer ganz und gar armselig ist, wem es an allem mangelt.

Wir haben ebenfalls bereits festgestellt, daß die Seligpreisungen ursprünglich nicht griechisch, sondern aramäisch gesprochen worden sind. Die Juden nun verwendeten das Wort arm auf besondere Weise. Arm heißt auf hebräisch 'ani oder auch ebion. Beide Wörter machten im Hebräischen einen vierfachen Bedeutungswandel durch: 1. Zunächst bedeuteten sie ganz einfach arm. 2. Daraus entwickelte sich die Bedeutung ohne Einfluß, Macht, Hilfe und Ansehen, weil arm. 3. Ein weiterer Schritt besagte, von den Menschen unterdrückt und mit Füßen getreten, weil ohne Einfluß. 4. Schließlich wurde so bezeichnet, wer ohne alle irdischen Hilfsmittel dasteht und ausschließlich Gott vertraut. Im Hebräischen bezeichnete man mit dem Wort arm also demütige und hilflose Menschen, die in allem Gott vertrauten. In diesem Sinne wird es auch vom Psalmisten gebraucht, bei dem es heißt: „Als einer im Elend rief, hörte der Herr und half ihm aus allen seinen Nöten" (Ps. 34, 7). Der Arme im Sinne dieser Definition ist in den Psalmen Gott besonders lieb. „Denn er wird den Armen nicht für immer vergessen" (Ps. 9, 19). Gott rettet die Elenden (Ps. 35, 10). Gott, du labst die Elenden in deiner Güte" (Ps. 68, 11). „Er soll den Elenden im Volk Recht schaffen und den Armen helfen" (Ps. 72, 4). „Aber die Armen schützt er vor Elend und mehrte ihr Geschlecht wie eine Herde" (Ps. 107, 41). „Ich will ihre Speise segnen und ihren Armen Brot genug geben" (Ps. 132, 15). In allen Fällen sind die A r m e n demütige, hilflose Menschen, die in allem Gott vertrauen.

Nehmen wir beide Wortbedeutungen, die des Griechischen und die des Aramäischen zusammen, wobei mit p t o c h o s jemand bezeichnet wird, der völligen Mangel leidet, wer überhaupt nichts hat, und mit 'a n i und e b i o n arme, demütige und hilflose Menschen, die in allem Gott vertrauen, dann besagt der Satz: „Selig sind, die da geistlich arm sind": Selig, wer sich seiner völligen Hilflosigkeit bewußt ist und in allem Gott vertraut.

Wer sich seiner eigenen Hilflosigkeit völlig bewußt ist und daher in allem auf Gott vertraut, der macht eine doppelte Erfahrung. Er wird einerseits völlig u n a b h ä n g i g v o n a l l e m M a t e r i e l l e n, weil er erkannt hat, daß davon weder sein Glück noch seine Sicherheit abhängig sind; andererseits wird er in allem G o t t v e r h a f t e t sein, da er erkannt hat, daß nur Gott ihm helfen kann, daß nur er Hilfe, Zuversicht und Stärke geben kann. Wer da geistlich arm ist, hat erkannt, daß Materielles nichts, Gott dagegen alles bedeutet.

Wir müssen uns selbstverständlich vor der Ansicht hüten, daß in dieser Seligpreisung materielle Armut als etwas Gutes bezeichnet würde. Armut ist in keinem Fall etwas Gutes, und Jesus wäre der letzte gewesen, einen Zustand selig zu preisen, der die Menschen dazu zwingt, in Slums zu wohnen, zu darben und infolge schlechter hygienischer und sonstiger Bedingungen krank zu werden. Diese Art Armut zu beseitigen, ist vielmehr das Ziel des Evangeliums. Selig gepriesen wird die Armut im Geiste, das heißt das Bewußtsein der Menschen, daß sie in ihrer Hilflosigkeit ohne Gottes Beistand, der sie stärkt, das Leben nicht meistern können.

Jesus sagt, dieser Armut gehöre das Himmelreich. Inwiefern ist das so? Wenn wir die beiden Bitten des Vaterunsers: „Dein Reich komme; dein Wille geschehe wie im Himmel also auch auf Erden" zusammenfassen, haben wir damit zugleich auch die Erklärung: Das Himmelreich ist eine Gesellschaft oder Gemeinschaft, in der der Wille Gottes ebenso vollkommen auf Erden wie im Himmel geschieht. Das heißt, nur wer den Willen Gottes tut, gehört zu diesem Reich Gottes. Gottes Willen können wir jedoch nur dann tun, wenn wir uns unserer eigenen Hilflosigkeit, Unwissenheit und Unfähigkeit, mit dem Leben fertig zu werden, voll bewußt sind und darum in allem auf Gott vertrauen. Unser Gehorsam soll sich auf Vertrauen gründen. Die geistlich Armen besitzen das Reich Gottes, weil sie erkannt haben, wie hilflos sie ohne Gott sind, und weil sie gelernt haben, Gott zu vertrauen und zu gehorchen. Die erste Seligpreisung besagt also:

Wohl dem Menschen, der sich seiner völligen Hilflosigkeit bewußt ist und darum in allem auf Gott vertraut, denn nur so kann er Gott vollkommenen Gehorsam entgegenbringen und teil haben am himmlischen Reich Gottes.

DIE SELIGKEIT GEBROCHENER HERZEN

Matthäus 5, 4

Selig sind, die da Leid tragen; denn sie sollen getröstet werden.

Zunächst einmal müssen wir beachten, daß im griechischen Urtext für Leid tragen der stärkste Ausdruck der Trauer gebraucht wird, der Trauer um die geliebten Toten. Das gleiche Wort kommt in der Septuaginta, der griechischen Fassung des Alten Testaments, auch an der Stelle vor, an der Jakob um seinen Sohn Joseph trauert, weil er glaubt, er sei tot (1. Mose 37, 34). Diese Trauer ist so groß, daß der Mensch sie nicht verbergen kann; sie schmerzt nicht nur, sondern treibt ihm die Tränen in die Augen. Hier ist in der Tat von einer erstaunlichen Seligkeit die Rede: Selig, wer da Leid trägt wie jemand, der um einen Toten trauert. Diese Seligpreisung kann auf dreierlei Weise verstanden werden:

1. Sie kann ganz wörtlich verstanden werden: Selig, wer das bitterste Leid erträgt, das es geben kann. Ein arabisches Sprichwort besagt: „Lauter Sonnenschein macht das Land zur Wüste." Wo immer nur die Sonne scheint, wird das Land bald austrocknen und unfruchtbar werden. Manche Dinge werden nur durch den Regen bewirkt; ebenso kann uns nur das Leid bestimmte Erfahrungen vermitteln. Wie nichts sonst lassen Leid und Trauer uns die Freundlichkeit und Güte unserer Mitmenschen erkennen; wie nichts sonst auch das Erbarmen Gottes und den

Trost, den nur er uns geben kann. Schon manch einer hat in Zeiten des Leids und der Trauer seine Mitmenschen und Gott wie nie zuvor entdeckt und erkannt. Auch wenn wir jahrelang ein oberflächliches Leben geführt haben, werden wir, wenn Leid und Trauer uns überfallen, in die Tiefen des Lebens geführt, und daraus, wenn wir es recht verstehen und annehmen, gestärkt hervorgehen.

2. Manche verstehen diese Seligpreisung auch so: Selig, wer über Trauer und Leid dieser Welt hoffnungslos betrübt ist. Bei der Betrachtung der ersten Seligpreisung haben wir festgestellt, daß es wohl richtig ist, wenn wir uns von Dingen frei und unabhängig machen, nicht aber, wenn wir uns von den Menschen absondern. Die Welt wäre um vieles ärmer, wenn es nicht Menschen gegeben hätte, die sich intensiv um die Schmerzen und Leiden anderer gekümmert hätten. Wir brauchen dabei nur an Männer wie Bodelschwingh und Wichern zu denken. Diese Seligpreisung besagt: Selig, wer sich der Leiden, der Schmerzen und der Nöte anderer annimmt.

3. Obwohl kein Zweifel daran besteht, daß die beiden eben genannten Vorstellungen in dieser Seligpreisung anklingen, ihr Hauptgedanke bleibt trotzdem fraglos: Selig, wer über seine Sünden und über seine Unwürdigkeit so betrübt ist, daß er fast verzweifelt. Wir haben schon gehört, daß am Beginn der Botschaft Jesu das Wort stand: „Tut Buße!“ Niemand kann Buße tun, der nicht betrübt ist über seine Sünden und sie bereut. Erst wenn die Menschen unvermittelt auf etwas stoßen, was ihnen die Augen öffnet, so daß sie erkennen, was Sünde ist und was sie bewirkt, können sie sich wirklich ändern. Vielleicht gehen junge Mädchen und junge Männer unbekümmert und ohne an die Folgen zu denken, ihren eigenen Weg, bis sie eines Tages plötzlich dem betroffenen Blick ihrer Mutter oder ihres Vaters begegnen und die Sünde als das erkennen, was sie ist. Das ist auch die Wirkung, die vom Kreuz ausgeht. Wenn wir auf das Kreuz Jesu blicken, können wir nichts anderes sagen als: „Dahin kann die Sünde der Menschen führen, daß sie das edelste Leben kreuzigen.“ Das Kreuzesgeschehen soll uns die Augen öffnen, damit wir erkennen, wie schrecklich die Sünde ist. Wer die Sünde in ihrer ganzen Schrecklichkeit erkannt hat, kommt um die Erfahrung dieser intensiven Trauer über seine Sünden nicht herum.

Am Anfang des christlichen Glaubens steht das Bewußtsein der eigenen Sündigkeit. Selig ist, wem seine Sünden aufs tiefste leid tun. Selig ist, wer gebrochenen Herzens erkennt, was er mit seinen Sünden Gott und Jesus Christus angetan hat. Selig ist, wen beim Anblick des Kreuzes Entsetzen darüber packt, wie verheerend Sünde sich auswirken kann.

Wer durch diese Erfahrungen hindurchgegangen ist, wird wirklich getröstet werden; denn eben diese Erfahrung bezeichnen wir als Reue. Gott wird geängstete, zerschlagene Herzen niemals verachten (Ps. 51, 19).

Die zweite Seligpreisung besagt also, richtig verstanden: Wohl dem Menschen, dessen Herz an den Leiden der Welt und an seiner eigenen Sünde zerbricht; denn aus seinem Leid heraus wird er die Freude Gottes finden!

DIE SELIGKEIT EINES VON GOTT BEHERRSCHTEN LEBENS

Matthäus 5, 5

Selig sind die Sanftmütigen; denn sie werden das Erdreich besitzen.

Wenn Sanftmut heute auch nicht besonders hoch im Kurs steht, so war dies bei den Griechen umsomehr der Fall. So können wir bei Aristoteles eine ganze Menge über die Sanftmut (praotes) nachlesen. Aristoteles ging bei seinen Definitionen stets so vor, daß er alle Tugenden als die Mitte zwischen zwei Extremen definierte. Zwischen dem Extrem des Übermaßes einer Eigenschaft auf der einen Seite und dem Extrem des Mangels einer Eigenschaft auf der anderen Seite stand in der glücklichen Mitte dazwischen die eigentliche Tugend. Dafür ein Beispiel. Zwischen dem Verschwender als dem einen und dem Geizhals als dem anderen Extrem steht der Freigebige. Die Sanftmut, praotes, bezeichnet Aristoteles als Mittelwert, als die Mitte zwischen orgilotes, zwischen Jähzorn, und aorgesia, dem Fehlen jeglicher Zornesäußerung. Aristoteles hielt die praotes, die Sanftmut, für die glückliche Mitte zwischen zu großer und zu kleiner Erregbarkeit. Die erste mögliche Übersetzung dieser Seligpreisung lautet mithin: Selig, wen der Zorn stets im rechten, nie jedoch im falschen Augenblick packt. Bei der Frage nach dem rechten und dem falschen Augenblick läßt sich die allgemeine Lebensregel aufstellen: Wir sollten niemals zornig werden, wenn uns selbst Unrecht geschieht oder wenn uns jemand kränkt; wohl aber ist Zorn häufig angebracht, wenn anderen Menschen Unrecht geschieht.

Zorn aus Eigennutz ist Sünde; Zorn aus Selbstlosigkeit kann dagegen zu einer großen moralischen Antriebskraft werden.
Das Wort prays oder praos wurde im Griechischen aber auch in ganz anderem Zusammenhang gebraucht, und zwar für gezähmte Tiere, die gelernt hatten, jedem Befehl zu gehorchen und auf jede Bewegung der Zügel zu reagieren. Tiere, die gelernt hatten, etwas unter menschlicher Kontrolle zu tun, wurden praos genannt. Die zweite Möglichkeit, diese Seligpreisung zu übersetzen, ist also: Selig, wer alle seine Triebe, alle seine Regungen und Leidenschaften beherrscht. Selig ist, wer sich selbst beherrschen kann und sich ganz in der Gewalt hat. Im selben Augenblick, in dem wir dies aussprechen, erkennen wir auch schon, daß eine Abwandlung erforderlich ist. Es handelt sich weniger um die Seligkeit der Selbstbeherrschten, denn eine derartige Selbstbeherrschung übersteigt die Fähigkeiten des Menschen, als vielmehr um die Seligkeit der vollständig von Gott Beherrschten, denn nur, wenn wir ihm dienen, werden wir vollkommen frei, und wenn wir seinen Willen tun, finden wir Frieden.
Wir können an diese Seligpreisung aber auch noch von einer dritten Seite herangehen. Die Griechen stellten der praotes, der Sanftmut, stets die hypselokardia, die Hochmut des Herzens gegenüber. Sanftmut geht mit echter Bescheidenheit Hand in Hand und kennt keinen Stolz.
Ohne wahre Demut wird niemand etwas lernen, denn der erste Schritt ist stets, daß wir uns unserer Unwissenheit bewußt werden. Quintilian, ein bedeutender römischer Redner des ersten nachchristlichen Jahrhunderts, hat im Hinblick auf seine Schüler einmal gesagt: „Wenn sie nicht überzeugt wären, alles schon zu wissen, wären sie zweifellos gute Schüler." Menschen, die alles schon zu wissen glauben, kann man nichts lehren. Ohne Demut gäbe es keine Liebe, denn am Anfang jeder Liebe steht das Gefühl, daß wir sie nicht verdient haben. Ohne Demut gibt es keine Religion, denn Religion beginnt damit, daß wir uns unserer eigenen Schwäche bewußt werden, daß wir spüren: Wir haben Gott nötig. Wahre Menschlichkeit erlangt der Mensch nur, wenn er sich stets seiner Geschöpflichkeit und dessen, daß Gott der Schöpfer ist, bewußt bleibt und weiß, daß er ohne Gott nichts vermag.
Praotes beinhaltet stets auch Demut, die Erkenntnis, daß wir Lernende sind, die ständig der Vergebung bedürfen. Mit praotes wird das einzig mögliche Verhalten des Menschen Gott gegenüber gekennzeichnet. Die dritte Möglichkeit, diese Seligpreisung zu übersetzen, ist also:

Selig, wer demütig genug ist, um seine eigene Unwissenheit, Schwäche und Bedürftigkeit zu erkennen.
Jesus sagt, diese Sanftmütigen werden die Erde besitzen. Es ist eine historische Tatsache, daß alle wirklich großen Menschen diese Gabe der Selbstbeherrschung besaßen, mit der sie ihre Leidenschaften, ihre Triebe und impulsiven Anwandlungen unter Kontrolle hielten. Im vierten Buch Mose heißt es von Mose, dem größten Führer und Gesetzgeber aller Zeiten: „Aber Mose war ein sehr demütiger Mensch, mehr als alle Menschen auf Erden" (4. Mose 12, 3). Mose war kein Weichling ohne Rückgrat; er konnte vor Zorn entbrennen; aber er wußte ihn zu zügeln und entflammte nur im rechten Augenblick. So sagt denn auch der Verfasser der Sprüche Salomos: „Wer sich selbst beherrscht, ist besser als einer, der Städte gewinnt" (Spr. 16, 32). Alexander der Große scheiterte, weil ihm diese Eigenschaft fehlte. In einem Anfall unbeherrschter Leidenschaft schleuderte er bei einem Trinkgelage mit dem Speer nach seinem besten Freund und tötete ihn. Nur wer Herr über sich selbst ist, kann anderen ein Vorbild sein; nur wer sich selbst unterwirft, kann anderen Menschen dienen; nur wer sich selbst zu beherrschen weiß, kann auch andere beherrschen. Wer sich selbst völlig von Gott beherrschen läßt, wird jene Sanftmut erlangen, die ihn fähig macht, die Erde zu besitzen.
Aus allem Gesagten geht eindeutig hervor, daß das Wort praos wesentlich mehr besagt als unser deutsches Wort sanftmütig. Vollständig müßte die Übersetzung der dritten Seligpreisung lauten:
Wohl dem, der stets im rechten, nie dagegen im falschen Augenblick zornig ist, der alle seine Triebe, Regungen und Leidenschaften beherrschen kann, weil er von Gott beherrscht ist, der sich voller Demut seiner eigenen Unwissenheit und Schwäche bewußt ist, denn ein solcher Mensch ist König unter den Menschen.

DIE SELIGKEIT DES HUNGERNDEN GEISTES

Matthäus 5, 6

Selig sind, die da hungert und dürstet nach der Gerechtigkeit; denn sie sollen satt werden.

Das gesprochene Wort darf nicht für sich allein und isoliert von dem geistigen Zusammenhang, aus dem heraus es kommt, gesehen werden, es muß stets aus der Denk- und Vorstellungswelt des Sprechenden verstanden werden. Das gilt in ganz besonderem Maße auch für diese Seligpreisung. Den Menschen, die sie damals zum ersten Mal hörten, machte sie einen Eindruck, der verschieden von dem ist, den sie uns heute macht.

Nur wenige Menschen in unseren hochzivilisierten Ländern wissen, was es heißt, Hunger und Durst leiden zu müssen. Das war damals völlig anders. Der Tagelohn eines Arbeiters reichte zwar zum Lebensnotwendigsten, darüber hinaus gestattete er jedoch nichts. Höchstens einmal wöchentlich konnten die arbeitenden Menschen sich Fleisch kaufen, und die arbeitende Bevölkerung, vor allem die Tagelöhner in Palästina, konnten nur eben den ärgsten Hunger stillen. Noch kostbarer war für die meisten Menschen damals das Wasser. Wasserhähne, aus denen frisches, kühles Wasser hervorkam, konnten sie nicht aufdrehen. Wer unterwegs von einem Sandsturm überrascht wurde, konnte nur den Kopf mit dem Burnus verhüllen, dem Wind den Rücken zukehren und das Ende des Sturmes abwarten. Dabei drang der feine Sand ihm in Mund und Nase, so daß er zu ersticken und vor quälendem Durst zu verschmachten drohte. Die damaligen Zustände lassen sich mit unseren heutigen Verhältnissen überhaupt nicht vergleichen.

Nicht vom Hunger, den wir verspüren, wenn wir vormittags nach dem Frühstücksbrot greifen, und nicht vom Durst, den wir zuweilen auf eine Tasse Kaffee oder einen kühlen Trunk verspüren, ist in dieser Seligpreisung die Rede, sondern von jenem nagenden Hunger und verzehrenden Durst, der die Menschen zur Verzweiflung treibt.

Aufgrund dieses Sachverhalts stellt diese Seligpreisung also in Wirklichkeit eine Herausforderung dar. Die Frage, die sie an uns richtet, lautet: „Wie sehr liegt dir an allem Guten? Sehnst du dich danach wie der Hungernde nach Brot, der Verdurstende nach Wasser?“ Wie stark und heftig ist unser Verlangen nach allem, was gut ist?

Die meisten Menschen sehnen sich instinktiv nach dem Guten, doch bleibt diese Sehnsucht eher verschwommen als klar und fest umrissen. Der Augenblick der Entscheidung trifft sie unvorbereitet, so daß sie vor den damit verbundenen Mühen und Opfern zurückschrecken. Den meisten Menschen fehlt es am ernstlichen Willen zu wirklicher Güte und Frömmigkeit. Anders sähe es aus, wenn wir uns mehr als nach allem anderen nach Güte und echter Frömmigkeit sehnen würden.

So gesehen, ist diese Seligpreisung beängstigender und herausfordernder als alle anderen Seligpreisungen. Sie stellt aber nicht nur die höchsten Anforderungen, sondern ist auf ihre Art auch die tröstlichste aller Seligpreisungen. Denn hinter ihr wird erkennbar, daß selig nicht unbedingt nur der ist, der das Ziel bereits erreicht hat, sondern auch der, der sich von ganzem Herzen danach sehnt, ein frommer, guter Mensch zu werden. Wenn Seligkeit nur den Erfolgreichen beschieden wäre, wäre niemand selig zu nennen, da niemand dieses Ziel je erreicht. Doch Seligkeit ist auch denen beschieden, die trotz allen Versagens und aller Mißerfolge nicht aufhören, mit der ganzen Kraft ihres Herzens nach dem Höchsten zu streben. Jemand hat einmal gesagt, auch schlechte Musiker könnten die Musik leidenschaftlich lieben. Und der englische Dichter Robert Louis Stevenson spricht von Menschen, die ganz tief gesunken seien und sich dennoch an die letzten Überbleibsel ihrer Tugenden klammern, selbst im Bordell und auf dem Schafott noch. Das Gute, „jener unerbittliche Jäger", ist hinter allen Menschen her. Selbst die schlechtesten sind „zu einer Art Adel verurteilt". Nicht, daß der Mensch ein Sünder ist, sondern daß das Gute ihn trotzdem verfolgt, und daß er selbst im tiefsten Schlamm die Sterne nicht vergißt, ist ein Wunder. David hatte stets vorgehabt, Gott einen Tempel zu errichten; das war ihm nicht beschieden; dennoch sprach Gott zu ihm: „Daran hast du wohlgetan, daß du dir das vornahmst" (1. Kön. 8, 18). Gott beurteilt uns in seiner Barmherzigkeit nicht nur nach dem, was wir tatsächlich erreichen, sondern auch nach dem, wovon wir geträumt haben. Selbst wer niemals das Gute wirklich schafft, bleibt von der Seligkeit nicht ausgeschlossen, wenn ihn bis an sein Lebensende nach dem Guten gehungert und gedürstet hat.

Einen weiteren Gesichtspunkt, der allerdings nur aus dem griechischen Urtext ersichtlich wird, müssen wir bei dieser Seligpreisung noch beachten. Eine grammatische Regel des Griechischen besagt, daß Verben des Hungerns und Dürstens den Genitiv nach sich ziehen, und zwar den sogenannten Genitiv partitivus, den Genitiv des Teils. Dabei bezeichnet die übergeordnete Größe den Teil, der Genitiv das Ganze, dem er zugehört, zum Beispiel: einer der Schüler, ein Bissen Brotes. Wenn die Griechen sagten: „Mich dürstet des Wassers", hieß das: „Mich dürstet nach etwas Wasser", oder wenn sie sagten: „Mich hungert des Brotes", hieß das: „Mich hungert nach etwas Brot." In dieser Seligpreisung nun steht G e r e c h t i g k e i t nicht wie üblich im Genitiv, sondern im Akkusativ. Wenn auf Verben des Hungerns und Dürstens im Griechischen der Akkusativ

statt des Genitivs folgte, hieß das, daß Hunger und Durst nicht einen Teil von etwas, sondern das Ganze von etwas betrafen. Korrekt übersetzt muß es also heißen:
Wohl dem, den nach vollständiger, vollkommener Gerechtigkeit hungert und dürstet.
Das tun die Menschen nur selten. Sie begnügen sich mit teilweiser Gerechtigkeit. So kann jemand zum Beispiel ein guter Mensch sein in dem Sinne, daß man keinerlei moralische Mängel an ihm finden kann. Seine Aufrichtigkeit, seine Moral, seine Anständigkeit stehen außer Frage. Dennoch würde niemand zu ihm gehen, um ihm sein Herz auszuschütten und sich bei ihm auszuweinen, weil er keine Wärme bei ihm finden, sondern frieren würde. Es gibt eine Frömmigkeit, die von Härte, Tadelsucht und fehlendem Mitleid gekennzeichnet ist. Das ist eine partielle, unvollständige Frömmigkeit. Andererseits gibt es Menschen, die alle möglichen Fehler haben, sei es, daß sie trinken, fluchen, ihr Geld verspielen oder leicht in Zorn geraten —, die aber, wenn jemand in Not oder Bedrängnis gerät, ihren letzten Groschen hergeben und sich das Hemd vom Leibe ziehen würden, um ihm zu helfen. Auch das ist unvollständige Frömmigkeit. Wohl dem, den in allem nach dem Guten hungert und dürstet. Weder frostige Fehlerlosigkeit noch fehlerhafte Warmherzigkeit genügen.
So könnte also die Übersetzung der vierten Seligpreisung auch heißen:
Wohl dem, den es nach vollständiger Gerechtigkeit verlangt wie den Hungernden nach Brot und den vom Durst Gequälten nach Wasser, denn ihm wird wahrhaft Genüge getan werden!

DIE SELIGKEIT VOLLKOMMENER BARMHERZIGKEIT

Matthäus 5, 7

Selig sind die Barmherzigen; denn sie werden Barmherzigkeit erlangen.

Schon in dieser Formulierung handelt es sich um eine bedeutende Aussage, um die Feststellung eines Grundsatzes, der sich durch das ganze Neue Testament hindurchzieht. Im Neuen Testament wird immer wieder betont, daß wir vergeben müssen, damit auch uns vergeben werde. Bei Jakobus heißt es:

„Denn es wird ein unbarmherziges Gericht über den ergehen, der nicht Barmherzigkeit getan hat" (Jak. 2, 13). Jesus beschließt die Geschichte vom Schalksknecht mit der Warnung: „So wird euch mein himmlischer Vater auch tun, wenn ihr nicht vergebet von Herzen, ein jeglicher seinem Bruder" (Matth. 18, 35). An das Vaterunser schließen sich zwei Verse an, in denen die Bitte: „Und vergib uns unsre Schuld, wie wir vergeben unsern Schuldigern" erklärt und nochmals unterstrichen wird: „Denn wenn ihr den Menschen ihre Übertretungen vergebet, so wird euch euer himmlischer Vater auch vergeben. Wenn ihr aber den Menschen nicht vergebet, so wird euch euer Vater eure Übertretungen auch nicht vergeben" (Matth. 6, 12. 14. 15). Fortgesetzt heißt es im Neuen Testament, daß nur die Barmherzigen Barmherzigkeit erlangen werden.

Doch damit ist es nicht getan. Barmherzigkeit heißt auf Griechisch eleemon. Wie bereits wiederholt festgestellt, geht das Griechisch des Neuen Testaments auf ursprünglich hebräische und aramäische Texte zurück. Das hebräische Wort für Barmherzigkeit, chesedh, ist unübersetzbar. Es bedeutet nicht nur Mitleid im üblichen Sinne des Wortes mit jemandem haben, der Kummer hat oder in Bedrängnis ist. Chesedh, Barmherzigkeit, besitzt jemand, der imstande ist, sich ganz und gar in die Lage des anderen zu versetzen, sozusagen in dessen Haut zu schlüpfen und mit seinen Augen zu sehen, seine Empfindungen und Gedanken nachvollziehen zu können. Barmherzigkeit ist nicht nur emotional bedingtes Mitgefühl, sondern fordert all unsere Geistes- und Willenskräfte ebensosehr. Das Mitgefühl, das darin zum Ausdruck kommt, kommt nicht von außen, sondern entspringt der bewußten Identifikation mit dem anderen, so daß wir die Dinge zu sehen vermögen, wie er sie sieht und empfindet. Es handelt sich um Sympathie, um Mitgefühl im buchstäblichen Sinne des Wortes. Das Wort Sympathie ist von den beiden griechischen Wörtern syn = zusammen mit und paschein = erfahren, leiden, erleiden abgeleitet und bedeutet, daß man mit dem anderen leidet.

Leider bemühen sich viele Menschen darum überhaupt nicht, weil sie so sehr mit sich selbst beschäftigt sind, daß sie sich nur wenig mit dem befassen, was in anderen vorgeht. Ihr Mitleid ist vielfach ein äußerliches Mitleid, weil sie sich gar nicht erst die Mühe geben, sich in die Lage des anderen zu versetzen, um wie er fühlen und denken zu können.

Das Leben sähe wesentlich anders aus, wenn wir uns bemühen würden, uns mit dem anderen zu identifizieren.

1. Wir blieben davor bewahrt, dem anderen Freundlichkeit und Güte auf die falsche Art zu zeigen. Im Neuen Testament gibt es ein hervorragendes Beispiel falschverstandener Güte, das den Mangel an Einfühlungsvermögen deutlich erkennen läßt: Jesus bei Maria und Martha in Bethanien (Luk. 10, 38–42). Als Jesus die beiden Frauen in ihrem Haus aufsuchte, waren es nur noch wenige Tage bis zu seinem Kreuzestod, und es ging ihm bei seinem Besuch lediglich um eine kurze Zeit der Ruhe und Entspannung. Er wollte innerlich ruhig werden. Da Martha Jesus liebte und in ihm einen Ehrengast sah, dem man das Beste vorsetzen mußte, was Haus und Keller boten, rannte sie geschäftig hin und her und klapperte mit Töpfen und Geschirr – eine Qual für die angespannten Nerven Jesu, der sich nach Stille sehnte. Obwohl Martha es gut meinte, hätte sie kaum etwas Schlimmeres tun können. Maria dagegen hatte begriffen, daß Jesus sich nach innerem Frieden sehnte. Wie oft müssen andere es hinnehmen und sich damit abfinden, daß wir ihnen Freundlichkeiten erweisen, die sie gar nicht als solche empfinden! Wenn wir uns dagegen stets in die Lage des anderen zu versetzen bemühten, wäre unsere Freundlichkeit doppelt wirksam, und manche unbeabsichtigte Unfreundlichkeit unterbliebe.

2. Wir würden sehr viel leichter versöhnlich und tolerant sein. Wie leicht vergessen wir, daß jeder Mensch aus ganz bestimmten Gründen so denkt und handelt, wie er es tut. Wieviel eher könnten wir ihn verstehen, mit ihm fühlen und ihm verzeihen, wenn wir diese Gründe kennten. Wenn jemand nach unserer Auffassung irrige Ansichten hat, sind womöglich Erfahrungen, Erlebnisse oder Erbanlagen dafür verantwortlich, die wir nicht kennen. Reizbarkeit und Unliebenswürdigkeit eines Menschen gehen unter Umständen darauf zurück, daß er Kummer oder Schmerzen hat. Wenn jemand sich uns gegenüber in einer uns unverständlichen Weise verhält, sind vielleicht falsche Vorstellungen seinerseits daran schuld, von denen wir nichts wissen. „Alles verstehen heißt alles verzeihen", lautet ein französisches Sprichwort. Verstehen aber werden wir die Menschen nur, wenn wir uns ernsthaft bemühen, uns in ihre Lage zu versetzen, in ihre Haut zu schlüpfen.

3. Hat Gott dies letzten Endes nicht auch in Jesus Christus getan? Mit Jesus Christus ist Gott buchstäblich in die Haut der Menschen geschlüpft. Er kam als ein Mensch; er sah mit Menschenaugen, er fühlte menschlich, und er dachte menschlich. Gott weiß, wie das Leben ist, denn er ist unmittelbar in unser Leben hineingekommen. Das beste Beispiel für *Barmherzigkeit* ist das Kommen Gottes in Jesus Christus.

Nur wer sich in dieser Weise als barmherzig erweist, wird selbst Barmherzigkeit erlangen. Das ist im Hinblick auf die Menschen nur zu wahr. Die anderen strahlen zurück, was wir selbst ihnen sind. Wenn wir uns von ihnen absondern und uns nicht für sie interessieren, wird es uns selbst nicht anders ergehen: Sie interessieren sich nicht für uns. Wenn sie dagegen merken, daß wir uns um sie kümmern, wird das auch einen Widerhall in ihren Herzen finden. Das trifft erst recht im Hinblick auf die göttliche Seite zu. Wer solche Barmherzigkeit erweist, wird damit wie Gott.

Die Übersetzung der fünften Seligpreisung könnte auch lauten: Wohl dem, der sich in die Lage anderer Menschen versetzen und mit ihren Augen sehen, wie sie denken und fühlen lernt, denn wem das gelingt, dem werden auch die anderen auf die gleiche Weise begegnen, und er wird erkennen, daß dies Gott in Jesus Christus auch getan hat!

DIE SELIGKEIT REINER HERZEN

Matthäus 5, 8

Selig sind, die reines Herzens sind; denn sie werden Gott schauen.

Beim Lesen dieser Seligpreisung sollten wir alle nachdenklich werden und uns selbst prüfen.

Rein heißt im Griechischen katharos. Die verschiedenen Verwendungsmöglichkeiten dieses Wortes können uns im Hinblick auf die Bedeutung dieser Seligpreisung für eine christliche Lebensführung alle etwas sagen.

1. Ursprünglich bedeutete es einfach sauber, wie man zum Beispiel davon spricht, daß man schmutzige Wäsche sauber gewaschen hat.
2. Auch Getreide, das durch Worfeln oder Sieben von der Spreu gereinigt war, wurde so bezeichnet und desgleichen Truppen, aus denen man unzufriedene, feige, untüchtige und nicht einsatzbereite Soldaten ausgeschieden hatte.
3. Vor allem aber wurde es zusammen mit einem anderen griechischen Adjektiv – akeratos – gebraucht, nämlich bei Wein oder Milch, die nicht mit Wasser gemischt waren, oder auch bei unlegierten Metallen.

Die Grundbedeutung von katharos ist mithin unvermischt, unverfälscht und unverschnitten. Daher stellt diese Seligpreisung auch erhebliche Ansprüche und könnte übersetzt werden:
Wohl dem, dessen Motive stets lauter sind, denn er wird Gott schauen.
Nur selten sind selbst beste Taten ganz lauteren, unvermischten Motiven zu verdanken. Selbst wenn wir für eine gute Sache reichlich und großzügig spenden, ist nicht auszuschließen, daß wir uns im stillen in der Zustimmung sonnen, die wir uns selbst erteilen, oder auch in dem Behagen, daß die anderen uns deswegen loben und uns dankbar sein werden. Selbst wenn wir wirkliche Opfer bringen, sind wir nicht immer ganz frei von dem Bewußtsein, daß die anderen uns deswegen für heroisch halten und so etwas wie Märtyrer in uns sehen werden. Selbst Prediger sind nicht vor der Gefahr der Selbstgefälligkeit über eine gute Predigt gefeit.

Diese Seligpreisung stellt an unsere Selbstprüfung sehr hohe Anforderungen. Geschieht, was wir tun, um des Lohnes willen, oder um anderen damit zu dienen? Entspringt unser Dienen selbstlosen Motiven, oder wollen wir uns damit selbst zur Schau stellen? Geschieht, was wir für die Gemeinde tun, um Christi oder um unseres persönlichen Ansehens willen? Gehen wir in die Kirche, um Gott zu begegnen, oder sehen wir darin nur eine Anstandspflicht? Beten und lesen wir die Bibel aus dem aufrichtigen Wunsch heraus, mit Gott zu leben, oder geschieht es wegen eines angenehmen Gefühls der Überlegenheit, das wir daraus ableiten zu können glauben? Ist unser Glaube etwas, das uns ständig zum Bewußtsein bringt, wie sehr wir Gottes bedürfen, oder dient er nur dazu, Gefallen an unserer eigenen Frömmigkeit zu finden? Die ernsthafte Prüfung unserer Motive ist entmutigend und beschämend, denn selbst die besten Menschen tun nur selten etwas aus reinen, unvermischten Motiven. Jesus hat gesagt, nur die Menschen, die reinen Herzens seien, würden Gott schauen. Es ist eine schlichte Erfahrung, daß wir nur erkennen, wozu wir imstande sind. Das trifft nicht nur für das physische Sehen zu, sondern auch auf allen anderen Gebieten. Durchschnittsmenschen sehen in einer Sternennacht am Himmel nichts als unzählige Lichtpunkte; sie sehen das, was zu sehen sie imstande sind. Ein Astronom wird die Sterne und Planeten mit ihren Namen nennen können und sich unter ihnen wie unter Freunden zurechtfinden. Und der Schiffer wiederum wird aufgrund dieses Sternenhimmels sein Schiff sicher dem Bestimmungshafen entgegensteuern. Während Durchschnittsmenschen Landstraßen entlanggehen und an den Rändern nichts als ein Gewirr von Unkraut, wildwachsenden Blumen und Gräsern sehen, wird ein geschulter Botaniker alle möglichen Einzelheiten wahrnehmen, die er namentlich und nach ihrem Verwendungszweck bestimmen kann. Ja, vielleicht entdeckt er auch seltene, wertvolle Pflanzen darunter, ganz einfach, weil er Augen dafür hat. Wenn zwei Menschen einen Raum voller alter Gemälde betreten, wird derjenige, der von Malerei keine Ahnung hat, einen alten Meister nicht von einer wertlosen Kleckserei unterscheiden können; ein geschulter Kunstkritiker hingegen wird unter Umständen in einer Sammlung, die ein anderer als wertlosen Plunder abtut, ein Bild von außerordentlich hohem Wert entdecken. Menschen mit schmutziger Gesinnung werden in allem Stoff für schlechte Witze und dummes Gekicher entdecken. Wir sehen in allen Bereichen des Lebens nur das, was wir darin zu erkennen imstande sind.

So, sagt Jesus, sind auch nur die, die reinen Herzens sind, imstande, Gott zu erkennen. Wir sollten stets bedenken, daß wir, je nachdem, ob unsere Herzen durch Gottes Gnade rein bleiben oder ob wir sie durch unsere menschlichen Begierden beflecken, dereinst geeignet sein werden, Gott zu schauen oder nicht.

Die sechste Seligpreisung könnte daher auch so gelesen werden: Wohl dem, dessen Motive absolut lauter sind, denn dann wird er eines Tages imstande sein, Gott zu erkennen!

DIE SELIGKEIT, MENSCHEN ZUSAMMENZUFÜHREN

Matthäus 5, 9

Selig sind die Friedfertigen; denn sie werden Gottes Kinder heißen.

Am besten beginnen wir die Untersuchung dieser Seligpreisung damit, daß wir einige darin enthaltene Punkte erforschen.

1. Da ist einmal das Wort Friede, dem im Griechischen eirene und im Hebräischen das Wort shalom entspricht. Friede besagt in der hebräischen Sprache nicht nur, daß die Menschen keinen Kummer haben oder Trübsal leiden, sondern mit shalom ist alles gemeint, was der Mensch zum Höchsten zählt. Wenn im Orient jemand einen anderen mit dem Wort Salaam begrüßt – es handelt sich um dasselbe Wort wie shalom –, dann wünscht er dem anderen damit

nicht nur, daß er keinen Kummer, sondern darüber hinaus alles hat, was ihm gut tut. Das Wort Friede besagt in der Bibel niemals nur, daß die Menschen unbeschwert von allem Bösen sind, sondern daß sie sich darüber hinaus alles Guten erfreuen.

2. Wir müssen den Wortlaut dieser Seligpreisung genau beachten. Sie gilt den Fried*fertigen*, nicht ohne weiteres auch den Fried*liebenden*. Nur zu oft kommt es vor, daß jemand zwar Frieden stiften möchte, aber den falschen Weg wählt und infolgedessen statt Frieden Trübsal verursacht. Wenn wir zum Beispiel einer gefährlichen Entwicklung „um des lieben Friedens willen" ihren Lauf lassen, ist das der falsche Weg. Viele halten sich für friedliebend und beschwören damit in Wirklichkeit doch nur künftiges Unheil herauf, weil sie sich weigern, den gegebenen Verhältnissen ins Auge zu sehen und die erforderlichen Schritte zu ihrer Behebung zu unternehmen. In der Bibel wird nicht jener Friede selig genannt, der herrscht, wenn man allen Meinungsverschiedenheiten ausweicht, sondern echter Friede entspringt stets nur der Auseinandersetzung und der Überwindung von Problemen. Diese Seligpreisung verlangt nicht, daß wir alles passiv hinnehmen, aus Angst, daß es sonst zu Schwierigkeiten kommen könnte, sondern was sie von uns fordert, ist eine aktive Konfrontation mit ihnen, aus der Friede *erwächst*, wenn es bis dahin auch ein beschwerlicher, harter Weg ist.

3. In der revidierten Lutherübersetzung heißt es: die Friedfertigen werden Gottes *Kinder* heißen; im Griechischen heißt es dem Hebräischen näherkommend *Söhne* (*hyioi*) Gottes. Das ist ein typisch hebräischer Ausdruck. Das Hebräische ist arm an Adjektiven, so daß häufig, wenn etwas beschrieben werden soll, nicht ein Adjektiv, sondern die Wendung *Sohn des* . . . und dann ein abstraktes Substantiv verwendet wird. So kann man auch *Sohn des Friedens* sagen statt *ein Friedfertiger*. Barnabas wird nicht als *ein Tröstender* oder *Tröster* bezeichnet, sondern als *Sohn des Trostes*. Diese Seligpreisung besagt also: Selig sind die Friedfertigen, denn sie werden Söhne Gottes heißen, oder anders ausgedrückt: Selig sind die Friedfertigen, denn sie tun ein göttliches Werk. Wer Frieden stiftet, ist dem Werk verhafet, das der Gott des Friedens tut (Röm. 15, 33; 2. Kor. 13, 11; 1. Thess. 5, 23; Hebr. 13, 20).

Der Sinn dieser Seligpreisung erstreckt sich in drei Hauptrichtungen.

1. Da *shalom* alles einschließt, was dem Menschen zum Besten dient, seine höchsten Güter, hat man vermutet, daß der

Sinn dieser Seligpreisung sei: Selig sind, die für ein menschenwürdigeres Leben aller Menschen dieser Welt sorgen. Abraham Lincoln hat einmal gesagt: „Ich wäre froh, wenn man nach meinem Tode von mir sagen könnte, ich hätte das Unkraut gejätet, wo immer ich es angetroffen und Blumen gesät, wo immer sie wachsen konnten." Es würde sich demnach um die Seligpreisung aller handeln, die der Welt ein klein wenig voranhelfen.

2. Die meisten alten Kirchenväter haben diese Seligpreisung in rein geistigem Sinne verstanden und waren der Ansicht, sie besage: Selig, wer mit sich selbst Frieden geschlossen hat. In jedem Menschen liegen das Gute und Böse miteinander im Kampf; wir werden stets in zwei Richtungen gezerrt, und bis zu einem gewissen Grade befinden wir uns ständig mit uns selbst im Widerstreit. Glücklich daher jeder, der sich seinen inneren Frieden erkämpft und sich ganz in Gottes Hände gegeben hat.

3. Dieses Wort s h a l o m besagt aber auch noch etwas anderes, wobei die jüdischen Rabbinen besonders gern verweilten, und daran hat Jesus bei diesen Worten höchstwahrscheinlich auch gedacht. Die jüdischen Rabbinen waren der Ansicht, daß es keine größere Aufgabe für die Menschen gäbe, als d i e r e c h t e n z w i s c h e n m e n s c h l i c h e n B e z i e h u n g e n herzustellen. Das meint auch Jesus hier. Es gibt Menschen, die man geradezu als Sturmzentren bezeichnen kann, sei es, daß sie Streit zwischen anderen verursachen oder daß sie selbst in irgendwelche Auseinandersetzungen verwickelt sind. Sie sind Unruhestifter und Störenfriede und sind fast in jeder menschlichen Gemeinschaft als Handlanger des Teufels anzutreffen. Auf der anderen Seite gibt es – Gott sei Dank – aber auch Menschen, die stets vermitteln, Brücken schlagen und andere zu besänftigen verstehen. Sie tun damit ein göttliches Werk, denn nach Gottes Ratschluß soll zwischen den Menschen und ihm selbst und zwischen den Menschen untereinander Friede herrschen. Wer die Menschen spaltet, macht sich zum Werkzeug des Teufels, wer sie einigt und zusammenführt, zum Werkzeug Gottes.

Diese Seligpreisung könnte daher auch lauten:

W o h l d e m, d e r d i e z w i s c h e n m e n s c h l i c h e n B e z i e h u n g e n f ö r d e r t, d e n n d a m i t t u t e r e i n g ö t t l i c h e s W e r k !

Matthäus 5, 10–12

Selig sind, die um Gerechtigkeit willen verfolgt werden; denn das Himmelreich ist ihr.
Selig seid ihr, wenn euch die Menschen um meinetwillen schmähen und verfolgen und reden allerlei Übles wider euch, so sie daran lügen. Seid fröhlich und getrost; es wird euch im Himmel wohl belohnt werden. Denn also haben sie verfolgt die Propheten, die vor euch gewesen sind.

Zu den hervorstechendsten Eigenschaften Jesu gehörte seine unbedingte Aufrichtigkeit. Er ließ die Menschen keinen Augenblick im Zweifel darüber, was ihnen geschehen könne, wenn sie ihm zu folgen beschlossen. Er war sich bewußt, daß er nicht gekommen war, um das Leben der Menschen zu einem leichten Leben zu machen, wohl aber, um die Menschen groß zu machen. Wir können uns kaum vorstellen, was die ersten Christen alles erdulden mußten. Alle Bereiche ihres bisherigen Lebens wurden dadurch gesprengt.

1. Der christliche Glaube konnte sie aus ihrer Arbeit herausreißen. Angenommen, jemand war von Beruf Steinmetz, übte also einen scheinbar harmlosen Beruf aus. Das wurde plötzlich anders, wenn der Meister, bei dem er beschäftigt war, den Auftrag erhielt, einen heidnischen Tempel zu bauen. Was dann? Oder nehmen wir an, jemand war von Beruf Schneider, und die Firma, bei der er beschäftigt war, wurde aufgefordert, Priestergewänder für Priester heidnischer Götter herzustellen. Was dann? Die ersten Christen befanden sich fast ausnahmslos in der Lage, daß ihre geschäftlichen Interessen mit ihrer Treue zu Jesus Christus kollidierten. Mehr als hundert Jahre später kam jemand mit eben diesem Problem zu Tertullian. Nachdem er ihm von seinen geschäftlichen Schwierigkeiten berichtet hatte, fragte er ihn: „Was soll ich tun? Ich muß doch schließlich leben.“ „Wirklich?“ fragte Tertullian zurück. Wenn überzeugte Christen sich zwischen der Treue zu Jesus und dem Leben entscheiden mußten, entschieden sie sich ohne zu zögern für die Treue zu Jesus Christus.

2. Der christliche Glaube riß sie auch aus ihrer bisherigen gesellschaftlichen Stellung heraus. Die meisten Festmähler der Antike fanden im Tempelbezirk irgendeiner Gottheit statt. Nur ganz selten wurde bei Opfern das ganze Tier auf dem Altar verbrannt. Es konnte vorkommen, daß nur ein

paar Stirnhaare des betreffenden Opfertieres als symbolisch dargebrachtes Opfer verbrannt wurden. Ein Teil des Fleisches ging an die Priester, zu deren Nebeneinkünften es gehörte; den Rest des Fleisches erhielt der Opfernde zurück und veranstaltete damit ein Festmahl für Freunde und Verwandte. Serapis gehörte zu den am meisten verehrten Göttern, und eine Einladung zu einem Festmahl, das zu seinen Ehren veranstaltet wurde, sah etwa so au:: „Ich lade dich hiermit ein, mit mir am Tisch unseres Herrn Serapis zu speisen." Durften Christen an einem Festmahl teilnehmen, das im Tempel eines heidnischen Gottes stattfand? Selbst vor Mahlzeiten in Privathäusern wurde ein Trankopfer dargebracht, indem zu Ehren der Götter ein Becher Wein verschüttet wurde, gewissermaßen als Tischgebet. Durften Christen an derartigen kultischen Bräuchen der Heiden teilnehmen? Die Antwort war auch hier ganz eindeutig. Die Christen mußten sich von derartigen Veranstaltungen fernhalten. Als Christ mußte man um den Preis des Alleinseins dazu bereit sein.

3. Das schlimmste war, daß es durch den christlichen Glauben auch zu Spaltungen innerhalb der eigenen Familie kommen konnte. Immer wieder kam es vor, daß jemand aus der Familie Christ wurde, die anderen dagegen nicht. Dann ging sofort ein Riß durch die Familie. Häufig blieb denen, die sich zu Christus bekannten, die Tür des eigenen Hauses damit auf immer verschlossen. Der christliche Glaube bewirkte innerhalb der Familien häufig Spaltungen, statt daß er Frieden brachte. Es war buchstäblich so, daß jemand sich zwischen Christus und seinen Eltern, seiner Frau oder seinen Geschwistern entscheiden mußte. Damals war mit der Annahme des christlichen Glaubens häufig die Entscheidung verbunden, sich von den nächsten Angehörigen zu trennen, um sich zu Christus zu bekennen.

Die Strafen, die den Christen zeitweilig auferlegt wurden, spotteten jeder Beschreibung. Christen wurden lebendig den Löwen vorgeworfen oder auf Scheiterhaufen verbrannt. Doch das waren noch menschenfreundliche Todesarten gemessen an den Qualen, die Nero ersann, indem er die Christen mit Pech beschmieren und dann anzünden ließ, so daß sie als brennende Fackeln seine Gärten erhellten. Er ließ sie in die Häute wilder Tiere einnähen, um anschließend Jagdhunde auf sie zu hetzen, die sie zerfetzten. Sie wurden auf der Folterbank und mit Zangen gepeinigt; sie wurden mit heißem Blei übergossen und an den empfindlichsten Körperstellen mit glühendheißen Platten verbrannt; die Augen wurden ihnen ausgerissen und Glieder abgeschnitten, die man vor ihren Augen röstete; man verbrannte ihre Hände und Füße und übergoß sie dabei mit kaltem Wasser, um ihre Qual zu verlängern. Das waren keine angenehmen Vorstellungen, und doch mußten alle, die sich auf die Seite Christi stellten, darauf gefaßt sein.

Weshalb verfolgten die Römer die Christen in dieser Weise? Es will uns nicht in den Kopf, daß Menschen, die ein christliches Leben führten, ausgerechnet zu derartigen Opfern von Tod und Verfolgung werden mußten. Das hatte zwei Gründe:

1. Einmal waren es die Verleumdungen, die über die Christen in Umlauf waren, Verleumdungen, für die die Juden in nicht unerheblichem Maße verantwortlich waren. a) Man beschuldigte die Christen der Menschenfresserei. Die Abendmahlsworte: „Das ist mein Leib." „Dieser Kelch ist mein Blut des Neuen Testamentes" wurden absichtlich verdreht, und es hieß, die Christen opferten Kinder und äßen ihr Fleisch. b) Man beschuldigte die Christen unmoralischer Verhaltensweisen, indem man behauptete, ihre Zusammenkünfte seien nichts anderes als Orgien menschlicher Lust. Anlaß dazu bot das wöchentlich einmal stattfindende Liebesmahl der Christen, die A g a p e, das man vollkommen falsch auslegte. Die Christen begrüßten sich untereinander mit dem Friedenskuß, der wiederum zu den verleumderischen Anklagen herhalten mußte. c) Man warf den Christen vor, sie seien Brandstifter. Anlaß dazu boten ihre endzeitlichen Erwartungen, von denen sie in apokalyptischen Bildern als von einer Welt in Flammen sprachen. Auch das wurde von üblen Verleumdern so verdreht, als ob es sich um politische, revolutionäre Drohungen handele. d) Man warf den Christen vor, sie mischten sich in die innersten Familienangelegenheiten ein. Tatsächlich bewirkte der christliche Glaube vielfach Spaltungen in der Familie, wie wir bereits festgestellt haben; und so war es ein leichtes, das Christentum grundsätzlich als familienfeindlich hinzustellen. Böswillige Menschen konnten Verleumdungen aller möglichen Art in die Welt setzen.

2. Der entscheidende Grund für die Christenverfolgungen war jedoch politischer Natur. Das römische Weltreich erstreckte sich fast über die ganze damals bekannte Welt. Es reichte von Britannien bis an den Euphrat, von Germanien bis nach Nordafrika. Gab es eine Möglichkeit, dieses Völker- und Staatengemisch zu einer Einheit zusammenzuschweißen? Ließ sich etwas finden, was alle miteinander verband? Dieses Etwas schien mit dem Kult der Göttin Roma, des Geistes von Rom, zunächst gefunden zu sein. Die Bewohner der Provinzen, die Rom Frieden, eine gute Verwaltung, Ordnung und Gerechtigkeit als Folge der römischen Rechtsprechung verdankten, waren

dazu gern bereit. Der römischen Herrschaft verdankte man, daß Straßen und Meere von Räubern gesäubert und daß unberechenbare, tyrannische Herrscher von römischen Statthaltern ersetzt wurden, die nach unparteiischer Rechtsprechung trachteten. So waren die Bewohner der Provinzen durchaus geneigt, dem Geist jenes Weltreiches Opfer darzubringen, dem sie so vieles zu verdanken hatten.

Doch es blieb nicht bei diesem Kult. Ein Mann verkörperte dieses Weltreich der Kaiser. Und so kam es dahin, daß man in ihm einen Gott sah, dem man göttliche Ehre erwies und dessen Gottheit zu Ehren Tempel errichtet wurden. Dieser Kult ging jedoch nicht von den Römern selbst aus, sondern wurde zunächst eher unterdrückt. Kaiser Claudius mißbilligte grundsätzlich, daß man einem Menschen göttliche Ehren zollte. Doch im Laufe der Zeit erkannte man in Rom, daß der Kaiserkult die Möglichkeit bot, ein einigendes Band für das Riesenreich zu werden, ein Mittelpunkt, der allen gemeinsam war. So wurde der Kaiserkult, anfangs eine freiwillige Angelegenheit, allgemein als obligatorisch eingeführt. Einmal jährlich mußten alle eine Prise Weihrauch zu Ehren der Gottheit des Kaisers verbrennen und dabei sprechen: „Der Kaiser ist der Herr." Eben das aber weigerten sich die Christen zu tun. Für sie war Jesus Christus der Herr, und sie waren daher nicht bereit, mit diesem Ehrentitel, der ausschließlich Christus zukam, jemanden anders zu bezeichnen.

Aus allem Gesagten geht klar hervor, daß die Menschen mit dem Kaiserkult vor allem auf ihre politische Zuverlässigkeit hin überprüft werden sollten. Wer seine Prise Weihrauch verbrannt hatte, erhielt denn auch eine Bescheinigung, einen libellus darüber, daß er seine Pflicht erfüllt hatte. Im Anschluß daran konnte er beliebige andere Götter anbeten, soweit dies nicht der öffentlichen Ordnung und Schicklichkeit widersprach. Die Christen weigerten sich, diesen Kult mitzumachen. Vor die Wahl gestellt: „Kaiser oder Christus?" blieben sie unnachgiebig und wählten Christus. Die Folge davon war, daß Christen unabhängig davon, wie gute Menschen und Bürger sie waren, automatisch zu den außerhalb des Gesetzes Stehenden gehörten. Die römische Weltmacht konnte derartige potentielle „Widerstandsnester", als die ihr jede christliche Versammlung erscheinen mußte, nicht dulden. Weil sie Christus einen höheren Platz einräumten als dem Kaiser, mußten Christen zu Tausenden sterben und um der einzigartigen Überlegenheit Christi willen entsetzlichen Foltern standhalten.

DIE SELIGKEIT, ALS BLUTZEUGE ZU STERBEN

Matthäus 5, 10—12 (Fortsetzung)

Wenn wir wissen, wie es zu den Verfolgungen kam, erstrahlen die Märtyrer in einem umso größeren Glanz. Es mag ungewöhnlich erscheinen, von der Seligkeit der Verfolgten zu sprechen. Doch wer hinter die Dinge zu sehen vermag und die Größe dessen, was damit verbunden war, der wird erkennen, daß dem Weg der Blutzeugen trotz allem etwas Herrliches anhaftete.

1. Die Christenverfolgungen boten den Christen eine Gelegenheit, ihre Treue zu Jesus Christus zu beweisen. Einer der berühmtesten Märtyrer war der betagte Bischof Polykarp von Smyrna, den die Volksmenge vor das römische Tribunal schleppte. Dort stellte man ihn vor die Wahl, entweder dem Kaiser göttliche Verehrung zuteil werden zu lassen oder zu sterben. „Sechsundachtzig Jahre habe ich Christus gedient", lautete die Antwort des Bischofs, „und er hat mir kein Leid widerfahren lassen. Wie könnte ich jetzt meinen König lästern, der mich stets bewahrt hat?" Man brachte ihn zum Scheiterhaufen, wo er betete: „Gott, du Allmächtiger, Vater deines geliebten und gesegneten Sohnes, durch den ich dich erkennen lernte . . . ich danke dir, daß du mich in deiner Gnade für würdig befunden hast, diesen Tag und diese Stunde zu erleben." Für ihn bedeutete dies die einmalige Gelegenheit, seine Treue zu Jesus Christus mit dem Tode zu besiegeln.
Viele Menschen haben um Jesu Christi willen in ihrem Leben nie ein Opfer gebracht. Sollte je der Augenblick kommen, in dem uns ein Preis abgefordert wird für unseren Glauben, dann ist es Zeit, unseren Glauben an Jesus Christus vor aller Welt zu bekennen.

2. Wer um seines Glaubens willen Verfolgung auf sich nimmt, geht, wie schon Jesus gesagt hat, denselben Weg wie vor ihm die Propheten, die Heiligen und Märtyrer. Wer um des Rechten willen leiden muß, hat teil an ihrer Nachfolge. Wer um seines Glaubens willen leiden muß, beschreitet denselben Pfad, den schon die Heiligen gegangen sind.

3. Wer um seines Glaubens willen verfolgt wird, hat teil an etwas Großem. Etwas Großes, entscheidend Wichtiges miterleben zu dürfen, ist ein Geschenk des Lebens. Das gilt auch für den christlichen Glauben. Wer leiden muß, weil die Welt und Christus aufeinanderprallen, erlebt einen Augenblick des ewigen Dramas mit. Daran teil zu haben, ist keine Strafe, sondern

eine Ehre. „Seid in solchen Augenblicken fröhlich und getrost", sagt Jesus. Im griechischen Text wird an dieser Stelle das Verb agalliasthai verwendet, das von zwei Wörtern abgeleitet ist, die besagen, daß es sich um eine Freude handelt, die die Menschen einen Freudensprung machen läßt, so wie der Bergsteiger es tut, wenn er den schwierigen Pfad bewältigt und den Gipfel des Berges erklommen hat.

4. Wer um seines Glaubens willen Leiden auf sich nimmt, macht es denen, die nach ihm kommen, leichter. Für uns ist die Freiheit heute nur deswegen etwas Selbstverständliches, weil vor uns Menschen bereit waren, sie mit ihrem Blut zu erkaufen, mit ihrem Schweiß und ihren Tränen. Auch wir können, indem wir Jesus Christus unerschütterlich bezeugen, es denen, die nach uns kommen, leichter machen. Bei einem großen Dammbauprojekt in Afrika, durch das eine große Wüste in fruchtbares Land verwandelt wurde, büßten mehrere Menschen ihr Leben ein. Nach Fertigstellung des Staudamms wurde in die Staumauer eine Tafel mit ihren Namen und folgender Inschrift eingelassen: „Diese Männer starben, damit die Wüste frohlocke und blühe wie eine Rose." So erleichtern alle, die für Christus sterben, es auch den nach ihnen Kommenden.

5. Niemand, der verfolgt wird, wird bei seinem Kampf allein gelassen. Allen, die um des Festhaltens an ihren Grundsätzen willen materielle Verluste in Kauf nehmen müssen, die ihre Freunde verlieren, Verleumdungen, Einsamkeit und unter Umständen sogar den Tod auf sich nehmen müssen, ist Christus näher als je zuvor. Im Buch Daniel wird berichtet, wie Schadrach, Meschach und Abed-Nego in den glühenden Ofen geworfen wurden, der auf Befehl Nebukadnezars siebenmal heißer gemacht wurde als sonst, so daß die Männer, die die drei dorthinbrachten, getötet wurden. Darauf fragte er seine Räte: „Haben wir nicht drei Männer gebunden in das Feuer werfen lassen?" Als sie dies bejahten, erhielten sie die überraschende Antwort: „Ich sehe aber vier Männer frei im Feuer umhergehen, und sie sind unversehrt; und der vierte sieht aus, als wäre er ein Sohn der Götter" (Dan. 3, 19—25). Menschen, die um ihres Glaubens willen leiden müssen, ist Christus so nahe wie niemandem sonst.

Eine Frage bleibt uns noch zu beantworten: Weshalb sind alle diese Verfolgungen so unausweichlich? Sie sind deshalb so unausweichlich, weil die Kirche, wenn sie wahrhaft Kirche ist, das Gewissen der Nationen und der Gesellschaft sein muß. Die Kirche soll das Gute loben und das Böse tadeln, wo es anzutreffen ist. Wo das geschieht, wird man die Stimme des Gewissens

zum Schweigen zu bringen versuchen. Es ist nicht die Aufgabe des einzelnen Christen, nach Fehlern zu suchen, Kritik zu üben und zu verurteilen, wohl aber kann sein ganzes Verhalten eine stillschweigende Verurteilung der unchristlichen Lebensführung anderer sein, und er wird dadurch unweigerlich ihren Haß auf sich ziehen.
Wir werden wohl um unserer Treue zu Jesus Christus willen kaum den Tod erleiden müssen, doch können sehr wohl Kränkungen auf den warten, der auf einer christlichen Lebensführung besteht. Wer aus dem Geist der Versöhnung heraus ein Leben christlicher Nächstenliebe praktiziert, muß auf den Spott seiner Mitmenschen gefaßt sein. Christus braucht auch heute Zeugen, die bereit sind, für ihn zu leben. Der Kampf des Christen und die Herrlichkeit des Christseins haben auch heute nichts von ihrer Gültigkeit eingebüßt.

DAS SALZ DER ERDE

Matthäus 5, 13

Ihr seid das Salz der Erde. Wenn nun das Salz kraftlos wird, womit soll man's salzen? Es ist zu nichts hinfort nütze, denn daß man es hinausschütte und lasse es die Leute zertreten.

Mit diesem Ausdruck hat Jesus den Menschen das größte Kompliment gemacht, das überhaupt möglich ist. Wenn wir dem Wert und der Nützlichkeit eines Menschen nachdrücklich Ausdruck verleihen wollen, sagen wir wohl: „Solche Menschen sind das Salz der Erde."
Salz wurde in der Antike äußerst hoch geschätzt. Die Griechen nannten es sogar göttlich (theion). Eine lateinische Redensart, die eine Art Wortspiel darstellt, besagte: „Nichts ist so nützlich wie die Sonne und das Salz" (Nil utilius sole et sale). Zur Zeit Jesu verbanden sich mit dem Salz vor allem drei Vorstellungen:
1. Die Vorstellung der Reinheit. Das ergab sich unschwer aus der schimmernden Weiße des Salzes. Die Römer behaupteten, das Salz sei deshalb das Reinste von allem, weil es durch das Reinste von allem, durch Sonne und Meer, entstehe. Die ursprünglichste aller den Göttern dargebrachten Opfergaben war das Salz, und so enthielten auch die jüdischen Opfer stets Salz. Wenn die Christen das Salz der Erde sein sollen, müssen

sie mithin Musterbeispiele der Reinheit sein. Zu den charakteristischen Merkmalen unserer Zeit gehört, daß die Maßstäbe in vielem herabgeschraubt werden. Ehrlichkeit, Fleiß, Gewissenhaftigkeit, Moral sind Beispiele dafür, wie man gegenüber früheren Zeiten dazu neigt, geringere Maßstäbe anzulegen. Christen sollten dagegen den Maßstab absoluter Reinheit der Rede, des Benehmens und der Gedanken hoch halten. Christen sollten niemals einen andern als den Maßstab unbedingter Ehrlichkeit und Aufrichtigkeit anlegen. In einer Zeit, in der jede Großstadtstraße die Menschen bewußt zur Sünde verlockt, sollten wenigstens Christen nicht daran denken, moralische Maßstäbe einfach fallenzulassen. Auch am Erzählen schlüpfriger Witze sollten Christen sich nicht beteiligen. Christen können und sollen sich nicht aus der Welt zurückziehen, doch sie sollen, wie Jakobus sich ausdrückt, „sich selbst von der Welt unbefleckt halten" (Jak. 1, 27).

2. Salz war in der Antike das allgemein übliche Konservierungsmittel. Man benutzte es dazu, etwas vor dem Schlechtwerden, vor Fäulnis und Verwesung zu bewahren. Plutarch drückt das auf merkwürdige Weise aus, indem er sagt, Fleisch sei ein Stück Leichnam und werde schlecht, wenn man es sich selbst überlasse. Salz dagegen halte es frisch und sei daher wie eine neue Seele, die einem Leichnam eingepflanzt werde. Salz bewahrt also vor Verwesung. Wenn Christen das Salz der Erde sein sollen, müssen sie einen gewissen antiseptischen Einfluß auf das Leben ausüben. Wir alle wissen, daß es in Gesellschaft bestimmter Menschen nicht schwer fällt, gut zu sein, ebenso wie es in Gesellschaft anderer Menschen leicht ist, seine Grundsätze aufzugeben. In Gegenwart bestimmter Menschen würde es niemandem einfallen, schmutzige Geschichten zu erzählen, in Gegenwart anderer dagegen umso leichter. Christen sollen eine reinigende Wirkung auf ihre Umgebung ausüben; in ihrer Gegenwart sollten andere bereitwillig auf negative Einflüsse verzichten und dem Guten gegenüber umso aufgeschlossener sein.

3. Die wichtigste und augenfälligste Eigenschaft des Salzes besteht darin, allem Würze zu verleihen. Speisen ohne Salz sind schal und schmecken uns nicht. Der christliche Glaube sollte in unserem Leben die gleiche Rolle spielen wie das Salz im Essen. Er sollte unserem Leben Würze verleihen. Leider verbinden die Menschen jedoch nur zu oft die entgegengesetzte Vorstellung mit dem christlichen Glauben und meinen, daß er dem Leben jede Würze nehme. Nachdem das Christentum unter Konstantin zur Staatsreligion geworden war, versuchte Kaiser

Julian später, das Rad der Geschichte rückwärts zu drehen und die alten Götter wieder einzuführen.

Julian war der Meinung, daß der christliche Glaube dem Leben alle Lebendigkeit raube.

Wir müssen den Glanz, der vom christlichen Glauben ausgeht, unbedingt für uns entdecken. Wenn alle Welt bekümmert ist, sollten Christen stets heiter bleiben. Wenn alle bedrückt sind, sollten Christen dennoch voll Freude sein. Das christliche Leben müßte etwas Strahlendes haben, statt sich, wie es häufig geschieht, in ein Trauergewand zu kleiden. Wenn Christen das Salz der Erde sein wollen, dann müssen sie überall Freudigkeit ausstrahlen.

Weiter sagte Jesus, wenn das Salz kraftlos werde, sei es zu nichts anderem nütze, als daß man es hinausschütte und von den Leuten zertreten lasse. Das ist deswegen schwierig, weil Salz seine Würzkraft nie verliert. Eine einleuchtende Erklärung zitiert jedoch E. F. F. Bishop in seinem Buch J e s u s a u s P a l ä s t i n a. Danach wurden Herdstellen in Palästina gewöhnlich außerhalb des Hauses aus Ziegelsteinen mit darüber gelegten Steinen errichtet. Um die Hitze zu halten, wurde unterhalb der Ziegelsteine eine dicke Schicht Salz angehäuft, das jedoch nach einer gewissen Zeit verbraucht war. Dann nahm man die Ziegelsteine hoch und streute den Rest des Salzes auf den Weg, da es die Kraft verloren hatte, die Ziegelsteine heiß zu halten. Dieses Bild mag Jesus sehr wohl vor Augen gehabt haben. Doch wie immer das Bild gewesen sein mag, entscheidend ist der Gesichtspunkt, auf den im Neuen Testament immer wieder hingewiesen wird: Nutzlosigkeit zieht Unheil nach sich. Wer als Christ seinen Zweck verfehlt, befindet sich auf einem katastrophalen Wege. Wir sollen das Salz der Erde sein, und wenn es uns nicht gelingt, im Leben Reinheit zu bewahren, sodaß von unserem Leben eine reinigende Kraft ausgeht und Glanz, dann wird das unheilvolle Folgen haben.

Als letztes bleibt noch zu erwähnen, daß in der Frühkirche zuweilen ein merkwürdiger Gebrauch von diesem Text gemacht wurde. Bei den Juden war es Sitte, daß Abtrünnige, die später wieder zum jüdischen Glauben zurückkehrten, erst dann wieder in die Synagoge aufgenommen wurden, wenn sie sich voller Reue und zur Buße quer vor den Eingang zur Synagoge gelegt und die Menschen aufgefordert hatten, beim Hineingehen auf sie zu treten. Diese Sitte wurde mancherorts von christlichen Gemeinden übernommen. Wer aufgrund der Kirchenzucht ausgeschlossen worden war, wurde erst wieder in die Gemeinde aufgenommen, wenn er sich vor die Kirchentür legte und die Menschen aufforderte: „Zertritt mich, der ich das Salz bin, das kraftlos geworden ist."

DAS LICHT DER WELT

Matthäus 5, 14. 15

Ihr seid das Licht der Welt. Es kann die Stadt, die auf einem Berge liegt, nicht verborgen sein. Man zündet auch nicht ein Licht an und setzt es unter einen Scheffel, sondern auf einen Leuchter; so leuchtet es allen, die im Hause sind.

Diese Worte können mit Recht als das größte Kompliment bezeichnet werden, das jedem einzelnen Christen je zuteil geworden ist, denn hier heißt Jesus die Christen, das zu sein, worauf auch er selbst Anspruch erhob. Jesus hat gesagt: „Dieweil ich bin in der Welt, bin ich das Licht der Welt" (Joh. 9, 5). Als Jesus seinen Anhängern gebot, zu Lichtern der Welt zu werden, forderte er sie damit zu nichts Geringerem auf, als zu werden wie er.

Der Ausdruck, den Jesus hier verwendet, war den Juden, die ihn damals von ihm hörten, sehr vertraut, nannten sie selbst doch Jerusalem „ein Licht der Heiden", und ein berühmter Rabbi wurde häufig als „ein Licht Israels" bezeichnet. Die Art, in der die Juden diesen Ausdruck gebrauchten, gibt auch Aufschluß über die Weise, in der Jesus ihn verwendete. Die Juden waren sich durchaus bewußt, daß niemand sein eigenes Licht anzuzünden vermochte. Jerusalem war zwar den Heiden ein Licht, doch „Gott zündete das Licht Israels an". Das Licht, das das Volk oder einzelne Menschen leuchten ließen, war ein geborgtes Licht. So soll es auch bei den Christen sein. Jesus fordert uns nicht etwa auf, daß wir unser eigenes Licht leuchten lassen, sondern er will, daß wir das Licht, das von ihm ausgeht, reflektieren. Wenn Christen Ausstrahlungskraft besitzen, dann ist das nur darauf zurückzuführen, daß Jesus Christus in ihren Herzen wohnt. Wir sprechen häufig von strahlenden Bräuten; auch sie strahlen nur den Glanz aus, mit dem die Liebe ihr Herz erfüllt hat.

Was meinte Jesus damit, wenn er sagte, Christen sollten das Licht der Welt sein?

1. Ein Licht ist zunächst und vor allem etwas, was gesehen werden soll. Die Häuser in Palästina mit ihren winzigen runden

Fenstern waren sehr dunkel. Als Lampen dienten kleine, mit Öl gefüllte Schälchen, in denen ein Docht schwamm. Bevor es Streichhölzer gab, war es nicht eben leicht, Lampen anzuzünden. Die Lampe stand gewöhnlich auf einem Leuchter, der aus einem roh bearbeiteten Baumzweig bestand. Aus Sicherheitsgründen wurde das Licht beim Hinausgehen vom Leuchter heruntergenommen und unter ein irdenes Getreidemaß gestellt, wo es ohne Gefahr bis zur Rückkehr weiterbrennen konnte. Das Licht der Lampe war in erster Linie dazu da, gesehen zu werden. So soll auch das Christentum gesehen werden. Jemand hat einmal sehr richtig gesagt: „Geheime Nachfolge gibt es nicht, denn entweder gefährdet die Geheimhaltung die Nachfolge, oder aber die Nachfolge macht Geheimhaltung unmöglich." Die Menschen sollten sich offen zum Christentum bekennen, und zwar nicht nur innerhalb der Kirche.

Christentum, das nur bis zur Kirchentür reicht, nützt nicht allzuviel, es sollte überall in unserem Alltagsleben sichtbar werden. Als Christen sollte man uns daran erkennen, wie wir mit Verkäufern, Kellnern, Angestellten oder Vorgesetzten umgehen, an der Art, wie wir ein Spiel betreiben oder Autofahren, an der Art, wie wir sprechen, und schließlich auch an dem, was wir lesen. Wir sollten ebensosehr als Christen in der Fabrik, in der Werkstatt, auf der Werft, im Bergwerk, in der Schule, in der Praxis, in der Küche und auf dem Sportplatz zu erkennen sein wie in der Kirche. Jesus hat nicht gesagt: „Ihr seid das Licht der K i r c h e", sondern: „Ihr seid das Licht der W e l t."

2. Lichter sind W e g w e i s e r. An jeder großen Flußmündung befinden sich eine Reihe von Lichtern, die die Fahrrinne markieren, so daß die Schiffe sicher fahren können. Wir alle wissen, wie wichtig selbst die Straßenbeleuchtung in den Städten ist. Lichter helfen uns den Weg finden. So sollen auch Christen anderen den Weg finden helfen. Das heißt, Christen sollen Vorbilder sein. Die Welt braucht vor allem Menschen, die zu Brennpunkten des Guten werden können. Wenn eine Gruppe von Menschen aufgefordert würde, etwas Fragwürdiges zu tun und es wäre niemand da, der Einspruch erhöbe, würde es tatsächlich geschehen. Steht aber jemand auf und sagt: „Das mache ich nicht mit", dann steht bestimmt der eine und andere ebenfalls auf und sagt: „Ich auch nicht." Wäre ihnen jedoch niemand mit gutem Beispiel vorangegangen, hätten sie geschwiegen. Viele Menschen fühlen sich nicht stark und mutig genug, um von sich aus einen Standpunkt zu behaupten. Geht ihnen jedoch jemand mit gutem Beispiel voran, folgen sie ihm bereitwillig. Wenn jemand da ist, auf den sie sich stützen können, tun sie

durchaus das Rechte. Es ist Christenpflicht, schwächere Brüder zu unterstützen und sie durch ihr Beispiel zu ermutigen. Leuchtfeuer sind unentbehrlich. Die Menschen sehnen sich vielfach nach jemand, der ihnen den Rücken stärkt und ihnen Mut macht, zu tun, was sie von sich aus nicht zu tun wagen.

3. Lichter können auch W a r n l i c h t e r sein. Häufig werden wir durch ein Licht vor Gefahren gewarnt, die uns drohen, wenn wir weitergehen. Auch Christen haben zuweilen die Pflicht, ihren Mitmenschen als Warnlichter zu dienen. Das ist schwierig, wenn man nicht mehr Unheil als Segen damit anrichten will. Noch schlimmer aber ist es, wenn jemand, vor allem junge Menschen zu uns kommen und sagen: „Wenn du mich rechtzeitig gewarnt hättest, wäre ich nie in die Lage geraten, in der ich mich jetzt befinde." Wenn wir unsere Warnung nicht in entrüstetem, zornigem, kritischem, verächtlichem Ton vorbringen und nicht in der Absicht, den anderen zu verletzen, sondern in dem liebevollen Wunsch, ihm zu helfen, dann wird sie auch wirksam sein.

Christen sollen Lichter sein, die man sieht, Lichter, die wärmen, und Lichter, die anderen den Weg weisen.

LEUCHTEN FÜR GOTT

Matthäus 5, 16

So soll euer Licht leuchten vor den Leuten, daß sie eure guten Werke sehen und euren Vater im Himmel preisen.

In diesem Vers sind zwei wichtige Dinge zu beachten:

1. Die Menschen sollen unsere g u t e n Werke sehen. Im Griechischen gibt es zwei Wörter für g u t. Einmal das Wort a g a t h o s, womit etwas, was von guter Qualität ist, bezeichnet wird, und zum andern das Wort k a l o s, das nicht nur besagt, daß etwas gut, sondern daß es darüber hinaus auch noch anziehend und schön ist. An dieser Stelle des griechischen Textes wird k a l o s gebraucht. Die guten Werke der Christen sollen nicht nur g u t, sondern auch a n z i e h e n d sein. Sogenannte Frömmigkeit und Güte haben leider sehr häufig etwas Kaltes, Hartes und Strenges an sich statt etwas Gewinnendes. Es gibt ebenso eine Frömmigkeit, die etwas Anziehendes besitzt, wie eine Frömmigkeit, die die Menschen abstößt. Echte christliche Frömmgkeit und Güte sind nie ohne einen gewissen Zauber und Liebreiz.

2. Beachten müssen wir auch, daß wir mit unseren guten Werken die Aufmerksamkeit der Menschen auf Gott, keineswegs dagegen auf uns lenken sollen. Jesus verbietet also radikal jede zur Schau gestellte Frömmigkeit und Güte. An einer Tagung, von der ein bekannter Theologe berichtet hat, nahmen auch einige junge Leute teil, die es sehr ernst nahmen mit ihrem Christentum. Eines Abends versammelten sie sich, um die ganze Nacht im Gebet zu verbringen. Am nächsten Morgen fragte der ältere Theologe sie, was sie gemacht hätten. Sie berichteten ihm von ihrem Tun und sagten dann: „Sehen Sie nur, wie unsere Gesichter strahlen." Die freundliche Antwort des Theologen lautete: „Mose wußte nichts davon, daß sein Gesicht strahlte." Christliche Güte geschieht unbewußt und versucht nicht, die Aufmerksamkeit auf sich selbst zu lenken.

Christen sollen nicht daran denken, was sie getan haben, sondern daran, was Gott durch sie getan hat. Sie sollen die Augen der Menschen nicht auf sich selbst, sondern auf Gott lenken. Erst wenn wir aufhören, an das Lob, den Dank und das Ansehen zu denken, das uns unsere Taten einbringen könnten, fangen wir an, als Christen zu handeln.

DAS UNWANDELBARE GESETZ

Matthäus 5, 17–20

Ihr sollt nicht wähnen, daß ich gekommen bin, das Gesetz oder die Propheten aufzulösen; ich bin nicht gekommen aufzulösen, sondern zu erfüllen. Denn ich sage euch wahrlich: Bis daß Himmel und Erde vergehe, wird nicht vergehen der kleinste Buchstabe noch ein Tüpfelchen vom Gesetz, bis daß es alles geschehe. Wer nun eines von diesen kleinsten Geboten auflöst und lehrt die Leute so, der wird der Kleinste heißen im Himmelreich; wer es aber tut und lehrt, der wird groß heißen im Himmelreich. Denn ich sage euch: Es sei denn eure Gerechtigkeit besser als die der Schriftgelehrten und Pharisäer, so werdet ihr nicht in das Himmelreich kommen.

Auf den ersten Blick mag uns dies als die erstaunlichste Aussage Jesu in der ganzen Bergpredigt erscheinen. Jesus weist hier auf den unvergänglichen Charakter des Gesetzes hin. Dennoch kann Paulus sagen: „Christus ist des Gesetzes Ende" (Röm.

10, 4). Jesus hat nach Auffassung der Juden immer wieder das Gesetz übertreten. Er beachtete die Waschvorschriften des Gesetzes nicht; er machte am Sabbat Kranke gesund, obwohl es nach dem Gesetz verboten war; ja, er wurde schließlich verurteilt und gekreuzigt, weil er das Gesetz übertreten hatte; dennoch scheint er hier mit einer Ehrfurcht vom Gesetz zu sprechen, in der kein Rabbi oder Pharisäer ihn zu übertreffen vermochte. Der kleinste Buchstabe war im Hebräischen der Buchstabe i o d h, der durch einen Apostroph — ' — gekennzeichnet wurde; nicht einmal ein Buchstabe, kaum größer als ein Punkt, sollte vergehen. Ein Tüpfelchen, wie es in der revidierten Lutherausgabe heißt, war eine S e r i f e, wie wir sagen, kleine Abschlußstriche oder Begrenzungen am Fuß des Buchstabens. Jesus scheint hier ausdrücklich zu betonen, daß das Gesetz so heilig sei, daß nicht die kleinste Einzelheit davon vergehen werde.

Diese Aussage hat manche Menschen so sehr verwirrt, daß sie zu dem Schluß gekommen sind, Jesus könne das überhaupt nicht gesagt haben. Sie vermuten, daß Matthäus Jesus diese Worte nur in den Mund gelegt habe, um auf diese Weise die Juden zu überzeugen, an die er sich mit seinem Evangelium — es ist das jüdischste aller Evangelien — vor allem wandte. In Wirklichkeit aber handele es sich dabei überhaupt nicht um eine Aussage Jesu. Doch dieses Argument steht auf schwachen Füßen, denn gerade, weil diese Aussage Jesus so wenig ähnlich sieht, dürfte sie kaum jemand erfunden haben. Jesus muß sie also selbst gemacht haben. Und wenn uns ihr Sinn klar wird, wird sich auch herausstellen, daß Jesus gar nicht umhin konnte, sie zu machen.

Die Juden verstanden unter dem G e s e t z vier verschiedene Dinge. 1. Sie verstanden darunter die Zehn Gebote. 2. Sie verstanden darunter die ersten fünf Bücher der Bibel, die fünf Bücher Mose, auch Pentateuch — die fünf Schriftrollen — genannt. Diese Bücher waren für die Juden das Gesetz p a r e x c e l l e n c e und der wichtigste Teil der Bibel überhaupt. 3. Unter dem Ausdruck D a s G e s e t z u n d d i e P r o p h e t e n verstanden sie die Heilige Schrift als Ganzes; sie benutzten diesen Ausdruck in der gleichen Weise wie wir die Bezeichnung Altes Testament. 4. Sie verstanden darunter das M ü n d l i c h e oder das G e s c h r i e b e n e G e s e t z.

Zur Zeit Jesu verstand man vor allem dies letztere unter dem Gesetz. Sowohl Jesus als auch Paulus verurteilten dieses G e - s c h r i e b e n e G e s e t z aufs schärfste. Was hatte es mit dem Geschriebenen Gesetz auf sich?

Das Alte Testament enthält verhältnismäßig wenige Satzungen und Bestimmungen, sondern eigentlich nur allgemeine Grundsätze, die die Menschen unter Gottes Führung selbst auslegen und auf ihre besonderen Lebensumstände anwenden müssen. Die Zehn Gebote enthalten überhaupt keine Einzelbestimmungen und Vorschriften; jedes der Gesetze verkörpert eines der entscheidenden Prinzipien, dessen Anwendung jedem einzelnen überlassen bleibt. Das schien den Juden später nicht mehr zu genügen. Da sie das Gesetz für göttlich hielten und glaubten, Gott habe darin sein letztes Wort gesprochen, waren sie der Ansicht, daß alles darin enthalten sein müsse. Was nicht *explizite*, ausdrücklich, im Gesetz enthalten war, mußte *implizite*, unausgesprochen, darin einbegriffen sein. Sie behaupteten daher, es müsse möglich sein, aus dem Gesetz für jede beliebige Situation für alle Menschen daraus Vorschriften und Satzungen abzuleiten. So bildeten sich die Schriftgelehrten heraus, die ihr ganzes Leben damit verbrachten, die großen Grundsätze des Gesetzes in buchstäblich Tausende von Satzungen und Vorschriften zu zergliedern und so zu schmälern.

Dafür ein Beispiel. Im Gesetz heißt es, der Sabbat solle geheiligt und an diesem Tage nicht gearbeitet werden. Das ist ein großartiger Grundsatz. Doch die jüdischen Legalisten waren leidenschaftlich an Begriffsbestimmungen interessiert; sie fragten daher: Was ist Arbeit? und erklärten alles mögliche zur Arbeit. So war zum Beispiel *das Tragen einer Last* in ihren Augen eine Arbeit. Als nächstes mußten sie definieren, was eine Last sei. Das sieht im Geschriebenen Gesetz so aus: Speisen im Gewicht einer getrockneten Feige, Wein soviel, wie man zum Mischen eines Bechers braucht, ein Schluck Milch, Honig soviel, wie nötig ist, um eine Wunde damit zu bestreichen, Öl soviel, wie nötig ist, um eine kleine Stelle des Körpers damit zu salben, Wasser soviel, wie man zum Anrühren einer Augensalbe braucht, Papier soviel, wie man braucht, um eine Notiz des Zolls darauf zu schreiben, Tinte soviel, wie man zum Schreiben von zwei Buchstaben braucht, Rohr soviel, wie man für eine Feder braucht“ . . . und so endlos fort. Endlose Stunden wurden damit verbracht, um zu klären, ob man am Sabbat eine Lampe von einem Platz zum andern tragen dürfe, ob Schneider eine Sünde begingen, wenn eine Nadel in ihrem Gewand stecken geblieben sei, ob Frauen eine Brosche oder falsches Haar tragen dürften, ja, ob jemand am Sabbat falsche Zähne oder ein künstliches Glied oder sogar ob er sein Kind am Sabbat tragen dürfe. Alle diese Dinge waren für sie wesentlicher Bestandteil ihrer Religion.

S c h r e i b e n am Sabbat galt ebenfalls als Arbeit. Doch was heißt schreiben in diesem Zusammenhang? Die Definition der Schriftgelehrten lautete: „Wer zwei Buchstaben des Alphabets schreibt, sei es mit der rechten oder linken Hand, einerlei ob es sich um zwei gleiche oder zwei verschiedene Buchstaben handelt, ob sie mit verschiedener Tinte und in verschiedener Sprache geschrieben sind, macht sich der Gesetzesübertretung schuldig. Selbst wer aus Versehen zwei Buchstaben schreibt, macht sich schuldig, ob er sie nun mit Tinte, Farbe, roter Kreide, Vitriol oder etwas anderem geschrieben hat, das bleibende Eindrücke hinterläßt. Auch wer auf zwei Wände schreibt, die einen Winkel bilden, oder auf zwei Täfelchen seines Notizbuches, so daß man sie zusammen lesen kann, macht sich schuldig . . . Wer dagegen mit einer dunklen Flüssigkeit, mit Obstsaft, oder auf die staubige Straße, wer in den Sand oder sonstwohin schreibt, wo keine bleibenden Eindrücke zurückbleiben, macht sich nicht schuldig . . . Wer einen Buchstaben auf den Boden, einen anderen an eine Hauswand oder auf zwei Seiten eines Buches schreibt, so daß man sie nicht auf einmal lesen kann, macht sich nicht schuldig." Das ist eine typische Stelle aus dem Geschriebenen Gesetz, das die orthodoxen Juden für wahre Religion und wahren Gottesdienst hielten.

Am Sabbat h e i l e n galt ebenfalls als Arbeit. Auch hier durfte es wiederum einer Begriffsbestimmung. Befand sich jemand in Lebensgefahr, durfte man ihm helfen, besonders wenn es sich um Erkrankungen von Hals, Nase und Ohren handelt. Doch auch dann durfte nur soweit helfend eingegriffen werden, daß sich die Krankheit nicht verschlimmerte. Zu ihrer Besserung durfte dagegen nichts unternommen werden. So durfte beispielsweise wohl ein Verband angelegt, nicht aber die Wunde mit Salbe bestrichen werden. Wohl durfte einfache Watte in ein schmerzendes Ohr getan werden, jedoch nicht auch medizingetränkte Watte.

Alle diese Satzungen und Vorschriften wurden von den Schriftgelehrten ausgearbeitet. Die Pharisäer – ihr Name bedeutet die Abgesonderten – hatten sich allen gewöhnlichen Tätigkeiten entzogen, um alle diese Satzungen und Vorschriften einzuhalten.

Wohin dies alles führte, läßt sich aus folgenden Tatsachen ersehen. Viele Generationen hindurch war das Geschriebene Gesetz nur ein m ü n d l i c h e s Gesetz gewesen, das von einer Schriftgelehrtengeneration zur anderen weitergegeben worden war. Mitte des dritten vorchristlichen Jahrhunderts wurde dieses mündliche Gesetz kodifiziert. Wir kennen dieses jüdische

Religionsgesetz unter der Bezeichnung Mischna. Sie enthält dreiundsechzig ausführliche Abhandlungen über die verschiedenen Gegenstände des Gesetzes und umfaßt als Buch etwa achthundert Seiten. Spätere jüdische Gelehrte verfaßten Kommentare zur Mischna, die unter der Bezeichnung Talmud autoritatives Ansehen genossen. Der Talmud aus Jerusalem umfaßt zwölf gedruckte Bände, der babylonische Talmud sogar sechzig.

Für strenggläubige orthodoxe Juden bestand die Religion, der Dienst Gottes, in der Einhaltung tausender von Gesetzesvorschriften und Bestimmungen. Man sah darin buchstäblich etwas Lebenswichtiges, ja sogar etwas von ewiger Bedeutung. Selbstverständlich war Jesus nicht der Meinung, daß keine dieser Satzungen und Vorschriften je vergehen werde. Vielmehr übertrat und verurteilte er sie mehrfach. Unter Gesetz verstand Jesus ganz zweifellos etwas anderes als dies, und er sowohl als auch Paulus haben eine derartige Gesetzesreligion stets verurteilt.

DAS WESEN DES GESETZES

Matthäus 5, 17—20 (Fortsetzung)

Was aber hat Jesus mit dem Gesetz gemeint? Er sagte, er sei nicht gekommen, das Gesetz aufzulösen, sondern es zu erfüllen. Das heißt, er kam, um uns den wahren Sinn des Gesetzes klarzumachen. Worin bestand dieser Sinn des Gesetzes? Selbst hinter dem Geschriebenen und Mündlichen Gesetz verbarg sich ein wichtiger Grundsatz, den die Schriftgelehrten und Pharisäer nur unvollkommen und sogar falsch erfaßt hatten: Der Grundsatz, daß die Menschen in allem den Willen Gottes zu erkennen versuchen und, nachdem sie ihn erkannt haben, ihm ihr ganzes Leben lang gehorsam zu bleiben versuchen müssen. Die Schriftgelehrten und Pharisäer hatten recht, wenn sie Gottes Willen zu erforschen trachteten, um ihm gehorsam zu sein; doch sie hatten unrecht, wenn sie glaubten, ihn in ihren von Menschen erdachten zahllosen Satzungen und Vorschriften zu finden.

Worin besteht das wahre Prinzip des Gesetzes, das Jesus zu erfüllen gekommen war und dessen wahren Sinn er den Menschen aufzeigen wollte?

Betrachten wir die Zehn Gebote, die den wesentlichen Grund des Gesetzes bilden, so läßt sich ihr Sinn in einem einzigen Wort zusammenfassen: Ehrerbietung, besser noch Ehrfurcht vor Gott und dem Namen Gottes, vor dem Tag des Herrn, Ehrerbietung gegenüber den Eltern, dem Leben, Achtung vor fremdem Eigentum, der Persönlichkeit anderer, Achtung vor der Wahrheit und dem guten Namen anderer, Achtung vor sich selber, so daß böse Wünsche nie Herr über uns werden — das sind die fundamentalen Grundsätze, die hinter den Zehn Geboten stehen. Ehrfurcht vor Gott und Ehrerbietung und Achtung vor unseren Mitmenschen und uns selbst sind die tragenden Prinzipien. Ohne sie gibt es kein Gesetz.

Jesus ist gekommen, um diese Ehrerbietung und Ehrfurcht zu erfüllen, um uns zu zeigen, was wahre Ehrfurcht vor Gott und Achtung gegenüber den Mitmenschen heißt. Gerechtigkeit besteht darin, Gott und den Menschen zu geben, was ihnen zusteht, sagten die Griechen. Jesus ist gekommen, um den Menschen zu zeigen, was es heißt, Gott die Ehrfurcht zu erweisen, die ihm zukommt, und den Menschen die ihnen gebührende Achtung.

Dazu bedurfte es nicht der Beachtung unzähliger kleinlicher Satzungen und Vorschriften. Nicht Opfer, sondern Barmherzigkeit bestimmten dies Gesetz; nicht Einhaltung der Gesetzesvorschriften, sondern Liebe; nicht Verbote, sondern Gebote, die die Menschen hießen, ihr Leben nach dem positiven Gebot der Liebe zu gestalten.

Ehrfurcht und Achtung als die Basis der Zehn Gebote können nicht vergehen, da sie auf immer die Beziehung der Menschen zu Gott und den Mitmenschen bestimmen.

GESETZ UND EVANGELIUM

Matthäus 5, 17—20 (Fortsetzung)

Die Aussage Jesu über das Gesetz und Evangelium beinhaltet zugleich auch eine allgemeine Stellungnahme, auch wenn sie nicht in Worten zum Ausdruck kommt.

1. Jesus sagt, daß zwischen Vergangenheit und Gegenwart kein Bruch, sondern ein kontinuierlicher Zusammenhang bestehe. Das Gegenwärtige wächst aus der Vergangenheit. Wer die Gegenwart nicht aus der Vergangenheit heraus zu verstehen sucht, wird auch zur Zukunft schwerlich das rechte Verhältnis haben.

Das Gesetz mußte dem Evangelium vorangehen. Die Menschen mußten zunächst zwischen Recht und Unrecht unterscheiden lernen; sie mußten lernen, ihre eigene Unzulänglichkeit an den

Forderungen des Gesetzes zu messen und die Gebote Gottes zu befolgen; sie mußten sich ihrer Unzulänglichkeit, Unwürdigkeit und Sündigkeit bewußt werden. Die Menschen tadeln vieles an der Vergangenheit — häufig durchaus zu Recht —, ebenso wichtig, wenn nicht noch wichtiger, ist jedoch für uns, daß wir erkennen, was wir der Vergangenheit schulden. Jesus war der Ansicht, daß die Menschen die Vergangenheit weder vergessen noch zuschanden machen dürften, sondern vielmehr auf dieser Grundlage aufbauen müßten. So wie wir selbst an die Stelle anderer Menschen treten und ihre Arbeit verrichten, so soll auch unsere Arbeit so aussehen, daß sie eines Tages von anderen übernommen werden kann.

2. Jesus warnt uns in diesem Abschnitt eindringlich davor, uns die Sache mit dem christlichen Glauben zu einfach zu machen. Wenn die Menschen meinen, sie könnten sagen: „Christus ist das Ende des Gesetzes; jetzt kann ich tun, was mir gefällt", steht dahinter die Auffassung, daß es jetzt mit allen Pflichten, mit aller Verantwortlichkeit und allen Anforderungen an uns vorbei sei. Jesus sagt ausdrücklich, die Gerechtigkeit der Christen müsse b e s s e r sein als die der Schriftgelehrten und Pharisäer. Was wollte er damit sagen? Das Gesetz war für Schriftgelehrte und Pharisäer die treibende Kraft ihres Lebens; sie kannten kein anderes Verlangen, als den Forderungen des Gesetzes Genüge zu tun. Das ist zumindest theoretisch durchaus möglich; in gewisser Hinsicht mag für den einen oder anderen der Zeitpunkt kommen, an dem er von sich behaupten darf: „Ich habe alles getan, was das Gesetz von mir verlangt; jetzt bin ich von meiner Pflicht entbunden; das Gesetz hat keine Ansprüche mehr an mich zu stellen." Die treibende Kraft im Leben der Christen ist dagegen die Liebe; Christen kennen keinen anderen Wunsch als den, ihre Dankbarkeit für die Liebe zu zeigen, mit der Gott sie in Jesus Christus liebt. Den Forderungen der Liebe gerecht zu werden, ist aber nicht einmal theoretisch möglich. Wer jemanden von ganzem Herzen liebt, kommt nicht um die Feststellung herum, daß wir nie genug lieben können, selbst wenn wir unser ganzes Leben in den Dienst dieser Liebe stellen.

Die Juden trachteten danach, das G e s e t z Gottes zu erfüllen; die Forderungen des Gesetzes aber sind stets begrenzt. Christen trachten danach, sich dankbar für die L i e b e Gottes zu erweisen; die Ansprüche der Liebe aber sind zeitlich und in Ewigkeit unbegrenzt. Jesus hat vor den Menschen nicht das Gesetz Gottes, sondern die Liebe Gottes ausgebreitet. Vor vielen Jahrhunderten schon hat Augustin die Lebensregel für Christen so formuliert: „Liebe Gott; dann tu, was du willst." Er konnte so sprechen, weil jeder, der sich klar macht, wie sehr Gott uns geliebt hat, gar keinen anderen Wunsch haben kann, als diese Liebe zu erwidern und sie zu seinem Lebensgrundsatz zu machen. Eine größere Aufgabe gibt es nicht, denn sie stellt die Menschen vor Aufgaben, von denen jemand, der in Begriffen des Gesetzes denkt, sich keine Vorstellung machen kann, und verpflichtet mehr als jedes Gesetz.

DIE NEUE VOLLMACHT

Matthäus 5, 21–48

Dieser Teil der Lehre Jesu gehört zu den wichtigsten Teilen des ganzen Neuen Testaments. Ehe wir ihn im einzelnen untersuchen, sollten wir einige allgemeine Feststellungen beachten. Jesus spricht hier mit einer Autorität, die kein anderer je sich angemaßt hätte. Die Autorität, die Jesus für sich in Anspruch nahm, überraschte alle, die mit ihm in Berührung kamen. Gleich zu Beginn seines Wirkens, als er in der Synagoge von Kapernaum lehrte, heißt es von seinen Zuhörern: „Und sie entsetzten sich über seine Lehre; denn er lehrte mit Vollmacht und nicht wie die Schriftgelehrten" (Mark. 1, 22). Matthäus beschließt den Bericht von der Bergpredigt Jesu mit den Worten: „Und es begab sich, da Jesus diese Rede vollendet hatte, entsetzte sich das Volk über seine Lehre; denn er lehrte mit Vollmacht und nicht wie ihre Schriftgelehrten" (Matth. 7, 28. 29).

Wir können uns kaum vorstellen, wie schockierend diese Vollmacht Jesu auf die Juden gewirkt haben muß, die ihm zuhörten. In den Augen der Juden war das Gesetz absolut göttlich; dem Gesetz galt ihre ganze Ehrfurcht. „Das Gesetz", heißt es bei Aristeas, „ist heilig und stammt von Gott." „Nur die Vorschriften Moses", heißt es bei Philo, „sind auf ewig unveränderlich und unerschütterlich, da die Natur selbst sie mit ihrem Siegel versehen hat." Und die Rabbinen sagten: „Wer leugnet, daß das Gesetz ein himmlisches Gesetz ist, wird an der künftigen Welt keinen Teil haben." Und weiter sagten sie: „Selbst wer behauptet, das Gesetz sei von Gott, freilich mit Ausnahme dieses oder jenes Verses, der aus dem Munde des Mose und nicht Gottes stamme, wird dem Gericht verfallen. Denn er verachtet das Wort des Herrn und zeigt jene Unehrerbietigkeit, die den Untergang der Seele herbeiführt." Bei Beginn des Gottesdienstes in der Synagoge wurden stets als erstes die Gesetzesrollen aus dem Kasten hervorgeholt, in dem sie aufbewahrt wurden und in der versammelten Gemeinde herumgetragen, damit diese ihnen ihre Ehrerbietung bezeugte.

So schätzten die Juden das Gesetz ein. Hier nun zitiert Jesus fünfmal das Gesetz (Matth. 5, 21. 27. 33. 38. 43), nur um ihm seine eigenen Lehren gegenüberzustellen. Er nahm das Recht für sich in Anspruch, auf die Unzulänglichkeiten der geheiligten Schriften hinzuweisen und sie aufgrund seiner eigenen Einsicht und Weisheit zu korrigieren. Die Griechen definierten die e x o u s i a, die Vollmacht, als „die Kraft, nach Belieben etwas hinzuzufügen oder wegzunehmen". Diese Kraft nahm Jesus selbst im Hinblick auf etwas für sich in Anspruch, was die Juden für das bleibende, unveränderliche Wort Gottes hielten. Ohne jeden Versuch, sich deswegen zu rechtfertigen oder sein Recht darauf irgendwie zu begründen, nahm er sich still und gelassen dieses Recht.

Ähnliches hatte man nie zuvor gehört. Im Gegenteil, in den Lehren der jüdischen Lehrer tauchten in diesem Zusammenhang immer wieder ganz bestimmte Wendungen auf. So lautete zum Beispiel ein typischer Satz der Propheten: „Und der Herr sprach." Sie erhoben keinerlei Anspruch auf persönliche Vollmacht, sondern nur darauf, daß Gott sie geheißen habe, so zu sprechen, wie sie sprachen. Und für die Schriftgelehrten und Rabbinen war ein typischer Satz: „Es wird gelehrt . . ." Kein Schriftgelehrter oder Rabbi hätte seine Meinung zu äußern gewagt, ohne sie durch Zitate berühmter Lehrer der Vergangenheit zu belegen und zu schützen. Sie dachten nicht daran, den Anspruch auf Unabhängigkeit zu erheben. Jesus dagegen brauchte für seine Aussagen keine andere Vollmacht als die eigene.

Selbstverständlich ließ das nur zwei Schlüsse zu: Entweder war Jesus von Sinnen oder aber von einzigartiger Natur; entweder war er größenwahnsinnig oder der Sohn Gottes. Kein gewöhnlicher Mensch hätte gewagt, das, was bis dahin als das ewige Wort Gottes galt, von sich aus umzukehren.

Das Wunderbare an jeder echten Autorität ist, daß sie aus sich selbst heraus glaubwürdig ist und sich als wirkliche Autorität erweist. Wir lassen uns nur von Menschen belehren, wenn wir erkannt haben, daß sie das Recht dazu haben. Autorität hat etwas Atmosphärisches; man spürt sie jemandem an, der infolgedessen von sich aus gar nicht erst Anspruch darauf zu erheben braucht. Entweder besitzen wir Autorität oder nicht. So behaupteten Mitglieder von Orchestern, die unter dem Meisterdirigenten Toscanini gespielt haben, sobald er das Dirigen-

tenpult betreten habe, sei eine Woge von Autorität von ihm ausgeströmt. Das war in noch viel entscheidenderem Ausmaße bei Jesus der Fall.
Weil Jesus war, der er war, konnte er die bis dahin als höchste Weisheit geltenden Erkenntnisse der Menschen korrigieren und zurechtrücken. Er bedurfte dazu keiner ausdrücklichen Beweise und Auseinandersetzungen; es genügte, wenn er dies aussprach. Wer Jesus mit aufrichtigem Herzen begegnet und seinen Worten lauscht, wird auch empfinden, daß in ihm Gott endgültig gesprochen hat und daß daneben alle anderen Worte unangemessen, alle anderen Erkenntnisse überholt sind.

DER NEUE MASS-STAB

Matthäus 5, 21–48 (Fortsetzung)

War schon die Art, in der die Vollmacht Jesu zum Ausdruck kam, erstaunlich, so waren es die Maßstäbe, die er den Menschen an die Hand gab, erst recht. Jesus behauptete, vor Gott seien nicht nur die Mörder schuldig, sondern auch alle, die ihrem Bruder zürnten, seien des Gerichtes schuldig. Jesus sagte, vor Gott sei nicht nur der Ehebrecher schuldig, sondern auch, wer in seinem Herzen eine andere begehre. Das war etwas völlig Neues, etwas, was die Menschen bis heute nicht völlig begriffen haben. Jesus lehrte, es genüge nicht, keinen Mord zu begehen, sondern es dürfe auch niemand das Verlangen danach haben. Jesus lehrte, es genüge nicht, keinen Ehebruch zu begehen, sondern es dürfe auch niemand das Verlangen danach haben.
Vielleicht haben wir nie jemanden geschlagen; aber können wir auch von uns behaupten, niemals den Wunsch danach verspürt zu haben? Vielleicht haben wir niemals Ehebruch begangen; aber können wir auch von uns behaupten, niemals das Verlangen nach Verbotenem verspürt zu haben? Jesus lehrte, daß Gedanken ebenso schwer wiegen wie Taten und daß es nicht genüge, keine Sünde zu begehen; Genüge tun wir dem Maßstab Jesu nur, wenn wir auch kein Verlangen danach haben. Jesus lehrte, daß die Menschen nicht nur nach ihren Taten gerichtet werden, sondern noch viel mehr nach ihren Wünschen und Begierden, auch wenn diese niemals zu Taten geworden sind. Nach menschlichen Maßstäben ist jemand, der nie etwas Verbotenes tut, ein guter Mensch; die Welt ist nicht daran interessiert, die Gedanken der Menschen zu richten. Nach den Maß-

stäben Jesu dagegen ist nur der ein guter Mensch, den nach verbotenen Dingen nicht einmal verlangt; Jesus ist an den Gedanken der Menschen ganz außerordentlich interessiert. Daraus ergibt sich dreierlei:

1. Jesus hatte zutiefst recht, denn nur der Weg Jesu bietet Schutz und Sicherheit. Bis zu einem gewissen Grad ist jeder Mensch eine gespaltene Persönlichkeit. Eine Seite in ihm wird vom Guten, die andere vom Bösen angezogen. Solange das der Fall ist, befindet der Mensch sich in einem ständigen Kampf mit sich selbst. Während eine Stimme ihm rät, das Verbotene zu tun, verbietet es ihm die andere Stimme in ihm. Plato hat die menschliche Seele einmal mit einem Wagenlenker verglichen, der zwei Pferde zu lenken hat, von denen das eine sanft, willig und gehorsam ist und dem Befehl der Zügel gehorcht, während das andere sich ihm in allem widersetzt. Das eine Pferd heiße Vernunft, das andere Leidenschaft. Unser Leben besteht in einem ständigen Konflikt zwischen Leidenschaft und Vernunft. Die Vernunft hält die Leidenschaften im Zügel. Doch Zügel können auch reißen. Was geschieht, wenn wir einen Augenblick die Selbstkontrolle verlieren? Solange in unserem Leben ein derart gespanntes Verhältnis, ein derartiger Konflikt herrscht, sind wir ungesichert und ungeschützt. Nur wenn wir das Verlangen nach Verbotenem in uns radikal ausrotten, seien wir sicher, hat Jesus gesagt.

2. Wenn es sich so verhält, dann kann nur Gott die Menschen beurteilen und richten. Wir sehen nur, wie sie sich verhalten, Gott dagegen weiß um die Geheimnisse des menschlichen Herzens. Manche Menschen, die äußerlich ein Bild der Rechtschaffenheit bieten, stehen vor Gott als Gerichtete dar. Vor dem Gericht der Menschen kann mancher bestehen, mit dessen Frömmigkeit und Güte es vor dem alles durchdringenden Auge Gottes schlecht bestellt ist.

3. In diesem Fall aber sind wir alle der Versäumnis schuldig, denn niemand kann vor dem Gericht Gottes bestehen. Selbst wer äußerlich ein einwandfreies, moralisches Leben führt, kann von sich nicht behaupten, daß er gänzlich frei sei von verbotenen Wünschen. Innere Vollkommenheit erlangt nur der, der von sich sagen kann, er sei tot, und nur Christus lebe in ihm. „Ich bin mit Christus gekreuzigt", sagt Paulus, „ich lebe; doch nun nicht ich, sondern Christus lebt in mir" (Gal. 2, 19. 20).

Der neue Maßstab ertötet allen Stolz und treibt uns zwingend zu Jesus Christus, der allein uns dazu fähig machen kann, daß wir diesem hohen Maßstab, den er uns aufzeigt, gerecht werden.

VERBOTENER ZORN

Matthäus 5, 21. 22

Ihr habt gehört, daß zu den Alten gesagt ist (2. Mose 20, 13; 21, 12): „Du sollst nicht töten; wer aber tötet, der soll des Gerichts schuldig sein." Ich aber sage euch: Wer mit seinem Bruder zürnt, der ist des Gerichts schuldig; wer aber zu seinem Bruder sagt: Du Nichtsnutz! der ist des Hohen Rats schuldig; wer aber sagt: Du gottloser Narr! der ist des höllischen Feuers schuldig.

Hier haben wir das erste Beispiel für den neuen Maßstab, den Jesus setzt, vor uns. Im alten Gesetz hieß es: „Du sollst nicht töten" (2. Mose 20, 13); Jesus bezeichnete es dagegen schon als unbotmäßig, wenn wir unserem Bruder zürnen. Es genügt nicht, anderen Menschen keinen Schlag zu versetzen, sondern hinreichend ist nur, wenn wir auch nicht den leisesten Wunsch verspüren, ihn zu schlagen, und keinerlei bösen Gefühle gegen ihn hegen.

Jesus argumentiert in diesem Abschnitt wie ein geschickter Rabbi. Er erweist sich hier als ein Meister jener Methoden, die zu seiner Zeit unter klugen Männern üblich waren. In diesem Abschnitt begegnen wir säuberlichen Abstufungen des Zornes und ebenso säuberlichen Abstufungen der Strafen.

1. Zunächst ist von Menschen die Rede, die ihrem Bruder zürnen. Das entsprechende Verb des griechischen Textes ist orgizesthai. Im Griechischen gibt es zwei Wörter für Zorn. Da ist einmal thymos, der Zorn, der einem Strohfeuer gleicht. Rasch flammt er auf, um danach ebenso rasch zu verglühen. Es ist ein jäher Zorn, der ebenso rasch vergeht, wie er kommt. Dem gegenüber ist orge ein tief wurzelnder Zorn, der lange anhält und von den Menschen auf alle mögliche Weise genährt wird, um ihn wachzuhalten. Orge ist jener grollende Zorn, den die Menschen um keinen Preis aufgeben wollen.

Wer diesem Zorn verfallen ist, ist des Gerichtes schuldig. Bei diesem Gericht handelt es sich um das örtliche Gericht, das sich aus mehreren Ältesten zusammensetzte, in Orten unter hundertfünfzig Einwohnern aus drei, in größeren Ortschaften aus sieben und in noch größeren Städten aus dreiundzwanzig Männern.

Jesus verurteilt also jeden eigennützigen Zorn. Aus der Bibel geht eindeutig hervor, daß dieser Zorn verboten ist. „Denn des Menschen Zorn tut nicht, was vor Gott recht ist", heißt es

Jakobus 1, 20. Paulus fordert seine Freunde auf, abzulegen „Zorn, Grimm, Bosheit, Lästerung, schandbare Worte aus eurem Munde“ (Kol. 3, 8). Auch hochstehende Heiden hielten den Zorn für Torheit. So hat zum Beispiel Cicero einmal gesagt, „man könne nichts richtig und vernünftig machen“, wenn einen der Zorn packe. Und Seneca bezeichnete den Zorn als zeitweiligen Wahnsinn.

Jesus verbietet jeden langanhaltenden Zorn, der unversöhnlich und auf Rache bedacht ist. Wer Jesus gehorchen möchte, muß alle Zornesgefühle aus seinem Leben verbannen, vor allem aber den lange anhaltenden, grollenden Zorn. Wir sollten stets bedenken, daß niemand sich Christ nennen darf, der die Geduld verliert, weil man ihm etwas Böses zugefügt hat.

2. Dann spricht Jesus von dem Zorn, der sich in kränkenden Worten Luft verschafft. Auch dieser Zorn und derartige Worte waren bei den Juden verboten. Ihre Lehrer sprachen von „Vergewaltigung durch das Wort“ und von „der Sünde der Beleidigung“. Es hieß bei ihnen: „Drei Kategorien von Menschen kommen in die Hölle, ohne von dort zurückzukehren: der Ehebrecher, der Mensch, der seinen Nachbarn offen zuschanden werden läßt, und derjenige, der seinen Nachbarn mit einem Schimpfnamen belegt.“ Zorn im Herzen der Menschen ist ebenso unbotmäßig wie Zorn, der sich in Worten Luft macht.

BELEIDIGENDE WORTE

Matthäus 5, 21. 22 (Fortsetzung)

Wer seinen Bruder Nichtsnutz nennt, macht sich schuldig. In dem Wort r a k a, das an dieser Stelle des griechischen Textes gebraucht wird, liegt alle Verachtung, die einem Menschen gegenüber möglich war, den man für einen Dummkopf, einen hohlköpfigen Tölpel hielt. Anmaßende Verachtung gegenüber dem anderen kommt darin zum Ausdruck. Die Rabbinen erzählten sich folgende Geschichte von Rabbi Simon ben Eleasar. Als dieser das Haus seines Lehrers verließ, fühlte er sich ausgesprochen gehoben bei dem Gedanken an seine eigene Gelehrsamkeit, Belesenheit und Frömmigkeit. Als ein sehr häßlicher Mann ihn im Vorübergehen grüßte, erwiderte der Rabbi den Gruß nicht, sondern sagte: „Du Nichtsnutz! Wie häßlich du bist! Sind alle Menschen in deiner Stadt ebenso häßlich?“ „Das weiß ich nicht“, sagte der Vorübergehende. „Doch geh nur und sage dem Schöpfer, der mich geschaffen hat, wie häßlich das Geschöpf sei, das er gemacht habe." Die Sünde der verächtlichen Geringschätzung anderer wird in jedem Fall verurteilt.

Diese Sünde ist eines noch strengeren Gerichts schuldig, des Gerichts des Hohen Rates, des obersten jüdischen Gerichts. Wir dürfen das selbstverständlich nicht wörtlich nehmen. Es ist vielmehr, als ob Jesus damit sagen wollte: „Tiefwurzelnder Zorn ist eine schlimme Sünde; noch schlimmer ist es, andere zu mißachten und zu schmähen."

Jemanden mißachten ist ganz und gar unchristlich. Sich auf Grund seiner Herkunft etwas zugute halten und andere deswegen zu verachten, ist eitle Vornehmtuerei und äußerst abstoßend. Ebenso abstoßend ist es, aufgrund unserer Stellung, unseres Reichtums und Besitztums andere zu verachten. Am unverständlichsten ist jedoch Geringschätzung, die wir unseren Mitmenschen aufgrund unseres größeren Wissens und unserer intellektuellen Überlegenheit entgegenbringen, denn wirklich kluge Menschen sind von nichts so sehr überzeugt wie von ihrer eigenen Unwissenheit. Es ist ein Unding, Menschen zu verachten, um deretwillen Christus gestorben ist.

3. Weiter spricht Jesus von dem, der seinen Bruder *moros*, einen *Narren* nennt. Doch ist vor allem jemand, der in sittlicher Hinsicht ein Narr ist, mit diesem Wort gemeint. Der Psalmist spricht von den Toren, die in ihrem Herzen sprechen: Es ist kein Gott (Ps. 14, 1). Es sind Menschen, die ein unmoralisches Leben führen und, weil sie wünschten, daß es so wäre, behaupten, es gäbe keinen Gott. Einen Menschen einen *moros* nennen, hieß nicht, seine geistigen Fähigkeiten zu kritisieren, sondern ihn um seinen guten Namen und Ruf zu bringen und ihn als einen unmoralischen Menschen von lockerem Lebenswandel zu brandmarken.

Jesus sagt hier also, wer den guten Ruf seines Bruders zerstöre, sei des strengsten Gerichts schuldig, *des höllischen Feuers*, des Feuers der Gehenna, wie es im griechischen Text heißt. Das Wort *Gehenna* hat eine lange Geschichte, Luther übersetzt es vielfach mit *Hölle*. Bei den Juden war dieses Wort gang und gäbe (Matth. 5, 22. 29. 30; 10, 28; 18, 9; 23, 15. 33; Mark. 9, 43. 45. 47; Luk. 12, 5; Jak. 3, 6). Ursprünglich bedeutete es „Tal Hinnom". Das Hinnomtal lag südwestlich von Jerusalem. Es war der Ort, an dem König Ahas dem heidnischen Gott Moloch greuelhafte Kinderopfer brachte, indem man sie verbrannte. „Er opferte im Tal Ben-Hinnom und verbrannte seine Söhne im Feuer nach den greulichen Sitten der Heiden" (2. Chron. 28, 3). König Josia, der den Bund mit Gott erneuerte und den Götzendienst abschaffte, verfügte, daß der

Ort auf immer verflucht sein solle. „Er machte auch unrein das Topheth im Tal Ben-Hinnom, damit niemand seinen Sohn oder seine Tochter dem Moloch durchs Feuer gehen ließe" (2. Kön. 23, 10). Die Folge davon war, daß der Kericht von Jerusalem dorthin geschafft und verbrannt wurde, so daß das Tal zu einer Art öffentlichem Verbrennungsofen wurde. Ständig schwelte dort das Feuer, dicker Rauch lag über dem Tal, und widerliche, schwer zu vernichtende Würmer lebten dort (Mark. 9, 44). Der Name Gehenna, das Tal Hinnom, verband sich infolgedessen bei den Menschen mit der Vorstellung von allem, was schmutzig und verflucht war. Es war der Ort, an dem alles Unnütze und Schlechte verbrannt wurde. So wurde der Name Gehenna schließlich zum Synonym für den Ort der Verdammnis, für Hölle.

Jesus betont also ausdrücklich, daß es nichts Schlimmeres gibt, als einen Menschen um seinen guten Namen und Ruf zu bringen. Keine Strafe ist zu schwer für böswillige Zwischenträger und Klatschmäuler. Wer so etwas tut, begeht buchstäblich eine höllische Sünde.

Wir haben bereits festgestellt, daß wir die Abstufungen der Strafe nicht wörtlich verstehen dürfen. Jesus will mit diesen Worten folgendes zum Ausdruck bringen: „In alter Zeit verurteilten die Menschen den Mord; und er wird auch immer ein schweres Vergehen bleiben. Doch ich sage euch, daß nicht nur die äußeren Handlungen der Menschen zählen und gerichtet werden, sondern daß auch ihre innersten Gedanken dem prüfenden Blick und dem Gericht Gottes nicht entgehen. Langanhaltender Zorn ist schlimm; schlimmer noch ist es, geringschätzig von seinen Mitmenschen zu sprechen; und am schlimmsten ist es, wenn wir aus Gedankenlosigkeit oder aus böswilliger Absicht den guten Ruf eines Menschen untergraben." Menschen, die Sklaven ihres Zornes sind, Menschen, die von anderen in verächtlichem Tone reden, Menschen, die andere um ihren guten Ruf bringen, sind Mörder in ihren Herzen, auch wenn sie niemals wirklich einen Mord begehen.

DIE UNÜBERWINDLICHE SCHRANKE

Matthäus 5, 23. 24

Darum: wenn du deine Gabe auf dem Altar opferst und wirst allda eingedenk, daß dein Bruder etwas wider dich habe, so laß allda vor dem Altar deine Gabe und gehe zuvor hin und versöhne dich mit deinem Bruder und alsdann komm und opfere deine Gabe.

Mit diesen Worten tat Jesus nichts anderes, als den Juden einen ihnen wohlbekannten Grundsatz ins Gedächtnis zu rufen, den sie eigentlich niemals hätten vergessen dürfen. Hinter jedem Opfer stand der höchst einfache Gedanke: Wer etwas falsch gemacht und dadurch die Beziehung zwischen Gott und sich gestört hatte, sollte diese Beziehung durch das Opfer, das er Gott darbrachte, wiederherstellen.

Doch sind dabei unbedingt zwei sehr wichtige Punkte zu beachten. Erstens glaubte man zu keiner Zeit, daß absichtliche Verfehlungen durch Opfer gesühnt werden konnten. Wer unbewußt gesündigt hatte oder in einem Augenblick der Leidenschaft die Selbstbeherrschung verloren hatte, der konnte seine Sünde durch Opfer sühnen; nicht durch Opfer gesühnt werden konnten dagegen alle bewußt, aus Trotz, Gefühllosigkeit und sehenden Auges begangenen Verfehlungen. Zweitens mußte jedes Opfer, wenn es wirksam sein sollte, mit einem Bekenntnis der Sünden und echter Reue Hand in Hand gehen; echte Reue schloß den ernsthaften Versuch ein, alle Folgen, die die Sünde womöglich nach sich zog, wieder in Ordnung zu bringen. Obwohl der Große Versöhnungstag dazu diente, die Sünden des ganzen Volkes zu sühnen, waren die Juden sich völlig bewußt, daß die an diesem Tag dargebrachten Opfer nur dann sich auswirken könnten, w e n n d i e M e n s c h e n s i c h z u v o r u n t e r e i n a n d e r a u s g e s ö h n t h a t t e n. Erst wenn der Riß zwischen den Menschen geheilt worden war, konnte auch der Riß zwischen Gott und den Menschen geheilt werden. Wenn zum Beispiel ein Diebstahl durch ein Opfer gesühnt werden sollte, konnte dies nur auf wirksame Weise geschehen, wenn zuvor das Gestohlene ersetzt worden war. Entdeckte man, daß dies nicht geschehen war, wurde das Opfer als unrein außerhalb des Tempelbezirks verbrannt. Die Juden waren sich durchaus bewußt, daß die Menschen zunächst ihr Äußerstes versuchen mußten, um ihre Verfehlungen wieder gutzumachen, wenn sie wollten, daß auch Gott ihnen verzieh.

Die Opfer waren in gewisser Hinsicht stellvertretende Opfer. Dies kam in dem symbolischen Akt zum Ausdruck, bei dem der Opfernde, bevor das Opfertier tatsächlich geopfert wurde, seine Hände auf den Kopf des Tieres preßte, als wolle er damit seine Schuld auf das Tier übertragen. Dabei wurden folgende Worte gesprochen: „Herr, ich flehe dich an; ich habe gesündigt, ich habe mich vergangen an dir und mich gegen dich aufgelehnt; ich habe begangen . . . (es folgte die Angabe der begangenen Verfehlungen); doch jetzt kehre ich reuevoll zu dir zurück und bitte dich, mein Opfer gnädig anzunehmen, daß es meine Sünde tilge."

Zu jedem wirklichen Opfer gehörten Schuldbekenntnis und Wiedergutmachung. Jesus gebraucht hier ein sehr anschauliches Bild. Natürlich vollzog der Opfernde das Opfer nicht selbst, sondern überließ es dem Priester, der es zu seinen Gunsten vollzog. Nachdem der Anbetende den Tempelbezirk betreten hatte, ging er durch eine Reihe von Vorhöfen – den Vorhof der Heiden, den Vorhof der Frauen, den Vorhof der Männer – bis an die Einzäunung, die diesen Hof von dem der Priester trennte, den kein Laie betreten durfte. Dort wartete er darauf, dem Priester das Opfertier auszuhändigen; fiel ihm, wenn er bereits die Hände erhoben hatte, um sein Vergehen zu bekennen, ein, daß er sich wegen des Unrechts, das er seinem Bruder angetan hatte, mit diesem noch nicht ausgesöhnt hatte, mußte er, wenn sein Opfer wirksam sein sollte, also umkehren, sich mit seinem Bruder aussöhnen und sein Unrecht wieder gutmachen.

Jesus ist sich sehr wohl bewußt, daß die rechte Ordnung mit Gott erst dann wiederhergestellt werden kann, wenn wir mit den Menschen ins reine gekommen sind. Erst wenn wir unsere Sünde bekennen, und zwar nicht nur vor Gott, sondern auch vor den Menschen, und erst, wenn wir alles getan haben, um die Folgen unseres Vergehens soweit wie möglich unwirksam zu machen, können wir auf Vergebung hoffen. Wenn wir uns wundern, daß zwischen Gott und uns eine Schranke aufgerichtet zu sein scheint, und wenn wir uns fragen, weshalb unsere Gebete unwirksam bleiben, dann kann es sehr wohl sein, daß wir selbst diese Schranke errichtet haben, weil wir uns mit unseren Mitmenschen entzweit haben, oder weil wir etwas falsch gemacht und nichts unternommen haben, um die Sache wieder in Ordnung zu bringen.

RECHTZEITIG FRIEDEN SCHLIESSEN

Matthäus 5, 25. 26

Sei willfährig deinem Widersacher bald, solange du noch mit ihm auf dem Wege bist, auf daß dich der Widersacher nicht überantworte dem Richter und der Richter dem Diener und werdest in den Kerker geworfen. Wahrlich, ich sage dir: Du wirst nicht von dannen herauskommen, bis du auch den letzten Heller bezahlest.

Hier erteilt Jesus uns einen äußerst praktischen Rat, indem er sagt, daß wir alles das Einvernehmen mit unseren Mitmenschen Beeinträchtigende sobald wie möglich auszuräumen versuchen sollen, ehe es sich zu noch Schlimmerem auswächst.

Jesus bedient sich des Bildes zweier Widersacher, die sich auf dem Wege zum Gericht befinden. Er rät ihnen, sich miteinander zu vergleichen und sich gütlich zu einigen, bevor sie zum Gericht kommen, da sich zumindest für einen von ihnen sehr viel größerer Kummer ergeben wird, sobald die Angelegenheit ihren gerichtlichen Verlauf nimmt.

Uns kommt es merkwürdig, wenn nicht gar unwahrscheinlich vor, daß die beiden Widersacher gemeinsam vor Gericht gehen wollen. Doch das war damals keineswegs ungewöhnlich.

Das griechische Recht kannte ein Verhaftungsverfahren, das als apagoge bezeichnet wurde und ein Schnellverfahren darstellte. Dabei konnte der Kläger den Angeklagten selbst verhaften, indem er dessen Gewand am Halse derart packte, daß der Angeklagte, sofern er sich zur Wehr setzte, sich selbst stranguliert hätte. Es gab aber offensichtlich nur sehr wenige Fälle, in denen eine derartige Art der Verhaftung zulässig war, nämlich nur dann, wenn der Übeltäter auf frischer Tat ertappt wurde. Die Vergehen, bei denen dieses Schnellverfahren zulässig war, waren Diebstahl, Kleiderraub (was vor allem in den öffentlichen Bädern häufig vorkam), Taschendiebereien, Einbruch und Entführungen (besonders häufig wurden qualifizierte und hochgebildete Sklaven entführt). Auch wer die Bürgerrechte ausübte, obwohl er sie eingebüßt hatte, oder wer in sein Land zurückkehrte, obwohl er von dort verbannt worden war, konnte auf diese Weise verhaftet werden. Aufgrund dieser Sitte war es in griechischen Städten ungewöhnlich, Kläger und Angeklagten gemeinsam zum Gericht gehen zu sehen.

Selbstverständlich lagen Jesus Vorstellungen des jüdischen Rechts wesentlich näher, und es handelt sich tatsächlich um eine Situation, die auch bei den Juden nicht ausgeschlossen war. Dann nämlich, wenn jemand seine Schulden nicht bis auf den letzten Heller bezahlte. In diesem Fall wurde vereinbart, wenn Kläger und Angeklagter gemeinsam vor Gericht zu erscheinen hatten, und die Wahrscheinlichkeit war groß, daß die beiden sich in Kleinstädten oder Dörfern auf dem Wege dorthin trafen. Wurde jemand für schuldig befunden, wurde er sogleich dem Gerichtsbeamten übergeben, der von Matthäus als hyperetes, von Lukas als praktor, dem gebräuchlicheren der beiden Ausdrücke, bezeichnet wird (Luk. 12, 58. 59). Der Gerichtsdiener mußte dafür sorgen, daß die Schuld bis auf den letzten

Rest beglichen wurde, andernfalls besaß er die Möglichkeit, den Schuldner solange in Haft zu halten, bis alles bezahlt war. Fraglos hat Jesus bei seinen Worten an eine derartige Situation gedacht. Der Rat Jesu kann zweierlei bedeuten:

1. Es kann sich dabei um einen praktischen Ratschlag handeln. Immer wieder lehrt uns das Leben, daß Streitfälle und Differenzen, die nicht sogleich beigelegt werden, im Laufe der Zeit zu immer größeren Schwierigkeiten führen. Bitterkeit führt zu Verbitterung. Es kommt oft genug vor, daß ein Streit zwischen zwei Personen sich auf deren Familie ausweitet, über Generationen anhält und womöglich sogar zu ernstlichen Spaltungen innerhalb einer größeren Gemeinschaft führt. Wenn gleich zu Anfang eine der Parteien sich als nachsichtig erwiesen hätte oder bereit gewesen wäre, ihre Schuld zuzugeben, wäre es nie zu einer derartig bedrückenden und schmerzlichen Situation gekommen. Wenn wir mit jemandem uneins sind, sollten wir die Angelegenheit stets umgehend wieder bereinigen. Das bedeutet unter Umständen, daß wir uns demütigen, zugeben, daß wir Unrecht hatten und uns entschuldigen müssen; es kann aber auch bedeuten, daß wir, selbst wenn wir uns im Recht befinden, den ersten Schritt tun müssen, um die Dinge wieder zurechtzubiegen. Wenn es zu Differenzen unter den Menschen kommt, lassen sie sich in neun von zehn Fällen durch sofortiges Handeln wieder ausbügeln; unterbleibt dieses, dann werden sie sich unweigerlich verschlimmern, und die Verbitterung wird immer weitere Kreise ziehen.

2. Vielleicht hat Jesus mit dieser Aussage aber auch noch etwas anderes, Endgültigeres im Sinn gehabt. Vielleicht wollte er damit sagen: „Seht zu, daß ihr mit euren Mitmenschen ins reine kommt, solange ihr am Leben seid, denn wenn ihr am Ende eures Lebens angelangt seid — niemand weiß, wann das sein wird —, werdet ihr vor Gott, dem höchsten Richter stehen." Im religiösen Leben der Juden spielte der Große Versöhnungstag die allerwichtigste Rolle. Die an diesem Tage dargebrachten Opfer dienten dazu, bekannte und unbekannte, bewußt oder unbewußt begangene Verfehlungen zu sühnen, mit einer Einschränkung. Im Talmud, der bedeutendsten Zusammenfassung der Lehren, Vorschriften und Überlieferungen des nachbiblischen Judentums, heißt es ausdrücklich: „Am Großen Versöhnungstag werden die Verfehlungen der Menschen gegen Gott gesühnt; die Vergehen eines Menschen gegen seine Mitmenschen jedoch nur, wenn er zuvor alles bereinigt hat, was zwischen ihm und jenem steht." Wieder stoßen wir hier auf die entscheidende Tatsache, daß wir erst dann mit Gott ins

reine kommen können, nachdem wir auch mit unseren Mitmenschen ins reine gekommen sind. Wir sollen so leben, daß der Tod uns im Frieden mit allen Menschen antrifft.
Es ist durchaus möglich, daß wir uns zwischen diesen beiden Deutungen der Aussage Jesu überhaupt nicht zu entscheiden brauchen, weil er beides im Sinn gehabt hat und damit sagen wollte: „Laß es zu keinem Streit mit deinem Bruder kommen, der nicht rechtzeitig beigelegt wird, laß es zu keinem endgültigen Bruch mit ihm kommen, sondern söhne dich so rasch wie möglich wieder mit ihm aus, wenn du hier und dort glücklich sein willst. Tu alles, um die Schranken, die der Zorn zwischen euch aufgerichtet hat, sofort wieder zu beseitigen."

VERBOTENE WÜNSCHE

Matthäus 5, 27. 28

Ihr habt gehört, daß gesagt ist (2. Mose 20, 14): „Du sollst nicht ehebrechen." Ich aber sage euch: Wer eine Frau ansieht, ihrer zu begehren, der hat schon mit ihr die Ehe gebrochen in seinem Herzen.

Hier haben wir das zweite Beispiel des neuen Maßstabes, den Jesus anlegt, vor uns. Im Gesetz hieß es: Du sollst nicht ehebrechen (2. Mose 20, 14). So ernst nahmen die Juden in ihren Lehren den Ehebruch, daß sie die Todesstrafe der Schuldigen nicht ausschlossen (3. Mose 20, 10). Aber auch hier wieder macht Jesus deutlich, daß nicht nur verbotene Taten, sondern auch verbotene Gedanken die Menschen vor Gott schuldig werden lassen.
Es ist sehr wichtig, daß wir das, was Jesus hier sagt, richtig verstehen. Er spricht hier nicht etwa von den normalen, natürlichen Wünschen des Menschen, die Teil seiner Natur sind. Nach dem Wortlaut des griechischen Textes macht jeder sich des Ehebruchs schuldig, der den Frauen bewußt lüstern und begehrlich nachblickt, der seine Augen bewußt zu diesem Zweck mißbraucht und die Frauen so anschaut, daß Leidenschaft und Begierde in ihm bewußt angestachelt werden.
Die jüdischen Rabbinen wußten sehr wohl, wie man seine Augen gebrauchen kann, um Gelüste zu wecken und Unrechtes zu begehren. So hieß es bei ihnen: „Augen und Hände sind die beiden Makler der Sünde." „Leidenschaften finden nur eine Herberge bei dem, der schaut."

Die Welt kennt vieles, was dazu angetan ist, verführerische Wünsche in den Menschen zu wecken. Es gibt Bücher, Bilder, Spiele und Werbeanzeigen, die es bewußt darauf absehen, Begierden in den Menschen zu wecken. Jesus verurteilt hier die Menschen, die ihre Augen bewußt dazu mißbrauchen, niedere Wünsche in ihm zu erregen und Gefallen an Dingen, die den Wunsch nach Verbotenem in ihm wecken. Dem Reinen ist alles rein. Andere dagegen empfinden bei allen möglichen Dingen einen Kitzel, ein Stimulans, etwas, was falsche Gelüste in ihnen hervorruft.

DER HEILSAME EINGRIFF

Matthäus 5, 29. 30

Wenn dir aber dein rechtes Auge Ärgernis schafft, so reiß es aus und wirf's von dir. Es ist dir besser, daß eins deiner Glieder verderbe und nicht der ganze Leib in die Hölle geworfen werde. Wenn dir deine rechte Hand Ärgernis schafft, so haue sie ab und wirf sie von dir. Es ist dir besser, daß eins deiner Glieder verderbe und nicht der ganze Leib in die Hölle fahre.

Hier stellt Jesus eine im wahrsten Sinne des Wortes einschneidende Forderung, indem er nachdrücklich darauf besteht, daß alles, was Anlaß zur Sünde ist oder uns dazu reizt, radikal ausgemerzt werden muß.

Das griechische Wort, das für Ärgernis gebraucht wird, skandalon ist eine Form des Wortes skandalethron, mit dem der Köderstab einer Falle bezeichnet wurde. Es handelte sich dabei um ein Stück Holz oder einen Hebel, an dem der Köder befestigt wurde. Sobald das Tier der Lockspeise folgte, geriet er in Bewegung, die Falle schloß sich, das Tier war gefangen und ging zugrunde. So kam es, daß mit dem Wort alles bezeichnet wurde, was zum Untergang eines Menschen beitrug. Zwei Vorstellungen sind mit diesem Ausdruck verbunden. Einmal die Vorstellung von einem unsichtbaren Stein auf dem Pfade, über den die Menschen stolpern können, gegen den sie stoßen können, oder die Vorstellung von einer quer über den Weg gespannten Leine, mit der den Menschen absichtlich ein Bein gestellt wird, so daß sie zu Fall kommen. Zum andern verbindet sich damit aber auch die Vorstellung an eine Grube, die mit einer dünnen Schicht

Gestrüpp verdeckt wird, so daß Reisende, die unversehens darauf traten, durchbrachen und in die Grube fielen. Das skandalon, der Stein des Anstoßes, läßt die Menschen straucheln; es ist etwas, was sie ins eigene Verderben lockt.

Natürlich dürfen wir die Worte Jesu nicht wortwörtlich nehmen. Sie besagen vielmehr, daß wir alles, was dazu angetan ist, uns zu verführen, erbarmungslos ausrotten müssen aus unserem Leben. Jede Gewohnheit, die uns auf Abwege führen, jede Verbindung, die zur Sünde verleiten, jedes Vergnügen, das sich als unser Verderben herausstellen könnte, muß radikal verneint oder durch einen schmerzlichen Eingriff gestoppt werden.

Da dieser Abschnitt sich unmittelbar an die Behandlung verbotener Wünsche anschließt, stellt sich uns zwangsläufig die Frage: Wie können wir uns freimachen von niederen Gelüsten und schmutzigen Gedanken? Die Erfahrung lehrt uns, daß uns Gedanken und Bilder unaufgefordert überfallen und daß es außerordentlich schwer ist, sich ihnen zu verschließen.

Eins scheidet von vornherein aus, wenn wir mit ungebetenen Gedanken und Wünschen fertig werden wollen: Daß wir uns einfach hinsetzen und uns vornehmen, nicht mehr daran zu denken. Je mehr wir uns dies einzureden versuchen, umso mehr werden all unsere Gedanken sich darauf konzentrieren. Ein eklatantes Beispiel dafür sind die Eremiten und Mönche der ersten nachchristlichen Jahrhunderte, die frei von allem Irdischen und vor allem von allen körperlichen Begierden sein wollten und daher in die ägyptische Wüste gingen, um ihre Gedanken dort allein auf Gott zu richten. Am berühmtesten ist der heilige Antonius, der fünfunddreißig Jahre als Einsiedler in der Wüste lebte, der fastete, sich keinen Schlaf gönnte und seinen Leib folterte. Diese fünfunddreißig Jahre waren ein einziger, ununterbrochener Kampf mit den Versuchungen, die an ihn herantraten. In der Lebensbeschreibung des Antonius heißt es: „Zuerst versuchte der Teufel, mit seinen Einflüsterungen ihm sein Mönchsleben auszureden, indem er ihn an seinen Reichtum erinnerte, an die Fürsorge, die er seiner Schwester schulde, an die Ansprüche seiner Verwandten, an Geld, Ehre, Tafelfreuden und andere Annehmlichkeiten des Lebens, um ihm schließlich vorzuhalten, wie schwer und mühselig es sei, an der Tugend seines jetzigen Lebens festzuhalten . . . Während der eine es mit schmutzigen Gedanken versuchte, versuchte der andere ihm mit Gebeten zu begegnen; während der eine die Begierden des anderen anzuheizen versuchte, schien der andere schamrot zu werden und seinen Leib durch Gebete und Fasten zu stärken.

Eines Nachts erschien ihm der Teufel sogar in Frauengestalt und ahmte sie in allem nach, nur um ihn zu bestricken." Fünfunddreißig Jahre dauerte dieser Kampf an.

Antonius und seine Freunde forderten durch ihr Verhalten all ihre Schwierigkeiten und Trübsal geradezu heraus. Es ist ein unumstößliches Gesetz der menschlichen Natur, daß der Mensch, je mehr er sich vornimmt, nicht mehr an etwas denken zu wollen, von diesem Etwas in Gedanken bedrängt wird. Es gibt nur zwei wirksame Möglichkeiten, mit verbotenen Gedanken fertig zu werden.

Erstens, indem wir uns als Christen betätigen. Der beste Weg, mit derartigen Gedanken fertig zu werden und sie zu überwinden, ist immer noch der, daß wir ein derart erfülltes, mit Arbeit und Dienst an anderen ausgefülltes Leben führen, daß für derartige Gedanken überhaupt kein Raum bleibt. Wenn wir so sehr an andere denken, daß wir darüber uns selbst vergessen und aufhören, uns in geradezu krankhafter Weise selbst zu beobachten und uns statt auf uns selbst auf andere konzentrieren, dann haben wir den richtigen Weg eingeschlagen. Böse Gedanken lassen sich am besten durch gute Taten vertreiben.

Zweitens können wir uns statt bösen guten Gedanken zuwenden. Böse Gedanken lassen sich nur vertreiben, wenn wir anfangen, an etwas anderes zu denken.

Wen die Gedanken an verbotene und schmutzige Dinge quälen, der wird nicht mit ihnen fertigwerden, indem er sich aus dem Leben zurückzieht und sich vornimmt, nicht mehr an sie zu denken, sondern nur, indem er sich mit allen seinen Kräften als Christ betätigt und von christlichen Gedanken erfüllen läßt. Nur wer sich ganz und gar in den Dienst für andere stellt, wird mit diesen Schwierigkeiten fertigwerden.

DAS BAND, DAS NICHT ZERRISSEN WERDEN DARF

1. *Die Ehe bei den Juden*

Matthäus 5, 31. 32

Es ist auch gesagt (5. Mose 24, 1): „Wer sich von seiner Frau scheidet, der soll ihr geben einen Scheidebrief." Ich aber sage euch: Wer sich von seiner Frau scheidet, es sei denn wegen Ehebruchs, der macht, daß sie die Ehe bricht; und wer eine Geschiedene freit, der bricht die Ehe.

Als Jesus dieses Gesetz aufstellte, tat er dies angesichts einer ganz bestimmten Situation. Zu keiner Zeit ist die Ehe mehr gefährdet gewesen als zur Zeit Jesu und der ersten Christen. Die Welt drohte Zeuge eines Auflösungsprozesses von Ehe und Familie zu werden. Wir müssen das Christentum stets vor dem doppelten Hintergrund der jüdischen Welt und der Welt der Griechen und Römer sehen. Vor diesem doppelten Hintergrund wollen wir die Lehre Jesu einmal näher ins Auge fassen.

Theoretisch gesehen hatte kein Volk je eine höhere Auffassung von der Ehe als die Juden. Die Ehe war bei den Juden eine heilige Pflicht, der alle Männer nachkommen mußten. Es gab nur einen triftigen Grund dafür, sie aufzuschieben oder ganz davon abzusehen: daß jemand sich völlig dem Studium des Gesetzes widmete. Von Menschen, die sich weigerten, eine Ehe einzugehen und Kinder zu zeugen, sagte man, sie überträten damit das Gebot Gottes, fruchtbar zu sein und sich zu mehren, sie „schmälerten das Bild und Ansehen Gottes in der Welt" und „erschlügen ihre Nachkommen".

Von der Idee her gesehen verabscheuten die Juden die Ehescheidung. „Wer ihr aber gram ist und sie verstößt, spricht der Herr, der Gott Israels, der bedeckt mit Frevel sein Kleid" (Mal. 2, 16). Bei den Rabbinen gab es in diesem Zusammenhang sehr schöne Aussagen. „Gott ist langmütig und geduldig gegenüber allen Sünden, abgesehen von der Unkeuschheit." „Unkeuschheit verringert die Herrlichkeit Gottes." „Lieber sollen Juden ihr Leben lassen, als Götzendienst, Mord oder Ehebruch zu begehen." „Der Altar selbst vergießt Tränen, wenn ein Mann sich von der Frau seiner Jugend scheidet."

Bedauerlich war nur, daß die Praxis so weit hinter diesem Ideal zurückblieb. Vor allem waren die ehelichen Beziehungen von vornherein dadurch beeinträchtigt, daß Frauen vor dem Gesetz als Sache galten, über die Väter und Ehemänner voll und ganz verfügen konnten. Sie besaßen praktisch genommen überhaupt keine Rechte vor dem Gesetz. Während Männer sich jederzeit von ihren Frauen scheiden lassen konnten, war dies den Frauen umgekehrt in keinem Fall möglich. „Die Frauen können mit oder ohne ihr Einverständnis geschieden werden, Männer dagegen nur mit ihrem Einverständnis", heißt es im rabbinischen Recht.

Schwierig wurde die Angelegenheit besonders dadurch, daß das Scheidungsrecht sehr einfach formuliert und daher in der Auslegung sehr umstritten war. 5. Mose 24, 1 heißt es: „Wenn jemand eine Frau zur Ehe nimmt und sie nicht Gnade findet vor seinen Augen, weil er etwas Schändliches an ihr gefunden hat, und er einen Scheidebrief schreibt und ihr in die Hand gibt und sie aus seinem Hause entläßt ..." So einfach war der Vorgang der Scheidung. Der Scheidebrief hatte folgenden Wortlaut:

„Dies sei mein Scheidebrief, mit dem ich dich entlasse und dir die Freiheit gebe, jeden beliebigen anderen Mann zu heiraten." Wenn man dieses Dokument der Frau in Gegenwart zweier Zeugen ausgehändigt hatte, war die Scheidung vollzogen.

Die Schwierigkeit liegt dabei eindeutig bei der Interpretation der Wendung etwas Schändliches. Es gab zwei jüdische Rechtsschulen: Die Schule Shammais, eine strenggläubige Schule, und die Schule Hillels, eine liberale, weitherzige, großzügige Schule. Shammai und seine Schüler definierten etwas Schändliches als Unkeuschheit, und zwar ausschließlich als Unkeuschheit. „Auch wenn ein Weib so boshaft ist wie das Weib Ahabs, kann sie nur wegen Ehebruchs geschieden werden", sagten sie, denn für sie gab es außer Ehebruch und Unkeuschheit keine Scheidungsgründe. Die Schule Hillels dagegen definierte etwas Schändliches in viel umfassenderer Weise als alles, was dem Mann mißfiel. Nach ihrer Meinung konnte ein Mann sich scheiden lassen, wenn seine Frau das Essen versalzen hatte, wenn sie sich öffentlich ohne Kopfbedeckung hatte sehen lassen, wenn sie mit Männern auf der Straße gesprochen hatte, wenn sie zänkisch war oder in Gegenwart ihres Mannes unehrerbietig von ihren Schwiegereltern sprach, wenn sie ein unangenehmes, streitsüchtiges Wesen besaß. Ein gewisser Rabbi Akiba behauptete, der Ausdruck: wenn sie nicht Gnade findet vor seinen Augen, bedeute, daß ein Mann sich von seiner Frau scheiden lassen könne, wenn er einer Frau begegne, die ihm attraktiver erscheine als seine eigene Frau.

Da der Mensch nun einmal so beschaffen ist, wie er ist, liegt auf der Hand, welche Schule den größeren Einfluß besaß. Zur Zeit Jesu war es infolgedessen dahin gekommen, daß manche Mädchen nicht mehr heiraten wollten, weil jede Heirat für sie soviel Unsicherheit und Schutzlosigkeit einschloß.

Jesus sprach nicht aufgrund irgendeiner theoretischen Überzeugung, als ein weltfremder Idealist, sondern als einer, der praktische Reformen bezweckte. Er versuchte mit einer Situation fertigzuwerden, in der das ganze Familienleben zusammenzubrechen und die Moral der Bevölkerung sich ständig zu verschlechtern drohte.

2. *Die Ehe bei den Griechen*

Matthäus 5, 31. 32 (Fortsetzung)

Nachdem wir soeben die Eheverhältnisse in Palästina zur Zeit Jesu beleuchtet haben, sollten wir uns jetzt die Verhältnisse im weiteren Umkreis vornehmen, da ja schon in aller Kürze die Lehren des Christentums dorthin vordringen sollten.
Wie verhielt es sich mit der Ehe bei den Griechen? Zweierlei beeinträchtigte dort die ehelichen Verhältnisse:
Eine der Hauptkrankheiten, an denen die antike Zivilisation schließlich zugrundeging, war die niedrige Einschätzung der Frauen. Zunächst einmal wirkte sich bei den Griechen die Tatsache, daß außereheliche Beziehungen keinerlei Schande bedeuteten, sondern im Gegenteil als selbstverständlich galten, nachteilig auf die Ehe aus. Derartige Beziehungen beeinträchtigten den Ruf des Mannes nicht im geringsten, sondern gehörten einfach zum Leben dazu. Bei Demosthenes heißt es denn auch: „Hetären dienen unserem Vergnügen, Konkubinen dem täglichen Beischlaf, und unsere Frauen dienen uns dazu, legitime Kinder in die Welt zu setzen und alle häuslichen Angelegenheiten zu überwachen.“ Als die griechischen Vorstellungen später auch nach Rom vordrangen und die Moral der Römer untergruben, hat Cicero in seiner Rede zur Verteidigung des Caelius einmal gesagt: „Wer meint, unseren jungen Männern den Umgang mit Kurtisanen vollständig verbieten zu müssen, erweist sich in der Tat als äußerst streng. Ich kann zwar den Grundsatz nicht verneinen, dem er huldigt, aber muß doch sagen, daß er damit nicht nur im Widerspruch zu der Freizügigkeit seiner eigenen Epoche steht, sondern auch im Widerspruch zu dem, was bei unseren Vorfahren üblich und zulässig war. Wann war dies nicht der Fall? Hat jemals jemand etwas daran auszusetzen gehabt? Hat man nicht stets diese Dinge erlaubt? War je ungesetzlich, was jetzt gesetzlich ist?“ Cicero sagt in seiner Verteidigungsrede dasselbe, was einst Demosthenes festgestellt hatte: Außereheliche Beziehungen seien üblich und herkömmlich.
Die Einstellung der Griechen zur Ehe war ausgesprochen paradox. Sie verlangten nämlich von ehrbaren Frauen ein Leben in völliger Abgeschlossenheit. Frauen durften sich nicht ohne Begleitung auf der Straße sehen lassen und nicht in den Männergemächern speisen. Nicht einmal am gesellschaftlichen Leben

durften diese Frauen teilnehmen. Während die Griechen von ihren Frauen also unbedingte sittliche Reinheit verlangten, nahmen sie für sich selbst größte Freizügigkeit in Anspruch. Grob gesagt heirateten die Griechen um der häuslichen Sicherheit willen, gingen ihren Vergnügungen dagegen außerhalb des Hauses nach. Sokrates hat einmal gesagt: „Gibt es jemanden, dem du ernstere, gewichtigere Dinge anvertraust als deiner Frau, und zugleich jemanden, mit dem du weniger sprichst als mit ihr?" Verus, Mitregent Kaiser Mark Aurels, wurde von seiner Frau getadelt, weil er sich mit anderen Frauen eingelassen habe. Verus erwiderte, sie dürfe nicht vergessen, daß Ehefrau eine Würdenbezeichnung sei, nicht eine des Vergnügens.

So kam es in Griechenland zu merkwürdigen Verhältnissen. Der Aphroditetempel in Korinth verfügte über tausend Priesterinnen, die als heilige Kurtisanen galten und allabendlich in die Stadt hinunterzogen, so daß folgendes Sprichwort entstand: „Nicht jedermann kann sich eine Reise nach Korinth leisten." Wie Religion und Prostitution Hand in Hand gingen, läßt sich aus der fast unglaublichen Tatsache ersehen, daß der Gesetzgeber Solon als erster die Einführung der Prostitution in Athen und die Errichtung von Bordellen zuließ. Aus den Überschüssen der Bordelle wurde zu Ehren der Liebesgöttin Aphrodite ein neuer Tempel erbaut. Die Griechen fanden nichts dabei, mit den Einkünften der Prostitution einen Tempelbau zu finanzieren.

Abgesehen von der Praxis der gewöhnlichen Prostitution bildete sich in Griechenland eine besondere Gruppe von Frauen heraus, die Gruppe der Hetären oder hetairai. Bei ihnen handelte es sich um die Geliebten bedeutender Männer und die bei weitem gebildetsten Frauen, die auf einer gesellschaftlichen Stufe wie sonst keine ihrer weiblichen Zeitgenossen standen. Ihre Wohnungen waren Salons, Treffpunkte der Gebildeten, und manche von ihnen ist ebenso berühmt geworden wie die Männer, mit denen sie verbunden waren. So war Thais die hetaira, die Gefährtin und Freundin Alexanders des Großen und nach dessen Tode die Geliebte des Königs Ptolemäus von Ägypten. Aspasia war die Hetäre des Perikles, des größten Staatsmannes und Redners in Athen. So hatte auch der berühmte Philosoph Epikur sein nicht weniger berühmtes Leontinium und Sokrates seine Diotima. Die Einstellung diesen Frauen gegenüber geht aus einem Bericht Xenophons über einen Besuch des Sokrates bei Theodota hervor. Sokrates ging zu ihr, um sich davon zu überzeugen, ob sie wirklich so schön sei, wie man es von ihr behauptete. Er unterhielt sich sehr freundlich mit ihr und sagte ihr, vor unverschämten Männern müsse sie ihre Tür verschließen; um ihre Liebhaber solle sie sich kümmern, wenn sie krank seien, und sich mit ihnen freuen, wenn sie zu Ehren kämen. Alle, die sie liebten, solle sie zärtlich lieben.

Wir ersehen daraus, daß in Griechenland ein ganzes Gesellschaftssystem auf diesen außerehelichen Beziehungen basierte, daß diese Beziehungen als etwas ganz Normales und Natürliches anerkannt und nicht im geringsten tadelnswert waren, ja, daß sie im Leben des Mannes eine beherrschende Rolle spielen konnten. In Griechenland sehen wir uns der erstaunlichen Situation gegenüber, daß die Männer einerseits ihre Ehefrauen gänzlich von der Außenwelt abschlossen und sie damit zur Reinheit zwangen, während sie selbst ihrem eigentlichen Leben in außerehelichen Beziehungen nachgingen.

Die Situation in Griechenland war zudem noch dadurch für die Frauen erschwert, daß es zur Scheidung keinerlei gesetzlich vorgeschriebener Formalitäten bedurfte. Es genügte, wenn der Mann seine Frau in Gegenwart zweier Frauen entließ. Die einzige Schutzklausel für die Frau bestand darin, daß der Ehemann ihr im Fall einer Scheidung die Mitgift voll erstatten mußte.

Aus allem Gesagten geht unschwer hervor, wie unglaublich neu die christliche Lehre von ehelicher Keuschheit und Treue in der damaligen Welt war.

DAS BAND, DAS NICHT ZERRISSEN WERDEN DARF

3. Die Ehe bei den Römern

Matthäus 5, 31. 32 (Fortsetzung)

Die Geschichte von der Entwicklung der Ehe bei den Römern ist eine Tragödie. Religion und öffentliches Leben basierten in Rom ursprünglich auf der Familie als dem eigentlichen Kern. Die patria potestas, die väterliche Gewalt, bildete die Grundlage des römischen Staates. Der Familienvater verfügte buchstäblich über Leben und Tod seiner Familie. Kein Römer wurde mündig, solange sein Vater am Leben war. Auch wenn er bereits Konsul oder zu hohen Ehren gelangt war, unterstand er zu Lebzeiten seines Vaters weiterhin dessen Gewalt. In Rom spielte die Familie eine entscheidende Rolle. Im Gegensatz zu den griechischen Frauen wurden die römischen Matronen nicht eingesperrt, sondern bekleideten eine wichtige Rolle im Leben.

„Die Ehe ist eine lebenslängliche Gemeinschaft aller menschlichen und göttlichen Rechte" heißt es bei dem lateinischen Rechtsgelehrten Modestinus. Selbstverständlich gab es auch in Rom Prostituierte, doch man verachtete sie, und es galt unehrenhaft, sich ihnen zuzugesellen. Ein römischer Beamter, der in einem übelbeleumdeten Hause tätlich angegriffen worden war, lehnte es zum Beispiel ab, die Sache vor Gericht zu bringen, weil er damit zugegeben hätte, sich an einem solchen Ort aufgehalten zu haben. So ist denn auch aus den ersten fünfhundert Jahren des römischen Reiches kein einziger Fall von Ehescheidung überliefert worden. Spurius Carvilius war im Jahre 234 v. Chr. der erste Mann, der sich von seiner Frau scheiden ließ, weil sie kinderlos blieb und er unbedingt Kinder haben wollte.

Dann kamen die Griechen, die zwar militärisch von den Römern besiegt worden waren, jedoch in anderer Hinsicht Rom eroberten. Seit dem zweiten vorchristlichen Jahrhundert waren griechische Moral und griechische Sitten immer stärker eingedrungen, und ein katastrophaler Niedergang nahm seinen Anfang. Ehescheidungen waren ebenso selbstverständlich wie Eheschließungen. Seneca spricht von Frauen, die heirateten, um wieder geschieden zu werden; die geschieden wurden, um wieder zu heiraten. Er berichtet von Frauen, die die Jahre nicht nach den Namen der Konsuln, sondern nach den Namen ihrer Ehemänner zählten. Bei Juvenal lesen wir: „Hat Iberina an einem Ehemann genug? Bring es lieber übers Herz, dich mit einem Auge zufriedenzugeben." Er führt einen Fall an, bei dem eine Frau in fünf Jahren acht Ehemänner hatte. Eine ungewöhnliche Rede hat auch der römische Redner Metillus Numidicus gehalten: „Römer, wenn Liebe ohne Frauen möglich wäre, wären wir alle Sorgen los; doch da es ein Naturgesetz zu sein scheint, daß es sich weder mit ihnen noch ohne sie angenehm leben läßt, müssen wir mehr auf die Erhaltung des Menschengeschlechts als auf unser Vergnügen bedacht sein." Danach war die Ehe nichts weiter als ein unangenehmes Erfordernis. Ein zynischer Scherz besagte: „Es gibt nur zwei glückliche Tage in der Ehe: den Tag, an dem der Mann seine Frau zum ersten Mal in die Arme schließt, und den Tag, an dem er sie ins Grab legt."

Die Dinge nahmen einen solchen Verlauf, daß alle Unverheirateten mit einer besonderen Steuer belegt werden mußten und von der Erbfolge ausgeschlossen blieben. Familien mit Kindern wurden von Staats wegen bestimmte Vorrechte eingeräumt, weil es dahin gekommen war, daß Kinder allgemein als Unglück empfunden wurden. So mußte man also versuchen, durch Gesetzesänderungen die notwendige Institution der Ehe zu retten. Die unbändige, fast an Wahnsinn grenzende Verderbtheit, als Folge der Berührung mit den Griechen, war ein Unglück für Rom. Auch hier läßt sich wiederum unschwer erkennen, welchen Schock die christliche Forderung nach Keuschheit damals hervorgerufen haben muß.

Matthäus 19, 3—9 werden wir nochmals auf das Ideal der christlichen Ehe zu sprechen kommen. Vorläufig wollen wir nur festhalten, daß mit dem Christentum ein Keuschheitsideal in die Welt kam, von dem niemand sich hätte träumen lassen.

DAS WORT ALS UNTERPFAND

Matthäus 5, 33—37

Ihr habt weiter gehört, daß zu den Alten gesagt ist (3. Mose 19, 12; 4. Mose 30, 3): „Du sollst keinen falschen Eid tun und sollst Gott deinen Eid halten." Ich aber sage euch, daß ihr überhaupt nicht schwören sollt, weder bei dem Himmel, denn er ist Gottes Thron; noch bei der Erde, denn sie ist seiner Füße Schemel; noch bei Jerusalem, denn sie ist des großen Königs Stadt. Auch sollst du nicht bei deinem Haupt schwören; denn du vermagst nicht ein einziges Haar weiß oder schwarz zu machen. Eure Rede aber sei: Ja, ja; nein, nein. Was darüber ist, das ist vom Übel.

Es ist eigenartig, wie oft Jesus in der Bergpredigt den Juden Dinge ins Gedächtnis ruft, die sie bereits wissen müßten. Stets hatten sich die Lehrer der Juden zuvörderst verpflichtet gefühlt, nur die Wahrheit zu sagen. „Drei Dinge sind es, auf denen alles beruht: Gerechtigkeit, Wahrheit und Frieden." „Vier Kategorien von Menschen bleiben von Gott ausgeschlossen: Spötter, Heuchler, Lügner und Verleumder." „Wer sein gegebenes Wort nicht hält, ist ebenso schecht wie ein Götzendiener." Die Schule des Shammai war der Wahrheit so verpflichtet, daß sie sogar liebenswürdige gesellschaftliche Umgangsformen verbot, wie zum Beispiel, daß man einer Braut ein Kompliment wegen ihrer hübschen Erscheinung machte, wenn sie in Wirklichkeit häßlich war.

Noch größeres Gewicht legten die Lehrer der Juden auf die Wahrheit, wenn sie durch einen Eid bekräftigt worden war. Dieser Grundsatz kommt im Alten Testament mehrfach zum Ausdruck. So heißt es in den Geboten: „Du sollst den Namen des Herrn, deines Gottes, nicht mißbrauchen; denn der Herr wird den nicht ungestraft lassen, der seinen Namen mißbraucht" (2. Mose 20, 7). Dieses Gebot besagt, daß niemand etwas als wahr beschwören oder im Namen Gottes etwas versprechen soll, was sich später als falsch herausstellt. „Wenn jemand dem Herrn ein Gelübde tut oder einen Eid schwört, daß er sich zu etwas verpflichten will, so soll er sein Wort nicht brechen, sondern alles tun, wie es über seine Lippen gegangen ist" (4. Mose 30, 3). „Wenn du dem Herrn, deinem Gott, ein Gelübde tust, so sollst du nicht zögern, es zu erfüllen; denn der Herr, dein Gott, wird's von dir fordern, und es wird Schuld auf dich fallen" (5. Mose 23, 22).

Zur Zeit Jesu war zweierlei zu beanstanden hinsichtlich des Ablegens von Eiden:

Die erste Beanstandung betraf das leichfertige Schwören von Eiden, wo gar keine Veranlassung dazu bestand. So leitete man irgendwelche Feststellungen vielfach mit Redensarten ein wie „Bei meinem Leben", „Bei meinem Kopf" oder „Ich will niemals den Trost Israels sehen, wenn . . ." So sagten denn auch die Rabbinen, bei einfachen Feststellungen wie zum Beispiel: „Das ist ein Olivenbaum" zu schwören, sei Sünde. „Das Ja der Gerechten ist ja", sagten sie, „und ihr Nein ist nein." Auch heute noch ist diese Warnung berechtigt, denn vielfach bedienen sich die Menschen bei den bedeutungslosesten Angelegenheiten geheiligter Ausdrücke. Gedankenlos kommen ihnen die heiligen Namen bei den unwichtigsten Dingen über die Lippen, obwohl die geheiligten Namen heiligen Dingen vorbehalten sein sollten.

Beinah noch schlimmer war eine andere jüdische Sitte, die sich als ausweichendes Schwören bezeichnen ließe. Die Juden machten einen Unterschied zwischen absolut bindenden Eiden und solchen, die es nicht waren. Eide, in denen der Name Gottes vorkam, galten als absolut bindend; Eide, in denen der Name Gottes absichtlich umgangen wurde, dagegen nicht. Wer also beim Namen Gottes schwur, hielt diesen Eid auch unbedingt ein; wer dagegen beim Himmel, bei der Erde, bei Jerusalem oder bei seinem Kopfe schwor, hielt sich an seinen Eid für nicht gebunden. Als Folge davon hatte man es in der Kunst des Ausweichens allgemein sehr weit gebracht.

Dahinter stand der Gedanke, daß Gott zum Partner der Abmachung wurde, sobald man seinen Namen nannte; gebrauchte man Gottes Namen nicht, blieb Gott bei der Abmachung völlig aus dem Spiele. Was Jesus hier sagt, ist also ganz eindeutig. Er sagt in Wirklichkeit nichts anderes, als daß niemand Gott von irgendwelchen Abmachungen ausschließen könne, da er ohnehin anwesend sei. Der Himmel ist Gottes Thron; die Erde der Schemel seiner Füße; Jerusalem die Stadt Gottes; das Haupt des Menschen gehöre nicht dem Menschen – er könne nicht einmal ein einziges Haar weiß machen oder schwarz; sein Leben gehöre vielmehr Gott; es gebe nichts, was nicht Gott gehöre; und daher sei es einerlei, ob Gott namentlich erwähnt werde oder nicht. Gott sei bereits da.

Das Leben läßt sich nun einmal nicht in Fächer einteilen, in die Gott teils ein- teils ausgeschlossen wird; es geht nicht an, daß wir in der Kirche so und im Büro oder in der Fabrik anders reden und im Alltag einen anderen Maßstab anlegen als in der Kirche. Es kommt niemand an der Tatsache vorüber, daß Gott weder aufgefordert noch daran gehindert zu werden braucht, in bestimmte Bezirke unseres Lebens einzudringen. Er ist überall, in allem, was wir tun und lassen. Er hört nicht nur, was in seinem Namen gesprochen wird, sondern alles. Es gibt keine Formulierungen, mit denen wir Gott von einer Abmachung ausschließen können. Wer bedenkt, daß alle Versprechen vor Gott geschehen, wird jedes Versprechen heilig halten.

KEINE SCHWÜRE MEHR UND KEINE EIDE

Matthäus 5, 33–37 (Fortsetzung)

Dieser Abschnitt schließt mit dem Gebot, daß unser Ja ein eindeutiges Ja sein soll und unser Nein ein eindeutiges Nein, ohne daß dem noch etwas hinzugefügt werde.

Ideal wäre es, wenn Eide zur Bekräftigung der Wahrheit überhaupt nicht nötig wären. Die Menschen sollten so beschaffen sein, daß Eide sich erübrigten. Er selbst, seine Persönlichkeit sollte als Zeugnis genug Gewicht haben. Der griechische Redner Isokrates hat einmal gesagt, die Menschen sollten ein solches Leben führen, daß sie damit mehr Vertrauen gewinnen, als durch eine eidliche Aussage möglich sei. Und Klemens von Alexandrien betonte, daß Christen so leben und sich als so charakterfest erweisen müßten, daß niemand sich einfallen lassen würde, ihnen einen Eid abzuverlangen. Das Ideal jeder Gesellschaft wäre erreicht, wenn es zur Bekräftigung der Wahrheit ebensowenig eines Eides bedürfte wie zur Bekräftigung eines Versprechens.

Bedeutet diese Aussage Jesu nun, daß es den Menschen überhaupt verboten ist, einen Eid zu schwören, zum Beispiel als

Zeuge vor Gericht? Zwei Gruppen von Menschen gibt es, die es ablehnen beziehungsweise ablehnten, zu schwören. Einmal die Essener, eine alte jüdische Sekte, von denen es bei dem jüdischen Geschichtsschreiber Josephus heißt: „Sie sind berühmt wegen ihrer Treue und sind Diener des Friedens. Was sie sagen, ist zuverlässiger als ein Eid. Sie vermeiden es zu schwören, weil sie es für schlimmer noch als einen Meineid halten. Sie behaupten nämlich, wem man nicht glauben könne, ohne daß er schwöre, der sei bereits verdammt." Die zweite Gruppe sind die Quäker, die unter keinen Umständen bereit sind, einen Eid abzulegen. Das äußerste, wozu George Fox, der Gründer der Quäkergemeinschaft, sich bereit fand, war der Gebrauch des Wortes wahrhaftig. Waren es früher die Essener, so lehnen es heute die Quäker ab, etwas unter Eid zu beschwören.

Handeln sie korrekt, wenn sie sich so verhalten? Paulus legte zuweilen einen Eid ab und schwor. „Ich rufe aber Gott an zum Zeugen über meine Seele", schreibt er an die Korinther, „daß ich euch schonen wollte und darum nicht wieder nach Korinth gekommen bin" (2. Kor. 1, 23). „Was ich euch aber sage", schreibt er an die Galater, „siehe, Gott weiß, ich lüge nicht" (Gal. 1, 20). Bei diesen Gelegenheiten nimmt Paulus sich selbst unter Eid. Bei seinem Verhör vor dem Hohen Rat sprach der Hohepriester zu ihm: „Ich beschwöre dich bei dem lebendigen Gott, daß du uns sagest, ob du seist der Christus, der Sohn Gottes" (Matth. 26, 63). Wie liegen die Dinge also?

Wir wollen zunächst einen Blick auf den letzten Teil dieses Verses werfen. In der revidierten Lutherbibel heißt es, daß wir mit einem klaren Ja oder Nein antworten sollen. „Was darüber ist, das ist vom Übel." Dieser Satz kann zweierlei bedeuten.

a) Wenn es erforderlich ist, jemanden schwören zu lassen, ergibt sich die Notwendigkeit dazu aus einem Übelstand. Wenn die Menschen ohne Fehl wären, bedürfte es keiner Eide. Das heißt, die Tatsache, daß es zuweilen nötig ist, jemanden einen Eid ablegen zu lassen, ist ein Beweis für das Böse in der menschlichen Natur.

b) Daß es erforderlich ist, Menschen bei bestimmten Gelegenheiten schwören zu lassen, ergibt sich daraus, daß wir in einer bösen Welt leben. In einer vollkommenen Welt, in einer Welt, die mit dem Reich Gottes identisch wäre, brauchten keine Eide abgelegt zu werden.

Jesus sagt hier also: Wirklich gute Menschen brauchen keinen Eid abzulegen; was sie sagen und versprechen, ist so wahr und verläßlich, daß es keiner solchen Garantie bedarf. Doch aus der

Tatsache, daß Eide zuweilen doch noch notwendig sind, geht hervor, daß die Menschen und die Welt nicht gut sind.

Diese Aussage Jesu verpflichtet uns mithin zu zweierlei. Einmal dazu, daß wir uns bemühen, so gute Menschen zu werden, daß dies offenkundig wird und uns niemand einen Eid abverlangen wird; zum andern verpflichtet sie uns dazu, Falschheit und Untreue in der Welt so weit zu beseitigen, daß Eide überhaupt überflüssig werden.

DAS ALTE GESETZ

Matthäus 5, 38–42

Ihr habt gehört, daß da gesagt ist (2. Mose 21, 24): „Auge um Auge, Zahn um Zahn." Ich aber sage euch, daß ihr nicht widerstreben sollt dem Übel; sondern, wenn dir jemand einen Streich gibt auf deine rechte Backe, dem biete die andere auch dar. Und wenn jemand mit dir rechten will und deinen Rock nehmen, dem laß auch den Mantel. Und wenn dich jemand nötigt eine Meile, so gehe mit ihm zwei. Gib dem, der dich bittet, und wende dich nicht von dem, der dir abborgen will.

Mehr vom Wesen der christlichen Ethik findet sich kaum an anderer Stelle des Neuen Testaments. Hier begegnen wir der typisch christlichen Ethik und einer Verhaltensweise, durch die Christen sich von anderen Menschen unterscheiden sollten.

Jesus beginnt damit, daß er das älteste Gesetz der Welt zitiert: Auge um Auge, Zahn um Zahn, das unter dem Namen Lex Talionis bekannt geworden ist und auch als Gesetz nach dem Motto: „Wie du mir, so ich dir" bezeichnet werden könnte. Es findet sich schon im ältesten bekannten Gesetzeskodex, dem Codex Hammurabi, der sich an Sammlungen von Rechtssätzen aus dem dritten Jahrtausend vor Christus anschließt. Im Codex Hammurabi wird ein merkwürdiger Unterschied zwischen der Herrenschicht und der arbeitenden Bevölkerung gemacht. So heißt es darin: „Wer schuldig ist, daß ein Herr ein Auge verloren hat, soll selbst ein Auge verlieren. Wer einem Herrn ein Glied zerschmettert hat, dem soll selbst ein Glied gebrochen werden. Wer schuld daran ist, daß ein armer Mann ein Auge verloren hat, wer einem armen Mann ein Glied zerschmettert, soll eine Silbermine dafür bezahlen . . . Wer daran schuld ist, daß ein Gleichgestellter einen Zahn verliert, soll selbst einen

Zahn verlieren. Wer schuld daran ist, daß ein armer Mann einen Zahn verliert, soll eine Drittelsilbermine bezahlen." Das hier zu Grunde liegende Prinzip ist offenkundig und sehr einfach: „Wer jemandem etwas zugefügt hat, soll dasselbe erleiden wie die geschädigte Person."

Dieses Gesetz wurde als ethischer Grundsatz in das Alte Testament aufgenommen, wo es dreimal verzeichnet steht. „Entsteht ein dauernder Schaden, so sollst du geben Leben um Leben, Auge um Auge, Zahn um Zahn, Hand um Hand, Fuß um Fuß, Brandmal um Brandmal, Beule um Beule, Wunde um Wunde" (2. Mose 21, 23–25). „Und wer seinen Nächsten verletzt, dem soll man tun, wie er getan hat. Schaden um Schaden, Auge um Auge, Zahn um Zahn; wie er einen Menschen verletzt hat, so soll man ihm auch tun" (3. Mose 24, 19. 20). „Dein Auge soll ihn nicht schonen: Leben um Leben, Auge um Auge, Zahn um Zahn, Hand um Hand, Fuß um Fuß" (5. Mose 19, 21). Diese Gesetze werden oft als blutrünstige, grausame und erbarmungslose Gesetze des Alten Testaments angeführt, doch sollten wir, ehe wir das Alte Testament kritisieren, zunächst einmal verschiedenes beachten:

1. Die Lex Talionis, das Gesetz: Wie du mir, so ich dir, ist keineswegs ein grausames und blutrünstiges Gesetz, sondern im Gegenteil die erste Stufe zur Barmherzigkeit. Ursprünglich wurde damit nämlich nichts anderes bezweckt als eine Beschränkung der Rache. Blutrache und Blutfehden sind charakteristische Merkmale einer Gesellschaft, die in Sippen und Stämme gegliedert ist, stammen also aus einer Zeit primitiver Rechtsverhältnisse. Wenn ein Sippengenosse einen Mann verletzt hatte, der einer anderen Sippe angehörte, dann waren sämtliche Männer der Sippe oder des Stammes, dem er angehörte, darauf bedacht, diese an einem Mann ihrer Sippe begangene Tat an allen Sippenangehörigen des Mannes zu rächen, der die Tat begangen hatte. Und zwar sannen sie auf nichts Geringeres als den Tod dieser Männer. Durch dieses Gesetz dagegen wurde die Rache eingeschränkt, denn es wird darin ausdrücklich festgelegt, daß nur derjenige bestraft werden soll, der die Tat begangen hat, und zwar soll ihm der gleiche Schade zugefügt werden, den er dem anderen zugefügt hat. Historisch gesehen, handelt es sich nicht um ein grausames, sondern um ein barmherziges Gesetz.

2. Das Gesetz hat zu keiner Zeit den einzelnen berechtigt, persönliche Rache auszuüben; das Gesetz besagte vielmehr, wie die Richter das rechte Strafmaß erkennen und die Strafe

bemessen sollten (vgl. 2. Mose 19, 18). Nicht dem einzelnen wurde mit diesem Gesetz eine Möglichkeit zu persönlicher Rache gegeben, sondern es sollte von Anfang an ein Leitfaden für die Richter sein, damit sie die Strafen für Gewalttaten oder sonstige Vergehen richtig bemessen konnten.

3. Außerdem wurde dieses Gesetz keineswegs in buchstäblichem Sinne befolgt, schon gar nicht von Menschen in halbzivilisierten Verhältnissen. Die jüdischen Rechtsgelehrten argumentierten sehr richtig, daß die wortwörtliche Befolgung dieses Gesetzes in das Gegenteil von Gerechtigkeit umschlagen könne, weil auf die Weise womöglich ein gesundes Auge oder ein gesunder Zahn für einen schlechten Zahn oder ein schlechtes Auge hergegeben werden müsse. Sehr bald kam es dahin, daß der zugefügte Schaden mit einer entsprechenden Geldstrafe belegt wurde. In der Baba Kamma war festgelegt, in welcher Weise der angerichtete Schaden zu berechnen sei. Wer jemanden verletzt hat, ist danach in fünf Punkten schuldig: Körperverletzung, Schmerzen, Heilmittel, Zeitverlust und schimpfliche Behandlung des anderen. Im Hinblick auf die Körperverletzung wurde der Verletzte als Sklave betrachtet, der auf dem Markt verkauft werden soll. Sein Wert vor und nach der Verletzung wurde festgesetzt, und der Mann, der ihn verletzt hatte, mußte den Differenzbetrag bezahlen. Im Hinblick auf die Schmerzen wurde geschätzt, um welchen Preis jemand wohl bereit sei, die durch die Verletzung verursachten Schmerzen auf sich zu nehmen, und der Schuldige mußte diese Summe bezahlen. Im Hinblick auf die Heilmittel mußte der Schuldige alle zur völligen Wiederherstellung des Verletzten erforderlichen Medikamente und Heilmittel bezahlen. Im Hinblick auf den Zeitverlust mußte der Schuldige den Betrag bezahlen, der dem Verletzten während der Zeit seiner Arbeitsunfähigkeit verloren ging, und außerdem wurde er zu einer Ausgleichszahlung verpflichtet, sofern der Verletzte bis dahin eine gut bezahlte Stellung innegehabt hatte, die er infolge seiner Verletzung in Zukunft nicht mehr ausüben konnte, so daß er gezwungen war, eine weniger gut bezahlte Arbeit zu verrichten. Im Hinblick auf die Beleidigung, die der Schuldige dem Verletzten durch die schimpfliche Behandlung zugefügt hatte, war ebenfalls eine Strafe zu bezahlen. In der Praxis war die Lex Talionis, die von dem Grundsatz des Schadensausgleichs und der Entschädigung ausging, ein ausgesprochen modernes Gesetz.

4. Das wichtigste aber ist, daß wir auf keinen Fall vergessen dürfen: Die Ethik des Alten Testaments erschöpfte sich keines-

wegs in der L e x T a l i o n i s. Auch im Alten Testament gibt es Andeutungen, ja sogar ausgesprochen schöne Beispiele von Barmherzigkeit. „Du sollst dich nicht rächen noch Zorn bewahren gegen die Kinder deines Volks" (3. Mose 19, 18). „Hungert deinen Feind, so speise ihn mit Brot, dürstet ihn, so tränke ihn mit Wasser" (Spr. 25, 21). „Sprich nicht: Wie einer mir tut, so will ich ihm auch tun" (Spr. 24, 29). „Er biete die Backe dar dem, der ihn schlägt, und lasse sich viel Schmach antun" (Klagel. 3, 30). Auch das Alte Testament ist voller Beispiele der Barmherzigkeit.

Die alte Ethik beruhte also auf dem Gesetz: Wie du mir, so ich dir, doch war es zweifellos ein barmherziges Gesetz. Ebenso zweifellos sollte es nicht von jedem einzelnen, sondern nur von Richtern ausgeübt werden und wurde tatsächlich auch niemals buchstäblich ausgeübt. Es läßt sich auch nicht leugnen, daß gleichzeitig schon Akzente der Barmherzigkeit gesetzt wurden. Dennoch löschte Jesus dieses Rechtsprinzip als solches aus, weil der Grundsatz der Wiedervergeltung, wie sehr er auch einschränkenden Kontrollen unterworfen sein mag, sich mit dem Christentum nicht vereinbaren läßt.

GROLL UND WIEDERVERGELTUNG SOLLEN EIN ENDE HABEN

Matthäus 5, 38–42 (Fortsetzung)

Jesus hebt also das alte Gesetz der begrenzten Rache auf und ersetzt es durch den neuen Geist, der weder Groll noch Wiedervergeltung kennt. Dann führt er drei Beispiele an, aus denen wahrhaft christlicher Geist spricht. Es hieße den Sinn dieser Beispiele verfehlen, wollten wir sie ohne jedes Verständnis wortwörtlich auffassen. Wir sollten daher genau zu erfassen suchen, was Jesus damit sagen will.

1. Jesus sagt, wenn jemand uns einen Streich auf die rechte Backe gäbe, sollten wir ihm auch die andere Backe darbieten. Dahinter steckt mehr, als auf den ersten Blick ersichtlich ist, denn es geht hier nicht nur um Schläge ins Gesicht. Angenommen, ein Rechtshänder steht einem anderen gegenüber und will ihn auf die rechte Backe schlagen. Was tut er also? Wenn er die Hand nicht regelrecht verdreht und damit jede Schlagkraft verliert, kann er die rechte Backe des anderen nur treffen, wenn er m i t d e m H a n d r ü c k e n zuschlägt. Nach jüdisch-rabbinischem Recht galt es jedoch als doppelt beleidigend, wenn

man jemanden mit dem Hand r ü c k e n schlug statt mit der Hand f l ä c h e, weil darin eine doppelt verächtliche Anmaßung zum Ausdruck kam. Jesus sagt also hier: „Selbst wenn jemand dich absichtlich aufs tödlichste beleidigt, darfst du ihm unter keinen Umständen deswegen grollen." Es geschieht nur sehr selten, wenn überhaupt, daß jemand uns ins Gesicht schlägt, wohl aber müssen wir im Leben immer wieder auf größere oder kleinere Kränkungen gefaßt sein. Hier nun sagt Jesus, daß Christen lernen müssen, derartige Beleidigungen und Kränkungen nicht übelzunehmen und nicht nach Vergeltung zu trachten. Jesus selbst wurde als Schlemmer und Weinsäufer bezeichnet, als Freund der Zöllner und Huren, womit zum Ausdruck gebracht werden sollte, daß er selber so sei wie die Gesellschaft, in der er sich aufhalte. In der Zeit der Christenverfolgungen nannte man die Christen Menschenfresser und Brandstifter. Man beschuldigte sie der Sittenlosigkeit, nannte sie roh und schamlos, weil das sogenannte Liebesmahl bei ihnen zum Gottesdienst gehörte. Wirkliche Christen wissen nicht, was es heißt, beleidigt zu werden; sie haben von ihrem Meister gelernt, Kränkungen nicht übelzunehmen und nicht nach Vergeltung zu trachten.

2. Weiter sagt Jesus, wenn jemand uns bei einem Rechtshandel unseren Rock zu nehmen trachte, sollten wir ihn nicht nur gewähren lassen, sondern ihm auch noch unseren Mantel überlassen. Auch hinter diesem Satz steckt wesentlich mehr, als auf den ersten Blick zu erkennen ist. Der Rock, auf Griechisch c h i t o n, war das lange, sackähnliche Untergewand aus Baumwolle oder Leinen. Auch die ärmsten Menschen besaßen einen Rock zum Wechseln. Der Mantel war das deckenähnliche äußere Gewand, das die Männer am Tage als Mantel, nachts dagegen als Zudecke benutzten. Von diesem Kleidungsstück besaßen die Juden meistens nur ein Exemplar. Nach jüdischem Recht konnte wohl der Rock eines Mannes als Pfand beansprucht werden, nicht jedoch sein Mantel. „Wenn du den Mantel deines Nächsten zum Pfande nimmst, sollst du ihn wiedergeben, ehe die Sonne untergeht, denn sein Mantel ist seine einzige Decke für seinen Leib; worin soll er sonst schlafen?" (2. Mose 22, 25. 26). Es geht also darum, daß von Rechts wegen niemandem der Mantel für immer fortgenommen werden durfte. Jesus sagt hier also: „Christen bestehen nicht auf ihrem Recht; sie diskutieren und streiten nicht um ihr Recht und sind auch nicht der Ansicht, irgendwelche Rechtsansprüche zu haben." Es gibt Menschen, die ständig auf ihrem Recht bestehen, auf ihre Vorrechte pochen und so streitbar sind, daß sie lieber vor Gericht gehen als den geringsten Eingriff in ihre vermeintlichen Vorrechte zu

dulden. Auch in der Kirche gibt es unzählige solcher Menschen; Beamte, die Übergriffe in ihren Amtsbereichen nicht dulden wollen; Amtsträger, die meinen, auf ihnen zustehende Rechte nicht verzichten zu können. Ständig liegen die Tische voller Akten, damit nur ja keine Eingriffe in die Rechte irgendwelcher Menschen vorkommen. Derartige Menschen haben keine Ahnung, was Christentum wirklich heißt. Christen denken nicht an ihre Rechte, sondern an ihre Pflichten; nicht an ihre Vorrechte, sondern an Verantwortung. Christen sollten vergessen, daß sie überhaupt Rechte haben. Wer bis zum letzten Atemzug um sein Recht kämpft, sei es innerhalb oder außerhalb der Kirche, ist weit davon entfernt, ein christliches Leben zu führen.

3. Weiter spricht Jesus davon, daß wir, falls uns jemand nötige, e i n e Meile mit ihm zu gehen, als Christen zwei Meilen mit ihm gehen sollen. Hinter diesem Satz verbirgt sich ein Bild aus einem Lande, das ein besetztes Land war. Das griechische Wort für n ö t i g e n, das an dieser Stelle gebraucht wird, das Verb a g g a r e u e i n, ist ein Wort mit Vergangenheit. Es ist von dem Substantiv a g g a r e u s abgeleitet, einem persischen Wort, das K u r i e r bedeutet. Die Perser hatten ein großartiges Postsystem. Jede Straße war in Tagesabschnitte eingeteilt mit entsprechend vielen Zwischenstationen, an denen es Essen für den Kurier, Futter und Wasser für die Pferde und außerdem Pferde zum Auswechseln gab. Wenn es jedoch zufällig an dem einen oder anderen fehlte, konnte jede beliebige Privatperson dazu g e p r e ß t, genötigt, gezwungen werden, für Futter, Unterkunft, Pferde und jede weitere benötigte Hilfe zu sorgen wie zum Beispiel, die Botschaft bis zur nächsten Station weiterzuleiten. Eine derartige Nötigung wurde als a g g a r e u e i n bezeichnet. Schließlich wurde mit diesem Wort jede erzwungene Dienstleistung im Dienste einer Besatzungsmacht bezeichnet. Die Bewohner besetzter Gebiete konnten gezwungen werden, für Futter, Unterkunft und die Beförderung des Gepäcks zu sorgen. Zuweilen machten die Besatzungsmächte von diesem Recht in sehr tyrannischer, erbarmungsloser Weise Gebrauch. Die Bewohner besetzter Gebiete mußten ständig auf derartige Nötigungen gefaßt sein. So auch die Bewohner Palästinas, die jeden Augenblick darauf gefaßt sein mußten, an der Schulter mit einem römischen Speer berührt zu werden. Dann wußten sie, daß sie den Römern zu Willen sein mußten, selbst wenn diese sie zu den niedrigsten Diensten heranzogen. Das geschah zum Beispiel Simon von Kyrene, den man zwang (a g g a r e u e i n), das Kreuz Jesu zu tragen. Jesus sagt hier also: „Angenommen, eure Herren zwingen euch, ihnen eine Meile als Führer oder

Gepäckträger zu dienen, dann geht nicht nur eine Meile mit bitterer Miene mit ihnen, sondern fröhlichen Gesichts und gern zwei Meilen." Jesus will also sagen: „Denkt nicht immer bloß an eure Ungebundenheit, sondern denkt stets an eure Pflicht und das Vorrecht, anderen dienen zu dürfen. Selbst wenn man euch einen unvernünftigen, verhaßten Auftrag erteilt, sollt ihr deswegen nicht grollen, sondern ihn wie einen gern erwiesenen Dienst ausführen." Es gibt stets zwei Möglichkeiten, etwas zu tun. Wir können stets nur das Mindestmaß dessen tun, was von uns verlangt wird und nicht einen Strich mehr, so daß ganz offenkundig wird, wie sehr uns die Arbeit verhaßt ist, oder wir können sie lächelnd und zuvorkommend verrichten, fest entschlossen, die Arbeit nicht nur obenhin zu erledigen, sondern so gut wir nur können und weit besser, als jemand mit Recht von uns erwarten könnte. Wer seine Arbeit grollend und unzulänglich verrichtet, wer anderen auf lieblose Weise hilft, hat keine rechte Vorstellung von einer wirklich christlichen Lebensführung. Christen sollte es nicht darum gehen, zu tun, was ihnen gefällt, sondern darum, zu helfen, selbst wenn die Aufforderung zur Hilfe unvernünftig, unhöflich und tyrannisch ist.

Unter der Maske höchst anschaulicher orientalischer Bilder hält Jesus in diesem Abschnitt also drei wichtige Regeln fest: Christen sollen nicht nachtragend sein und nach Vergeltung trachten, wenn man sie beleidigt, auch wenn dies vorsätzlich und in übelster Weise geschieht; Christen sollen nicht auf ihr Recht pochen, weder in juristischer noch in sonstiger Hinsicht; Christen sollen nicht an ihr Recht denken, zu tun, was ihnen beliebt, sondern stets an ihre Pflicht zu helfen. Die Frage an uns lautet: Wieweit werden wir diesen Forderungen gerecht?

BARMHERZIGES SCHENKEN, GEBEN

Matthäus 5, 38—42 (Fortsetzung)

Schließlich fordert Jesus uns in diesem Abschnitt noch auf, allen, die uns um etwas bitten, auch zu geben, und uns nicht abzuwenden, wenn jemand etwas von uns borgen möchte. Auch das jüdische Gesetz kannte derartiges Schenken, das auf einer Stelle 5. Mose 15, 7—11 beruhte:

> Wenn irgendeiner deiner Brüder arm ist in irgendeiner Stadt in deinem Lande, das der Herr, dein Gott, dir geben wird, so sollst du dein Herz nicht verhärten und deine Hand nicht zuhalten gegenüber deinem armen Bru-

der, sondern sollst sie ihm auftun und ihm leihen, soviel er Mangel hat. Hüte dich, daß nicht in deinem Herzen ein arglistiger Gedanke aufsteige, daß du sprichst: Es naht das siebente Jahr, das Erlaßjahr –, und daß du deinen armen Bruder nicht unfreundlich ansiehst und ihm nichts gibst; sonst wird er wider dich zu dem Herrn rufen, und bei dir wird Sünde sein. Sondern du sollst ihm geben, und dein Herz soll sich's nicht verdrießen lassen, daß du ihm gibst; denn dafür wird dich der Herr, dein Gott, segnen in allen deinen Werken und in allem, was du unternimmst. Es werden allezeit Arme sein im Lande; darum gebiete ich dir und sage, daß du deine Hand auftust deinem Bruder, der bedrängt und arm ist in deinem Lande.

Es geht bei dem siebenten Jahr darum, daß alle sieben Jahre jeweils die Schulden erlassen wurden. Es kam daher vor, daß Menschen, die ungern gaben und berechnend waren, sich weigerten, jemandem noch etwas zu borgen, wenn das siebte Jahr bevorstand, um auf keinen Fall etwas von dem einzubüßen, was sie geborgt hatten.

Von hier aus müssen wir auch die jüdische Rechtsprechung hinsichtlich des Gebens verstehen. Die Rabbinen hatten festgesetzt, daß fünf Grundsätze beim Geben maßgebend sein sollten.

1. Man sollte sich nicht weigern, etwas zu geben. „Hütet euch davor, euren Nächsten gegenüber keine Nächstenliebe zu zeigen, denn wer das tut, ist nicht besser als ein Götzendiener." Es kann der Tag kommen, an dem derjenige, der sich weigert, etwas zu geben, selber bitten muß – womöglich sogar dieselben Menschen, denen er zu geben nicht bereit war.

2. Die Gabe muß angemessen sein. Im fünften Buch Mose heißt es, daß man seinem Bruder geben solle, soviel er Mangel habe. Das heißt, wir sollen ihm nicht nur soviel geben, daß er eben nicht verhungert, sondern soviel, daß es ihm möglich ist, wenigstens in etwa den bisherigen Gepflogenheiten entsprechend weiterzuleben. So soll Rabbi Hillel angeordnet haben, daß man dem verarmten Sohn einer vornehmen Familie nicht nur soviel geben solle, daß er vor dem Verhungern bewahrt bleibe, sondern darüber hinaus auch ein Pferd und einen Sklaven, der vor ihm hergehe. Als einst kein Sklave verfügbar war, soll Hillel selbst als Sklave vor ihm hergelaufen sein. Dem Gedanken, daß man durch seine Gabe nicht nur die bitterste Armut beheben soll, sondern auch die damit verbundene Demütigung, haftet etwas sehr Schönes und Barmherziges an.

3. Man soll die Gabe persönlich und insgeheim übergeben.

Niemand sonst soll dabei sein. Die Rabbinen gingen sogar soweit, zu sagen, daß die schönste Form des Schenkens sei, wenn der Schenkende nicht wisse, wem seine Gabe zugute komme, und der Empfänger der Gabe nicht, von wem sie komme. So gab es im Tempel einen bestimmten Platz, an dem die Leute heimlich ihre Gabe hinterlegten, die ebenso unauffällig an verarmte Angehörige einst vornehmer Familien weitergeleitet wurden oder als Mitgift für Töchter solcher verarmten Familien verwendet wurden, die sonst nicht heiraten konnten. Die Juden verabscheuten Gaben, die um des persönlichen Ansehens oder um der Selbstglorifizierung des Schenkenden willen gemacht wurden.

4. Die Art des Gebens mußte dem Charakter und Temperament des Empfängers angepaßt sein. Die Regel war daher: Wer über Mittel verfügte, aber zu geizig war, sie zu verwenden, erhielt die Gabe zwar als Geschenk, doch wurde diese später als Darlehen von ihm zurückgefordert. War jemand zu stolz, um um Hilfe zu bitten, sollte der Gebende nach dem Vorschlag von Rabbi Ismael zu ihm gehen und sagen: „Mein Sohn, brauchst du vielleicht ein Darlehen?“ So wurde der Betreffende in seiner Selbstachtung nicht gekränkt, das Darlehen aber wurde nie zurückgefordert und war also in Wirklichkeit ein Geschenk. Es war sogar festgesetzt, daß jemand, der nicht imstande war, einer Bitte um Hilfe zu willfahren, seine Absage so formulieren solle, daß man aus ihr sein Mitgefühl heraushören konnte. Absagen sollten nicht verletzen, sondern eher noch eine Hilfe darstellen. Es kam ebensosehr auf die Art des Helfens wie auf die Gabe selbst an.

5. Geben galt in gleichem Maße als Vorrecht und als Verpflichtung, denn in Wirklichkeit geben wir alles, was wir geben, Gott. Jemandem etwas zu geben, der in Not war, stand den Menschen nicht frei, sondern war ihre Pflicht. Denn eine Weigerung zu geben, hätte eine Weigerung gegenüber Gott bedeutet. „Wer die Armen unterstützt, schenkt dem Herrn etwas, der ihm seine guten Werke vergelten wird.“ „Wer seinen Mitmenschen gegenüber Barmherzigkeit zeigt, dem wird der Himmel barmherzig sein; wer jedoch keine Barmherzigkeit zeigt, dem wird auch der Himmel keine Barmherzigkeit erweisen.“ Die Rabbis wiesen besonders gern darauf hin, daß das Gesetz hinsichtlich Liebe und Güte keinerlei Einschränkungen kenne.

Müssen wir also sagen, daß Jesus die Menschen zu wahllosem Schenken auffordert? Diese Antwort gilt nur bedingt. Selbstverständlich muß die Wirkung, die unsere Gabe auf den Empfänger hat, mitberücksichtigt werden. Unsere Gaben sollen ihn nicht in seiner Trägheit und Ratlosigkeit bestärken, denn damit tun wir ihm nichts Gutes. Andererseits dürfen wir aber auch nicht vergessen, daß viele Menschen, die behaupten, sie würden nur über offizielle Stellen etwas geben, und es ablehnen, in Einzelfällen zu helfen, dies vielfach nur als Vorwand benutzen, um überhaupt nichts geben zu müssen. Wir sollten auch bedenken, daß es besser ist, auch mal einem Klinkenputzer und Betrüger etwas zu geben, als das Risiko einzugehen, jemanden abzuweisen, der sich in wirklicher Not befindet.

CHRISTLICHE LIEBE

Matthäus 5, 43–48

Ihr habt gehört, daß gesagt ist (3. Mose 19, 18): „Du sollst deinen Nächsten lieben und deinen Feind hassen." Ich aber sage euch: Liebet eure Feinde; segnet, die euch fluchen; tut wohl denen, die euch hassen; bittet für die, so euch beleidigen und verfolgen, auf daß ihr Kinder seid eures Vaters im Himmel. Denn er läßt seine Sonne aufgehen über die Bösen und über die Guten und läßt regnen über Gerechte und Ungerechte. Denn wenn ihr liebet, die euch lieben, was werdet ihr für Lohn haben? Tun nicht dasselbe auch die Zöllner? Und wenn ihr nur zu euren Brüdern freundlich seid, was tut ihr Sonderliches? Tun nicht dasselbe auch die Heiden? Darum sollt ihr vollkommen sein, gleichwie euer Vater im Himmel vollkommen ist.

Der jüdische Philosoph C. G. Montefiore hat diese Stelle als den eigentlichen Mittelpunkt der Bergpredigt bezeichnet. Sicher ist, daß an keiner Stelle des Neuen Testaments die christliche Ethik hinsichtlich der menschlichen Beziehungen so konzentriert zum Ausdruck gebracht wird wie hier. Dieser Abschnitt beinhaltet für den Durchschnittsbürger eigentlich das Wesen christlichen Handelns, und selbst Menschen, die nie eine Kirche betreten, wissen, daß Jesus dies gesagt hat, und verurteilen die bekennenden Christen, weil sie so weit hinter diesen Forderungen zurückbleiben.

Bei der Untersuchung dieses Abschnitts sollen wir zunächst versuchen, herauszubekommen, was Jesus mit seinen Worten sagen wollte und was er von seinen Anhängern fordert. Wenn wir uns nach diesen Forderungen richten wollen, müssen wir zunächst einmal eindeutig wissen, worum es dabei geht. Was meint Jesus, wenn er sagt: Liebet eure Feinde?

Die griechische Sprache ist reich an Synonymen, an Wortschattierungen, wie wir sie nicht kennen. So gibt es beispielsweise vier verschiedene Ausdrücke für unser Wort Liebe.

1. Da ist einmal das Substantiv storge mit dem dazugehörigen Verb stergein. Beide Wörter kennzeichnen das liebende Verhältnis zwischen Familienangehörigen. Die Liebe der Eltern zu ihren Kindern, die Liebe der Kinder zu ihren Eltern werden damit bezeichnet. „Kinder lieben (stergein) und werden geliebt von denen, die sie in die Welt gesetzt haben", heißt es bei Plato. „Angenehm sind Väter ihren Kindern", sagt Philemon, „wenn sie Liebe (storge) besitzen." Mit diesen Worten wird also die gegenseitige Zuneigung von Familienangehörigen gekennzeichnet.

2. Da ist zweitens das Substantiv eros und das dazugehörige Verb eran. Damit wird die Liebe zwischen Mann und Frau bezeichnet. Leidenschaft und geschlechtliche Liebe gehören dazu. Sophokles bezeichnet den eros als „verzehrende Sehnsucht". Ursprünglich haftete dem Wort nichts Negatives an; doch im Laufe der Zeit bekam es einen Anstrich von Begierde, und im Neuen Testament kommt das Wort überhaupt nicht vor.

3. Da ist drittens das Substantiv philia und das dazugehörige Verb philein. Damit sind wir beim innigsten griechischen Wort für Liebe, für echte Zuneigung. Hoiphilountes, das sind die vertrautesten, liebsten und zuverlässigsten Freunde eines Menschen. Dieses Wort kommt auch in dem berühmten Satz des griechischen Dichters Menander vor: „Wen die Götter lieben, der stirbt jung." Philein heißt nicht nur liebhaben, sondern auch liebkosen und küssen und ist Ausdruck inniger, zärtlicher Zuneigung, Ausdruck der höchsten Liebe.

4. Da ist viertens die agape mit dem dazugehörigen Verb agapan. Im vorliegenden Text wird das Wort agape gebraucht. Agape bedeutet, durch nichts zu erschütternde Güte, Zuneigung und Wohlwollen. Wenn wir jemandem mit agape begegnen, spielt es keine Rolle, wie der Betreffende sich uns gegenüber verhält, ob er uns kränkt oder Kummer bereitet; wir werden trotz allem keine Bitterkeit gegen ihn in unserem Herzen aufkommen lassen, sondern ihm stets Wohlwollen entgegenbringen und jene Güte zeigen, die nur auf sein Bestes bedacht ist. Daraus ergeben sich mehrere Dinge:

1. Jesus verlangt von uns nicht, daß wir unsere Feinde in derselben Weise lieben wie Menschen, die uns lieb und teuer sind.

Das geht aus dem Wortlaut des Textes hervor. Es wäre auch gar nicht möglich und richtig, wollten wir unsere Feinde in der gleichen Weise lieben wie Menschen, die wir liebhaben. Es handelt sich um eine andere Art der Liebe.

2. Worin liegt der Hauptunterschied? Bei Menschen, die uns lieb und teuer sind, können wir gar nicht anders als sie liebhaben; die Liebe zu ihnen überkommt uns ganz einfach und entspringt den Regungen unseres Herzens. Liebe zu unseren Feinden entspringt dagegen nicht unserem Herzen, sondern hat etwas mit unserem Willen zu tun. Wir müssen uns selbst dazu zwingen, das heißt, wir müssen unsere Instinkte überwinden. Agape ist keine Herzensregung, die uns überkommt, sondern ein bewußter Entschluß, durch den es uns gelingt, selbst denen, die uns kränken und beleidigen, jenes unerschütterliche Wohlwollen entgegenzubringen. Jemand hat einmal gesagt, agape sei die Kraft, jene zu lieben, die uns nicht gefallen und die umgekehrt auch uns nicht mögen. Nur wenn Jesus Christus uns hilft, unsere natürliche Neigung, zornig und bitter zu werden, zu überwinden, können wir diese agape verwirklichen, das durch nichts zu erschütternde Wohlwollen, die unbezwingliche Güte gegenüber allen Menschen.

3. Aus allem Gesagten geht hervor, daß agape, die christliche Liebe, ganz gewiß nicht bedeutet, zuzulassen, daß die Menschen unbeschränkt tun und lassen, was ihnen gefällt. Von Eltern, die ihre Kinder in allem gewähren lassen, würde niemand behaupten, daß sie ihre Kinder liebhaben. Wer jemandem durch und durch wohl gesonnen ist und ihm wohl will, muß ihn oft, zuweilen sogar gegen seinen Willen gegen sich selbst in Schutz nehmen, um ihn vor allem möglichen zu bewahren, was ihm schaden würde. Dieses Wohlwollen besagt aber auch, daß wir niemanden aus Rache bestrafen sollen, sondern nur um ihn zu bessern. Christliche Zucht dient nicht der Befriedigung unserer Rache; jede Strafe soll der Besserung dienen, nicht der Vergeltung.

4. Beachten müssen wir auch, daß Jesus diese Liebe als die Grundlage aller zwischenmenschlichen Beziehungen bezeichnet. Natürlich gilt dieser Text auch für internationale Beziehungen, und die Pazifisten berufen sich nicht zu Unrecht darauf, doch in erster Linie und vor allem behandelt Jesus darin doch die persönlichen Beziehungen zwischen Familienangehörigen, mit Nachbarn und den Menschen, mit denen wir täglich zusammenkommen. Als Kriegsgegner mit entsprechenden Proklamationen aufzutreten, ist wesentlich einfacher, als ein Leben ohne jede Bitterkeit gegen die Menschen zu füh-

ren, mit denen wir täglich zusammenleben müssen. Das Gebot Jesu betrifft zuerst und vor allem die zwischenmenschlichen Beziehungen des privaten Bereichs, so daß wir im Hinblick auf dieses Gebot vor allem sagen sollten: „Damit bin ich gemeint."

5. Bemerkenswert ist, daß es sich hier um ein ausgesprochen christliches Gebot handelt. Nur durch die Gnade Jesu Christi können wir dieses unüberwindliche Wohlwollen aufbringen, diese unbezwingliche Güte in allen zwischenmenschlichen Beziehungen. Nur wenn Jesus in uns lebendig ist, erstirbt alle Bitterkeit in uns, und stattdessen erwacht jene Liebe in uns. Oft heißt es, wenn die Menschen die in der Bergpredigt enthaltenen Grundsätze befolgten, würde die Welt vollkommen sein; doch kommen wir nicht um die Tatsache herum, daß wir dazu nur imstande sind, wenn Jesus Christus uns hilft. Wir brauchen Christus, damit er uns fähig macht, seine Gebote zu befolgen.

6. Schließlich – und das ist vielleicht das allerwichtigste – müssen wir unbedingt festhalten, daß wir die Menschen nicht nur gewähren lassen sollen in dem, was sie uns antun, sondern daß wir etwas für sie tun sollen. Wir sollen für sie beten. Wenn wir jemanden hassen, können wir nicht für ihn beten. Nehmen wir jedoch Menschen, die zu hassen wir versucht sind, im Gebet mit vor Gott, dann geschieht etwas: Vor Gott können wir niemanden mehr hassen. Der sicherste Weg, alle Bitterkeit in uns zu ertöten, ist immer noch der, daß wir für Menschen beten, die zu hassen wir geneigt sind.

CHRISTLICHE LIEBE

Matthäus 5, 43–48 (Fortsetzung)

Nachdem uns eben klar geworden ist, was Jesus mit dem Gebot der christlichen Liebe gemeint hat, sollten wir uns jetzt fragen, weshalb er sie von uns verlangt. Warum will Jesus, daß wir diese Liebe besitzen, dieses unerschütterliche Wohlwollen, diese unbezwingliche Güte? Der Grund dafür ist ebenso einfach wie gewaltig: Weil diese Liebe die Menschen wie Gott macht.

Jesus hat darauf hingewiesen, wie Gott in der Welt handelt: als einer, der uns unerschütterlich wohl will. Gott läßt seine Sonne aufgehen über die Guten und die Bösen; er läßt regnen über Gerechte und Ungerechte. Von Rabbi Josua Nehemia stammen die Worte: „Hast du je gesehen, daß Regen auf das

Feld des Gerechten A fiel, nicht aber auf das Feld seines gottlosen Nachbarn B? Daß die Sonne aufging und schien über Israel, das gerechte, nicht aber über die gottlosen Heiden? Gott läßt die Sonne sowohl über Israel als auch über andere Völker scheinen, denn der Herr ist gütig zu allen Menschen." Selbst die jüdischen Rabbinen waren also beeindruckt von dem Wohlwollen, das Gott den Sündern und Heiligen gegenüber gleichermaßen bewies. In einer jüdischen Erzählung vom Untergang der Ägypter im Roten Meer heißt es, nachdem die Ägypter ertrunken seien, hätten die Engel ein Loblied angestimmt, doch Gott habe bekümmert zu ihnen gesagt: „Das Werk meiner Hände ist im Meer ertrunken, und ihr singt mir dennoch ein Lied?" Gottes Liebe ist so groß, daß er keine Freude darüber empfinden kann, wenn eines seiner Geschöpfe zugrundegeht. So sagt denn auch der Psalmist: „Aller Augen warten auf dich, und du gibst ihnen ihre Speise zur rechten Zeit. Du tust deine Hand auf und sättigst alles, was lebt" (Ps. 145, 15. 16). Das Wohlwollen Gottes gilt allen Menschen, selbst denen, die seine Gebote übertreten und ihm Kummer bereiten. Jesus sagt, wir sollten diese Liebe haben, damit wir Kinder seien unseres Vaters im Himmel. Im Griechischen und Hebräischen ist an dieser Stelle von den Söhnen Gottes die Rede. Das liegt daran, daß das Hebräische arm an Adjektiven ist, so daß statt dessen häufig der Ausdruck: Sohn des ... mit einem abstrakten Substantiv gebraucht wird, wo wir ein Adjektiv gebrauchen. So heißt zum Beispiel Sohn des Friedens ein friedliebender Mann; Sohn des Trostes Tröster und Sohn Gottes mithin ein Mensch wie Gott. Weil Gott dieses unbezwingliche Wohlwollen allen gegenüber besitzt, sollen auch wir es besitzen; wenn wir dahin gelangen, dann sind wir nichts Geringeres als Söhne Gottes, Menschen wie Gott.

Damit haben wir den Schlüssel zu einem der schwierigsten Sätze des Neuen Testaments gefunden, dem Satz, mit dem dieser Abschnitt endet. Jesus hat gesagt: Ihr sollt vollkommen sein, gleichwie euer Vater im Himmel vollkommen ist." Das klingt zunächst wie ein Gebot, das offensichtlich nichts mit uns zu tun haben kann, denn es gibt niemanden, der sich selbst auch nur entfernt für vollkommen halten könnte. Das griechische Wort für vollkommen, teleios, wird häufig in ganz besonderer Weise verwendet. Es hat nichts mit einer wie immer auch gearteten abstrakten, philosophischen oder metaphysischen Vollkommenheit zu tun. Wohl aber war ein Opfertier, das ohne Fehl und Tadel und daher zum Opfer geeignet war, *teleios*. Jemand, der völlig ausgewachsen ist im Gegensatz zu einem halberwachsenen Burschen, ist *teleios*. Ein Student, der kurz vor dem Examen steht und sich eine Menge Wissen angeeignet hat, ist im Gegensatz zu einem Studenten des ersten Semesters *teleios*. Anders ausgedrückt: Vollkommenheit war bei den Griechen etwas *funktionell* Bedingtes. Wenn etwas in allem den Zweck erfüllt, für den es bestimmt ist, dann ist es vollkommen. Dieser Sinn erklärt sich auch aus der Ableitung des Wortes *teleios* von dem Substantiv *telos* = *Ende, Ziel, Zweck*. Etwas, was dem beabsichtigten Zweck voll entspricht, ist *teleios*. Wer also den Zweck erfüllt, um dessentwillen er von Gott erschaffen und geboren wurde, der ist vollkommen.

Dafür ein simples Beispiel. Wenn in meiner Wohnung sich eine Schraube gelockert hat, gehe ich zum Eisenhändler und kaufe mir einen Schraubenzieher, um die Schraube wieder anzuziehen. Wenn dieser Schraubenzieher weder zu groß noch zu klein, weder zu breit noch zu schmal ist und genau in den Schraubenschlitz hineinpaßt, so daß ich sie damit ohne weiteres wieder anziehen kann, dann ist dieser Schraubenzieher im Sinne des griechischen Wortes und erst recht im neutestamentlichen Sinne *teleios*, weil er genau dem Zweck entspricht, um dessentwillen er gekauft wurde.

Jemand, der den Zweck erfüllt, zu dem er von Gott erschaffen wurde, ist *teleios*. Welches aber ist dieser Zweck? Die Bibel läßt uns nicht im Zweifel darüber. In der Schöpfungsgeschichte spricht Gott: „Lasset uns Menschen machen, ein Bild, das uns gleich sei" (1. Mose 1, 26). *Die Menschen wurden erschaffen, um wie Gott zu sein.* Gott bringt allen Menschen Wohlwollen entgegen, seine Güte ist unendlich und er trachtet stets nach dem Höchsten jedes einzelnen Menschen. Gott liebt wunderbarerweise die Heiligen und die Sünder gleichermaßen. Einerlei, was die Menschen ihm zufügen, Gott trachtet stets nach ihrem Besten. Wenn wir das gleiche unermüdliche, verzeihende, opferbereite Wohlwollen an den Tag legen wie Gott, dann werden wir wie Gott und sind *vollkommen* im neutestamentlichen Sinne des Wortes. Ganz schlicht ausgedrückt: Wer sich am meisten um seine Mitmenschen kümmert, ist der Vollkommenheit am nächsten.

Die Bibel lehrt, daß wahres Menschentum sich darin zeigt, daß wir wie Gott werden. Dazu ist nur die Liebe fähig, die nie aufhört, sich um die Menschen zu kümmern und für sie zu sorgen, einerlei, was sie dieser Liebe angetan haben. Wer lernt zu verzeihen, wie Gott uns verzeiht, und zu lieben, wie Gott uns liebt, der erweist sich als ein wahrer Mensch und erlangt christliche Vollkommenheit.

DAS MOTIV DES LOHNES IM LEBEN DES CHRISTEN

Matthäus 6, 1–18

Die ersten Verse des 6. Kapitels des Matthäusevangeliums konfrontieren uns ganz unmittelbar mit einer außerordentlich wichtigen Frage: Welche Rolle spielt das Motiv des Lohnes im Leben des Christen? In diesem Abschnitt spricht Jesus dreimal davon, daß Gott es denen, die ihm dienen, vergelten, lohnen werde (Matth. 6, 4. 6. 18). Die Frage ist so wichtig, daß wir einen Augenblick einhalten und uns genauer mit ihr befassen sollten, ehe wir daran gehen, das Kapitel im einzelnen zu untersuchen. Sehr oft wird behauptet, im Leben des Christen habe das Motiv des Lohnes überhaupt keinen Platz, wir müßten um des Guten willen gut sein. Jede gute Tat trage ihren Lohn in sich selbst, und die Vorstellung des Lohnes für eine bestimmte Verhaltensweise müsse überhaupt fortfallen. Ein frommer Mann hat einmal gesagt, er würde am liebsten das ganze Höllenfeuer auslöschen und alle Freuden des Himmels verbrennen, damit die Menschen nur um des Guten willen nach dem Guten trachten und der Gedanke an Belohnung und Strafe völlig verschwinde. Auf den ersten Blick scheint das ein sehr schöner und vornehmer Standpunkt zu sein, doch Jesus hat ihn nicht vertreten. Wie bereits erwähnt, spricht Jesus in diesem Abschnitt dreimal vom Lohn der Christen. Die rechte Art des Almosengebens, die rechte Art des Betens und die rechte Art des Fastens wird ihnen vergolten werden. Dies ist jedoch keineswegs ein Einzelfall. Der Gedanke der Belohnung begegnet uns wiederholt bei Jesus. Er sagt, wer Verfolgung und Beleidigungen erdulde, ohne zu verbittern, dem werde es im Himmel wohl belohnt werden (Matth. 5, 12). Er sagt, wer einen dieser Geringen nur mit einem Becher kalten Wassers tränke, darum, daß er sein Jünger sei, dem werde es nicht unbelohnt bleiben (Matth. 10, 42). Und das Gleichnis von den anvertrauten Zentnern lehrt zumindest auch, daß dem treuen Diener sein Lohn zuteil werden wird (Matth. 25, 14–30). Und aus dem Gleichnis vom Weltgericht geht eindeutig hervor, daß Lohn und Strafe davon abhängig sind, wie wir auf die Nöte unserer Mitmenschen reagieren (Matth. 25, 31–46). Es ist völlig klar, daß Jesus sich nicht gescheut hat, von Lohn und Strafe zu sprechen. Und vielleicht sollten wir uns hüten, in vergeistigterer Weise über den Lohn der Menschen nachzudenken, als Jesus dies getan hat. Wir dürfen nämlich einige ganz offenkundige Tatsachen nicht übersehen.

1. Jede Tätigkeit, die nichts bewirkt, ist nichtig und sinnlos. Das läßt sich nun einmal nicht leugnen. Gutsein, ohne daß wir etwas damit bezwecken, ist sinnlos. Jemand hat einmal sehr richtig gesagt: „Wenn etwas niemandem nützt, ist es unnütz." Wenn das Leben eines Christen ohne Ziel ist, dem er mit Freuden zustrebt, wird es ziemlich sinnlos. Wer an eine christliche Lebensführung und an die christlichen Verheißungen glaubt, kann nicht gleichzeitig glauben, daß Gutsein nur in sich selbst, nicht aber darüber hinaus, einen Sinn habe.

2. Wenn der Gedanke an Lohn und Strafe aus unseren religiösen Vorstellungen verschwindet, heißt das in Wirklichkeit nichts anderes, als daß die Ungerechtigkeit das letzte Wort behält. Vernünftigerweise kann man nicht annehmen, daß am Ende alles auf dasselbe hinauslaufe, einerlei, ob jemand gut oder schlecht sei. Denn das hieße schlicht, daß es Gott einerlei ist, ob wir gut oder schlecht sind. Es hieße, grob gesagt, daß es gar keinen Zweck habe gut zu sein, daß kein Grund bestehe, weshalb wir so und nicht anders leben. Den Gedanken an Lohn und Strafe auszuschalten, hieße in Wirklichkeit behaupten, daß es bei Gott weder Gerechtigkeit noch Liebe gebe. Lohn und Strafe sind notwendig, wenn unser Leben einen Sinn haben soll. All unser Tun und Bemühen wären sonst sinnlos.

1. *Der christliche Lohngedanke.*

An diesem Punkt angelangt, müssen wir uns einiges klarmachen.

1. Als Jesus von Lohn sprach, dachte er ganz entschieden **nicht** an Lohn im materiellen Sinne. Auf das Alte Testament trifft freilich zu, daß Frömmigkeit und Wohlergehen eng miteinander verknüpft werden. Wenn jemand Glück hatte, wenn seine Äcker fruchtbar und seine Ernte groß war, wenn er viele Kinder hatte und einen großen Besitz, dann sah man darin einen Beweis, daß er ein guter, frommer Mann war. Das ist auch das eigentliche Problem des Buches Hiob. Als Hiob Unglück widerfährt, kommen seine Freunde zu ihm und behaupten, daran müsse seine Sündigkeit schuld sein. Hiob weist diesen Vorwurf entschieden zurück. „Bedenke doch: Wo ist ein Unschuldiger umgekommen?" sagt Eliphas (Hiob 4, 7). „Wenn du rein und fromm bist", sagt Bildad, so wird er deinetwegen aufwachen und wird wieder aufrichten deine Wohnung, wie es dir zusteht" (Hiob 8, 6). „Du sprichst: Meine Rede ist rein, und lauter bin ich vor deinen Augen", sagt Zophar,

„ach, daß Gott mit dir redete und täte seine Lippen auf und zeigte dir die Tiefen der Weisheit" (Hiob 11, 4). Das Buch Hiob wurde geschrieben, um der Auffassung zu widersprechen, daß Frömmigkeit und Gutsein mit materiellem Wohlergehen Hand in Hand gehen müßten.

„Ich bin jung gewesen und alt geworden", sagt der Psalmist, „und habe noch nie den Gerechten verlassen gesehen und seine Kinder um Brot betteln" (Ps. 37, 25). Und an anderer Stelle: „Wenn auch tausend fallen zu deiner Seite und zehntausend zu deiner Rechten, so wird es doch dich nicht treffen. Ja, du wirst es mit eigenen Augen sehen und schauen, wie den Gottlosen vergolten wird. Denn der Herr ist deine Zuversicht, der Höchste ist deine Zuflucht. Es wird dir kein Übel begegnen, und keine Plage wird sich deinem Hause nahen" (Ps. 91, 7—10). So könnte Jesus nie gesprochen haben. Ganz sicher versprach Jesus seinen Jüngern keinen materiellen Wohlstand. Im Gegenteil, er sprach von Prüfungen und Trübsal, von Leiden, Verfolgung und Tod. Jesus dachte also ganz gewiß nicht an Lohn in materiellem Sinne.

2. Als zweites müssen wir bedenken, daß niemals echten Lohn empfangen wird, wer immer nur auf Lohn bedacht ist. Wer sich immer nur ausrechnet, was er zu verdienen glaubt, der weiß gar nicht, was Lohn wirklich heißt, weil er Gott und dem Leben gegenüber eine völlig falsche Einstellung hat. Er denkt nämlich an Gott nur als an einen Richter oder Buchhalter, und vor allem sieht er das Leben im Sinne des G e s e t z e s. Er meint, wenn er dies und jenes tue, werde er dies und jenes verdienen. Für ihn ist das Leben nur ein Bilanzbogen mit Aktiva und Passiva. Er glaubt Gott diesen Bogen vorlegen und sagen zu können: „Das hab ich getan; nun gib mir meinem Lohn."

Das entscheidende Mißverständnis, das in diesem Standpunkt zum Ausdruck kommt, ist darauf zurückzuführen, daß das Leben im Sinne des Gesetzes statt im Sinne der L i e b e gesehen wird. Wer einen Menschen von ganzem Herzen liebhat, voller Demut und Selbstlosigkeit, wird dennoch stets das Gefühl haben, daß er in seiner Schuld steht oder etwas versäumt hat. Wer einen Menschen wirklich lieb hat, bleibt stets dessen Schuldner und wird nie auf den Gedanken kommen, daß er einen Lohn verdient habe. Wer dagegen dem Leben gegenüber den Standpunkt des Gesetzes einnimmt, denkt womöglich ständig an Lohn, den er verdient. Betrachten wir das Leben dagegen vom Standpunkt der Liebe aus, dann wird uns nie der Gedanke an Lohn kommen.

Das Paradoxe am Lohn im christlichen Sinne ist: Wer auf Lohn bedacht ist und meint, er stehe ihm zu, dem wird er nie zuteil werden. Wer keinen anderen Beweggrund als die Liebe kennt und nie auf den Gedanken kommt, daß er einen Lohn verdiene, dem wird er zuteil werden. Der Lohn, der uns zuteil wird, ist zugleich ein Nebenprodukt und der eigentliche Zweck jeder christlichen Lebensführung.

2. *Der christliche Lohn*

Als nächstes müssen wir uns fragen: Worin bestehen die Belohnungen einer christlichen Lebensführung?

1. Zunächst müssen wir eine wichtige, allgemeingültige Wahrheit beachten. Wir erwähnten bereits, daß Jesus überhaupt nicht an Lohn in materiellem Sinne denkt. Beim Lohn der christlichen Lebensführung handelt es sich um einen Lohn, den nur geistig und geistlich eingestellte Menschen als solchen empfinden. Materiell eingestellte Menschen könnten darin niemals einen Lohn erblicken. Nur Christen empfinden den christlichen Lohn als Lohn.

2. Zufriedenheit ist vor allem der Lohn, der wirkliche Christen erwartet. Wir sind befriedigt und zufrieden, wenn wir das Rechte tun, Jesus Christus gehorsam sind und ihm folgen, einerlei, was daraus für uns erwächst oder nicht. Es ist durchaus möglich, daß jemand Vermögen und Stellung einbüßt, im Gefängnis oder auf dem Schafott endet, einsam und verachtet ist, wenn er das Rechte tut und Jesus Christus gehorcht; dennoch wird ihm niemand seine innere Zufriedenheit rauben können, die mehr wiegt als alles andere. In irdische Währung läßt sich dieser Lohn nicht ummünzen. Trotzdem gibt es nichts Größeres auf dieser Welt als jene Zufriedenheit, die die Krone des Lebens ist.

Während des zweiten Weltkrieges gab ein bekannter Chirurg, der vor allem plastische Operationen durchführte, seine sehr einträgliche Praxis auf, um sich ganz und gar der Wiederherstellung der Gesichter von Männern zu widmen, die durch Verbrennungen und Verstümmelungen entstellt worden waren. Um anderen auf selbstlose Weise zu helfen, verzichtete der Chirurg auf Einnahmen von jährlich 100 000 Mark.

Ein Prediger wurde eines Tages von einer Frau angehalten, die zu ihm sagte: „Gott segne Sie, Herr Pfarrer." Ohne ihren Namen zu nennen, ging sie weiter. Einen Augenblick lang war der Pfarrer ein wenig bedrückt. „Doch dann", erzählte er später, „wich der Nebel, die Sonne brach durch, und ich atmete die freie Luft der Berge Gottes." Materiell gesehen war er um keinen Groschen reicher geworden, doch die tiefe Befriedigung, die er

empfand, daß er jemandem mit seiner Predigt hatte helfen können, war dafür ein umso größerer Schatz.
Zufriedenheit, die erste der Belohnungen, läßt sich nicht mit Geld erkaufen.

3. Noch mehr Arbeit, noch mehr wirken, heißt die zweite Belohnung christlicher Lebensführung. Das Paradoxe am christlichen Lohnesgedanken ist, daß jede erfüllte Aufgabe nur eine Aufforderung zu weiteren, noch größeren Anstrengungen darstellt und keineswegs bedeutet, daß es damit ein für allemal sein Bewenden haben kann. Im Gleichnis von den anvertrauten Zentnern besteht der Lohn der getreuen Knechte in noch größerer Verantwortlichkeit (Matth. 25, 14–30). Lehrer verschonen besonders hochbegabte und befähigte Schüler ja auch nicht mit Arbeiten, sondern fordern von ihnen im Gegenteil mehr als von den übrigen. Das gilt für die Schule ebenso wie für Berufsausbildung und Sport. Eine jüdische Redensart lautete: „Kluge Lehrer gehen mit ihren Schülern um wie mit Färsen, denen man allmählich ein immer schwereres Joch auflegt." Christlicher Lohn ist das Gegenteil vom Lohn der Welt. Der Lohn Gottes besteht darin, daß er den Menschen immer mehr zu tragen gibt, für sich und für ihre Mitmenschen. Je schwerer die Aufgabe, umso größer der Lohn.

4. Gott schauen ist der dritte und entscheidende Lohn aller christlicher Lebensführung. Das ist zu allen Zeiten so gewesen und auch heute noch so. Jemand, der Gott in keiner Weise in sein Leben miteinbezieht, würde eher entsetzt als erfreut sein, wenn er sich plötzlich Gott gegenüber sähe. Wer seine eigenen Wege geht, wird mehr und mehr von Gott abgetrieben, und die Kluft zwischen Gott und ihm wird immer tiefer, bis Gott für ihn schließlich ein Fremdling ist, dem er aus dem Wege geht. Wer sich dagegen sein ganzes Leben lang bemüht, auf Gottes Wegen zu gehen und Gott zu gehorchen, wer stets ein Suchender ist, der wird Gott immer näher kommen, bis er schließlich ohne Furcht vor Gott tritt und voller Freude. Das ist der höchste Lohn.

DAS RECHTE AUS FALSCHEN BEWEGGRÜNDEN TUN

Matthäus 6, 1

Habt acht auf eure Frömmigkeit, daß ihr die nicht übt vor den Leuten, auf daß ihr von ihnen gesehen werdet; ihr habt sonst keinen Lohn bei eurem Vater im Himmel.

Das religiöse Leben der Juden beruhte auf drei Tugenden: Almosengeben, beten und fasten. Dagegen hätte Jesus an sich nicht das geringste einzuwenden gehabt, doch bekümmerte ihn, daß so vieles im Leben nicht aus den richtigen Beweggründen heraus geschah.

Es ist merkwürdig, daß hinter diesen in hohem Maße guten Werken so leicht falsche Motive standen. Deshalb warnte Jesus die Menschen. Alles, was ausschließlich getan werde, um dem Ausführenden Ehre zu bringen, büße dadurch den größten Teil seines Wertes ein. So kann die Menschen beispielsweise lediglich der Wunsch, wegen ihrer Freigebigkeit von allen dankbar gepriesen zu werden, dazu veranlassen, jemandem zu helfen, ohne daß echte Hilfsbereitschaft dahintersteht. Auch Gebete können so verrichtet werden, daß sie in Wahrheit nicht Gott, sondern den Mitmenschen gelten, denn denen, die sie sprechen, geht es vor allem darum, daß andere es sehen und sich von ihrer ungewöhnlichen Frömmigkeit überzeugen. Ebenso kann der Mensch auch fasten, ohne damit die Absicht zu verfolgen, sich selbst zu demütigen, sondern er tut es, um der Welt ein Beispiel großartiger Selbstdisziplin zu geben. Es gibt Menschen, die etwas Gutes nur tun, um von den Mitmenschen gelobt zu werden, das eigene Ansehen zu vergrößern und der Welt zu zeigen, wie gut man ist.

Nach Jesu Ansicht bestand kein Zweifel darüber, daß derartigen Menschen ein ganz bestimmter Lohn beschieden sei. Dreimal wiederholt Jesus in diesem Zusammenhang den Satz: „Wahrlich, ich sage euch: Sie haben ihren Lohn dahin" (Matth. 6, 2. 5. 16), das heißt, sie haben ihren Lohn bereits erhalten. Apechein ist das griechische Verb, mit dem zum Ausdruck gebracht wurde, daß jemand seinen vollen Lohn empfangen habe oder daß ihm etwas voll ausbezahlt worden war. Ein Beispiel: Jemand bescheinigt einem anderen: „Ich habe von dir den Preis für die Olivenpresse, die du von mir geliehen hast, voll empfangen (apecho)." Steuereinnehmer bescheinigen, daß sie die fällige Steuer empfangen haben (apechein). Jemand, der einen Sklaven verkauft hat, bestätigt schriftlich: „Ich habe den vollen Preis empfangen" (apecho).

Jesus sagt also: „Wenn ihr Almosen gebt, um damit eure Freigebigkeit zu demonstrieren, so werden die Menschen euch bewundern — doch das ist auch alles, was ihr empfangen werdet, damit hat man euch voll bezahlt. Wenn ihr betet, um dadurch eure Frömmigkeit zur Schau zu tragen, werdet ihr in den Ruf kommen, äußerst fromme Menschen zu sein; das ist dann aber auch alles. Wenn ihr fastet und alle erfahren es, wird man euch für äußerst enthaltsame, asketische Menschen halten; doch das ist auch alles. Mehr nicht." Jesus sagt: „Wenn ihr nur nach dem Lohn der Welt trachtet, wird er euch zweifellos auch zuteil werden – auf den Lohn, den Gott allein geben kann, braucht ihr dann freilich nicht mehr zu hoffen." Wer nach dem zeitlichen Lohn greift und den ewigen Lohn fahren läßt, ist ein wirklich trauriges Geschöpf.

WIE MAN NICHT GEBEN SOLL

Matthäus 6, 2–4

Wenn du nun Almosen gibst, sollst du nicht lassen vor dir posaunen, wie die Heuchler tun in den Synagogen und auf den Gassen, auf daß sie von den Leuten gepriesen werden. Wahrlich, ich sage euch: Sie haben ihren Lohn dahin. Wenn du aber Almosen gibst, so laß deine linke Hand nicht wissen, was die rechte tut, auf daß dein Almosen verborgen sei; und dein Vater, der in das Verborgene sieht, wird dir's vergelten.

Das Almosengeben war die heiligste religiöse Pflicht der Juden. Das geht schon allein daraus hervor, daß die Juden für Gerechtigkeit und Almosengeben nur ein Wort kannten: tzedakah. Beides war für sie also dasselbe. Wer Almosen gab, erwarb sich damit Verdienste vor Gott und konnte damit sogar begangene Sünden sühnen und die Vergebung Gottes erlangen. „Almosen ist besser, als viel Gold zum Schatz sammeln; denn die Almosen erlösen vom Tode und tilgen die Sünden" (Tobias 12, 8.).

Die Rabbinen sagten: „Almosengeben ist mehr als Opfer darzubringen." Almosen standen, was die guten Werke betraf, an erster Stelle.

Daraus ergibt sich ganz zwangsläufig, daß alle, denen daran lag, gut und fromm zu sein, sich auf das Almosengeben konzentrierten. Die besten Lehren der Rabbinen besagten also nichts anderes als das, was Jesus lehrte. Auch sie verboten den Menschen die Wichtigtuerei mit dem Almosengeben. „Wer heimlich Almosen gibt", hieß es, „ist größer als Mose." Vor dem Tode bewahren Almosen, „wenn der Empfänger nicht weiß, woher sie kommen, und der Geber nicht, wer sie erhält". Ein Rabbi ließ jedesmal, wenn er Almosen geben wollte, im Weitergehen Geld fallen, so daß er nicht sah, wer es aufhob. „Besser gar nichts geben", hieß es, „als jemanden mit einer Gabe beschämen." Eine sehr schöne Tempelsitte diente der Unterstützung Armer aus guter Familie; wer ein Vergehen sühnen wollte, konnte dies tun, indem er in einer der vielen Tempelkammern Geld hinterlegte, mit denen diesen Menschen unauffällig geholfen wurde.

Leider blieb wie so oft auch in diesem Fall die Wirklichkeit weit zurück hinter dem Gebot. Nur zu oft spendeten die Menschen das Geld in einer Weise, daß alle es sehen mußten. Es geschah häufig mehr um der eigenen Ehre willen als um einem anderen zu helfen, daß gegeben wurde. Während des Gottesdienstes in der Synagoge wurden Opfergaben für die Armen eingesammelt, und dabei achteten manche genau darauf, daß die anderen auch sahen, was sie gaben. In alter Zeit war es Sitte im Orient, daß jemand, der etwas Gutes tun wollte, um damit seiner Familie Segen zu bringen, zu einem Wasserträger ging, der eine wohltönende Stimme hatte und ihn beauftragte, allen, die Durst hätten, einen Trunk zu geben. Dann füllte der Wasserträger seinen Schlauch und ging auf den Marktplatz. „Ihr Dürstenden", rief er, „kommt und trinkt, was euch dargebracht wird." Und der neben ihm stehende Spender sagte: „Wohl mir, der ich euch diesen Trunk gab." Eben diese Art ist es, die Jesus verurteilt. Er spricht von den Heuchlern, die so etwas tun. Das an dieser Stelle des griechischen Textes verwendete Wort h y p o k r i t e s heißt auch Schauspieler und besagt, daß Menschen, die sich so aufführen, nur nach Beifall für sich trachten.

BEWEGGRÜNDE DES SCHENKENS

Matthäus 6, 2–4 (Fortsetzung)

Welches sind die Motive des Schenkens?

1. Es kann aus P f l i c h t g e f ü h l geschehen. Dann geben die Menschen nicht, weil es ihnen ein Bedürfnis ist, sondern weil sie meinen, sie dürften sich dieser Pflicht nicht entziehen. Es kann sogar vorkommen – vielleicht unbewußt –, daß man die Armen für notwendig hält, um dieser Pflicht nachzukommen und sich so vor Gott Verdienste zu erwerben. Überheblichkeit und Herablassung sind der Grundton solchen Schenkens. Die Menschen, die so schenken, glauben selbst einer völlig anderen sittlichen Kategorie anzugehören als die Menschen, denen sie helfen. Soviel sie auch geben, sie geben niemals sich selbst. So großzügig sie auch schenken mögen, wenn sie sich dazu ver-

pflichtet fühlen, ihrer Gabe fehlt etwas, weil sie nicht von Herzen kommt, weil ihr immer eine gewisse Berechnung anhaftet, und sei es auch aus christlichem Pflichtgefühl.

2. Prestigegründe können die Menschen zum Schenken veranlassen. Sie sonnen sich selbst in ihrer Freigebigkeit. Wahrscheinlich würden sie überhaupt nichts geben, wenn keine Aussicht bestünde, daß die Umwelt es erfährt. Wenn man sich nicht genügend bei ihnen bedankt und sie deswegen rühmt, sind sie verstimmt und unzufrieden. Sie geben nicht, um Gott damit zu ehren, sondern um sich selbst zu verherrlichen. Sie geben nicht in erster Linie, um zu helfen, sondern um ihre eigene Eitelkeit zu befriedigen.

3. Menschen schenken aber auch, weil sie gar nicht anders können, weil ihr Herz sie dazu treibt, weil sie sich für die Menschen, die sich in Not befinden, verantwortlich fühlen. Der englische Schriftsteller Samuel Johnson, im 18. Jahrhundert ein führender englischer Kritiker, war ein ungewöhnlich gütiger Mensch. Ein Mann namens Robert Levett, ein armseliges Geschöpf, seinerzeit Kellner in Paris und später Arzt in einer armen Gegend Londons, der durch seine Erscheinung und seine Manieren die Reichen anekelte und die Armen erschreckte, lebte im Haushalt Dr. Johnsons, dessen Freund Boswell sehr überrascht darüber war. Der Dichter Goldsmith dagegen wußte es besser. „Levett ist arm und ehrlich", sagte er, „das genügt, um ihn Johnson zu empfehlen. Es geht ihm jämmerlich, und das sichert ihm den Schutz Johnsons zu." Mißgeschick und Unglück bedeuteten für Johnson eine Aufforderung, sich der Menschen liebend anzunehmen. So hat Boswell denn auch folgendes berichtet. „Als Johnson eines Abends spät nach Hause ging, sah er eine völlig erschöpfte Frau auf der Straße liegen, die unfähig war, weiterzugehen. Er nahm sie daher auf den Rücken und mit nach Hause. Dort stellte er fest, daß sie zu jenen unglücklichen Frauen gehörte, die ganz tief gefallen sind. Statt ihr Vorhaltungen zu machen, ließ er lange Zeit in rührender Weise für sie sorgen, bis sie völlig wiederhergestellt war, und machte ihr Mut, ein neues Leben zu beginnen." Johnson wurde wegen seines Verhaltens in unwürdigster Weise verdächtigt; trotzdem tat er, wozu sein Herz ihn trieb. Eine besonders schöne Episode aus dem Leben Johnsons betrifft die Zeit, in der er selbst noch in Armut lebte. Als er eines Tages in den frühen Morgenstunden nach Hause ging, ließ er trotz seiner Armut kleine Münzen in die Hände der heimatlos Umherstreifenden gleiten, die in den Toreinfahrten lagen und schliefen, weil sie kein Zuhause besaßen. Als Johnson

einst gefragt wurde, weshalb er all diese „bedürftigen und unwürdigen Menschen" bei sich aufnehme, erwiderte er: „Wenn ich ihnen nicht ein wenig beispränge, würde es niemand tun. Sie sollen aber nicht aus Mangel am Nötigsten zugrunde gehen." Das ist echtes Schenken, das dem liebenden Herzen der Menschen entspringt und Ausfluß der Liebe Gottes ist.
Vorbild solchen vollkommenen Schenkens ist Jesus Christus für uns. Paulus schrieb an seine Freunde in Korinth: „Denn ihr wisset die Gnade unsres Herrn Jesus Christus, daß, ob er wohl reich ist, ward er doch arm um euretwillen, auf daß ihr durch seine Armut reich würdet" (2. Kor. 8, 9). Schenken darf nicht selbstgerechtem Pflichtgefühl entspringen und erst recht nicht einem Bedürfnis nach Ansehen unter den Menschen, sondern soll unmittelbarer Ausfluß eines liebenden Herzens sein. Wir sollen anderen geben, wie Jesus Christus sich uns geschenkt hat.

WIE WIR NICHT BETEN SOLLEN

Matthäus 6, 5–8

Und wenn ihr betet, sollt ihr nicht sein wie die Heuchler, die da gerne stehen und beten in den Synagogen und an den Ecken auf den Gassen, auf daß sie von den Leuten gesehen werden. Wahrlich, ich sage euch: Sie haben ihren Lohn dahin. Wenn du aber betest, so gehe in dein Kämmerlein und schließ die Tür zu und bete zu deinem Vater, der im Verborgenen ist; und dein Vater, der in das Verborgene sieht, wird dir's vergelten. Und wenn ihr betet, sollt ihr nicht viel plappern wie die Heiden; denn sie meinen, sie werden erhöret, wenn sie viel Worte machen. Darum sollt ihr ihnen nicht gleichen. Euer Vater weiß, was ihr bedürfet, ehe denn ihr ihn bittet.

Kein Volk hatte eine so hohe Meinung vom Gebet wie die Juden. „Beten ist wichtiger als alle guten Werke", sagten die Rabbinen. Zu dem Schönsten, was je über das Beten im häuslichen Kreise gesagt worden ist, gehört das Wort eines Rabbinen: „Wer in seinem Hause betet, umgibt es mit einer Mauer, die stärker als Eisen ist." Die Rabbinen bedauerten außerordentlich, daß es unmöglich war, den ganzen Tag zu beten.
Leider hatten sich im Laufe der Zeit in die Gebetssitten der Juden Fehler und Mißstände eingeschlichen. Doch ist das kei-

neswegs ein spezifisch jüdischer Fehler; man trifft ihn überall an. Außerdem konnte es nur dort dazu kommen, wo das Gebet wirklich ernst genommen wurde. Es handelt sich dabei nicht um Unterlassungssünden, sondern um eine falsch gelenkte Frömmigkeit.

1. Das Gebet drohte zur Formsache zu werden. Zweierlei war den Juden täglich vorgeschrieben. Einmal das Shema, das aus drei kurzen Stellen der Heiligen Schrift bestand: 5. Mose 6, 4—9; 11, 13—21; 4. Mose 15, 37—41. Shema ist der Imperativ des hebräischen Wortes hören und ist einem Vers entnommen, der im Mittelpunkt überhaupt stand: „Höre, Israel, der Herr, unser Gott, ist der einzige Herr." Jeden Morgen und jeden Abend mußte von allen Juden das Shema hergesagt werden, und zwar morgens so früh wie möglich, sobald man, wie es hieß, blau von weiß unterscheiden konnte, oder wie es bei Rabbi Elieser heißt, zwischen der blauen und grünen Morgendämmerung. Spätestens mußte das Shema morgens bis zur dritten Stunde, das heißt bis neun Uhr vormittags verrichtet werden, und abends bis einundzwanzig Uhr. Einerlei, wo die Menschen sich gerade befanden, zu Hause, auf der Straße, bei der Arbeit oder in der Synagoge, sobald der letzte Augenblick für dieses Gebet gekommen war, mußten alle, die es bis dahin noch nicht gesprochen hatten, einhalten und es verrichten. Viele Menschen hingen an dem Shema und wiederholten es stets aufs neue voller Ehrfurcht und Liebe; doch die Mehrzahl der Menschen leierte es nur herunter, um so schnell wie möglich dort fortzufahren, wo die Zeit des Gebets sie überrascht hatte. Das Shema war drauf und dran, zu einem leeren Nachgeplapper zu werden, das die Menschen vor sich hin murmelten wie einen Zauberspruch oder eine Beschwörungsformel. Wir Christen haben kein Recht zur Kritik, solange für das Tischgebet in vielen Familien dasselbe gilt wie für das Shema der Juden.

Die zweite der täglichen Pflichten bestand bei den Juden darin, daß sie täglich die sogenannten Shemoneh 'esreh, die sogenannten 18 Gebete nachsprechen mußten, die bis heute wesentlicher Bestandteil des Gottesdienstes in der Synagoge geblieben sind. Im Laufe der Zeit wurden aus den achtzehn zwar neunzehn Gebete, doch wurde der alte Name beibehalten. Die meisten dieser Gebete sind sehr kurz und schön. Das zwölfte Gebet lautet:

Zeige deine Gnade den Aufrechten, Demütigen, den Ältesten und den übrigen Lehrern deines Volkes Israel, o Herr; erweise dich allen frommen Fremdlingen in unserer Mitte und uns allen gnädig. Vergelt's denen, die deinem Namen vertrauen, und laß unsere Hoffnung in der zukünftigen Welt nicht zuschanden werden. Gelobt seist du, Herr, der du die Hoffnung und Zuversicht der Gläubigen bist. Und das fünfte Gebet lautet: Führe uns zum Gesetz zurück, Vater; daß wir wieder dir dienen, o König, und wirklich Buße tun. Gelobt seist du, o Herr, der du unsere Buße gnädig annimmst.

Es gibt keine schönere Liturgie als die Shemoneh 'esreh, die die Juden dreimal am Tag, morgens, nachmittags und abends hersagen mußten. Auch hier war es nicht anders als bei der Shema. Nur wenige beteten mit inniger Hingabe, während diese achtzehn Gebete für die meisten zur reinen Formsache wurden. Ja, anstelle der achtzehn Gebete genügte auch eine kurze Zusammenfassung, wenn die Zeit für alle Gebete zu kurz war oder das Gedächtnis die Menschen im Stich ließ. Auch die Shemoneh 'esreh wurde nachgeplappert wie eine Beschwörungsformel bei irgendeinem Zauber. Doch wiederum haben wir Christen kein Recht zur Kritik, denn mit dem Gebet, das Jesus uns zu beten lehrte, ergeht es uns selbst häufig nicht anders.

WIE WIR NICHT BETEN SOLLEN

Matthäus 6, 5–8 (Fortsetzung)

2. Nach der jüdischen Liturgie waren für bestimmte Gelegenheiten ganz bestimmte Gebete vorgesehen. Es gab kaum etwas im Leben, ohne daß für diese Gelegenheit nicht auch ein bestimmtes Gebet vorgesehen war, ob es sich dabei um Gebete handelte, die vor oder nach der Mahlzeit zu sprechen waren, um Gebete, die im Zusammenhang mit Licht, Feuer, Blitz, Neumond, Kometen, Regen, Sturm zu sprechen waren, oder um Gebete beim Anblick des Meeres, irgendwelcher Seen und Flüsse, beim Erhalt einer guten Nachricht, der Erstbenutzung von Einrichtungsgegenständen oder um Gebete beim Betreten oder Verlassen einer Stadt. Für alles gab es Gebete. Dahinter steht der sehr schöne Gedanke, daß es nichts gibt, was nicht vor Gott geschieht. Doch weil die Gebete so peinlich genau und kleinlich festgesetzt waren, führte das ganze System zu einem Formalismus, bei dem man nur noch von Lippenbekenntnissen sprechen konnte, da die Gebete den Menschen in Wirklichkeit nur noch wenig bedeuteten. Allzu geläufig kamen die richtigen Gebete im rechten Augenblick über die Zunge der Menschen.

Das wußten die besten Rabbinen wohl und versuchten, dagegen etwas zu unternehmen. „Wer seine Gebete spricht, um möglichst schnell damit fertig zu werden, der betet in Wirklichkeit überhaupt nicht“, sagten sie. „Betrachte das Gebet nicht als gewohnheitsmäßige Pflicht, sondern als einen Akt der Demut, damit Gott dir barmherzig sei.“ Rabbi Elieser war sich dieser Gefahr so sehr bewußt, daß er jeden Tag e i n neues Gebet ersann, damit seine Gebete stets neu und unverbraucht seien. Selbstverständlich droht diese Gefahr nicht nur der jüdischen Religion. Selbst stille Stunden, die voll Andacht begonnen haben, können in ritualistischem Formalismus erstarren.

3. Fromme Juden hielten ganz bestimmte Gebetszeiten ein: die dritte, die sechste und die neunte Stunde, das heißt 9 Uhr morgens, 12 Uhr mittags und 3 Uhr nachmittags. Wo sich diese frommen Juden zu dieser Zeit gerade befanden. pflegten sie auch zu beten. Sie konnten dabei ebenso reinen Herzens Gottes gedenken wie auch einer äußerlichen Gewohnheit folgen. Die gleiche Sitte kennen auch die Moslems. Einer Anekdote zufolge soll ein Moslem, der mit gezücktem Messer hinter einem Feind her war, plötzlich stehen geblieben, seinen Gebetsteppich ausgerollt und in aller Eile sein Gebet hergesagt haben, als der Muezzin die Gebetsstunde ausrief, ebenso rasch dann wieder aufgesprungen sein, um seine mörderischen Absichten weiter zu verfolgen. Der Gedanke, daß die Menschen dreimal am Tage an Gott denken sollten, ist zwar wunderschön, doch ist damit auch die große Gefahr verbunden, daß sie dann ihre Gebete herleiern, ohne auch nur im geringsten an Gott zu denken.

4. Auch die Tendenz, das Gebet an bestimmten Stellen, vor allem in der Synagoge zu verrichten, war unverkennbar. Zweifellos gibt es Plätze, an denen uns Gott besonders nahe zu sein scheint, doch gingen manche Rabbinen so weit, zu behaupten, daß Gebete nur dann wirksam seien, wenn sie im Tempel oder in der Synagoge verrichtet würden. So kam es, daß man zu den Gebetszeiten den Tempel aufzusuchen pflegte. Zur Zeit der Urgemeinde richteten sich sogar die Jünger Jesu danach, denn in der Apostelgeschichte heißt es, Petrus und Johannes seien zur Zeit der Gebetsstunde in den Tempel hinaufgegangen (Apg. 3, 1). Die Gefahr dabei war, daß die Menschen infolgedessen auf den Gedanken kommen konnten, als sei Gott auf bestimmte heilige Orte begrenzt, und dabei vergaßen, daß die ganze Erde ein Tempel Gottes ist. Die besten Rabbinen erkannten diese Gefahr sehr wohl und sagten denn auch: „Gott hat zu Israel gesagt: bete in der Synagoge deiner Stadt; wenn das nicht möglich ist, bete auf dem Felde; wenn das nicht möglich ist, in

deinem Hause; wenn das nicht möglich ist, bete auf deinem Bett; wenn das nicht möglich ist, sprich mit deinem eigenen Herzen und sei still."

Das Bedauerliche an jedem System ist nicht das System als solches, sondern der Mensch, für den es geschaffen ist. Am Menschen liegt es, ob er das System zum Werkzeug seiner Andacht macht oder aber als eine Formalität betrachtet, der man, ohne sich weiter etwas dabei zu denken, einfach nachkommt.

5. Bei den Juden machte sich zweifellos eine Tendenz zu langen Gebeten bemerkbar. Doch auch diese Tendenz ist keineswegs auf die Juden beschränkt. Es hat auch bei uns Zeiten gegeben, in denen die Länge der Gebete als ein Zeichen besonderer Frömmigkeit bewertet wurde. Gebete von einer Stunde Länge und ebenso lange Predigten waren im 18. Jahrhundert nicht ungewöhnlich. So sagte Rabbi Levi zum Beispiel: „Wer lange im Gebet verweilt, wird erhört werden." An anderer Stelle heißt es: „Welcher Gerechte ein langes Gebet verrichtet, der wird erhört werden." Dahinter stand und steht auch heute noch der unbewußte Gedanke, daß Gott schon antworten wird, wenn wir nur lange genug gegen seine Tür trommeln, daß wir Gott solange bereden, ja, quälen müssen, bis er sich herabläßt. Auch dieser Gefahr waren sich die besten der Rabbinen sehr wohl bewußt. „Es ist verboten, das Lob Gottes in die Länge zu ziehen", heißt es an einer Stelle. „In den Psalmen steht geschrieben: W e r k a n n die großen Taten des Herrn alle erzählen und sein Lob genug verkünden? (Ps. 106, 2). Nur w e r k a n n, darf ihn des langen loben und ihn preisen — d o c h n i e m a n d k a n n." „Sei nicht schnell mit deinem Munde und laß dein Herz nicht eilen, etwas zu reden vor Gott; denn Gott ist im Himmel und du auf Erden; darum laß deiner Worte wenig sein" (Pred. 5, 1). Am besten können wir schweigend anbeten. Weitschweifigkeit und Frömmigkeit, Redeschwall und Andacht geraten einander leicht ins Gehege. In diesen Fehler waren auch viele Juden verfallen.

WIE WIR NICHT BETEN SOLLEN

Matthäus 6, 5—8 (Fortsetzung)

6. Es gab noch andere Formen der Wiederholung, die die Juden, wie alle orientalischen Völker zu benutzen, ja, überzubetonen imstande waren. Durch endloses Wiederholen eines ein-

zigen Satzes oder gar Wortes hypnotisierten die orientalischen Völker sich gewissermaßen selbst. 1. Könige 18, 26 riefen die Baalspropheten vom Morgen bis zum Mittag immer wieder aus: „Baal, erhöre uns!" Apostelgeschichte 19, 34 schreit die Menge etwa zwei Stunden lang immer wieder: „Groß ist die Diana der Epheser!" Dasselbe machten die Juden mit dem S h e m a, das eine Art Ersatz von Selbsthypnose darstellt.

Auch auf andere Weise bedienten sich die Juden der Wiederholung im Gebet. Man versuchte, alle möglichen Ehrentitel und Adjektive bei der Anrede Gottes im Gebet anzuhäufen. Ein bekanntes Gebet beginnt mit den Worten: „Gesegnet, gelobt und gepriesen, verherrlicht und gelobt sei der Name des Heiligen." Ein jüdisches Gebet beginnt mit sechzehn verschiedenen Adjektiven, die dem Namen Gottes als Attribute hinzugefügt werden. Man berauschte sich förmlich an Worten. Gebete, bei denen wir mehr darüber nachdenken, wie wir sie formulieren sollen, als darüber, um was wir bitten sollen, sind Lippenbekenntnisse.

7. Schließlich warf Jesus einem Teil der Juden auch vor, daß sie beteten, um von den Menschen gesehen zu werden. Das jüdische Gebetssystem machte eine solche Zurschaustellung sehr leicht. Die Juden beteten stehend, mit ausgestreckten Armen, nach oben gerichteten Handflächen und gebeugtem Kopf. Gebetet werden mußte um 9 Uhr morgens, 12 Uhr mittags und um 3 Uhr nachmittags, und zwar dort, wo man sich gerade aufhielt, so daß es ohne weiteres möglich war, dafür zu sorgen, daß man sich zu diesem Zeitpunkt an einer lebhaften Geschäftsstraße oder auf einem belebten Platz der Stadt befand, so daß alle Welt sehen konnte, mit welcher Hingabe und Demut man betete. Ebenso einfach war es, auf der obersten Eingangsstufe zur Synagoge stehenzubleiben und dort demonstrativ lange zu beten, so daß alle Menschen die ungewöhnliche Frömmigkeit dieser Männer bewundern konnten. Die Weisen unter den jüdischen Rabbinen verurteilten diese Haltung schonungslos. „Scheinheilige Menschen bringen Zorn über die Welt, und ihr Gebet wird nicht erhört." „Vier Gruppen von Menschen werden das Antlitz der Herrlichkeit Gottes nicht sehen: Spötter, Heuchler, Lügner und Verleumder." Die Rabbis behaupteten, niemand könne überhaupt beten, wenn sein Herz nicht bereit dazu sei. So setzten sie denn auch fest, daß ein vollkommenes Gebet einer Stunde persönlicher Vorbereitung bedürfe und hinterher einer Stunde der Meditation. Doch das jüdische Gebetssystem insgesamt war dazu angetan, daß die Menschen großtaten mit ihrer Beterei, sofern Stolz in ihren Herzen wohnte.

Jesus stellt hier zwei wichtige Gebetsregeln auf.

1. Er betont, daß jedes echte Gebet Gott dargebracht werden muß. Die eigentliche Schuld der Menschen, die Jesus kritisierte, bestand darin, daß sie vor den Menschen und nicht vor Gott beteten. Ein bekannter Prediger hat ein sehr kunstvolles Gebet in einer Kirche in Boston einmal als „das redegewandteste Gebet, das je den Bostoner Zuhörern dargebracht worden sei", bezeichnet. Es ging dem Geistlichen dabei wesentlich mehr darum, seine Gemeinde zu beeindrucken, als einen Kontakt mit Gott herzustellen. Einerlei, ob es sich um öffentliche oder private Gebete handelt, wir sollten dabei an nichts anderes denken als an Gott.

2. Er betont, daß wir stets bedenken müssen: Der Gott, zu dem wir beten, ist der Gott der Liebe und wesentlich mehr bereit, uns Antwort zu geben, als wir bereit sind, zu beten. Seine Gaben und seine Gnade müssen ihm nicht gegen seinen Willen abgerungen werden. Wir kommen mit unseren Gebeten nicht zu einem Gott, der überredet, gequält oder sogar gezwungen werden müßte, auf unsere Gebete einzugehen, sondern zu einem Gott, der sich danach sehnt, um zu geben. Wenn wir das stets bedenken, genügt es, mit seufzendem Verlangen vor Gott zu treten mit den Worten: „Dein Wille geschehe."

DAS GEBET DER JÜNGER

Matthäus 6, 9–15

Darum sollt ihr also beten: Unser Vater in dem Himmel! Dein Name werde geheiligt. Dein Reich komme. Dein Wille geschehe auf Erden wie im Himmel. Unser täglich Brot gib uns heute. Und vergib uns unsere Schuld, wie wir vergeben unsern Schuldigern. Und führe uns nicht in Versuchung, sondern erlöse uns von dem Übel. Denn dein ist das Reich und die Kraft und die Herrlichkeit in Ewigkeit. Amen. Denn wenn ihr den Menschen ihre Übertretungen vergebet, so wird euch euer himmlischer Vater auch vergeben. Wenn ihr aber den Menschen nicht vergebet, so wird euch euer Vater eure Übertretungen auch nicht vergeben.

Bevor wir daran gehen, im einzelnen über das Vaterunser nachzudenken, sollten wir uns an einige allgemeine, dieses Gebet betreffende Tatsachen erinnern.

Als erstes müssen wir beachten, daß es sich um ein Gebet handelt, das Jesus seine J ü n g e r zu beten lehrte. Sowohl Matthäus als auch Lukas lassen keinen Zweifel daran aufkommen. Die ganze Bergpredigt wird bei Matthäus mit den Jüngern in Zusammenhang gebracht (Matth. 5, 1); und bei Lukas heißt es, Jesus habe die Jünger dieses Gebet auf die Bitte eines der Jünger hin gelehrt (Luk. 11, 1). Wir sollten also als erstes bedenken, daß es sich beim Vaterunser um ein Gebet handelt, das nur Jesu Jünger beten können; wenn es überhaupt einen Sinn haben soll, können es nur Menschen sprechen, die ihr Leben Jesus anvertraut haben. Das Vaterunser ist kein Kindergebet, für das es so oft gehalten wird; ja es ist für Kinder nicht einmal bedeutsam. Das Vaterunser ist auch kein Familiengebet, wie man es zuweilen nennt, es sei denn, daß mit Familie die Kirchenfamilie gemeint ist. Das Vaterunser wird ausdrücklich als Gebet der Jünger bezeichnet und erlangt daher erst auf den Lippen von Jüngern Jesu seine volle Bedeutung. Anders ausgedrückt: Das Vaterunser kann eigentlich nur jemand beten, der weiß, was er damit ausspricht; das wiederum ist erst möglich, wenn wir zu Jüngern Jesu geworden sind.

Wir müssen auch die Reihenfolge der Bitten des Vaterunsers beachten. Die ersten drei Bitten kreisen um die Herrlichkeit Gottes; die nächsten drei Bitten um unsere Nöte und Bedürfnisse. Das heißt, Gott kommt der höchste Platz zu; er steht an erster Stelle, und erst danach wenden wir uns selbst und unseren Nöten und Wünschen zu. Nur wenn wir Gott den ihm gebührenden Platz einräumen, erhält auch alles übrige den ihm angemessenen Platz. Beten sollte nie den Versuch darstellen, den Willen Gottes unseren Wünschen gefügig zu machen; Beten soll vielmehr stets der Versuch sein, unseren Willen dem Willen Gottes zu unterwerfen.

Der zweite Teil des Gebets, der sich mit unseren Nöten und Bedürfnissen befaßt, bildet eine wunderbare Einheit. Er behandelt die drei wesentlichen menschlichen Bedürfnisse und die drei zeitlichen Bereiche, in denen der Mensch sich bewegt. Die erste Bitte ist die nach Brot, die Bitte nach dem, was für die Erhaltung des Lebens erforderlich ist; unsere gegenwärtigen Bedürfnisse werden mit dieser Bitte vor den Thron Gottes getragen. Die zweite Bitte ist die Bitte um Vergebung; wir bringen damit die Vergangenheit vor Gott und Gottes verzeihende Gnade. Die dritte Bitte ist die Bitte um Hilfe bei Versuchungen; damit vertrauen wir uns und unsere Zukunft den Händen Gottes an. Diese drei kurzen Bitten lehren uns, Gegenwart, Vergangenheit und Zukunft der Gnade Gottes anzuvertrauen.

In diesem sorgfältig zusammengestellten Gebet wird nicht nur unser ganzes Leben vor Gott gestellt, sondern umgekehrt auch Gott in seiner ganzen Fülle in unser Leben einbezogen. Wenn wir um Brot bitten, um unser irdisches Leben erhalten zu können, lenkt diese Bitte unsere Gedanken unmittelbar auf Gott, den Vater, den Schöpfer und Erhalter allen Lebens. Wenn wir um Vergebung bitten, lenkt diese Bitte unsere Gedanken unmittelbar auf Gott, den Sohn, Jesus Christus, unseren Heiland und Erlöser. Wenn wir um Hilfe in künftigen Versuchungen bitten, lenkt diese Bitte unsere Gedanken unmittelbar auf Gott, den Heiligen Geist, den Tröster, der uns stärkt, führt und uns auf unseren Wegen beschützt.

Auf erstaunliche Weise werden in diesem kurzen zweiten Teil des Vaterunsers Gegenwart, Vergangenheit und Zukunft, das ganze menschliche Leben, vor Gott, den Vater, Gott, den Sohn und Gott den Heiligen Geist gestellt, vor Gott in all seiner Fülle. Im Vaterunser lehrt Jesus uns, unser ganzes Leben vor Gott in all seiner Fülle auszubreiten und umgekehrt Gott in seiner ganzen Fülle in unser ganzes Leben einzubeziehen.

DER VATER IM HIMMEL

Matthäus 6, 9

Unser Vater in dem Himmel!
In dem Wort Vater für Gott kommt auf bündigste Weise zum Ausdruck, was den christlichen Glauben ausmacht. Das Wort Vater ist deswegen so bedeutsam, weil damit alle Beziehungen des Lebens festgelegt werden.

1. Unsere Beziehung zur unsichtbaren Welt. Missionare berichten immer wieder, daß die größte Erleichterung für die Heiden darin bestehe, daß das Christentum ihnen die Gewißheit gäbe: Es gibt nur einen Gott. Nach heidnischer Auffassung gibt es Scharen von Göttern; jeder Bach und Fluß, jeder Baum und jedes Tal, jede Anhöhe und jeder Wald, jede Naturkraft besitzen einen eigenen Gott. Heiden leben in einer von Göttern bevölkerten Welt. Diese Götter sind eifersüchtig, neidisch und feindlich gesinnt. Sie alle müssen besänftigt werden, und die Menschen können nie sicher sein, ob sie es nicht einem oder dem anderen dieser Götter gegenüber an der schuldigen Ehrfurcht haben fehlen lassen. Die Heiden leben infolgedessen in ständiger Angst vor den Göttern; ihre Religion stellt keine Hilfe, sondern eine Heimsuchung für sie dar.

Die Prometheussage ist eine bedeutsame griechische Göttersage. Aus Mitleid mit den Menschen entwendete Prometheus das Feuer, das die Menschen bis dahin nicht kannten, aus dem Himmel und brachte es auf die Erde. Darüber erzürnte Zeus, der Göttervater so sehr, daß er Prometheus an eine Säule oder einen Felsen im Kaukasus fesselte, wo ihn tagsüber Hitze und Durst, des Nachts die Kälte quälte. Darüber hinaus ließ Zeus ihm von einem Adler täglich die Leber abfressen, die nachts wieder nachwuchs. Das widerfuhr dem Titanen, der den Menschen zu helfen versuchte, und beruht auf der Vorstellung, daß die Götter eifersüchtig, neidisch und rachsüchtig und keineswegs bereit sind, den Menschen zu helfen. So verhält sich nach heidnischer Auffassung die unsichtbare Welt gegenüber den Menschen. Heiden leben in der Furcht vor den heidnischen Göttern. Wenn wir also entdecken, daß der Gott, zu dem wir beten, Vater heißt und das Herz eines Vaters hat, dann besteht darin der entscheidende Unterschied. Wir brauchen nicht länger vor einer Schar eifersüchtiger Götter zu erschauern, sondern können uns sicher fühlen in der Vaterliebe Gottes.

2. Unsere Beziehung zur sichtbaren Welt wird dadurch geregelt, unsere Beziehung zu dieser zeitlichen und räumlichen Welt, in der wir leben. Es fällt nicht schwer, diese Welt für eine feindliche Welt zu halten. Da sind die Zufälle und die Wechselfälle des Lebens; die ehernen Gesetze des Universums, die wir nur auf eigene Gefahr brechen können; da sind Leiden und Tod. Doch wenn wir sicher sind, daß hinter dieser Welt nicht ein launischer, eifersüchtiger, spottender Gott steht, sondern ein Gott, der Vater heißt, dann bleibt zwar immer noch vieles dunkel, doch es wird erträglich dadurch, daß hinter allem die Liebe Gottes steht. Es wird stets eine Hilfe für uns sein, wenn wir in dieser Welt keinen Ort sehen, der unserer Bequemlichkeit zu dienen hat, sondern ein Trainingsfeld.

Lessing hat einmal gesagt, wenn er eine Frage an die Sphinx richten dürfe, würde sie lauten: „Ist das Universum dem Menschen freundlich gesinnt?" Wenn wir die Gewißheit haben, daß der Gott, der diese Welt erschaffen hat, Vater heißt, dann haben wir auch die Gewißheit, daß das Universum seinem Wesen nach ein uns freundlich gesinntes Universum ist. Gott Vater nennen, heißt unsere Beziehungen zu der Welt, in der wir leben, zu regeln.

Matthäus 6, 9 (Fortsetzung)

3. Wenn wir glauben, daß Gott der Vater ist, regeln sich dadurch auch unsere Beziehungen zu den Mitmenschen. Wenn Gott der Vater ist, ist er der Vater aller Menschen. Das Gebet des Herrn lehrt uns nicht Mein Vater zu beten, sondern Unser Vater. Es ist bezeichnend, daß in diesem Gebet die Worte ich, mich, mein überhaupt nicht vorkommen; Jesus ist vielmehr gekommen, um diese Worte aus unserem Leben zu nehmen und an ihre Stelle die Worte wir, uns und unser zu setzen. Gott gehört nicht nur einem Menschen. Schon der Ausdruck Unser Vater besagt, daß das Ich ausgeschaltet bleibt. Die Vaterschaft Gottes basiert auf der Brüderlichkeit der Menschen.

4. Wenn wir glauben, daß Gott unser Vater ist, werden dadurch auch unsere Beziehungen zu uns selbst geregelt. Es gibt Zeiten, in denen wir uns selbst hassen und verachten, weil wir wissen, daß wir niedriger als alles, was da auf Erden kreucht, sind. Wir kennen die Bitterkeit unseres Herzens in solchen Zeiten, und niemand weiß besser als wir selbst, wie unwürdig wir sind. Mark Rutherford wollte den Seligpreisungen der Bergpredigt eine weitere hinzufügen: „Selig sind, die uns von unserer Selbstverachtung heilen." Selig die Menschen, die uns unsere Selbstachtung wiederschenken. Genau das tut Gott. Selbst in derartigen düsteren, trüben und schrecklichen Augenblicken dürfen wir uns daran erinnern, daß wir, wenn wir schon keinem Menschen etwas bedeuten, so doch Gott etwas bedeuten und daß Gott uns in seiner unendlichen Barmherzigkeit zu Kindern des Königs aller Könige gemacht hat.

5. Wenn wir glauben, daß Gott unser Vater ist, dann regelt sich dadurch auch unsere Beziehung zu Gott. Die Macht, die Majestät und Stärke Gottes werden dadurch nicht etwa aufgehoben, und Gott wird dadurch nicht etwa weniger Gott, aber dies alles wird uns zugänglicher. In Rom herrschte die Sitte, daß die siegreichen Feldherren im Triumphzug mit ihren Truppen, den eroberten Trophäen und den Gefangenen durch die Straßen der Hauptstadt zogen. Als einst ein römischer Kaiser im Triumphzug einzog, standen die Menschen an den Straßen und jubelten ihm zu. Die römischen Legionäre säumten die Straßen, um die Menschen zurückzuhalten, weiter vorzudringen, als ihnen gestattet war. An einem Punkt des Triumphzuges befand sich eine kleine Tribüne, auf

der die Kaiserin mit allen Familienangehörigen Platz genommen hatte, um von dort aus dem Kaiser bei seinem stolzen Triumphzug zuzuschauen. Als der Kaiser sich der Tribüne näherte, sprang der jüngste Sohn des Kaisers, noch ein kleiner Junge, herunter, schlängelte sich durch die Menschenmassen hindurch und versuchte, zwischen den Beinen eines Legionärs hindurchzukriechen und auf die Straße und den Kampfwagen seines Vater zuzulaufen. Der Legionär bückte sich und hielt ihn fest. Dann nahm er ihn auf den Arm und sagte: „Das geht nicht, Kleiner. Weißt du nicht, wer in dem Wagen sitzt? Es ist der Kaiser, und du darfst nicht dorthin laufen." Der kleine Junge lachte: „Für dich mag er der Kaiser sein", sagte er, „für mich ist er mein Vater." Das gleiche empfinden Christen auch gegenüber Gott. Jesus hat uns gelehrt, den unseren Vater zu nennen, der der allmächtige, majestätische und starke Gott ist.

DER VATER IM HIMMEL

Matthäus 6, 9 (Fortsetzung)

Bis jetzt haben wir uns nur mit den ersten beiden Worten dieser Anrede Gottes befaßt: Unser Vater; doch Gott ist nicht nur unser Vater, er ist unser Vater in dem Himmel. Die letzten Worte sind von großer Wichtigkeit, denn zwei bleibende Wahrheiten sind darin enthalten.

1. Sie erinnern uns an die Heiligkeit Gottes. Die Vorstellung von Gott, dem Vater, läßt sich sehr leicht verwässern und sentimentalisieren, so daß der Vatergedanke schließlich nur als Vorwand für bequeme Religiosität dient. „Er ist ein guter Kerl, und es wird schon alles gut werden." Oder wie Heinrich Heine einmal gesagt hat: „Gott wird uns vergeben. Das ist sein Geschäft." Wenn wir es dabei bewenden lassen würden, Unser Vater zu sagen, wären derartige Entschuldigungen vielleicht verständlich, doch wir beten zu unserem Vater im Himmel. Die Liebe Gottes und die Heiligkeit Gottes gehören zusammen. Jesus gebrauchte das Wort Vater im Hinblick auf Gott nur äußerst selten. Im Markusevangelium, dem ältesten Evangelium, das am ehesten noch einem Tatsachenbericht alles dessen nahekommt, was Jesus gesagt und getan hat, nennt Jesus Gott nur sechsmal Vater, und zwar stets nur im Kreis seiner Jünger. Das Wort Vater war Jesus so heilig, daß er es kaum über die Lippen brachte und höchstens im Kreise derer benutzte,

die etwas von seiner Bedeutung begriffen hatten. Wir sollten Gott nie leichtfertig und sentimental unseren V a t e r nennen. Gott ist nicht mit einem gutmütigen Vater zu vergleichen, der seine Augen tolerant vor all unseren Sünden, Vergehen und Irrtümern verschließt. Dem Gott, den wir Vater nennen dürfen, sollen wir uns stets mit Ehrfurcht und anbetend nähern. Gott ist unser Vater im Himmel; in ihm sind L i e b e und H e i l i g k e i t vereint.

2. Sie erinnern uns an die K r a f t Gottes. Menschliche Liebe ist so oft vergeblich. Auch wenn wir jemanden lieben, sind wir unter Umständen unfähig, ihm zu helfen, daß er etwas erreicht oder etwas sein läßt. Die menschliche Liebe kann bei aller Intensität dennoch völlig hilflos sein. Das wissen alle Eltern, deren Kind auf Abwege gerät, und alle Liebenden, die erkennen müssen, daß die Liebe des von ihnen geliebten Menschen unstet ist. Doch wenn wir sagen: U n s e r V a t e r i n d e m H i m m e l, stellen wir zwei Dinge Seite an Seite: Die Liebe Gottes und die Kraft Gottes. Wenn wir uns sagen, daß die Kraft und Stärke Gottes stets in seiner Liebe begründet ist, wissen wir, daß sie nur unserem Besten dient; wenn wir uns sagen, daß hinter der Liebe Gottes auch die Kraft Gottes steht, dann wissen wir, daß sie letztlich nie vergeblich ist und unterliegen wird. Wenn wir beten: U n s e r V a t e r i n d e m H i m m e l, dürfen wir nie die Heiligkeit Gottes vergessen und seine Kraft, die sich in seiner Liebe äußert, ebenso wie wir nie vergessen dürfen, daß hinter seiner Liebe die Kraft Gottes steht.

DIE HEILIGUNG DES NAMENS

Matthäus 6, 9

Dein Name werde geheiligt.

„Geheiligt werde dein Name" — wahrscheinlich läßt sich mit Recht behaupten, daß der Sinn dieser Bitte sich von allen Bitten des Vaterunsers am schwersten in Worte fassen läßt. Wenn man uns fragte, was mit dieser Bitte denn nun wirklich gemeint sei, würden nicht wenige unter uns nur schwer eine Antwort darauf wissen. Wir wollen uns daher zunächst darauf konzentrieren, herauszufinden, was diese Worte denn nun wirklich bedeuten.

Dem Wort g e h e i l i g t entspricht im griechischen Text eine Form des Verbs h a g i a z e s t h a i, das mit dem Adjektiv h a g i o s zusammenhängt und bedeutet j e m a n d e n o d e r etwas als heilig behandeln. Hagios wird gewöhnlich mit heilig übersetzt, bedeutet ursprünglich jedoch anders, verschieden, getrennt. Etwas, was hagios ist, unterscheidet sich von anderen Dingen, ist anders als sie. Jemand, der hagios ist, unterscheidet sich von anderen Menschen. Ein Tempel ist hagios, weil er anders ist als die übrigen Gebäude. Der Altar ist hagios, weil er anderen Zwecken dient als die Gegenstände des Alltags. Der Tag Gottes ist hagios, weil er anders ist als die übrigen Tage. Priester sind hagioi (Plural von hagios), weil sie sich von anderen Menschen unterscheiden. Mit dieser Bitte ist also gemeint: „Laßt uns den Namen Gottes anders behandeln als alle übrigen Namen; laßt uns Gottes Namen in einzigartiger Weise über alle anderen Namen stellen."

Doch das ist noch nicht alles. Im Hebräischen ist mit Name nicht nur der Rufname eines Menschen gemeint — Johannes, Jakobus oder wie auch immer, sondern Name bedeutet Natur, Charakter und Persönlichkeit eines Menschen, soweit sie uns bekannt oder offenbar geworden sind. Das geht ganz eindeutig aus der Art und Weise hervor, in der die Verfasser der biblischen Schriften den Ausdruck der Name verwenden. Psalm 9, 11 heißt es: „Darum hoffen auf dich, die deinen Namen kennen." Selbstverständlich ist damit nicht gemeint, daß alle, die wissen, daß Gott Jehova genannt wird, auf ihn hoffen, sondern vielmehr, daß alle, die wissen, wie Gott ist, die sein Wesen kennen, auf ihn hoffen werden. Psalm 20, 8 heißt es: „Jene verlassen sich auf Wagen und Rosse; wir aber denken an den Namen des Herrn, unseres Gottes." Auch hier ist wiederum ganz deutlich, daß der Psalmist nicht etwa meint, er werde in schwierigen Zeiten daran denken, daß Gott Jehova genannt werde. Ganz eindeutig ist damit gemeint, daß in Zeiten der Not manche sich auf Menschenhilfe und menschliche Hilfsmaßnahmen verlassen werden, der Psalmist dagegen auf die Natur und das Wesen Gottes; er wird daran denken, wie Gott ist und ihm vertrauen.

Fassen wir beides also zusammen. Hagiazesthai, das mit heiligen übersetzt ist, bedeutet für anders halten, einen besonderen, einmaligen Platz einräumen. Der Name bedeutet jemandes Natur, Charakter und Persönlichkeit, soweit sie uns bekannt und offenbar sind. Wenn wir daher beten: „Geheiligt werde dein Name", dann bedeutet das: „Mach uns fähig, dir den einzigartigen Platz einzuräumen, der dir nach deiner Natur und deinem Wesen zukommt und gebührt."

DIE BITTE UM EHRFURCHT

Matthäus 6, 9 (Fortsetzung)

Gibt es im Deutschen ein Wort, in dem zum Ausdruck kommt, daß wir Gott die ihm gebührende Stellung einräumen? Ja. Dieses Wort heißt Ehrfurcht. Mit dieser Bitte bitten wir darum, daß es uns möglich werde, Gott die ihm gebührende Ehrfurcht entgegenzubringen.

Vier Dinge gehören zur echten Ehrfurcht Gottes.

1. Wer Gott Ehrfurcht erweisen will, muß zunächst einmal glauben, daß es Gott gibt. Jemandem, den es nicht gibt, können wir keine Ehrfurcht erweisen. Wir müssen zunächst sicher sein, daß es Gott gibt. Uns heutigen Menschen kommt es sonderbar vor, daß an keiner Stelle der Bibel der Versuch gemacht wird, die Existenz Gottes zu beweisen. In allen Schriften der Bibel stellt Gott ein Axiom dar, einen Grundsatz, der ohne Beweis einleuchtet, eine Grundannahme, auf der alle anderen Beweise beruhen. So sind zum Beispiel die beiden Sätze, daß die Gerade die kürzeste Verbindung zwischen zwei Punkten darstellt und daß Parallelen sich niemals treffen, Axiome. Die Verfasser der biblischen Schriften würden auf derartige moderne Einwände stets erwidert haben, es sei überflüssig, die Existenz Gottes zu beweisen, weil sie die Erfahrung der Gegenwart Gottes in jedem Augenblick ihres Lebens gemacht hätten. Nach ihrer Auffassung brauchte man die Existenz Gottes ebensowenig zu beweisen wie die Tatsache, daß ihre Ehefrauen existierten. Ebenso wie der Mensch täglich mit seiner Frau zusammenkomme, so auch mit Gott. Doch angenommen, wir müßten die Existenz Gottes zu beweisen versuchen, und zwar mit Hilfe unseres eigenen Verstandes, wie würden wir es anfangen? Wir können mit der Welt beginnen, in der wir leben. Jede Ordnung setzt Vernunft voraus. Wenn wir die Welt betrachten, erkennen wir, wie präzise die ungeheure Maschine arbeitet. Sonnenaufgang und Sonnenuntergang folgen einander in unveränderlicher Weise. Ebbe und Flut kehren nach einem bestimmten Gezeitenplan wieder. Auch die Jahreszeiten wechseln einander stets in der gleichen Reihenfolge ab. Wenn wir die Welt betrachten, können wir nicht anders als sagen: „Irgendwo muß ein Weltenschöpfer sein." Die Welt mit ihren Sachverhalten treibt uns zu Gott. Jemand hat einmal gesagt: „Astronomen können keine Atheisten sein." Die Weltordnung verlangt geradezu nach der dahinterstehenden Vernunft Gottes. Wir können auch bei uns selbst anfangen.

Das einzige, was Menschen noch nie hervorgebracht haben, ist Leben. Die Menschen können alles mögliche ändern, neu ordnen und verwandeln; etwas Lebendiges kann der Mensch nicht erschaffen. Woher haben wir aber unser Leben empfangen? Von unseren Eltern? Ja, das ist richtig; doch woher hatten sie es? Wieder von ihren Eltern. Doch wo hat dies alles angefangen? Zu irgendeinem Zeitpunkt muß Leben entstanden sein, und zwar muß es von außen gekommen sein, da die Menschen Leben nicht bewirken können; wir werden also auch von hier aus wieder zu Gott getrieben.

Wenn wir uns selbst und die Welt betrachten, werden wir auf Gott hinlenkt; wie auch Kant schon vor langer Zeit gesagt hat, daß „das moralische Gesetz in uns und der gestirnte Himmel über uns" ein Postulat Gottes darstellten.

2. Wer Gott Ehrfurcht erweisen will, muß nicht nur glauben, daß es Gott gibt, sondern auch wissen, was für ein Gott Gott ist. Niemand kann den griechischen Göttern mit ihren Liebeleien und Kriegen, ihrem Haß, ihrem ehebrecherischen Treiben, mit ihren Betrügereien und Schurkereien Ehrfurcht bezeugen. Niemand kann launischen, unmoralischen, unzüchtigen Göttern Ehrfurcht erweisen. Der Gott, den wir kennen, besitzt drei wesentliche Eigenschaften: Heiligkeit, Gerechtigkeit und Liebe. Wir sollen Gott nicht nur Ehrfurcht erweisen, weil es ihn gibt, sondern weil er der Gott ist, als den wir ihn kennen.

3. Es ist jedoch denkbar, daß jemand daran glaubt, daß es Gott gibt, daß er verstandesmäßig davon überzeugt ist, daß Gott heilig, gerecht und liebevoll ist, und dennoch keine Ehrfurcht besitzt. Ehrfurcht setzt voraus, daß wir uns Gottes ständig bewußt sind. Gott Ehrfurcht erweisen, heißt in einer von Gott erfüllten Welt leben, heißt ein Leben führen, bei dem wir Gott niemals außer Betracht lassen. Nicht nur in der Kirche oder an sogenannten heiligen Stätten sollen wir uns Gottes bewußt sein, sondern überall und zu allen Zeiten. Leider sind sich die meisten Menschen Gottes nur sehr sporadisch bewußt, zu bestimmten Zeiten und an bestimmten Stätten sehr deutlich, an anderen dagegen überhaupt nicht.

4. Noch etwas gehört zur Ehrfurcht. Selbst wenn wir glauben, daß es Gott gibt, wenn wir wissen, was für ein Gott Gott ist, wenn wir uns Gottes ständig bewußt sind, kann es uns an Ehrfurcht fehlen, wenn nicht Gehorsam und Ergebung in Gottes Willen hinzukommen. Ehrfurcht heißt Erkenntnis plus Ergebung. Im lutherischen Katechismus heißt es: „Wie geschieht es, daß Gottes Name unter uns geheiligt wird?" Luthers Antwort

lautet: „Wenn das Wort Gottes lauter und rein gelehret wird und wir auch als die Kinder Gottes darnach leben", das heißt, wenn unsere Einsichten und unser Tun mit dem Willen Gottes übereinstimmen, wenn wir uns ihm ganz ergeben.
Erkennen, daß Gott ist, erkennen, was für ein Gott Gott ist, sich ständig Gottes bewußt sein und ihm ständig gehorsam sein — das ist Ehrfurcht, um die wir bitten, wenn wir beten: „Geheiligt werde dein Name." Laßt uns Gott die Ehrfurcht entgegenbringen, die ihm seiner Natur und seinem Wesen nach gebührt.

GOTTES REICH UND GOTTES WILLE

Matthäus 6, 10

Dein Reich komme. Dein Wille geschehe auf Erden wie im Himmel.

Der Ausdruck Das Reich Gottes ist ein für das ganze Neue Testament charakteristischer Ausdruck. Keine Wendung wird so oft beim Beten, Predigen und in der christlichen Literatur verwendet wie diese. Wir sollten uns daher gründlich über die Bedeutung dieses Ausdrucks klar werden.
Das Reich Gottes stand eindeutig im Mittelpunkt der Botschaft Jesu. Jesus betrat den Schauplatz der Geschichte zum ersten Mal in Galiläa, wo er das Evangelium Gottes predigte (Mark. 1, 14). Jesus bezeichnete sein Predigen vom Reich Gottes als eine ihm auferlegte Verpflichtung: „Ich muß auch den andern Städten das Evangelium verkündigen vom Reich Gottes; denn dazu bin ich gesandt" (Luk. 4, 43; Mark. 1, 38). Lukas schildert das Wirken Jesu als eine Reise durch Städte und Dörfer, in denen er das Evangelium vom Reich Gottes predigte und verkündigte (Luk. 8, 1). Was mit dem Reich Gottes gemeint ist, müssen wir unbedingt zu begreifen versuchen.
Bei diesem Versuch stoßen wir auf einen in verschiedener Hinsicht verwirrenden Sachverhalt. Jesus spricht nämlich auf dreierlei Weise vom Reich Gottes. Einmal als von dem in der Vergangenheit existierenden Reich Gottes, als er nämlich davon spricht, daß Abraham, Isaak, Jakob und alle Propheten sich im Reich Gottes befinden (Luk. 13, 28; Matth. 8, 11). Das Reich Gottes reicht also eindeutig weit in die Geschichte zurück. Zum andern spricht Jesus vom gegenwärtigen Reich Gottes. „Das Reich Gottes ist mitten unter euch" (Luk. 17, 21). Das Reich Gottes ist also hier und jetzt Wirklichkeit. Drittens spricht

Jesus von dem zukünftigen Reich Gottes, denn er lehrte die Menschen in seinem eigenen Gebet beten, das Reich Gottes möge kommen. Wie kann das Reich Gottes gleichzeitig vergangen, gegenwärtig und zukünftig sein, etwas, was es gegeben hat, was es gibt und etwas, um das wir bitten sollen?

Den Schlüssel zur Lösung dieser Frage gibt uns die diesem Abschnitt vorangestellte zweifache Bitte des Vaterunsers. Zu den besonderen Stilmerkmalen des Hebräischen gehört der sogenannte Parallelismus, die Neigung, alles zweimal zu sagen. Nachdem man es auf die eine Weise ausgedrückt hatte, tat man es nochmals auf eine andere Weise, die eine Wiederholung, eine Erweiterung oder Erklärung des zuerst Gesagten darstellte. Fast alle Verse der Psalmen lassen diesen Parallelismus erkennen. Fast alle Psalmverse sind in der Mitte zwiegeteilt, wobei das in der ersten Hälfte Gesagte in der zweiten Hälfte wiederholt, erweitert oder erklärt wird. Das wird uns an folgenden Beispielen ganz und gar klar werden:

„Gott ist unsre Zuversicht und Stärke – eine Hilfe in den großen Nöten, die uns getroffen haben" (Ps. 46, 2).

„Der Herr Zebaoth ist mit uns – der Gott Jakobs ist unser Schutz" (Ps. 46, 8).

„Der Herr ist mein Hirte – mir wird nichts mangeln. Er weidet mich auf einer grünen Aue – und führet mich zum frischen Wasser" (Ps. 23, 1. 2).

Nach demselben Prinzip wollen wir jetzt auch bei diesen zwei Bitten des Vaterunsers verfahren.

„Dein Reich komme – dein Wille geschehe auf Erden wie im Himmel." Gehen wir von der Annahme aus, daß die zweite Bitte die erste erklärt, erweitert und abgrenzt, dann haben wir die vollständige Begriffsbestimmung des Reiches Gottes vor uns: Das Reich Gottes ist eine Gemeinschaft auf Erden, in der Gottes Wille ebenso geschieht wie im Himmel. Damit haben wir auch die Erklärung dafür, daß das Reich Gottes gleichzeitig der Vergangenheit, der Gegenwart und der Zukunft angehört. Wer, einerlei in welcher Epoche, in allem den Willen Gottes tat, der war im Reich Gottes; jeder, der in allem den Willen Gottes tut, ist im Reich Gottes; doch da die Welt weit davon entfernt ist, in allem auf vollkommene Weise den Willen Gottes zu tun, liegt die Vollendung des Reiches Gottes in der Zukunft, und wir müssen darum bitten.

Im Reich Gottes sein, heißt dem Willen Gottes gehorsam sein. Sobald wir das erkannt haben, erkennen wir auch, daß das Reich Gottes nicht ursächlich etwas mit Völkern, Ländern und

Nationen zu tun hat, sondern mit jedem einzelnen von uns. Ja, das Reich Gottes ist das allerpersönlichste, was es gibt. Ich muß mich ihm mit meinem Willen, meinem Herzen, meinem Leben ergeben. Nur wenn jeder einzelne sich persönlich für das Reich Gottes entscheidet und sich ihm ergibt, wird es Wirklichkeit.

In China beteten die Christen: „Herr, erwecke deine Kirche, indem du bei mir damit beginnst." Diesen Satz könnten wir mit gutem Recht auch dahin ändern, daß wir sprechen: „Herr, dein Reich komme, zuerst zu mir." Um das Reich Gottes bitten, heißt darum beten, daß wir unseren Willen vollständig dem Willen Gottes unterwerfen.

DAS REICH GOTTES UND DER WILLE GOTTES

Matthäus 6, 10 (Fortsetzung)

Aus dem bisher Festgestellten geht deutlich hervor, daß es nichts Wichtigeres gibt, als dem Willen Gottes zu gehorchen. Es gibt keine wichtigeren Worte als die: „Dein Wille geschehe." Ebenso klar ist jedoch, daß die Gesinnung, aus der heraus, und der Ton, in dem sie gesprochen werden, von entscheidender Bedeutung sind.

1. Vielleicht sprechen wir die Worte: „Dein Wille geschehe" im Ton äußerster Resignation, dem anzuhören ist, daß wir sie nicht aus freien Stücken sprechen, sondern weil wir nicht umhin können, zuzugeben, daß uns nichts anderes übrigbleibt; weil wir uns damit abgefunden haben, daß es sinnlos ist, mit dem Kopf durch die Wand zu wollen, da Gott stärker ist; weil wir daran denken, daß wir dem Zugriff Gottes nicht entrinnen können. Wir können uns dem Willen Gottes aus dem einzigen Grunde fügen, weil wir uns bewußt sind, daß uns gar nichts anderes übrig bleibt.

2. Vielleicht sagen wir: „Dein Wille geschehe" im Ton bitteren Grolls. So spricht der englische Dichter Swinburne davon, daß die Menschen das Gefühl hätten, Gott zertrete sie mit ehernen Füßen; er nennt Gott das schlimmste Übel. Als Beethoven starb, war niemand bei ihm. Es heißt, man habe ihn mit hochgezogenen Lippen und geballten Fäusten aufgefunden, als ob er angesichts Gottes und des hohen Himmels die Fäuste geschüttelt habe. Vielleicht empfinden wir Gott als Feind, der so stark ist, daß ihm niemand standzuhalten vermag. Vielleicht fügen wir uns dann dem Willen Gottes voller Bitterkeit und Groll.

3. Vielleicht sagen wir: „Dein Wille geschehe" voller Liebe und Vertrauen. Vielleicht sagen wir es gern und fröhlich, ohne danach zu fragen, was es nach sich ziehen mag. Christen sollte es leicht fallen: „Dein Wille geschehe" in dieser Weise zu sprechen; denn als Christen haben wir folgende Gewißheit im Hinblick auf Gott:

a) Wir können der Weisheit Gottes gewiß sein. Wenn wir etwas gemacht, geändert oder repariert haben möchten, suchen wir einen Handwerker auf und befragen ihn deswegen. Wenn er uns dann seine Vorschläge macht, beenden wir das Gespräch häufig mit den Worten: „Machen Sie es, wie Sie es am richtigsten halten. Sie sind Fachmann darin." Gott ist der Fachmann des Lebens, und unter seinem Schutz geht niemand verloren. Als Richard Cameron, ein schottischer Protestant, seinerzeit hingerichtet wurde, trennte man Kopf und Hände ab und brachte sie nach Edinburgh, wo sein Vater aus dem gleichen Grunde wie er gefangengehalten wurde, um ihm noch größeren Schmerz zuzufügen. Auf die Frage, ob er sie kenne, nahm er Haupt und Hände seines Sohnes, küßte sie und sagte: „Ich kenne sie — ich kenne sie. Sie gehören meinem Sohn — meinem lieben Sohn. Es ist der Wille des Herrn. Gut ist der Wille des Herrn, der mir und den Meinen nichts Böses zufügt, sondern uns stets seine Güte und Barmherzigkeit zuteil werden läßt." Wer so sprechen kann, wer ganz sicher ist, daß seine Zeit in der Hand Gottes in seiner unendlichen Weisheit steht, dem fällt es leicht, zu sagen: „Dein Wille geschehe."

b) Wir können der Liebe Gottes gewiß sein. Wir glauben nicht an einen spottenden und launischen Gott oder einen blinden, ehernen Determinismus. Bei Paulus heißt es: „Welcher auch seines eigenen Sohnes nicht hat verschonet, sondern hat ihn für uns alle dahingegeben; wie sollte er uns mit ihm nicht alles schenken?" (Röm. 8, 32). Niemand, der auf das Kreuz schaut, kann an der Liebe Gottes zweifeln; und wer der Liebe Gottes gewiß ist, dem fällt es nicht schwer zu sagen: „Dein Wille geschehe."

UNSER TÄGLICH BROT

Matthäus 6, 11

Unser täglich Brot gib uns heute.

Man sollte annehmen, daß dies die einzige Bitte des Vaterunsers sei, über deren Sinn keinerlei Zweifel möglich seien. Auf den ersten Blick scheint es sich um die einfachste und unmittelbarste der Bitten zu handeln. Dennoch ist es eine Tatsache, daß sie von vielen Auslegern viele Auslegungen erfahren hat. Ehe wir über die einfachste und offenkundige Bedeutung dieser Bitte nachdenken, wollen wir zunächst einige der anderen Erklärungen ins Auge fassen.

1. Das Brot ist mit dem Brot des Abendmahls identifiziert worden. Das Vaterunser ist von Anfang an eng mit dem Abendmahl verknüpft gewesen. In den ältesten Gottesdienstordnungen, die wir besitzen, ist stets davon die Rede, daß beim Abendmahl das Vaterunser gebetet werden solle. Manche haben daher diese Bitte dahin verstanden, daß darin um das tägliche Vorrecht, am Tisch des Herrn sitzen zu dürfen, gebetet werde, und um die geistliche Speise, die dort ausgeteilt werde.

2. Das Brot ist mit der geistlichen Speise des Wortes Gottes identifiziert worden. Man hat sie als ein Gebet um die wahre Lehre, die in den biblischen Schriften und dem Wort Gottes enthaltene Wahrheit gehalten, die ja tatsächlich Speise für Geist, Herz und Seele des Menschen darstellt.

3. Man hat die Bitte dahin verstanden, daß das Brot Jesus Christus selbst verkörpere. Jesus hat sich selbst *das Brot des Lebens* genannt (Joh. 6, 33—35), und man hat diese Bitte als Gebet um tägliche Speise von ihm, der das Brot des Lebens ist, aufgefaßt. Das heißt, man hat diese Bitte als Gebet aufgefaßt, daß auch wir getröstet und gestärkt werden möchten in Jesus Christus, dem lebendigen Brot.

4. Man hat diese Bitte auch in rein jüdischem Sinne verstanden. In dem Brot hat man das Brot des Reiches Gottes gesehen. Lukas berichtet, daß einer der Umstehenden zu Jesus gesagt habe: „Selig ist, der das Brot isset im Reich Gottes" (Luk. 14, 15). Bei den Juden herrschte die merkwürdige, aber anschauliche Vorstellung, daß ein großes Festmahl stattfinden werde, wenn der Messias komme und die Zeit des Heils anbreche, an dem die Erwählten Gottes teilnehmen würden. Dann würden die Ungeheuer Behemoth und Leviathan erschlagen und so für Fleisch und Fische beim Festmahl gesorgt sein. Es werde eine Art Empfangsessen sein, das Gott den Seinen geben werde. Man hat infolgedessen diese Bitte auch dahin verstanden, daß sie eine Bitte um einen Platz bei dem messianischen Gastmahl des Gottesvolkes darstelle.

Obwohl wir uns nicht verpflichtet zu fühlen brauchen, in einer dieser Erklärungen die Hauptbedeutung dieser Bitte zu sehen, brauchen wir doch auch keine von ihnen als falsch zurückzuweisen. Jede trifft auf ihre Weise zu und hat Eigengewicht.

Die Schwierigkeit, diese Bitte zu deuten, wurde noch dadurch vergrößert, daß erheblicher Zweifel daran bestand, was das Wort epiousios bedeute, das in der Lutherbibel mit täglich übersetzt wird. Das Ungewöhnliche daran war, daß dieses Wort in der gesamten griechischen Literatur erst kurz zuvor aufgetaucht war, während es sich sonst nirgends feststellen läßt. Das hat schon Origenes gewußt, der der Ansicht war, daß Matthäus es erfunden habe. Man konnte daher nicht mit Sicherheit wissen, was präzise damit gemeint war. Doch dann tauchte vor nicht langer Zeit ein Papyrusfragment mit diesem Wort auf, bei dem es sich um die Einkaufsliste einer Hausfrau handelte! Und neben einem der angeführten Dinge stand das Wort epiousios, bei dem es sich um eine Notiz handelte, die sie daran erinnern sollte, daß ein bestimmtes Nahrungsmittel für den kommenden Tag eingekauft werden müsse. Mit dieser Bitte ist also ganz einfach gemeint: „Gib mir alles, was wir für den kommenden Tag zum Essen brauchen. Hilf mir, die Dinge zu beschaffen, die auf meiner Einkaufsliste stehen. Gib mir, was wir zum Essen brauchen, wenn die Kinder von der Schule kommen und die Männer von der Arbeit. Laß den Tisch nicht leer sein, wenn wir uns heute zum Essen an den Tisch setzen." Es handelt sich also um die schlichte Bitte, daß Gott es uns an dem nicht fehlen lassen möge, was wir zum täglichen Lebensunterhalt benötigen.

UNSER TÄGLICH BROT

Matthäus 6, 11 (Fortsetzung)

Aus der Feststellung, daß es sich bei dieser Bitte ganz schlicht um die Bitte nach der Befriedigung unserer täglichen Lebensbedürfnisse handelt, ergeben sich einige wichtige Tatsachen.

1. Wir ersehen daraus, daß Gott für unsere Lebensnotdurft sorgt. Das hat Jesus bewiesen, indem er viel Zeit darauf verwendete, die Krankheiten der Menschen zu heilen und ihren physischen Hunger zu befriedigen. Er war bekümmert bei dem Gedanken daran, daß die Menschen, die ihm in die Einsamkeit gefolgt waren, einen weiten Weg nach Hause und nichts zu essen hatten, bevor sie ihn antraten. Wir sollten nicht vergessen, daß Gott sich auch um unser leibliches Wohl kümmert. Lehren, die alles Körperliche schmälern, verachten und verleumden, sind falsch. Was Gott von der leiblichen Existenz des Menschen hält, erkennen wir, wenn wir bedenken, daß er in

Jesus Christus selbst Mensch wurde. Der christliche Glaube zielt nicht nur auf das Heil der Seele, sondern auf das Heil des ganzen Menschen, auf das Heil von Körper, Geist und Seele gleichermaßen.

2. Diese Bitte lehrt uns, um unser tägliches Brot, um Brot für den kommenden Tag zu beten. Sie lehrt uns, jeweils nur für den nächsten Tag zu leben und uns nicht um die ferne und ungewisse Zukunft zu sorgen. Es besteht kaum Zweifel daran, daß Jesus an die Geschichte vom Manna in der Wüste gedacht hat, als er die Jünger diese Bitte beten lehrte (2. Mose 16, 1–21). Als die Kinder Israels auf ihrer Wüstenwanderung hungerte, ließ Gott Manna, Speise vom Himmel, regnen; doch er knüpfte eine Bedingung daran: Sie durften immer nur soviel sammeln, um die augenblickliche Not zu stillen. Wenn sie versuchten, zu viel zu sammeln und es aufzubewahren, wurde das Manna schlecht und verdarb. Sie sollten sich mit dem begnügen, was jeweils für einen Tag reichte. „Jeden Tag eine Tagesration", hat ein Rabbi einmal gesagt, „weil er, der den Tag schuf, auch Nahrung für jeden Tag schuf." Und bei einem anderen Rabbi heißt es: „Wer besitzt, was er heute zum Essen benötigt, und sagt: ‚Was soll ich morgen essen?' ist ein kleingläubiger Mensch." Diese Bitte heißt uns, dem Heute zu leben und verbietet jene ängstliche Sorge, die so bezeichnend ist für alle, die nicht gelernt haben, Gott zu vertrauen.

3. Unausgesprochen wird Gott mit dieser Bitte die ihm gebührende Stellung zugewiesen, denn es wird darin zugegeben, daß wir die lebensnotwendige Speise von Gott empfangen. Kein Mensch hat je ein Samenkorn hervorgebracht, das wächst. Wohl können die Naturwissenschaftler genau analysieren, aus welchen Bestandteilen ein Samenkorn sich zusammensetzt; synthetisch herstellen können sie ein Samenkorn, das wächst, dagegen nicht. Alles Lebendige kommt von Gott. Unsere Speise ist eine unmittelbare Gabe Gottes.

4. Diese Bitte erinnert uns auf sehr kluge Weise daran, wie Gebete wirken. Wer diese Bitte ausspricht und sich dann mit gefalteten Händen zurücklehnt und darauf wartet, daß Brot vom Himmel fällt, müßte wahrscheinlich verhungern. Diese Bitte erinnert uns daran, daß Gebet und Arbeit Hand in Hand gehen, daß wir nach dem Beten weiterarbeiten müssen, damit unsere Bitte erfüllt wird. Es trifft zwar zu, daß die lebendige Saat von Gott kommt, aber ebenso trifft auch zu, daß unsere Aufgabe darin besteht, die Saat auszusäen und das Feld zu bearbeiten. Ein Mann, der unter großen Mühen ein Stück Land

urbar gemacht hatte, indem er es von den darauf herumliegenden Steinen und von wucherndem Unkraut gesäubert und reichlich gedüngt hatte, bis die schönsten Blumen und gutes Gemüse darauf wuchsen, zeigte sein Schrebergärtchen eines Abends einem frommen Freund. „Ist es nicht wunderbar", sagte dieser, „was Gott aus einem so kleinen Stückchen Erde alles machen kann?" „Ja", erwiderte der Mann, der soviel Mühe auf die Kultivierung verwandt hatte, „doch du hättest dies Fleckchen Erde sehen müssen, als es nur Gott gehörte!" Gottes Wohltätigkeit und die Plackerei der Menschen müssen sich miteinander verbinden. Wie der Glaube sich in unseren Werken bezeugen muß, so auch Gebete. Wenn wir diese Bitte aussprechen, werden uns zwei grundlegende Wahrheiten klar: Ohne Gott vermögen wir nichts zu tun, und ohne, daß wir uns anstrengen und mit Gott zusammenarbeiten, kann Gott nichts für uns tun.

5. Wir müssen beachten, daß Jesus uns nicht beten lehrte: „Gib mir mein täglich Brot", sondern: „Gib uns unser täglich Brot." Das eigentliche Problem besteht nicht darin, daß es nicht genug Brot für alle auf der Welt gibt; es gibt mehr als genug — die Kornspeicher in Nordamerika sind zum Überquellen voll, und in Brasilien werden Lokomotiven mit überschüssigem Kaffee geheizt —; nicht der Mangel an lebensnotwendigen Gütern stellt ein Problem dar, sondern die Verteilung dieser Güter. Diese Bitte lehrt uns, keine selbstsüchtigen Gebete zu sprechen, sondern Gott zu helfen bei ihrer Beantwortung, indem wir anderen abgeben, die weniger haben als wir. In dieser Bitte geht es nicht bloß darum, daß wir unser tägliches Brot empfangen, sondern auch darum, daß wir unser täglich Brot mit anderen teilen.

MENSCHLICHE UND GÖTTLICHE VERGEBUNG

Matthäus 6, 12. 14. 15

Und vergib uns unsere Schuld, wie wir vergeben unsern Schuldigern . . . Denn wenn ihr den Menschen ihre Übertretungen vergebet, so wird euch euer himmlischer Vater auch vergeben. Wenn ihr aber den Menschen nicht vergebet, so wird euch euer Vater eure Übertretungen auch nicht vergeben.

Wir können diese Bitte des Vaterunsers erst richtig und aufrichtig aussprechen, wenn wir uns darüber klar sind, daß wir sie nötig haben. Das heißt, wir müssen uns unserer Sündigkeit bewußt sein. Sünde ist heutzutage ein wenig beliebtes Wort, ja, die Menschen nehmen es vielfach übel, wenn sie als Sünder bezeichnet oder behandelt werden, die nichts als die Hölle verdienen. Leider haben nämlich die meisten Menschen eine falsche Vorstellung von der Sünde. Sie stimmen zwar ohne weiteres darin überein, daß Einbrecher, Trinker, Mörder, Ehebrecher und Leute, die schmutzige Reden führen, Sünder sind; aber da sie sich keiner dieser Sünden schuldig gemacht haben, sondern ein normales, anständiges Leben führen, niemals vor Gericht gestanden, im Gefängnis gesessen oder Schlagzeilen in den Zeitungen verursacht haben, haben sie das Gefühl, daß sie nichts mit der Sünde zu tun hätten. Im Neuen Testament kommen fünf verschiedene Wörter für Sünde vor.

1. Am häufigsten kommt das Wort hamartia vor, das ursprünglich im Zusammenhang mit dem Schießen verwendet wurde und bedeutet das Ziel verfehlen. Sünde heißt infolgedessen, daß wir nicht erreicht haben, was wir hätten erreichen sollen und können. Es gibt Menschen, von denen die anderen zunächst sagen: „Dieser Mann wird es sicherlich zu etwas bringen." Später heißt es dann: „Wenn er wollte, könnte er es zu etwas bringen." Und noch später womöglich: „Er hätte es zu etwas bringen können, wenn er nur gewollt hätte." Viele Menschen müssen eines Tages bekümmert erkennen, daß sie ihre Anlagen nicht richtig genutzt haben, daß sie nicht zu dem geworden sind, was sie ihren Anlagen nach hätten sein sollen. Das aber ist hamartia, die Situation, in der wir alle uns befinden. Sind wir so gute Ehemänner und Ehefrauen, wie wir sein könnten? Sind wir so gute Söhne oder Töchter, wie wir sein könnten? Sind wir so gute Arbeitnehmer oder Arbeitgeber, wie wir sein könnten? Gibt es jemanden, der von sich zu behaupten wagen würde, er sei ganz der, der er sein könne, und habe alles getan, was er habe tun können? Wenn wir uns klarmachen, daß Sünde heißt, das Ziel verfehlen, als Mensch nicht das zu sein, was wir hätten sein sollen und können, dann kommen wir nicht um die Erkenntnis herum, daß wir alle Sünder sind.

2. Das zweite Wort für Sünde ist parabasis, das wörtlich Übertretung heißt. Sünde ist ein Übertreten der Trennungslinie zwischen dem, was richtig, und dem, was falsch ist. Stehen wir stets auf der richtigen Seite der Trennungslinie zwischen Redlichkeit und Unredlichkeit? Sind wir völlig frei von kleinen Unaufrichtig-

keiten? Stehen wir immer auf der richtigen Seite der Trennungslinie zwischen Wahrheit und Lüge? Verdrehen wir niemals durch das, was wir sagen oder verschweigen, die Wahrheit, weichen wir ihr niemals aus? Stehen wir stets auf der richtigen Seite der Trennungslinie zwischen Güte und Liebenswürdigkeit auf der einen und Egoismus und Härte auf der anderen Seite? Kommt nie ein unfreundliches Wort über unsere Lippen? Sind wir immer gütig? Wenn wir über diese Fragen nachdenken, wird es niemanden geben, der von sich behaupten kann, stets auf der richtigen Seite dieser Trennungslinie gestanden zu haben.

3. Das dritte Wort für Sünde ist p a r a p t o m a = F e h l t r i t t, A u s g l e i t e n, wie man auf einer glitschigen oder vereisten Straße ausgleitet. Es geschieht nicht absichtlich wie bei der p a r a b a s i s. Wie oft entschlüpfen uns Worte, wie oft lassen wir uns aus Impulsivität oder Leidenschaft zu etwas hinreißen, was zeigt, daß wir unsere Selbstbeherrschung eingebüßt haben. Auf diese Weise gleiten selbst die besten Menschen vorübergehend aus und sündigen.

4. Das vierte Wort für Sünde ist a n o m i a = G e s e t z l o s i g k e i t, bei der es sich um die Sünde dessen handelt, der weiß, was richtig ist und dennoch das Falsche tut, um die Sünde derer, die das Gesetz kennen und es dennoch übertreten. Der menschliche Urinstinkt veranlaßt uns, zu tun, was uns gefällt, und so gibt es im Leben jedes Menschen Zeiten, in denen er über die Stränge schlagen und dem Gesetz Trotz bieten möchte, indem er etwas Verbotenes tut oder nimmt. Auch wenn es Menschen gibt, die nie eins der Zehn Gebote übertreten haben, so gibt es doch niemanden, der von sich behaupten kann, er habe nie den Wunsch verspürt, sie zu übertreten.

5. Das fünfte Wort für Sünde ist e p h e i l e m a, das Wort, das auch im Vaterunser gebraucht wird und S c h u l d heißt. Und zwar in dem Sinne, d a ß m a n z u z a h l e n v e r s ä u m t, w a s m a n s c h u l d i g i s t; daß man eine Pflicht versäumt. Niemand wird je von sich zu behaupten wagen, er habe Gott und den Menschen gegenüber stets seine Schuldigkeit getan.

Sobald wir erkennen, was sündigen wirklich heißt, erkennen wir auch, daß es sich dabei um eine Krankheit handelt, an der alle Menschen leiden. Äußerliche Anständigkeit und Sündigkeit vor Gott können durchaus Hand in Hand gehen. Alle Menschen haben es nötig, diese Bitte des Vaterunsers auszusprechen.

MENSCHLICHE UND GÖTTLICHE VERGEBUNG

Matthäus 6, 12. 14. 15 (Fortsetzung)

Uns muß nicht nur zum Bewußtsein kommen, daß wir diese Bitte des Vaterunsers bitter nötig haben, sondern wir müssen uns auch klar darüber werden, was wir tun, indem wir sie aussprechen. Es handelt sich bei dieser Bitte um die am meisten erschreckende Bitte des Vaterunsers. „Vergib uns unsere Schuld, wie wir vergeben unsern Schuldigern." Das bedeutet wörtlich: „Vergib uns unsere Schuld im Verhältnis dazu, wie wir denen vergeben, die sich an uns versündigt haben." Das geht eindeutig aus Vers 14 und 15 hervor, in denen Jesus in äußerst schlichten Worten darlegt, daß Gott uns vergeben werde, wenn wir anderen vergeben; daß er uns dagegen nicht vergeben wird, wenn wir anderen Menschen nicht vergeben. Ebenso eindeutig ist daher, daß wir Gott beim Aussprechen dieser Bitte in Wahrheit nicht um Vergebung bitten, solange wir einen Streit zwischen uns und jemand anders nicht beigelegt, Unstimmigkeiten nicht aus dem Wege geräumt haben. Wer sagt: „Ich werde dem Soundso nie vergeben, was er mir angetan hat", wer sagt: „Ich werde nie vergessen, was Herr oder Frau Soundso mir angetan haben", und trotzdem diese Bitte ausspricht, der bittet damit Gott ganz entschieden, ihm nicht zu vergeben. Jemand hat einmal gesagt: „Der Friede ist unteilbar." So sind auch menschliche und göttliche Vergebung unentwirrbar miteinander verknüpft. Daß wir unseren Mitmenschen vergeben und daß Gott uns vergibt, kann nicht auseinandergehalten werden; beides ist miteinander verkettet, und zwischen beiden besteht eine wechselseitige Abhängigkeit. Wenn wir stets daran dächten, was wir tun, wenn wir diese Bitte aussprechen, würden wir sie zuweilen überhaupt nicht auszusprechen wagen.

Während seines Aufenthaltes auf den Südseeinseln pflegte der englische Schriftsteller Robert Louis Stevenson allmorgendlich eine Andacht für die ganze Familie abzuhalten, die stets mit dem Vaterunser beschlossen wurde. Eines Morgens erhob er sich mitten im Vaterunser von den Knien und verließ das Zimmer. Da seine Gesundheit ständig gefährdet war, ging seine Frau hinter ihm her, weil sie glaubte, er sei krank. „Ist etwas nicht in Ordnung?" fragte sie. „Ja", erwiderte Stevenson, „ich fühle mich heute nicht imstande, das Vaterunser zu beten." Niemand ist dazu imstande, solange er ein unversöhnliches Herz hat. Ehe wir unsere Angelegenheiten mit unseren Mitmenschen nicht in Ordnung gebracht haben, können wir auch mit Gott nicht ins reine kommen.

Wenn uns an dieser christlichen Vergebung gelegen ist, ist dreierlei erforderlich:

1. Wir müssen lernen, die anderen zu v e r s t e h e n. Wer etwas tut, tut es aus einem ganz bestimmten Grunde. Wer grob, unhöflich oder verstimmt ist, hat vielleicht Kummer oder Schmerzen. Wer uns mit Mißtrauen und Widerwillen begegnet, hat uns vielleicht mißverstanden oder ist falsch unterrichtet worden über etwas, was wir getan oder gesagt haben. Vielleicht sind die Menschen aber auch Opfer ihrer Umwelt oder ihrer Erbanlagen. Vielleicht macht ihr Temperament ihnen das Leben schwer, so daß die Beziehungen zu anderen Menschen für sie ein Problem darstellen. Wir würden sehr viel leichter vergeben können, wenn wir uns um Verständnis für den anderen bemühen würden, bevor wir sie verurteilen.

2. Wir müssen lernen, z u v e r g e s s e n. Solange wir immer wieder über das nachdenken, was uns an Kränkungen und Zurücksetzungen widerfahren ist, besteht keine Aussicht, daß wir vergeben. Wie oft sagen wir: „Was der und der mir angetan hat, werde ich nie vergessen." „Ich werde nie vergessen, wie der und der mich an der und der Stelle behandelt hat." Das sind gefährliche Sätze, weil wir uns damit selbst den Weg verbauen, zu vergessen, indem wir uns die Erinnerung an bestimmte Vorgänge unauslöschlich einprägen. Als der schottische Schriftsteller Andrew Lang einst eine sehr wohlwollende Besprechung über das Buch eines jungen Mannes veröffentlichte, reagierte dieser mit einer scharfen, unverschämten und beleidigenden Erwiderung darauf. Als Lang sich drei Jahre später bei Robert Bridge, dem Poet Laureate (gekrönten Dichter), aufhielt und in einem bestimmten Buch las, fragte Bridge ihn: „Weshalb tun Sie das und lesen ein zweites Buch jenes unverschämten Bengels, der sich damals Ihnen gegenüber so schändlich benommen hat?" Es überraschte ihn, feststellen zu müssen, daß Andrew Lang sich überhaupt nicht mehr an die ganze Affäre erinnern konnte. Er hatte sie vollständig vergessen. Bedeutende Menschen erkenne man daran, daß sie vergeben könnten, sagte Bridge, doch vergessen sei noch wesentlich mehr. Nur der reinigende Geist Jesu Christi kann unseren Erinnerungen die Bitterkeit nehmen, die wir vergessen sollten.

3. Wir müssen lernen, zu l i e b e n. Wir haben bereits festgestellt, daß es sich bei der christlichen Liebe, der a g a p e, um jenes unbesiegbare Wohlwollen, jenen unüberwindlichen guten Willen handelt, der stets nach dem höchsten Gut der

anderen trachtet, einerlei was diese uns zugefügt haben, einerlei, wie sie sich uns gegenüber verhalten. Das können wir nur, wenn Jesus Christus, der jene Liebe hat und ist, in unseren Herzen wohnt; doch er kommt nur, wenn wir ihn dazu auffordern. Damit uns vergeben werde, müssen wir zuvor selbst vergeben; dazu sind wir aber nur fähig durch die Kraft Jesu Christi in uns.

DIE QUAL DER VERSUCHUNG

Matthäus 6, 13

Und führe uns nicht in Versuchung, sondern erlöse uns von dem Übel.

Bevor wir diese Bitte näher untersuchen, müssen wir uns mit zwei bedeutsamen Themen befassen.

1. Das Wort in Versuchung führen hat in unseren Ohren einen schlechten Klang, weil es besagt, jemanden zum Bösen verführen. Das in der Bibel vorkommende Wort peirazein wäre daher oftmals besser mit prüfen (auf die Probe stellen), als mit versuchen übersetzt. Nach neutestamentlichem Verständnis bedeutet jemanden versuchen nicht so sehr, ihn zur Sünde zu verführen trachten als vielmehr, seine Stärke, seine Treue und seine Bereitschaft zu dienen auf die Probe zu stellen. Im Alten Testament steht die Geschichte, wie Gott die Treue Abrahams auf die Probe stellte, indem er scheinbar die Opferung seines einzigen Sohnes Isaak von ihm verlangte. Die Geschichte beginnt mit den Worten: „Nach diesen Geschichten versuchte Gott Abraham" (1. Mose 22, 1). Hier kann das Wort versuchen ganz offensichtlich nicht bedeuten, zur Sünde verlocken, denn das würde Gott niemals tun. Hier ist damit vielmehr gemeint, daß Abraham einer Probe seiner Treue und seines Gehorsams unterzogen wird. Der Bericht von der Versuchung Jesu beginnt folgendermaßen: „Da ward Jesus vom Geist in die Wüste geführt, auf daß er von dem Teufel versucht würde" (Matth. 4, 1). Verstehen wir das Wort versuchen an dieser Stelle im Sinne von zur Sünde verführen, dann hieße das, den Heiligen Geist zum Partner des Versuchers zu machen, Jesus zur Sünde zu nötigen. Immer wieder läßt sich in der Bibel feststellen, daß hinter dem Wort versuchen die Vorstellung einer Prüfung, eines Tests steht, daß beide Bedeutungen zumindest gleich stark darin eingeschlossen sind.

Eine wichtige Tatsache im Hinblick auf die Versuchung besteht darin, daß Versuchungen nicht dazu da sind, um uns zu Fall zu bringen, sondern um uns zu stärkeren und besseren Menschen zu machen. Versuchungen sollen uns nicht zu Sündern, sie sollen uns vielmehr zu guten Menschen machen. Auch wenn wir versagen, sobald wir auf die Probe gestellt werden, heißt das nicht, daß dies beabsichtigt ist. Versuchungen stellen in gewisser Hinsicht nicht eine S t r a f e des Menschseins, sondern eine E h r e des Menschseins dar. Stahl, der bei einem großen Maschinenbauprojekt verwendet werden soll, wird zuvor weit über die spätere Beanspruchung hinaus auf seine Härte und Belastungsfähigkeit geprüft. So müssen auch die Menschen getestet werden, ehe Gott sie in seinen Dienst stellt.

2. Ebenso, wie dies alles zutrifft, trifft aber auch zu: Die Bibel läßt uns nicht im Zweifel darüber, daß es eine Macht des Bösen gibt. Die Bibel ist kein Buch der Theorien, und es gibt darin keine Diskussionen über den Ursprung dieser Macht des Bösen, wohl aber wissen ihre Verfasser, daß es sie gibt. Ganz sicher sollte die Übersetzung dieser Bitte des Vaterunsers nicht lauten: „Erlöse uns von dem Übel", sondern: „Erlöse uns von dem bösen Feind." Die Bibel kennt das Böse, das Übel nicht als abstraktes Prinzip oder als eine abstrakte Macht, sondern als eine aktive, persönliche Kraft, die im Widerspruch zu Gott steht. Es ist äußerst interessant, zu verfolgen, wie sich die Vorstellung vom Satan in der Bibel entwickelt hat. Im Hebräischen bedeutet das Wort Satan schlicht G e g n e r, W i d e r s a c h e r und wird häufig auf Menschen angewandt. Jemandes Gegner ist sein S a t a n. Die Philister fürchten, daß David sich als ihr W i d e r s a c h e r im Kampf erweisen werde (1. Sam. 29, 4). David betrachtet Abisai als seinen S a t a n (2. Sam. 19, 23). S a t a n ist in beiden Fällen gleichbedeutend mit G e g n e r, W i d e r s a c h e r. In seiner weiteren Entwicklung bedeutete Satan j e m a n d e n, d e r e i n e n R e c h t s f a l l g e g e n j e m a n d a n d e r s v e r t r i t t. Dann vollzieht sich ein Wandel vom irdischen zum himmlischen Bereich. Eine jüdische Vorstellung besagte, daß es im Himmel einen Engel gäbe, dessen Aufgabe es sei, alle Klagen gegen die Menschen vorzubringen und als eine Art Ankläger zu fungieren. Diese Rolle übernahm S a t a n. In diesem Stadium ist Satan noch keineswegs eine böse Macht, sondern Bestandteil des himmlischen Gerichts. Hiob 1, 6 wird der Satan zu den Gottessöhnen gezählt: Es begab sich aber eines Tages, da die Gottessöhne kamen und vor den Herrn traten, kam auch der Satan unter ihnen." Auf dieser Stufe stellt Satan den göttlichen Ankläger der Menschen dar.

Doch mit der bloßen Feststellung des Rechtsfalles begnügte sich der Satan nicht. Der nächste Schritt war, daß er selbst gegen die Menschen vorging. Der Satan wird auch Teufel genannt. Das Wort Teufel ist von dem griechischen Wort Diabolos = Verleumder abgeleitet. So wird der Satan zum Teufel, dem Verleumder par excellence, dem Widersacher der Menschheit, zu der Macht, die darauf bedacht ist, die Pläne Gottes zu durchkreuzen und zu vereiteln und die Menschheit zu ruinieren. Der Satan verkörpert von nun an alles, was gegen die Menschen und gegen Gott gerichtet ist. Daß wir von dieser zerstörerischen Macht befreit werden möchten, lehrt uns Jesus beten. Über die Vernunft, über den Ursprung dieser Macht wird nicht gesprochen, werden keinerlei Theorien aufgestellt. Wie jemand, der nachts aufwacht und feststellt, daß sein Haus brennt, sich nicht hinsetzt und eine Abhandlung über die Entstehung von Feuern in Privathäusern schreibt, sondern versucht, das Feuer zu löschen und so sein Haus zu retten, so wird auch in der Bibel keine Zeit darauf verschwendet, über den Ursprung des Bösen nachzudenken. Sie beschränkt sich darauf, die Menschen für den Kampf gegen das Böse auszurüsten, das ohne jede Frage vorhanden ist.

DER VERSUCHER GREIFT AN

Matthäus 6, 13 (Fortsetzung)

Wir sind ständig irgendwelchen Versuchungen ausgesetzt, doch wie kein Feind die Front des Gegners ohne Brückenkopf aufbrechen kann, so braucht auch der Versucher einen Brückenkopf. Wo findet er ihn? Woher rühren unsere Versuchungen? Vorgewarnt sein heißt gerüstet sein; wenn wir also wissen, von welcher Seite der Angriff zu erwarten ist, habe wir eine bessere Chance, ihn zu überstehen und zu überwinden.

1. Zuweilen tritt der Versucher von außen an uns heran, in Gestalt von Menschen, die einen schlechten Einfluß auf uns ausüben. Es gibt Menschen, in deren Gesellschaft niemand auf den Gedanken kommen würde, etwas Unehrenhaftes zu tun, ebenso aber auch Menschen, in deren Gegenwart es uns leicht fällt, etwas Falsches zu tun. Es gibt Freundschaften und Verbindungen, die sich zu unserem Nachteil auswirken können. Wir sollten bei der Wahl unserer Freunde vorsichtig sein. Dadurch vermindern wir das Maß der Versuchung, die von außen an uns herantreten können.

2. Leider ist es eine traurige Tatsache, daß Versuchungen gerade von seiten derer kommen können, die uns liebhaben. Gegen derartige Versuchungen anzukämpfen, ist das allerschwerste, da sie von Menschen kommen, die nicht im geringsten beabsichtigen, uns ein Leid zuzufügen. Folgendes kann passieren. Jemand weiß genau, daß er so und nicht anders handeln sollte; er fühlt sich in göttlicher Weise zu etwas ganz Bestimmtem hingezogen. Doch schließt seine Handlungsweise womöglich Risiken mit ein und ist unpopulär; vielleicht muß er um ihretwillen auf das verzichten, was die anderen als Karriere bezeichnen. Es kann daher durchaus sein, daß sie, die ihn liebhaben, ihn unter diesen Umständen dazu zu bringen versuchen, daß er von seinem Vorhaben abläßt, eben weil sie ihn liebhaben. Sie raten ihm, alles klug zu bedenken im weltlichen Sinne, weil sie möchten, daß es ihm, weltlich gesehen, gut ergehe; sie möchten nicht, daß er auf seine Chancen verzichtet, und versuchen daher, ihn von dem abzubringen, was er als richtig erkannt hat.

So erging es auch Jesus, der gesagt hat: „Und des Menschen Feinde werden seine eigenen Hausgenossen sein" (Matth. 10, 36.) Seine Angehörigen kamen und versuchten, ihn bei sich zu Hause zu halten, indem sie sagten, er sei von Sinnen (Mark. 3, 21). Nach ihrer Auffassung warf er sein Leben weg und verzichtete auf seine Laufbahn; in ihren Augen machte er sich zum Narren, und sie versuchten daher, ihm Einhalt zu gebieten. Die bittersten Versuchungen kommen zuweilen aus dem Kreis derer, die uns lieben.

3. Es gibt eine sehr merkwürdige Weise, auf die wir versucht werden können, vor allem, solange wir jung sind. Die meisten Menschen kennen die sonderbare Anwandlung, die uns zwingt, zumindest in bestimmter Gesellschaft, schlimmer zu erscheinen, als wir sind. Wir wollen um keinen Preis den Eindruck erwecken, als seien wir sanfte, gottesfürchtige, sentimentale Menschen, sondern eher noch als Teufelskerle, Prahlhänse, Abenteurer und Männer von Welt gelten denn als naive Einfaltspinsel. In den Bekenntnissen Augustins gibt es folgende berühmte Stelle: „Ich schäme mich, wenn ich feststelle, daß ich weniger schamlos war als meine Gefährten, wenn ich hörte, wie sie sich mit ihrer Verderbtheit brüsteten . . . Ich hatte nicht nur Spaß am Vergnügen ihrer Taten, sondern pries sie auch noch . . . Ich machte mich schlimmer als ich war, damit sie mir keine Vorwürfe machten, und wenn ich in irgendeinem Fall nicht ebensosehr gesündigt hatte wie die Verworfensten von ihnen, behauptete ich einfach, etwas getan zu haben, was ich in Wirk-

lichkeit nicht getan hatte, nur damit ich in ihren Augen nicht verächtlich war." Viele Menschen haben sich an bestimmte Verhaltensweisen nur deswegen gewöhnt, weil sie als nicht weniger erfahren in weltlichen Dingen erscheinen wollten als die Gesellschaft, in der sie sich zufällig befanden. Zu den besten Verteidigungsmitteln gegen Versuchungen aller Art gehört der Mut zum Gutsein.

DER VERSUCHER GREIFT AN

Matthäus 6, 13 (Fortsetzung)

4. Der Versucher tritt jedoch nicht nur von außen an uns heran, sondern auch von innen. Wenn wir selbst dem Versucher keine Angriffspunkte böten, könnte er uns niemals überwinden. Jeder Mensch hat einen oder mehrere schwache Punkte, an denen der Versucher ansetzen kann. Die Verwundbarkeit freilich ist unterschiedlich. Was für den einen eine heftige Versuchung bedeutet, läßt den anderen völlig unberührt. Wer nicht auf der Hut ist, befindet sich in Gefahr, der Versuchung zu erliegen. Irgendeine Schwäche hat jeder Mensch, sei es, daß er so triebhaft und leidenschaftlich ist, daß er jederzeit zum Opfer dieser Schwächen werden kann, sei es, daß wir uns durch die Art unserer Aufmachung selbst bedrohen. Dessen sollten wir uns bewußt und daher auf der Hut sein.

5. Doch das Merkwürdige ist, daß manchmal nicht unser schwächster Punkt, sondern gerade unsere stärkste Seite eine Versuchung darstellt. Wenn wir ständig behaupten, dies oder jenes könne uns nicht passieren, sollten wir besonders auf der Hut sein. Die Geschichte ist voller Beispiele dafür, daß Festungen gerade dann eingenommen wurden, wenn ihre Verteidiger sich für so stark hielten, daß sie meinten, jede besondere Wachsamkeit erübrige sich. Übermäßiges Selbstvertrauen wird häufig zur Quelle von Versuchungen. Das heißt, wir müssen nicht nur vor unseren Schwächen, sondern auch vor unseren starken Seiten auf der Hut sein.

ABWEHR DES VERSUCHERS

Matthäus 6, 13 (Fortsetzung)

Nachdem wir bis jetzt davon gesprochen haben, auf welche

Weise der Versucher an uns herantritt, wollen wir jetzt alle Verteidigungsmittel und Abwehrkräfte anführen.

1. Da ist zunächst das einfache Mittel der Selbstachtung. Als Nehemias Leben gefährdet war, riet man ihm, von allem weiteren Tun abzusehen und sich im Tempel einzuschließen, bis die Gefahr vorüber sei. Darauf erwiderte Nehemia: „Sollte ein Mann wie ich fliehen? Sollte ein Mann wie ich in den Tempel gehen, um am Leben zu bleiben?" (Neh. 6, 11). Vielem kann der Mensch entgehen, sich selbst entgeht niemand. Er muß mit seinen Erinnerungen leben, und wenn er seine Selbstachtung verloren hat, wird das Leben für ihn unerträglich. Wer in Versuchung gerät, etwas Unehrenhaftes zu tun, sollte sich dagegen schützen, indem er sagt: „Sollte ein Mensch wie ich etwas Derartiges tun?"

2. Da ist zweitens der Schutz der Tradition. Niemand kann sich leichtfertig Traditionen entziehen und das Erbe im Stich lassen, das Generationen vor ihm aufgebaut haben. Wenn der athenische Staatsmann Perikles zu den Athenern sprach, flüsterte er sich jedesmal zu: „Perikles, denke daran, daß du Athener bist und zu Athenern sprechen wirst." Tradition ist eine der tragenden Kräfte im Leben. Alles, was wir tun, berührt die Gemeinschaft, zu der wir gehören.

3. Da ist drittens der Schutz von seiten derer, die wir lieben und die uns lieben. Mancher würde sündigen, wenn die Strafe, die er dafür auf sich nehmen muß, nur von ihm allein getragen werden müßte; er bleibt daher bewahrt, weil er den Schmerz in den Augen der anderen nicht ertrüge, wenn er Schiffbruch erlitte. Wenn wir bedenken, daß wir, wenn wir sündigen, jemandem anderem das Herz brechen, haben wir ein starkes Schutzmittel vor Versuchungen in der Hand.

4. Da ist der Schutz durch den lebendig gegenwärtigen Jesus Christus. Zuweilen fragen wir uns wohl: „Was würdest du tun, wenn plötzlich Jesus Christus neben dir stünde? Wie würdest du leben, wenn Jesus Christus Gast in deinem Hause wäre?" Aber das ist ja gerade das Entscheidende am christlichen Glauben, daß Jesus Christus bei uns ist, daß er Gast eines jeden Hauses ist. Seiner Gegenwart können wir uns nicht entziehen, und deshalb sollten wir so leben, daß er uns bei allem zuschauen kann. Der Gedanke daran, daß Jesus Christus ständig bei uns ist, ist ein starker Schutz vor Versuchungen.

VOM FASTEN

Matthäus 6, 16–18

Wenn ihr fastet, sollt ihr nicht sauer sehen wie die Heuchler; denn sie verstellen ihr Angesicht, auf daß sie vor den Leuten etwas scheinen mit ihrem Fasten. Wahrlich, ich sage euch: Sie haben ihren Lohn dahin. Wenn du aber fastest, so salbe dein Haupt und wasche dein Angesicht, auf daß du nicht scheinest vor den Leuten mit deinem Fasten, sondern vor deinem Vater, welcher im Verborgenen ist; und dein Vater, der in das Verborgene sieht, wird dir's vergelten.

Das Fasten spielt im religiösen Leben des Orients bis heute eine wesentliche Rolle. Die Mohammedaner halten streng den Fastenmonat Ramadan, den neunten Monat des muslimischen Mondjahres ein, und zwar zur Erinnerung an die erste Offenbarung, die Mohammed zuteil wurde. Gefastet wird von der Morgendämmerung – wenn es hell genug ist, daß man einen weißen von einem schwarzen Faden unterscheiden kann – bis Sonnenuntergang. Baden, Trinken, Rauchen, das Einatmen von Duftstoffen, Essen und jede unnötige Schonung sind verboten. Ausgenommen von diesem Verbot sind nur stillende und schwangere Frauen. Soldaten und Leute, die sich auf Reisen befinden, brauchen den Fastenmonat ebenfalls nicht einzuhalten, müssen aber eine entsprechende Zahl von Fastentagen nachholen. Wer aus Gesundheitsgründen nicht fasten kann, muß seine Gesetzesübertretungen dadurch wieder gutmachen, daß er Almosen an die Armen verteilt. Genauso waren auch die Fastenvorschriften der Juden, das heißt, gefastet wurde vom Morgengrauen bis zum Sonnenuntergang, in der übrigen Zeit konnte dagegen wie immer gegessen werden. Zum Fasten verpflichtet waren die Juden zur Zeit Jesu nur an einem Tage, am großen Versöhnungstage. Dieser Tag sollte ein hochheiliger Sabbat sein, an dem alle Menschen fasteten (3. Mose 16, 31). In den schriftlich festgelegten jüdischen Vorschriften heißt es: „Am großen Versöhnungstage soll niemand essen, trinken, baden, sich salben, Sandalen tragen noch ehelichen Verkehr haben." Selbst die Kinder wurden zu mäßigem Fasten angehalten, damit sie schon früh auf das allgemeine Fasten der Erwachsenen am Versöhnungstage vorbereitet wurden.

Obwohl die Juden nur an einem Tage des Jahres zum Fasten verpflichtet waren, fasteten sie weitgehend auch von sich aus.

Sie fasteten im Zusammenhang mit den Trauerbräuchen. In der Zeit zwischen dem Eintritt des Todes und der Bestattung verzichteten die Trauernden auf Fleisch und Wein. Es wurde gefastet, um alle Sünden auszuatmen. So hieß es zum Beispiel, Ruben habe sieben Jahre lang gefastet wegen seines Anteils an dem Verkauf Josephs. „Er trank weder Wein noch andere starke Getränke; kein Fleisch kam über seine Lippen, und er aß keine leckeren Speisen" (Testament des Ruben 1, 10). Aus demselben Grunde fastete Simeon zwei Jahre, weil er Joseph gehaßt hatte (Testament des Simeon 3, 4). Um seine mit Tamar begangene Sünde zu büßen, soll Juda bis ins Alter weder Fleisch noch Wein zu sich genommen und sich keinerlei Vergnügen gestattet haben (Testament des Juda 15, 4). Gerechterweise müssen wir zugeben, daß die Juden im Fasten nur dann einen Sinn sahen, wenn es Hand in Hand mit der Reue der Menschen ging. Das Fasten sollte lediglich Ausdruck der inneren Trauer und des Schmerzes sein. So heißt es im Buch Jesus Sirach: „Wer sich wäscht, wenn er einen Toten angerührt hat, und rührt ihn wieder an: was hilft dem sein Waschen? Also ist der Mensch, der für seine Sünden fastet und sündigt immer wieder: wer soll das Gebet erhören, und was hilft ihm sein Fasten?" (Jesus Sirach 34, 30. 31).

Fasten war vielfach ein nationaler Bußakt. So fastete das ganze Volk nach dem Strafgericht am Stamm Benjamin (Richt. 20, 26). So ließ auch Samuel Israel fasten, weil sie Baal verehrt hatten (1. Sam. 7, 6). Nehemia ließ das Volk fasten und seine Sünden bekennen (Neh. 9, 1). Immer wieder fastete das Volk Israel zum Zeichen seiner Reue vor Gott.

Das Fasten kam auch vor als Vorbereitung auf eine Offenbarung. So fastete Mose vierzig Tage und vierzig Nächte auf dem Berg (2. Mose 24, 18). Daniel fastete, als er darauf wartete, daß Gott zu ihm spreche (Dan. 9, 3). Auch Jesus fastete, bevor der Versucher an ihn herantrat (Matth. 4, 2). Das war ein vernünftiger Grundsatz, denn wenn wir unseren Körper in Zucht halten, dann sind unsere geistigen und seelischen Kräfte besonders groß. Fasten stellte zuweilen auch eine dringende Bitte an Gott dar. Wenn zum Beispiel der Regen ausblieb und die Ernte gefährdet war, wurde zu allgemeinem Fasten aufgerufen.

Dem Fasten bei den Juden lagen drei Hauptgedanken zugrunde.
1. Fasten stellte den bewußten Versuch dar, die Aufmerksamkeit Gottes auf die fastende Person zu lenken. Der Gedanke, die Aufmerksamkeit Gottes auf den

Fastenden zu lenken, der sich solcherart selbst quälte, war ein recht primitiver Gedanke.

2. Fasten stellte den bewußten Versuch dar, die Aufrichtigkeit der Reue zu dokumentieren, und zwar in Worten sowohl als auch beim Beten. Es ist unschwer zu erkennen, daß damit die Gefahr verbunden war, daß das, was ein Beweis der Bußfertigkeit sein sollte, umschlug in einen Ersatz für jede Buße.

3. Das Fasten geschah zum großen Teil stellvertretend. Das heißt, es diente nicht der Rettung des einzelnen, sondern erfolgte, um Gott zu bewegen, das Volk Israel als Ganzes aus seiner Trübsal zu erlösen. Es war, als ob besonders fromme Menschen damit sagen wollten: Durchschnittsmenschen sind dazu nicht imstande, weil der Alltag sie viel zu sehr in Anspruch nimmt. Deshalb haben wir es übernommen, das so entstehende Defizit an Frömmigkeit wieder auszugleichen.

Das waren also Theorie und Praxis des Fastens bei den Juden.

WIE WIR NICHT FASTEN SOLLEN

Matthäus 6, 16–18 (Fortsetzung)

So ideal das Fasten theoretisch auch sein mochte, die Praxis barg dennoch zwangsläufig verschiedene Gefahren in sich. Eine große Gefahr bestand darin, daß das Fasten als Zeichen größerer Frömmigkeit galt und daß es sich dabei nicht um einen Akt der Frömmigkeit gegenüber Gott handelte, sondern um eine Demonstration vor den Menschen, damit sie sahen, wie fromm und diszipliniert man war. Das aber gerade verurteilt Jesus. Montag und Donnerstag waren jüdische Fastentage. Gleichzeitig waren es Markttage, an denen viele Menschen vom Lande in die Städte, vor allem nach Jerusalem strömten; alle, die sich mit ihrem Fasten wichtig machen wollten, hatten infolgedessen an diesen Tagen eine besonders große Zahl von Bewunderern ihrer Frömmigkeit. Viele Menschen richteten es bewußt so ein, daß die andern sie beim Fasten nicht übersehen konnten, indem sie ungekämmt und mit zerzausten Haaren, mit schmutzigen und unordentlichen Kleidern durch die Straßen gingen. Ja, sie weißten sogar ihre Gesichter, um ihre Blässe noch zu betonen. Das alles war keineswegs ein Akt der Demut, sondern ein Akt geistigen Hochmuts und der Prahlerei.

Die besten unter den Rabbinen verurteilten dieses Gehabe ebenso schonungslos wie Jesus, weil sie sich durchaus bewußt waren, daß das Fasten wertlos war, wenn es um seiner selbst willen geschah. Sie sagten, Enthaltsamkeitsgelübde seien wie eiserne Fesseln, die Gefangene tragen müßten; es hieß, wer ein solches Gelübde ablege, sei wie jemand, der eine solche herumliegende Halsfessel fände und irrtümlich seinen Kopf hindurchstecke, so daß er sich dadurch sinnloserweise freiwillig in Sklaverei begäbe. Zu den schönsten Aussprüchen der Rabbinen gehört der Satz: „Am Tag des Jüngsten Gerichtes werden alle Rechenschaft ablegen müssen über alles Gute, dessen sie sich hätten erfreuen können, ohne es getan zu haben."

Einen Kommentar über die falsche Auffassung vom Fasten bildet folgende kleine Geschichte. Ein Reisender stieß in den Rocky Mountains eines Tages auf einen alten römisch-katholischen Priester. Verwundert darüber, daß ein so betagter Mann sich inmitten von Felsen und Abgründen auf steilen Pfaden abquälte, fragte er den Priester: „Was machen Sie denn hier?" Der alte Mann erwiderte: „Ich suche die Schönheit der Welt." „Sicher haben Sie sie erst spät verlassen?" sagte der Reisende. Daraufhin erzählte der Alte ihm seine Geschichte. Er hatte nahezu sein ganzes Leben in einem Kloster verbracht und war nie über dessen Mauern hinausgekommen. Dann wurde er krank, und während der Krankheit hatte er ein Gesicht. Ein Engel stand neben seinem Bett: „Weshalb bist du gekommen", fragte er den Engel. „Um dich heimzuführen", sagte der Engel. „Ist es eine schöne Welt, in die ich kommen werde?" fragte der Alte. „Auch die Welt, die du jetzt verlassen wirst, ist sehr schön", erwiderte der Engel. „Und da kam mir plötzlich zum Bewußtsein", sagte der Alte, „daß ich außer den Feldern und Bäumen in der Umgebung des Klosters noch nichts von ihr gesehen hatte." Er sagte daher zu dem Engel: „Ich habe nur sehr wenig von der Welt gesehen, die ich jetzt verlassen soll." „Dann wirst du auch, fürchte ich, sehr wenig von der Schönheit der Welt erkennen, in die du jetzt gehen wirst", sagte der Engel. „Darüber war ich so betrübt", sagte der Alte, „daß ich bat, nur noch zwei Jahre auf dieser Erde bleiben zu dürfen. Meine Bitte wurde mir gewährt, und jetzt verwende ich alles, was ich besitze, dazu, die Schönheit der Welt zu erforschen – sie ist wirklich wunderbar!" Wir sollen die Schönheiten der Welt genießen, nicht aber uns vor ihnen verschließen. Fasten um seiner selbst willen ist religiös gesehen wertlos, und ebenso, wenn es geschieht, um damit zu dokumentieren, daß man frömmer ist als die anderen.

Matthäus 6, 16–18 (Fortsetzung)

Obwohl Jesus das falsche Fasten verurteilte, hieß das nicht, daß er das Fasten überhaupt verurteilte. Er erwartete von den Christen jedoch, daß es auf die rechte Weise geschähe. Darüber denken nur die wenigsten von uns nach. Es gibt nur wenige Durchschnittsmenschen, in deren Leben das Fasten eine Rolle spielt. Dennoch gibt es eine Reihe von Gründen, die für ein kluges Fasten sprechen.

1. Fasten ist gesund. Viele von uns führen ein Leben, das uns verweichlicht, ja, manche leben sogar, um zu essen, statt zu essen, um zu leben. Außerordentlich vielen Menschen würde es daher ausgesprochen gut tun, wenn sie wesentlich mehr fasten würden, als dies tatsächlich der Fall ist.

2. Fasten fördert die Selbstdisziplin. Nur zu leicht sind wir allzu nachsichtig mit uns selbst. Nur zu leicht kommen wir dahin, daß wir uns nichts versagen, sofern wir es bezahlen können. Den meisten Menschen würde es außerordentlich gut tun, wenn sie jede Woche einmal ihre Wünsche zu zügeln lernten und nachdrücklich Selbstdisziplin übten.

3. Fasten verhindert, daß wir zu Sklaven unserer Gewohnheiten werden. Nicht eben wenige Menschen frönen nur deswegen bestimmten Gewohnheiten, weil sie einfach nicht mehr davon lassen können. Sie sind so wesentlich für sie geworden, daß sie nicht damit aufhören können; wir entwikkeln ein derart heftiges Verlangen nach Dingen, die eigentlich ein Vergnügen sein sollten, daß sie längst zu einer Notwendigkeit für uns geworden sind; sich von derartigen Dingen zu trennen, kann eine sehr reinigende Wirkung auf uns ausüben. Wenn wir auf kluge Weise fasten könnten, würde keine unserer Freuden zu einer Fessel werden und wir würden uns von unseren Gewohnheiten nicht meistern lassen, sondern umgekehrt alle unsere Freuden und Genüsse selbst meistern.

4. Durch Fasten bewahren wir die Fähigkeit, auch ohne bestimmte Dinge auszukommen. Die Zahl der Dinge, die wir für wesentlich halten, sind ein wichtiger Prüfstein für uns. Je weniger Dinge wir für wesentlich halten, umso unabhängiger werden wir selbstverständlich sein. Wenn alle möglichen Dinge für uns wesentlich sind, machen wir uns allzu abhängig von derartigen Äußerlichkeiten. Es schadet nicht, wenn wir einmal einen Schaufensterbummel machen und uns dabei klarmachen, was wir davon ohne weiteres

entbehren könnten. Auch hier bewahrt uns eine gewisse Enthaltsamkeit davor, von Dingen abhängig zu werden, ohne die es sich durchaus leben läßt.

5. Fasten bewirkt, daß wir alle Dinge mehr schätzen lernen. Vielleicht hat es Zeiten in unserem Leben gegeben, in denen Genüsse so selten waren, daß wir sie jedesmal doppelt empfunden haben. Vielleicht ist unser Appetit heute abgestumpft, der Gaumen unempfindlich geworden und der Reiz dahin. Was einst höchster Genuß war, ist zu einer bloßen Droge geworden, ohne die wir nicht mehr auskommen können. Fasten trägt dazu bei, daß Genüsse nichts Alltägliches werden, sondern immer wie neu und frisch sind.

Das Fasten spielt im Leben der meisten Menschen überhaupt keine Rolle mehr. Wenn Jesus auch das falsche Fasten verurteilt hat, so hat er das Fasten als solches dennoch nicht völlig aus unserem Leben verbannen wollen. Wir sollten es daher jeder auf seine Weise und entsprechend seinen Bedürfnissen praktizieren, damit der Segen der Erde uns beschütze, nicht jedoch zu einer Fessel für uns werde.

DER WAHRE SCHATZ

Matthäus 6, 19—21

Ihr sollt euch nicht Schätze sammeln auf Erden, wo sie die Motten und der Rost fressen und wo die Diebe nachgraben und stehlen. Sammelt euch aber Schätze im Himmel, wo sie weder Motten noch Rost fressen und wo die Diebe nicht nachgraben noch stehlen. Denn wo euer Schatz ist, da ist auch euer Herz.

Im Alltagsleben richten wir uns ganz selbstverständlich nach der Regel, nur dauerhafte Dinge zu kaufen; sei es, wenn wir einen Anzug kaufen oder ein Auto, einen Teppich oder Möbel, stets vermeiden wir es, Plunder zu kaufen und entscheiden uns für solide, dauerhafte und gut gearbeitete Dinge. Genau das aber will Jesus uns hier sagen; wir sollen uns auf Dinge konzentrieren, die von bleibendem Wert sind.

Jesus zählt aus den Quellen des Reichtums Palästinas dreierlei auf.

1. Er heißt die Menschen, von allem abzusehen, was die Motten fressen können. Im Orient bestand ein Teil des Reichtums vielfach in kostbaren Gewändern. Als Gehasi, der

Diener des Elisa, verbotenerweise versuchte, sich von Naeman, den sein Herr geheilt hatte, etwas geben zu lassen, bat er ihn um einen Zentner Silber und zwei Feierkleider (2. Kön. 5, 22). Zu den Dingen, die eine Versuchung für Achan darstellten, gehörte ein kostbarer babylonischer Mantel (Jos. 7, 21). Doch an derartige Dinge sein Herz zu hängen, ist töricht, denn die Motten fressen sie, wenn sie aufbewahrt werden, und all ihre Schönheit und Kostbarkeit ist dann dahin. Derartige Besitztümer sind nicht von Dauer.

2. Er heißt die Menschen, von allem abzusehen, was der Rost fressen kann, wie es in der Lutherübersetzung heißt. Das mit Rost übersetzte Wort brosis heißt wörtlich Verzehr, und bedeutet an sonst keiner Stelle Rost. Wahrscheinlich liegt dem Wort folgende Vorstellung zugrunde. Der Reichtum vieler Menschen bestand im Orient in dem Getreide, das in großen Scheunen aufbewahrt wurde. Würmer konnten es dort wegfressen, Ratten und Mäuse konnten darin derart hausen, daß das Getreide völlig verschmutzte und unbrauchbar wurde. Sehr wahrscheinlich ist dieses Wort also ein Hinweis auf die Art, in der Ratten, Mäuse, Würmer und andere Insekten in Getreidespeicher gelangen und das Getreide wegfressen konnten. Derartige Güter sind nicht von Dauer.

3. Er heißt die Menschen, von Schätzen abzusehen, nach denen die Diebe graben und die sie stehlen können. Für nachgraben steht im griechischen Text das Wort dioryssein. Die Hauswände bestanden in Palästina vielfach aus gebranntem Lehm; Diebe konnten infolgedessen hineingelangen, indem sie sich durch die Hauswände hindurchgruben. Hier wird auf jemanden verwiesen, der in seinem Hause einen kleinen Goldschatz aufbewahrt hat und eines Tages bei seiner Heimkehr feststellen muß, daß die Einbrecher sich durch die schwache Wand einen Eingang verschafft und das Gold gestohlen haben. Auch Schätze, die Einbrechern zugänglich sind, sind nicht von Dauer.

Jesus warnt die Menschen also vor folgenden Genüssen und Besitztümern:

1. Er warnt uns vor Vergnügungen, Genüssen und Freuden, die sich verschleißen wie abgetragene Kleider. Die schönsten Kleider werden schließlich vergehen, einerlei, ob mit oder ohne Motten. Alle rein leiblichen Genüsse sind vergänglich. Je mehr wir davon haben, umso weniger reizen sie uns. Es bedarf ständig neuer Steigerungen, wenn dieselbe Wirkung erzielt werden soll. Sie sind wie Medikamente und Drogen, deren anfängliche Wirkung bei allzu häufigem Gebrauch immer mehr nachläßt.

Töricht der Mensch, der Vergnügen an Dingen findet, die im Laufe der Zeit mehr und mehr an Reiz verlieren.

2. Er warnt uns vor Genüssen, die zerfressen werden können. Wie Kornspeicher zwangsläufig zur Beute von Ratten und Mäusen werden, die daran knabbern und nagen, so gibt es auch Vergnügungen, die mit zunehmendem Alter an Reiz verlieren. Sei es, daß wir körperlich nicht mehr imstande sind, sie voll zu genießen, sei es, daß sie uns mit zunehmender Reife nicht mehr befriedigen. Wir sollten unser Herz nicht an Freuden hängen, denen die Jahre etwas anzuhaben vermögen, sondern sollten uns an Dingen erfreuen, denen die Zeit nichts anzuhaben vermag.

3. Er warnt uns vor dem Vergnügen an Dingen, die man uns rauben kann. Dazu gehören alle materiellen Dinge. Nichts von ihnen ist sicher. Wer sein Glück darauf baut, baut auf unsicherem Grunde. Wessen Glück vom Besitz von Geldpapieren abhängig ist, der muß, falls es zu einem Börsenkrach kommt, feststellen, daß mit seinem Geld auch sein Glück dahin ist. Wer klug ist, wird sein Glück nicht auf vergängliche Dinge gründen, die den Wechselfällen des Lebens ausgeliefert sind und nur Enttäuschungen verursachen. Wer in materiellen Gütern einen Schatz erblickt, muß ihn zwangsläufig verlieren, denn sie haben keinen bleibenden Wert und sind vergänglich.

SCHÄTZE IM HIMMEL

Matthäus 6, 19–21 (Fortsetzung)

Der Ausdruck Schätze im Himmel war den Juden sehr vertraut, und sie verbanden damit vor allem zweierlei.

1. Sie sagten, alles, was jemand an freundlichen Taten auf Erden aufzuweisen habe, werde für ihn zu einem Schatz im Himmel. Bei den Juden erzählte man sich die Geschichte von König Monobaz von Adiabene, der zum Judentum übertrat: „In dem Jahr, als die Hungersnot herrschte, verteilte Monobaz alle seine Schätze unter die Armen. Da schickten seine Brüder zu ihm und ließen ihm ausrichten: ‚Deine Väter haben Schätze gesammelt und die Schätze ihrer Väter gemehrt, du aber hast deine und ihre Schätze verstreut.' Monobaz erwiderte: ‚Meine Vater haben Schätze für unten gesammelt, ich dagegen für oben; sie haben ihre Schätze an einem Ort aufbewahrt, an dem Menschenhand sie regieren können, ich aber sammle dort Schätze, wo keine Menschenhand regiert; meine Väter haben

Schätze gesammelt, die keinen Nutzen bringen, ich dagegen sammele Schätze, die Nutzen bringen; meine Väter haben Schätze an Geld gesammelt, ich dagegen sammele Seelenschätze; meine Väter haben Schätze für andere gesammelt, ich sammele Schätze für mich selbst; meine Väter haben Schätze in dieser Welt gesammelt, ich aber sammele Schätze für die zukünftige Welt.'" Sowohl Jesus als auch die jüdischen Rabbinen waren davon überzeugt, daß alles, was aus Selbstsucht aufgehäuft wird, verloren ist; daß dagegen alles, was freigebig verschenkt wird, Schätze im Himmel einbringt.
Diesen Grundsatz machte sich später auch die christliche Kirche zu eigen. In frühchristlicher Zeit sorgten die Gemeinden liebevoll für die Armen, die Kranken, Notleidenden, Hilflosen und für alle, um die sich sonst niemand kümmerte. Zur Zeit der schrecklichen Christenverfolgungen in Rom unter Kaiser Decius wurden Kirchen erbrochen, weil man dort Schätze plündern zu können hoffte. Der römische Präfekt verlangte von Laurentius, dem Diakon der Gemeinde: „Zeig mir sofort eure Schätze." Laurentius wies mit der Hand auf die Witwen und Waisen, die gespeist wurden, auf die Kranken, denen man die nötige Pflege zukommen ließ, und die Armen, die man in ihrer Not unterstützte. „Das sind die Schätze der Kirche", sagte er. Die Kirche ist zu allen Zeiten der Auffassung gewesen, daß „wir verlieren werden, was wir festhalten, und daß wir haben werden, was wir verschenken."

2. Der Ausdruck Schätze im Himmel war bei den Juden stets eng mit dem Charakter der Menschen verknüpft. Als man Rabbi Yose ben Kisma fragte, ob er bereit sei, in einer heidnischen Stadt zu leben, wenn man ihm seine Dienste sehr hoch bezahle, erwiderte er, er wünsche nirgendwo anders zu leben als dort, wo das Gesetz zu Hause sei, „denn in der Stunde des Abscheidens", sagte er, „werden weder Gold noch Silber und Edelsteine die Begleiter des Menschen sein, sondern nur seine Kenntnis des Gesetzes und seine guten Werke". „Das Leichentuch hat keine Taschen", heißt ein spanisches Sprichwort. Wir nehmen aus dieser Welt nichts mit als uns selbst; je besser dieses Ich ist, umso größer ist unser Schatz im Himmel.

3. Jesus beschließt diesen Absatz mit der Feststellung, daß dort, wo des Menschen Schatz ist, auch sein Herz sei. Wenn der Mensch sein Herz nur an irdische Dinge hängt, dann gilt sein ganzes Interesse dieser Welt, und er ist an keiner jenseitigen Welt interessiert. Wessen Blick dagegen ständig auf die Ewigkeit gerichtet ist, der wird ohne Schwierigkeiten auch die Güter dieser Welt abzuschätzen wissen. Wem nur Irdisches

etwas bedeutet, dem wird es schwerfallen, diese Erde zu verlassen; wessen Gedanken dagegen stets der Welt hinter dieser Welt gegolten haben, der wird diese Welt fröhlich verlassen, weil er zu Gott eingeht. Jesus hat nie gesagt, daß diese Welt unwichtig sei; aber er hat immer wieder betont, daß ihre Bedeutung nicht in ihr selbst liege, sondern darin, wohin sie führe. Das Leben endet nicht mit dieser Welt, die nur eine Stufe auf dem Wege darstellt; wir sollten daher nie unser Herz an diese Welt verlieren, sondern unsere Augen sollten stets auf das eigentliche Ziel jenseits dieser Welt gerichtet sein.

VERZERRTES SEHEN

Matthäus 6, 22. 23

Das Auge ist des Leibes Leuchte. Wenn dein Auge lauter ist, so wird dein ganzer Leib licht sein. Wenn aber dein Auge böse ist, so wird dein ganzer Leib finster sein. Wenn nun das Licht, das in dir ist, Finsternis ist, wie groß wird dann die Finsternis sein!

Der Gedanke, auf dem dieser Absatz beruht, ist von kindlicher Einfachheit. Danach ist das Auge ein Fenster, durch das das Licht in den ganzen Körper eindringt. Farbe und Zustand eines Fensters entscheiden darüber, wieviel Licht in ein Zimmer fällt. Ist das Fenster glasklar, sauber und ungetrübt, flutet das Licht in den Raum und dringt bis in jede Ecke. Ist das Fensterglas bunt, gefroren, getrübt, schmutzig oder dunkel, wird das Licht am Eindringen gehindert, und der Raum wird nicht erleuchtet sein. Die Fülle des Lichts, die in den Raum dringt, hängt von dem Zustand des Fensters ab, durch das es hindurchgeht. So hängt auch das Licht, das in die Herzen und Seelen der Menschen dringt, nach Jesu Worten von dem geistigen Zustand ab, in dem sich das Auge befindet, durch das es dorthin gelangt; denn das Auge ist das Fenster des ganzen Körpers. Wie wir die Menschen sehen, hängt ganz von der Art unserer Augen ab. Es gibt ganz offensichtlich Dinge, die uns blind machen und unseren Blick verzerren können.

1. Vorurteile können unseren Blick verzerren. Sie sind die schlimmsten Feinde jeder gerechten Beurteilung, da sie sauberen, vernünftigen und logischen Urteilen den Weg versperren. Sie machen die Menschen blind gegen Tatsachen und die Bedeutung, die ihnen zukommt. Als Sir James Simpson sei-

nerzeit die Vorzüge der Anwendung von Chloroform entdeckte, sah er sich gleichermaßen mit medizinischen und religiösen Vorurteilen konfrontiert. Bei einer seiner Biographien heißt es: „Sogleich waren Vorurteile da, jene Einstellung nur auf ausgetretenen Pfaden weiterzugehen und alles Neue zu scheuen. Lähmende Vorurteile trugen das Ihre dazu bei, die neuerkannten Segnungen im Keine zu ersticken." „Kirche und Geistlichkeit waren vielfach der Ansicht, es hieße dem göttlichen Gesetz in die Arme greifen, wolle man versuchen, das seit jeher auf den Frauen lastende Elend zu beseitigen." Furchtlose Selbstprüfung gehört zu den entscheidend notwendigen Dingen des Lebens; denn nur so lernen wir erkennen, wo wir aufgrund von Prinzipien handeln und wo wir Opfer unbegründeter und unvernünftiger Vorurteile sind. Wer sich von Vorurteilen bestimmen läßt, wird unweigerlich blind gegenüber den wahren Sachverhalten.

2. Eifersucht kann unseren Blick trüben und verzerren. Das klassische Beispiel dafür ist Othello, der „Mohr von Venedig", Held eines Trauerspiels von Shakespeare, der Desdemona heiratet, die ihn treu und innig liebt. Als Befehlshaber der Truppen von Venedig befördert Othello Cassio und übergeht Jago, der darüber vor Eifersucht vergeht und durch sein Ränkespiel in Othello die Saat des Mißtrauens sät, so daß er glaubt, Desdemona betrüge ihn mit seinem Leutnant. Jago treibt Othello zu solcher Eifersucht, daß er schließlich Desdemona tötet, indem er sie mit einem Kissen erstickt. Die Eifersucht bewirkte ein Chaos in Othello und befreite die Bestie im Menschen. Eifersucht hat schon manche Ehe und manche Freundschaft zerbrechen lassen, weil sie selbst die unschuldigsten Vorfälle zu sträflichen Vergehen verzerrt und die Menschen blind macht gegenüber der Wirklichkeit.

3. Selbsttäuschung und -betrug können unseren Blick ebenfalls trüben und zwar in doppelter Hinsicht. Einmal machen sie uns unfähig, uns selbst als die zu erkennen, die wir wirklich sind, und zum andern erkennen wir auch die anderen nicht als die, die sie wirklich sind. Wer überzeugt ist, daß er unüberbietbar klug ist, wird sich seiner eigenen Torheit nie bewußt werden; wer blind gegen alles mit Ausnahme seiner eigenen Tugenden ist, wird sich seiner eigenen Fehler niemals bewußt werden, denn wenn er sich mit anderen Menschen vergleicht, wird dieser Vergleich stets zu seinen Gunsten und zu ihren Ungunsten ausfallen. Derartige Menschen sind unfähig zur Selbstkritik und damit auch unfähig, sich zu bessern. Das Licht, in dem sie sich und andere sehen, ist Finsternis.

WIR SOLLTEN UNSERE MITMENSCHEN MIT MILDE BETRACHTEN

Matthäus 6, 22. 23 (Fortsetzung)

In diesem Abschnitt spricht Jesus von einer ganz bestimmten Tugend und einem ganz bestimmten Fehler, die das Auge entweder mit Licht oder mit Finsternis erfüllen. Die in der Lutherbibel mit lauter und böse übersetzten Wörter werden im neutestamentlichen Griechisch in bestimmter Weise verwendet.

Dem Wort lauter entsprechen im griechischen Text das Wort haplous und das dazugehörige Substantiv haplotes, edelmütig, Edelmut. Jakobus spricht davon, daß Gott jedermann mit Güte begegnet und ihm gibt (Jak. 1, 5), und verwendet in diesem Zusammenhang das Adverb haplos. Ähnlich ermahnt Paulus Römer 8, 12 seine Freunde, mit lauterem Sinn (haplos) zu geben. 2. Korinther 9, 13 erinnert Paulus die Gemeinde zu Korinth an die Lauterkeit ihrer Gaben (haplotes) an alle Menschen.

Dem in der Lutherbibel mit böse übersetzten Wort entspricht im griechischen Text das Wort poneros, das im allgemeinen tatsächlich so heißt. Doch sowohl im Neuen Testament als auch in der Septuaginta wird darunter normalerweise knauserig, ungern gegeben verstanden. Im fünften Buch Mose ist davon die Rede, daß wir unserem notleidenden Bruder etwas geben (borgen) sollen. Doch ergab sich insofern eine Schwierigkeit, als in jedem siebten Jahr sämtliche Schulden gestrichen wurden. Es konnte daher vorkommen, daß vorsichtige Menschen, wenn das siebente Jahr näherrückte, sich weigerten, jemandem zu helfen, damit dieser Jemand nicht etwa das siebente Jahr dazu mißbrauchte, auf billige Weise von seinen Schulden davonzukommen. Daher hieß es im Gesetz: „Hüte dich, daß nicht in deinem Herzen ein arglistiger Gedanke aufsteige, daß du sprichst: Es naht das siebente Jahr, das Erlaßjahr –, und daß du deinen armen Bruder nicht unfreundlich ansiehst und ihm nichts gibst" (5. Mose 15, 9). Hier bedeutet poneros eindeutig geizig, knauserig, unedelmütig und nicht freigebig. In den Sprüchen Salomos heißt es: „Wer habgierig (poneros), ist, jagt nach Reichtum" (Spr. 28, 22), das heißt, wer unfreigebig und knauserig ist, denkt stets an seinen Vorteil. Zum richtigen Verständnis dieses Abschnitts ist es daher erforderlich, daß wir poneros nicht mit böse, sondern mit geizig und unedelmütig übersetzen.

Jesus sagt hier also: „Nur wer edelmütig und freigebig ist, sieht das Leben und die Menschen klar und unverzerrt; wer ungern gibt und unedel gesinnt ist, sieht das Leben und die Menschen nur verzerrt.

1. Wir sollen lauter und großmütig in der Beurteilung anderer Menschen sein. Der Mensch neigt dazu, stets das Schlimmste zu vermuten, und hat ein boshaftes Vergnügen daran, dies ständig zu wiederholen. Es vergeht kein Tag, an dem nicht der gute Ruf eines völlig unschuldigen Menschen durch das Gerede der anderen zerstört wird. Die Welt sähe sehr viel anders aus, wen wir unseren Mitmenschen nicht immer nur das Schlechteste, sondern stets das Beste unterstellen würden bei dem, was sie tun.

2. Wir sollen uns auch edelmütig verhalten. Aus der Anfangszeit seiner Arbeit in London wird von Mark Rutherford berichtet, daß in ihm jenes Mitleid erwachte, daß ihn von nun an ständig zu der Frage veranlaßte: „Was kann ich für die Menschen tun? Wie kann ich ihnen helfen?" Jede noch so kleine Tat erschien ihm wichtiger als noch so engagiertes Reden über die Lage der Menschen. An der Schriftstellerin Maria Evans beeindruckte ihn besonders, daß sie trotz ihrer Armut stets fantastisch edelmütig und großzügig war, weil die Armut anderer sie mehr bedrückte als die eigene Armut. Sie weinte bitterlicher darüber, daß sie einer Schwester nicht angemessen zu helfen vermochte, als über ihre eigenen Entbehrungen. Erst wenn wir anfangen, Menschen und Dinge so zu sehen, fangen wir an, klar zu sehen. Erst dann wird unser Auge voller Licht sein und wahrhaft leuchten.

Drei Übel haften dem bösen Auge, dem nicht gütigen und neidischen Auge an:

1. Wir können nicht mit uns selbst leben. Wer anderen ihre Erfolge neidet, ihr Glück mißgönnt, sein Herz vor der Not anderer verschließt, wird selbst zu einem äußerst bedauernswerten Geschöpf, — ein Mensch voller Groll und Haß gegen die anderen. Wachsende Bitterkeit raubt ihm all sein Glück, seinen Frieden und seine Zufriedenheit.

2. Wir können nicht mehr mit anderen Menschen leben. Niedrigdenkende Menschen werden von allen verabscheut, Geizhälse von allen verachtet. Güte, Nachsicht und Freigebigkeit machen viele Sünden wett, Neid dagegen viele andere guten Eigenschaften wertlos. Wer gütig und freigebig ist, wird trotz aller Fehler von den Menschen geliebt werden; wer dagegen niedrig gesinnt ist, kann sonst noch so gut sein: die Menschen werden ihn verabscheuen.

3. Wir können nicht mit Gott leben. Niemand ist so edelmütig, so gütig und freigebig wie Gott, und letzten Endes ist keine Gemeinschaft zwischen Menschen möglich, deren Leben auf diametral entgegengesetzten Grundsätzen beruht. Ebenso gibt es keine Gemeinschaft zwischen Gott, dessen Herz vor Liebe brennt, und Menschen, deren Herz vor Niedrigkeit und Filzigkeit erstarrt ist.
Neid trübt den Blick unserer Augen; Edelmut und Freigebigkeit machen ihn klar, denn nur so sehen wir, wie Gott sieht.

AUSSCHLIESSLICHKEIT DES DIENSTES

Matthäus 6, 24

Niemand kann zwei Herren dienen: entweder er wird den einen hassen und den andern lieben, oder er wird dem einen anhangen und den andern verachten. Ihr könnt nicht Gott dienen und dem Mammon.

Für die Menschen der Antike war dies eine noch anschaulichere Aussage als für uns heute, denn für dienen steht im griechischen Text das Verb douleuein, das von doulos = Sklave abgeleitet ist und bedeutet: jemandes Sklave sein; das heißt Eigentum dessen sein, der sein Herr, sein Besitzer ist. Jeder Sklave aber gehört nur einem Eigentümer, und so könnte man entsprechend dem griechischen Text auch sagen: Niemand kann Sklave zweier Eigentümer sein.
Um uns dieser Aussage in ihrer ganzen Bedeutung bewußt zu werden, müssen wir uns hinsichtlich der Sklaverei in der Antike an zweierlei erinnern. Erstens galten Sklaven vor dem Gesetz nicht als Personen, sondern als Sache. Sie besaßen keinerlei Rechte, sondern ihre Herren konnten mit ihnen machen, was sie wollten. Vor dem Gesetz gehörten Sklaven zum lebenden Inventar und konnten von ihrem Herrn verkauft, geschlagen, hinausgeworfen, ja sogar getötet werden. Der Herr verfügte ebenso über seine Sklaven wie über seinen anderweitigen materiellen Besitz. Zweitens konnten die Sklaven der Antike buchstäblich nicht über einen einzigen Augenblick ihres Lebens selbst verfügen, da jede Minute ihres Lebens ihrem Herrn gehörte. Die heutigen Arbeitsbedingungen sehen dagegen bestimmte Arbeitszeiten vor, nach deren Beendigung jeder Arbeitnehmer selbst über seine Zeit verfügen kann. Wer tagsüber in seinem Büro arbeitet, kann abends als Geiger in einem Or-

chester mitwirken und findet dort womöglich seine eigentliche Befriedigung. Wer tagsüber in der Fabrik arbeitet, betätigt sich abends womöglich in einem Jugendclub und entfaltet erst dort seine eigentliche Persönlichkeit. Ganz anders verhielt es sich jedoch mit den Sklaven, denen buchstäblich überhaupt keine Freizeit zustand, über die sie selbst verfügen konnten, die vielmehr jederzeit ihrem Herrn zur Verfügung stehen mußten.

Dasselbe gilt auch für unser Verhältnis zu Gott. Ihm gegenüber besitzen wir keinerlei Rechte; Gott ist der unbestrittene Herr unseres Lebens. Wir können nicht einfach fragen: „Was möchte ich jetzt tun?", sondern sollten stets fragen: „Was will Gott, daß ich jetzt tue?" Wir können nicht selbst über unsere Zeit verfügen, indem wir mal sagen: „Ich werde tun, was Gott von mir verlangt" und dann wieder: „Ich werde tun, was mir gefällt." Als Christen können wir nicht nach Belieben ein christliches oder unchristliches Leben führen und vorübergehend unsere christlichen Maßstäbe fallen lassen, als hätten wir dienstfrei, und es genügt nicht, daß wir Gott sporadisch oder nur teilweise dienen. Christsein heißt, eine Vollzeitbeschäftigung ausüben. An keiner Stelle der Bibel kommt der Anspruch, daß wir ausschließlich Gott dienen sollen, deutlicher zum Ausdruck als in diesem Abschnitt.

Weiter sagt Jesus: „Ihr könnt nicht Gott dienen und dem Mammon." Mamon, mit einem m, war die hebräische Bezeichnung für materielle Besitztümer. Ursprünglich hatte das Wort keinen schlechten Beiklang. So lautete ein Ausspruch der Rabbinen zum Beispiel: „Der Mamon deines Nachbarn sei dir ebenso lieb wie dein eigener." Das heißt, was der Nachbar besaß, sollte als ebenso unverletzlich gelten wie der eigene Besitz. Das Wort mamon machte im Laufe der Zeit eine höchst merkwürdige und aufschlußreiche Entwicklung durch. Es geht in seiner Wurzel auf ein Wort zurück, das anvertrauen heißt; mamon war das, was man einem Bankier oder einer anderen sicheren Stelle anvertraute, damit es dort sicher aufbewahrt werde. Im Laufe der Zeit kam es dann dahin, daß mit mamon nicht mehr bezeichnet wurde, was man anvertraute, sondern das, worauf man vertraute und worauf man sich verließ. Schließlich kam es soweit, daß mamon mit einem großen Anfangsbuchstaben geschrieben und für nichts Geringeres als einen Gott gehalten wurde.

Der Bedeutungswandel, den dieses Wort im Laufe der Zeit durchgemacht hat, zeigt deutlich, wie materielle Dinge sich eines Einflusses in unserem Leben bemächtigen können, der ihnen keineswegs zusteht. Obwohl es sich ursprünglich nur um materiellen Besitz gehandelt hatte, den man jemandem zur Aufbewahrung anvertraute, waren es schließlich die Dinge selbst, in die man sein ganzes Vertrauen setzte. Gott läßt sich wohl am besten als die Kraft bezeichnen, der wir vertrauen; wer daher sein Vertrauen in materielle Besitztümer setzt und sich auf sie verläßt, der macht diese dadurch statt zu einer Hilfsquelle zu einem Gott.

DER PLATZ, DER MATERIELLEM BESITZ ZUKOMMT

Matthäus 6, 24 (Fortsetzung)

Die Aussage Jesu ist dazu angetan, unsere Gedanken auf den Platz zu lenken, der materiellen Besitztümern in unserem Leben zukommt. Der Lehre Jesu liegen drei wichtige Grundsätze bezüglich dessen, was wir besitzen, zugrunde:

1 Letzten Endes gehören alle Dinge Gott. Das geht aus vielen Stellen der Heiligen Schrift hervor. „Die Erde ist des Herrn und was darinnen ist; der Erdkreis und die darauf wohnen" (Ps. 24, 1). „Denn alles Wild im Walde ist mein und die Tiere auf den Bergen zu Tausenden ... Wenn mich hungerte, wollte ich dir nicht davon sagen; denn der Erdkreis ist mein und alles, was darauf ist" (Ps. 50, 10. 12). Jesus lehrt, daß der Herr seinen Knechten seine Habe anvertraut (Matth. 25, 15) und daß der Hausvater einem Weingärtner seinen Weingarten anvertraut (Matth. 21, 33). Dieser Grundsatz hat weitreichende Folgen. Wohl können die Menschen etwas kaufen und verkaufen, bis zu einem gewissen Grad ändern und erneuern; zu Schöpfern der Dinge werden sie dadurch nicht. Letztlich gehört alles Gott. Es gibt letztlich nichts, von dem der Mensch behaupten könnte: „Das ist mein." Wir können stets nur sagen: „Es gehört Gott, der es mir zum Gebrauch überlassen hat." Niemand kann von etwas behaupten: „Das ist mein, und ich werde daher damit machen, wis ich will." Wir müssen und sollen vielmehr von allem sagen: „Es gehört Gott, und ich muß damit umgehen wie der Eigentümer selbst." Als ein Kind aus der Großstadt auf einem Schulausflug zum ersten Mal Glockenblumen erblickte, und zwar ein ganzes Polster davon, fragte es seine Lehrerin: „Ob Gott wohl etwas dagegen hat, wenn ich eine seiner Blumen abpflücke?" Das ist die rechte Verhaltensweise gegenüber dem Leben und allem, was es auf der Welt gibt.

2. Der zweite entscheidende Grundsatz besagt, daß Menschen stets wichtiger als Dinge sind. Es ist ein Unrecht, Reichtum auf Kosten anderer Menschen anzuhäufen. Wann immer und wo immer man sich nicht an diesen Grundsatz hält, wird dies schwerwiegende Folgen nach sich ziehen. So wurden die Menschen in der Zeit der industriellen Revolution nicht als Menschen geachtet, sondern als Arbeitstiere mißbraucht. Sieben- und achtjährige Kinder — ja, es ist sogar ein Fall aktenkundig, in dem ein dreijähriges Kind betroffen war — mußten damals in Bergwerken arbeiten. Sie mußten auf allen Vieren Förderwagen durch die Stollen ziehen, knietief im Wasser stehend zwölf Stunden lang Wasser pumpen oder sechzehn Stunden lang in kleinen Ventilationskammern eingeschlossen die Lüftungsklappen der Schächte abwechselnd öffnen und schließen. 1815 mußten Kinder in den Spinnereien von fünf Uhr morgens bis acht Uhr abends arbeiten. Einen halbfreien Sonnabend gab es damals noch nicht, nur je eine halbstündige Frühstücks- und Mittagspause. 1833 arbeiteten 84 000 Kinder unter vierzehn Jahren in englischen Fabriken. Ja, in einem Fall wurden Kinder, deren Arbeit nicht länger benötigt wurde, buchstäblich auf die Straße gesetzt und fortgejagt. Die Eigentümer nannten dies: ihnen die Freiheit schenken, obwohl sie zugaben, daß es diese Kinder schwer haben würden und sich mehr oder weniger durchbetteln müßten. Für einen Hungerlohn mußten die Leute damals arbeiten. Wohl erhoben sich gegen ein derartig verbrecherisches Verhalten Stimmen wie die von Carlyle: „Wenn die Baumwollindustrie nur auf Kosten rachitischer Kinder möglich ist, muß sie wieder verschwinden; wenn der Teufel in unseren Baumwollspinnereien die Oberhand gewinnt, muß man sie schließen." Man behauptete, niedrige Löhne seien notwendig, damit die Kosten sich in Grenzen hielten. Zugegeben, daß diese Dinge sich heute wesentlich gebessert haben, so ist die Erinnerung daran doch noch nicht ganz geschwunden, da sich diese Zeiten dem Unterbewußtsein der Menschen unauslöschlich eingeprägt haben. Wo immer Menschen als Maschinen, als Werkzeuge zur Hervorbringung von Arbeitsleistungen angesehen werden, wird sich das verhängnisvoll auswirken. Völker, die vergessen, daß Menschen wichtiger sind als Dinge, gefährden sich selbst.

3. Der dritte Grundsatz besagt, daß Reichtum stets eine untergeordnete Rolle spielen sollte. Es heißt nicht: „Geld ist die Wurzel alles Übels", sondern: „Habsucht ist eine Wurzel alles Übels" (1. Tim. 6, 1). Jemand hat einmal von dem „ersatzweisen Seelenheil" gesprochen, das

die Menschen an materiellen Dingen fänden. Es kann dahin kommen, daß die Menschen glauben, weil sie reich seien, könnten sie alles kaufen und sich auch von allem loskaufen. Reichtum kann zum einzigen Maßstab, zum einzigen Wunsch, zur einzigen Waffe werden, mit der sie dem Leben Trotz bieten zu können glauben. Solange das Streben nach materiellen Gütern dazu dient, sich auf redliche Weise von anderen unabhängig zu machen, seiner Familie zu helfen und den Mitmenschen Gutes zu tun, ist nichts dagegen einzuwenden; wenn Reichtum jedoch nur dazu dient, ein Vergnügen nach dem anderen auszukosten und immer verschwenderischer zu leben; wenn die Menschen nur noch dafür leben, dann hört der Reichtum auf, eine untergeordnete Rolle zu spielen und nimmt unbotmäßigerweise den Platz ein, den nur Gott einnehmen sollte.

Aus dem Gesagten geht hervor, daß Reichtum, Geld und materielle Dinge aller Art an sich keine Sünde darstellen, jedoch schwere Verantwortung mit sich bringen. Es besteht weniger Anlaß, jemandem zu gratulieren, der viele materielle Güter besitzt, als für ihn zu beten, daß er sie so verwenden möge, wie Gott es von ihm erwartet.

ZWEI WICHTIGE FRAGEN IM HINBLICK AUF BESITZTÜMER

Matthäus 6, 24 (Fortsetzung)

Von der Beantwortung zweier wichtiger Fragen, Besitztümer betreffend, hängt alles weitere ab.

1. Wie hat jemand seinen Besitz erworben? Hat er ihn auf eine Art erworben, daß er froh wäre, Jesus Christus wäre dabeigewesen, oder geschah es auf eine Weise, die er vor Jesus Christus verbergen möchte? Wir können auf Kosten unserer Redlichkeit und Ehre zu Besitz gelangen. Wir können unser Bankkonto auf Kosten unserer Seele erhöhen, indem wir durch kleine Betrügereien zu Geld zu kommen versuchen. Wir können zu Besitz gelangen, indem wir absichtlich schwächere Konkurrenten zu Fall bringen. Wie mancher erlangt dadurch Vorteile, daß er andere rücksichtslos beiseite schiebt. Wie kann jemand ruhig schlafen, der auf solche Weise zu Wohlstand gelangt ist? Wir können zu Besitz gelangen, indem wir weitaus wichtigere Pflichten vernachlässigen. Von einem Geistlichen

im Nordosten Schottlands heißt es, er habe nur eine einzige Leidenschaft gehabt: Bücher. Obwohl er zu keiner Zeit mehr als 200 Pfund jährlich verdiente, kaufte er im Laufe der Jahre 17 000 Bücher, die er verschlang, ohne sie für seine Predigten zu verwenden. Mit vierzig Jahren heiratete er ein vierundzwanzigjähriges Mädchen, das nach acht Jahren an Tuberkulose starb; von fünf Kindern wurden nur zwei älter als zwanzig Jahre. Alle Räume und Gänge des Pfarrhauses waren überfüllt mit der geradezu krebsartig anschwellenden Menge der Bücher, die vielleicht ihren Besitzer erfreuten, aber Frau und Kinder getötet hatten. Es gibt Besitztümer, für die ein hoher Preis bezahlt werden muß. Wir sollten uns daher stets fragen: „Auf welche Weise dürfen wir zu Besitz gelangen?"

2. Wie nutzt jemand seine Besitztümer? Es gibt verschiedene Möglichkeiten. Wir können überhaupt keinen Gebrauch machen von dem, was wir erworben haben, indem wir uns wie Geizhälse damit begnügen, uns an dem bloßen Besitz zu erfreuen. Dadurch wird der Besitz möglicherweise völlig nutz- und sinnlos. Alles Sinnlose aber hat nachteilige Folgen. Wir können unseren Besitz ausschließlich egoistischen Interessen dienstbar machen, indem wir zum Beispiel jede Gehaltserhöhung nur dazu verwenden, um uns ein größeres Auto, einen neuen Fernseher oder aufwendigere Ferien zu leisten. Womöglich denken wir bei allem, was wir besitzen, ausschließlich daran, was es uns selbst nützen könnte. Wir können bösartigen Gebrauch von unserem Besitz machen, indem wir andere dazu überreden, etwas zu tun, wozu er nicht berechtigt ist, oder etwas zu verkaufen, wozu er nicht berechtigt ist. Mancher junge Mensch hat sich durch Geld, das einem anderen gehörte, blenden oder bestechen lassen. Geld bedeutet Macht, und korrupte Menschen verwenden ihr Geld möglicherweise dazu, andere damit zu kaufen — vor Gott eine entsetzliche Sünde. Wir können, was wir besitzen, dazu verwenden, uns selbst unabhängig und andere Menschen glücklich zu machen. Dazu bedarf es keiner großen Reichtümer, denn es bedarf keineswegs immer großer Summen, um andere Menschen glücklich zu machen. Wichtig ist nur, daß wir mit unserem Besitz andere glücklich machen können.. Paulus erinnerte an ein Jesuswort, das alle übrigen vergessen hatten: „Geben ist seliger als Nehmen" (Apg. 21, 35). Für Gott ist es bezeichnend, daß er stets der Gebende ist, und so werden auch wir von dem, was wir besitzen, stets den rechten Gebrauch

machen, wenn Geben uns mehr bedeutet als Nehmen, einerlei, wieviel oder wiewenig es ist.

UNNÖTIGE SORGEN

Matthäus 6, 25—34

Darum sage ich euch: Sorget nicht um euer Leben, was ihr essen und trinken werdet; auch nicht um euren Leib, was ihr anziehen werdet. Ist nicht das Leben mehr als die Speise und der Leib mehr als die Kleidung? Sehet die Vögel unter dem Himmel an: sie säen nicht, sie ernten nicht, sie sammeln nicht in die Scheunen; und euer himmlischer Vater nährt sie doch. Seid ihr denn nicht viel mehr als sie? Wer ist unter euch, der seines Lebens Länge eine Spanne zusetzen kann, ob er gleich darum sorget? Und warum sorget ihr für die Kleidung? Schauet die Lilien auf dem Felde, wie sie wachsen: sie arbeiten nicht, auch spinnen sie nicht. Ich sage euch, daß auch Salomo in aller seiner Herrlichkeit nicht bekleidet gewesen ist wie derselben eine. So denn Gott das Gras auf dem Felde also kleidet, das doch heute steht und morgen in den Ofen geworfen wird: sollte er das nicht viel mehr euch tun, o ihr Kleingläubigen? Darum sollt ihr nicht sorgen und sagen: Was werden wir essen? Was werden wir trinken? Womit werden wir uns kleiden? Nach solchem allen trachten die Heiden. Denn euer himmlischer Vater weiß, daß ihr des alles bedürfet. Trachtet am ersten nach dem Reich Gottes und nach seiner Gerechtigkeit, so wird euch solches alles zufallen. Darum sorget nicht für den andern Morgen, denn der morgende Tag wird für das Seine sorgen. Es ist genug, daß ein jeglicher Tag seine eigene Plage habe.

Wir müssen uns zunächst einmal darüber klar werden, was Jesus uns in diesem Abschnitt verbietet und was er von uns verlangt. „Sorget nicht für den andern Morgen", heißt es in der Lutherbibel, und vorher: „Sorget nicht um euer Leben." Jesus verbietet nicht jede gebotene, kluge Vorsorge, wohl aber, daß wir uns Sorgen machen. Jesus macht sich nicht zum Fürsprecher einer ratlosen, gedankenlosen, unbedachten und leichtsinnigen Haltung dem Leben gegenüber; er verbietet uns lediglich, daß wir uns vor lauter Sorge und Angst aller Lebensfreude selbst berauben,

Im griechischen Text wird an dieser Stelle das Wort merimnan = sich sorgen, besorgt sein verwendet. In einem erhaltenen Papyrusbrief schreibt eine Frau an ihren abwesenden Ehemann: „Tag und Nacht bin ich deinetwegen in Sorge" (merimna). Eine Mutter, die erfahren hat, daß es ihrem Sohn gut geht und daß er gesund ist, schreibt: „All meine Gebete und all meine Sorgen (merimnai) gelten dir." Und in einem Gedicht Anakreons heißt es: „Wenn ich Wein trinke, vergehen alle meine Sorgen" (merimnai). Besorgnis wird im Griechischen durch das Wort merimna zum Ausdruck gebracht.

Den Juden war diese Lebenseinstellung ebenfalls vertraut. Die Rabbinen lehrten, daß man dem Leben mit einer Mischung von Klugheit und Gelassenheit begegnen müsse. So bestanden sie zum Beispiel darauf, daß jedermann seine Söhne ein Handwerk lehren müsse, denn, so sagten sie, sie kein Handwerk zu lehren, heiße sie zu Dieben machen. Das heißt, sie waren der Ansicht, daß alle erforderlichen Maßnahmen getroffen werden müßten, um mit dem Leben fertigzuwerden. Gleichzeitig lehrten sie aber auch: „Wer einen Laib Brot in seinem Korb hat und fragt: ‚Was soll ich morgen essen?' ist ein Kleingläubiger."

Jesus lehrt hier eine Lebenshaltung, die seinen Landsleuten wohlvertraut war: Kluge Vorsorge muß mit heiterer Gelassenheit und Vertrauen Hand in Hand gehen.

WIE WERDEN WIR FREI VON UNSEREN BESORGNISSEN?

Matthäus 6, 25—34 (Fortsetzung)

In diesen zehn Versen führt Jesus sieben verschiedene Argumente an, mit denen sich die unnötige Besorgnis der Menschen bekämpfen läßt.

1. Zunächst weist er darauf hin (Vers 25), daß wir unser Leben Gott verdanken, und daß wir dem, der uns das Leben geschenkt hat, auch in kleinen Dingen vertrauen dürfen. Wenn Gott uns das Leben schenkt, dürfen wir auch sicher sein, daß er uns die lebensnotwendige Speise gewähren wird. Wenn Gott uns unsere Körper schenkt, dürfen wir auch sicher sein, daß er uns Kleidung gewährt. Wenn jemand uns eine überaus kostbare Gabe schenkt, können wir sicher sein, daß der Gebende nicht gemein, geizig, knauserig und vergeßlich sein und uns vernachlässigen wird, wenn es um wesentlich kleinere Gaben geht. Das erste Argument lautet also: Wenn Gott uns das Leben

schenkt, können wir auch in allem Lebensnotwendigen auf ihn bauen.

2. Als nächstes spricht Jesus von den Vögeln (Vers 26). Sie machen sich keine unnötigen Sorgen und versuchen keine Vorräte für die ungewisse und unvorhersehbare Zukunft anzulegen, und doch bleiben sie am Leben. Mehr als einer der jüdischen Rabbinen war fasziniert von der Lebensweise der Tiere. „Nie habe ich einen Hirsch Feigen trocknen sehen", heißt es bei Rabbi Simeon, „noch einen Löwen, der etwas trug, oder einen Fuchs, der Kaufmann war, und doch wurden sie alle genährt, ohne sich Sorgen deswegen zu machen. Wenn die, die dazu erschaffen wurden, mir zu dienen, so ernährt werden, um wieviel mehr werde dann ich ernährt werden, der erschaffen wurde, um meinem Schöpfer zu dienen. Doch ich habe meine Wege verdorben und damit etwas von meinem wahren Wesen eingebüßt." Es geht hier nicht darum, daß Jesus etwa behaupten will, die Vögel arbeiteten nicht — niemand bemüht sich emsiger um seinen Lebensunterhalt als die Spatzen —, es geht vielmehr darum, daß sie sich keine Sorgen machen. Im Gegensatz zu den Menschen strengen sie sich nicht an, in die Zukunft zu sehen und sich vor ihr abzusichern.

3. Auch Vers 27 beweist Jesus, daß es in jedem Fall sinnlos ist, sich unnötig zu sorgen. Dieser Vers kann zweierlei besagen. Einmal, daß niemand sich auch nur einen Zentimeter größer machen kann, als er ist, indem er sich deswegen Gedanken macht, oder aber auch, daß niemand sein Leben über die ihm zugemessene Spanne hinaus verlängern kann. Für diese Deutung spricht die größere Wahrscheinlichkeit. Jesus argumentiert, daß unnötige Besorgnisse in jedem Fall zwecklos sind.

4. Als nächstes spricht Jesus von den Blumen (Vers 28—30), und zwar wie jemand, der Blumen liebt. Bei den Lilien handelt es sich um den scharlachroten Mohn und die Anemonen, die an den Berghängen Palästinas nur einen einzigen Tag lang blühten und trotz ihrer kurzen Lebensdauer von solcher Pracht waren, daß dagegen selbst die Pracht der Königsgewänder verblaßte. Waren sie dahingewelkt, konnte man sie nur noch dazu benutzen, die Lehmöfen damit anzuheizen. Besonders wenn man rasch den Herd erhitzen wollte, warf man ein paar Handvoll trockene Gräser und wilde Blumen auf das Feuer. Obwohl die Blumen nur einen Tag blühten und dann dazu dienten, den Ofen zu heizen, wenn die Frauen eilig etwas zubereiten wollten, kleidete Gott sie mit einer Schönheit, wie kein Mensch sie nachzumachen imstande ist. Wenn Gott einer Blume von so kurzer Lebensdauer solche Schönheit verleiht, um wieviel mehr

wird er dann für die Menschen sorgen? Wenn Gott schon Blumen, die nur einen Tag blühen, so verschwenderisch bedenkt, wird er erst recht die Menschen, die Krone der Schöpfung, nicht vergessen.

5. Jesus bringt ein weiteres entscheidendes Argument gegen die unnötigen Besorgnisse der Menschen vor, indem er sagt, derartige Sorgen seien für Heiden bezeichnend, nicht aber für die Menschen, die wüßten, wie Gott sei (Vers 32). Besorgnis ist ihrem Wesen nach Mißtrauen gegenüber Gott. Das ist bei Heiden, die an einen eifersüchtigen, launischen, unberechenbaren Gott glauben, vielleicht verständlich, nicht aber bei jemandem, der gelernt hat, Gott Vater zu nennen. Als Christen, die an die Liebe Gottes glauben, dürften wir uns überhaupt keine derartigen Sorgen machen.

6. Jesus nennt zwei Möglichkeiten zum Schutz gegen derartige Sorgen. Wir sollen in erster Linie unser ganzes Trachten auf das Reich Gottes richten. Wie wir bereits festgestellt haben, heißt im Reich Gottes sein, den Willen Gottes tun (Matth. 6, 10). Indem wir uns darauf konzentrieren, den Willen Gottes anzuerkennen und zu befolgen, vertreiben wir unnötige Sorgen. Wir alle wissen, wie sehr die Liebe alles andere verdrängen kann, wie sie uns in unserer Arbeit inspirieren, unser Tun intensivieren, unser Leben läutern und uns völlig beherrschen kann. Jesus war überzeugt, daß alle Sorgen schwinden, wenn Gott zur beherrschenden Macht unseres Lebens wird.

7. Schließlich sagt Jesus noch, daß die Sorgen sich dadurch vertreiben lassen, wenn wir die Kunst beherrschen lernen, immer nur an das im Augenblick Erforderliche zu denken (Vers 34). Ein jüdischer Ausspruch besagte: „Mach dir keine Gedanken über das, was morgen Schlimmes sein könnte, denn du weißt ja nicht, was der heutige Tag dir bringen wird. Vielleicht bist du morgen gar nicht mehr am Leben, und sorgst dich um etwas, was dich gar nicht mehr betrifft." Wenn wir jeden Tag hinnehmen, wie er kommt, wenn wir jede Aufgabe meistern, die im Augenblick an uns herantritt, dann muß auch die Summe aller Tage gut sein. Jesus rät uns, den Erfordernissen eines jeden Tages gerecht zu werden, ohne daß wir uns schon jetzt um die ungewisse Zukunft und Dinge, die womöglich nie passieren, Sorgen machen.

DIE TORHEIT DES SICHSORGENS

Matthäus 6, 25–34 (Fortsetzung)

Wie lassen sich die Argumente Jesu gegen das unnötige Sichsorgen zusammenfassen?

1. Eine derartige Besorgnis ist unnötig, sinnlos und sogar schädlich. Sorgen berühren das Vergangene nicht; Vergangenes bleibt vergangen. Das heißt nicht, daß wir uns von unserer Vergangenheit lossagen sollen, doch genügt es, wenn wir in ihr eine Triebfeder und einen Wegweiser für besseres Verhalten in der Zukunft sehen, statt etwas, über das wir immer aufs neue nachgrübeln, bis die Grübelei uns schließlich in all unserem Tun völlig lähmt.

Ebenso sinnlos ist es, sich Sorgen wegen der Zukunft zu machen. In einer Geschichte, die von einem Arzt handelt, der gelähmt und ans Bett gefesselt war, ist davon die Rede, daß er trotzdem von so ungewöhnlicher Heiterkeit war, daß niemand auf den Gedanken kam, ihn zu bedauern. Seine Kinder hingen mit großer Verehrung an ihm. Als einer seiner Söhne das Elternhaus verließ, um sich allein hinauszuwagen und das Abenteuer des Lebens zu bestehen, gab der Arzt ihm folgenden guten Rat mit auf den Weg: „Sieh zu, daß du durchhältst, und zwar als Gentleman, und vergiß nie, daß die größten Schwierigkeiten, mit denen du fertigwerden mußt, jene sind, die nie eintreffen." Sich um die Zukunft unnötige Sorgen zu machen, heißt Zeit und Kraft verschwenden, denn die Zukunft sieht in Wirklichkeit meistens ganz anders aus, als wir es befürchten.

Doch nicht nur sinnlos ist unser Sorgen, häufig schadet es uns sogar. Magengeschwüre und Herzinfarkt sind zwei typische Krankheiten unserer Zeit und vielfach auf Sorgen und Ängste zurückzuführen. Es ist medizinisch erwiesen, daß Menschen, die viel lachen, länger leben. Sorgen verschleißen den Menschen nicht nur geistig, sondern auch körperlich; sie beeinflussen das Urteilsvermögen, verringern seine Entschlußkraft und führen schließlich dazu, daß er mit dem Leben nicht mehr fertig wird. Wenn wir stets unser Bestes geben – mehr ist nicht möglich –, dann können wir das übrige getrost Gott überlassen.

2. Derartiges Sichsorgen macht blind, da es unseren Blick trübt gegenüber dem, was die Natur uns lehrt. Jesus heißt uns, die Vögel anzuschauen, damit wir erkennen, welche Wohltäterin die Natur ist, und lernen, der Liebe zu vertrauen, die dahintersteht. Wenn wir uns ständig sorgen, heißt das, daß wir uns weigern, aus der Geschichte zu

lernen. Einer der Psalmisten ermutigt sich selbst, indem er sich an Vorgänge der Geschichte erinnert. „Mein Gott", ruft er, „betrübt ist meine Seele in mir", und dann fährt er fort: „Darum gedenke ich an dich aus dem Land am Jordan und Hermon, vom Berge Misar" (Ps. 42, 7; vgl. 5. Mose 3, 8). Als er sich Sorgen gegenüber sah, tröstete er sich mit der Erinnerung an das, was Gott getan hatte. Wer nicht vergißt, was Gott in der Vergangenheit für ihn getan hat, wird sich auch um die Zukunft keine Sorgen machen. Wer sich sorgt, weigert sich, zu lernen, was das Leben uns lehrt. Wenn uns jemand gesagt hätte, was uns alles bevorstände im Leben, hätten wir nie geglaubt, daß wir es überstehen würden. Dennoch haben wir es durchgestanden und sind am Leben geblieben. Das Leben lehrt uns, daß wir scheinbar Unerträgliches ertragen, scheinbar Unmögliches tun und über unsere scheinbare Belastungsgrenze hinaus durchzuhalten vermögen.

3. Das Sichsorgen ist seinem Wesen nach unreligiös. Es wird nicht durch äußere Verhältnisse verursacht, denn unter den gleichen äußeren Bedingungen bleibt der eine völlig heiter und gelassen, während der andere sich zu Tode ängstigt und sorgt. Angst und Friede sind Sache des menschlichen Herzens, nicht der äußeren Umstände, in denen der Mensch lebt. Der Mystiker Johannes Tauler (gest. 1361) begegnete eines Tages einem Bettler, der auf seine Worte: „Gott schenke dir einen guten Tag, mein Freund", erwiderte: „Gott sei Dank, daß ich nie einen schlechten erlebt habe." Darauf sagte Tauler: „Gott schenke dir ein glückliches Leben." „Gott sei Dank", sagte der Bettler, „daß ich noch nie unglücklich war." Erstaunt fragte Tauler: „Was willst du damit sagen?" „Nun", sagte der Bettler, „wenn das Wetter gut ist, danke ich Gott dafür; wenn es regnet, danke ich Gott dafür; wenn ich genug habe, danke ich Gott dafür; wenn ich hungrig bin, danke ich Gott dafür; und da Gottes Wille auch mein Wille ist, da, was ihm gefällt, auch mir gefällt, weshalb sollte ich dann also behaupten, ich sei unglücklich, wenn es doch nicht zutrifft?" Verwundert blickte Tauler den Mann an. „Wer bist du?" fragte er. „Ich bin ein König", sagte der Bettler. „Wo ist denn dein Königreich?" fragte Tauler. Darauf erwiderte der Bettler ruhig: „In meinem Herzen." Lange zuvor hatte bereits Jesaja gesagt: „Wer festen Herzens ist, dem bewahrst du Frieden; denn er verläßt sich auf dich" (Jes. 26, 3). „Ich bin immer zufrieden", hat einmal jemand gesagt; „und das Geheimnis meiner Zufriedenheit besteht darin, daß ich zwar alle Meere befahre, daß mein Herz aber seinen Hafen nie verläßt."

Es gibt sicherlich schlimmere Sünden als die, sich zu sorgen und zu ängstigen, doch keine lähmt so wie diese. „Sorget nicht für den anderen Morgen", lautet das Gebot Jesu. Nur so finden wir Frieden und Kraft.

WIDER DEN RICHTGEIST

Matthäus 7, 1–5

Richtet nicht, auf daß ihr nicht gerichtet werdet. Denn mit welcherlei Gericht ihr richtet, werdet ihr gerichtet werden; und mit welcherlei Maß ihr messet, wird euch gemessen werden. Was siehest du aber den Splitter in deines Bruders Auge und wirst nicht gewahr des Balkens in deinem Auge? Oder wie darfst du sagen zu deinem Bruder: Halt, ich will dir den Splitter aus deinem Auge ziehen? Und siehe, ein Balken ist in deinem Auge. Du Heuchler, zieh zuerst den Balken aus deinem Auge; danach sieh zu, wie du den Splitter aus deines Bruders Auge ziehest.

Jesus bewegte sich mit diesen Worten, wie so oft in der Bergpredigt, in Vorstellungen, die dem jüdischen Denken in seiner besten Ausprägung wohlvertraut waren. Wie oft warnten die Rabbinen die Menschen davor, andere zu richten. „Wer seinen Nächsten freundlich richtet, wird selbst von Gott freundlich gerichtet werden." Sie sagten, sechs Werke seien es, die die Menschen hier glaubwürdig machen und ihnen in der künftigen Welt Gewinn bringen würden: Das Lernen, das Besuchen von Kranken, Gastfreundschaft, fromme Gebete, Erziehung der Kinder im Sinne des Gesetzes und gut über die Mitmenschen denken. Auch die Juden wußten, daß es eine heilige Pflicht ist, milde zu richten und es an Güte dabei nicht fehlen zu lassen.

Da es in der Geschichte immer wieder zu erstaunlichen Fehlurteilen gekommen ist, sollte man annehmen, daß dieses Gebot leicht zu befolgen sei, weil diese Fehlurteile die Menschen hätten warnen sollen, überhaupt zu richten. Immer wieder sind später berühmt gewordene Männer und Frauen als unbedeutende Menschen abgetan worden, vor allem auf dem Gebiet der Literatur und Kunst.

Auch in anderer Hinsicht kommt es immer wieder zu offenkundigen Fehlurteilen der Menschen. Es gibt wohl kaum jemanden, der sich davon freisprechen kann, andere zu Unrecht verurteilt zu haben, und ebensowenig jemanden, der nicht unter der falschen Beurteilung anderer zu leiden gehabt hätte. Trotzdem gibt es kaum ein Gebot Jesu, das so hartnäckig übertreten oder nicht beachtet wird.

NIEMAND SOLL RICHTEN

Matthäus 7, 1—5 (Fortsetzung)

Aus drei gewichtigen Gründen sollte niemand jemanden richten. 1. Wir kennen nie den ganzen Sachverhalt oder den ganzen Menschen. Vor langer Zeit hat Rabbi Hillel einmal gesagt: „Richte niemanden, bevor du selbst in der gleichen Lage wie er gewesen bist." Niemand weiß, wie groß die Versuchungen sind, denen der andere ausgesetzt ist. Wer selbst ruhig und gelassen ist, weiß nichts von den Versuchungen derer, die heißblütig sind und deren Leidenschaften jeden Augenblick losbrechen können. Wer in einem guten Elternhaus und in christlicher Umgebung aufgewachsen ist, weiß nichts von den Versuchungen derer, die in den Slums aufgewachsen sind oder dort, wo das Böse sich breit macht. Wer gute Eltern hatte, weiß nichts von den Versuchungen derer, die mit einem schlechten Erbe zur Welt kommen. Wenn wir uns klarmachen, was manche Menschen haben durchmachen müssen, können wir sie nicht nur nicht verurteilen, sondern müssen uns wundern, daß sie trotz allem noch so gute Menschen geblieben sind.

Auch die Menschen kennen wir niemals ganz. Unter bestimmten Umständen kann jemand, der unter anderen Umständen ein Hort der Stärke und der Schönheit ist, unliebenswürdig und unverschämt wirken. In einem Roman Mark Rutherfords ist von einem Mann die Rede, der eine zweite Ehe mit einer Frau eingeht, die ebenfalls schon einmal verheiratet war und eine heranwachsende Tochter mit in die Ehe brachte. Diese Tochter schien ein mürrisches, unliebenswürdiges Geschöpf und nicht im geringsten anziehend zu sein. Der Mann wußte nichts mit ihr anzufangen, bis ihre Mutter eines Tages plötzlich erkrankte. Die Tochter war wie verwandelt. Eine bessere Pflegerin konnte man sich nicht vorstellen. Sie pflegte ihre Mutter mit unermüdlicher Hingabe. Das bis dahin so mürrische Mädchen besaß plötzlich einen Charme, der sie völlig verwandelte. Die Menschen sind wie ein bestimmter Kristall, wie der Labradorspat, der auf den ersten Blick trübe und glanzlos wirkt. Dreht man ihn jedoch hin und her, bis das Licht in ganz bestimmter Richtung einfällt, dann beginnt er auf einmal wunderbar zu funkeln. So wirken auch die Menschen zuweilen abstoßend und häßlich, weil wir sie nur teilweise kennen. In jedem Menschen lebt etwas Gutes, und wir sind nicht dazu da, um sie nach ihrer äußeren Häßlichkeit zu beurteilen und zu richten, sondern um nach der darunterliegenden Schönheit Ausschau zu halten. So sollen die anderen sich uns gegenüber und so müssen wir uns anderen gegenüber verhalten.

2. Es ist nahezu menschenunmöglich, streng unparteiisch zu richten. Immer wieder lassen wir uns von instinktiven und unvernünftigen Reaktionen gegenüber unseren Mitmenschen hinreißen. Wir beurteilen sie überhaupt nicht nach Gesichtspunkten der Gerechtigkeit, sondern ganz einfach aufgrund irgendeiner unvernünftigen, unlogischen Reaktion. Man sagt, besonders wichtige und schwierige Gerichtsverhandlungen hätten bei den Griechen zuweilen in der Dunkelheit stattgefunden, damit Richter und Geschworene den Mann, der sich vor Gericht zu verantworten hatte, überhaupt nicht sahen, und sich ausschließlich von den Gegebenheiten des Rechtsfalls beeinflussen ließen. In einem Essay von Montaigne ist die Rede von einem persischen Richter, der sich hatte bestechen lassen, ein ungerechtfertigtes Todesurteil auszusprechen. Als König Kambyses erfuhr, was geschehen war, befahl er den Richter hinzurichten. Dann ließ er die Haut des Leichnams abziehen und präparieren, um damit den Richterstuhl beziehen zu lassen, damit die Richter stets daran erinnert würden, sich bei ihren Urteilen nie von Vorurteilen beeinflussen zu lassen. Nur wer selbst völlig unparteiisch ist, hat ein Recht zu richten. Da es dem Menschen nicht gegeben ist, völlig unparteiisch zu sein, kann nur Gott die Menschen richten.

3. Als den wichtigsten Grund, weswegen wir andere nicht richten sollen, hat Jesus angeführt: niemand ist ein so guter Mensch, daß er andere richten dürfte. Sehr anschaulich ist das Bild, das Jesus in diesem Zusammenhang gebraucht: Der Mann mit einem Balken im Auge versucht einem anderen einen Splitter aus dem Auge zu entfernen. Der in diesem Bild enthaltene Humor mußte die Menschen zum Lachen bringen, so daß es sich ihnen umso besser einprägte. Nur wer selbst ohne Fehler ist, darf nach Fehlern der anderen Ausschau halten. Niemand hat ein Recht dazu, jemand anders zu kritisieren, solange er sich nicht zumindest bemüht, die Fehler, die er an anderen kritisiert, selbst abzulegen. In jeder Versammlung, in jeder Gemeinde gibt es genug Menschen, die von ihrem

Stuhl oder Sessel aus eifrig Kritik üben, jedoch keineswegs bereit sind, selbst ein Amt zu übernehmen. Die Welt ist voller Menschen, die das Recht für sich in Anspruch nehmen, ihrer Kritik lautstark Ausdruck zu geben, ohne selbst in irgendeiner Weise tätig mitzuwirken. Nur wer selbst bereit ist, sich derselben Situation auszusetzen wie diejenigen, die er kritisiert, hat ein Recht zur Kritik.

Wir alle haben vollauf damit zu tun, unser eigenes Leben in Ordnung zu bringen, und sollten uns hüten, mit unserem Tadel das Leben anderer Menschen zu korrigieren. Stattdessen sollten wir uns darauf konzentrieren, unsere eigenen Fehler abzulegen. Die Fehler anderer aber sollten wir Gott überlassen.

DIE WAHRHEIT UND DIE, DIE SIE HÖREN

Matthäus 7, 6

Ihr sollt das Heilige nicht den Hunden geben, und eure Perlen sollt ihr nicht vor die Säue werfen, auf daß sie dieselben nicht zertreten mit ihren Füßen und sich wenden und euch zerreißen.

Dieses Jesuswort ist insofern schwierig, als es oberflächlich gesehen eine Exklusivität zu beinhalten scheint, die absolut im Widerspruch zur christlichen Botschaft steht. Diese Jesusworte wurden im Urchristentum auf zweierlei Weise verwendet.

1. Die Judenchristen, die glaubten, daß die Gaben Gottes und die Gnade Gottes ausschließlich für die Juden bestimmt seien und infolgedessen Gegner des Apostels Paulus waren, bedienten sich dieses Jesuswortes, indem sie argumentierten, Heiden müßten zunächst beschnitten werden und das Gesetz anerkennen, das heißt, sie müßten, bevor sie Christen werden könnten, zunächst einmal Juden werden. Der Text ließ tatsächlich zu, daß man ihn im Interesse des jüdischen Ausschließlichkeitsanspruches verwendete – oder auch mißbrauchte.

2. Das Urchristentum war in doppelter Weise bedroht. Einmal war es Gefahren von außen ausgesetzt, da es eine Insel der Reinheit inmitten eines Meeres von heidnischer Sittenlosigkeit darstellte, die ständig von ihr bedroht wurde. Die zweite Gefahr kam aus den Gemeinden selbst, von innen. Beim Überdenken dessen, was das Christentum beinhalte, blieb es nicht aus, daß mancher dabei auf Irrlehren verfiel; man glaubte, einen Kompromiß zwischen Christentum und Heidentum schlie-

ßen zu können und so beiden Genüge zu tun. Wollte die Kirche überleben, blieb ihr gar nichts anderes übrig, als sich sowohl gegen die Gefahren von außen als auch gegen die Gefahren von innen abzuschirmen, da sie andernfalls zu einer der vielen miteinander wetteifernden Religionen des römischen Weltreiches geworden wäre. Das Urchristentum war besonders sorgfältig hinsichtlich der Zulassung der Menschen zum Abendmahl, mit dem dieser Text denn auch verknüpft wurde. Das Herrenmahl begann mit den Worten: „Das Heilige für die Heiligen." Bischof Theodoret von Kyrrhos (gest. um 460) zitiert folgendes nach seiner Aussage mündlich überlieferte Jesuswort: „Meine Geheimnisse sind mir und den Meinen vorbehalten." In den Apostolischen Konstitutionen, einem kirchenrechtlichen Sammelwerk der griechischen Kirche aus der Zeit Ende des 4. Jahrhunderts, heißt es, zu Beginn des Abendmahls solle der Diakon sagen: „Keiner der Katechumenen (das sind die, die noch in der christlichen Lehre unterwiesen werden), keiner der Zuhörer (das sind die, die beim Gottesdienst zuhörten, weil sie der christliche Glaube interessierte), keiner der Ungläubigen und Irrlehrer darf hierbleiben." Nur verbürgte Christen durften am Abendmahl teilnehmen. In der Didache oder der Lehre der zwölf Apostel, wie die vollständige Bezeichnung lautet, der ältesten erhalten gebliebenen Kirchenordnung aus der ersten Hälfte des 2. Jahrhunderts, heißt es: „Nur wer im Namen des Herrn getauft ist, darf vom Brot und Wein des heiligen Abendmahls etwas nehmen; denn der Herr hat gesagt: ‚Ihr sollt das Heilige nicht den Hunden geben.'" Tertullian beklagt sich darüber, daß die Irrlehrer allen möglichen Menschen, ja sogar Heiden gestatten, am heiligen Abendmahl teilzunehmen, und so „das Heilige den Hunden vorwerfen, und die Perlen (auch wenn es keine echten Perlen sind) den Schweinen". In allen diesen Fällen berufen sich die Menschen auf diesen Text als Grundlage ihrer Exklusivität. Das heißt nicht, daß das Urchristentum nicht auf Mission bedacht gewesen wäre — im Gegenteil, es lag der Kirche außerordentlich daran, alle Menschen für sich zu gewinnen —, doch zugleich war sich die Kirche nur zu sehr bewußt, daß sie unbedingt auf die Reinerhaltung des Glaubens bedacht sein müsse, damit das Christentum nicht allmählich wieder im Meer des Heidentums aufging, von dem es umgeben war.

Der Sinn dieser Worte für die damalige Zeit läßt sich unschwer erkennen; doch wir müssen jetzt auch versuchen, ihre zeitlose Bedeutung zu erfassen.

DENEN EINEN SCHLAG VERSETZEN, DIE UNFÄHIG SIND ZU HÖREN

Matthäus 7, 6 (Fortsetzung)

Möglicherweise haben sich diese Jesusworte durch die Überlieferung zufällig gewandelt. Sie sind ein gutes Beispiel für die Art jüdischer Parallelen, wie wir ihnen auch schon Matthäus 6, 10 begegnet sind. Die Parallelstellen lauten:

> „Ihr sollt das Heilige nicht den Hunden geben, und eure Perlen sollt ihr nicht vor die Säue werfen."

Mit Ausnahme eines Wortes ist der Parallelismus vollkommen. Das Parallelwort zu geben ist werfen; zu Hunden Schweine; nur das Heilige wird durch Perlen nicht ganz aufgewogen. Hier hört der Parallelismus auf. Nun gibt es im Hebräischen zwei Wörter, die einander sehr ähneln, zumal wenn wir bedenken, daß das Hebräische keine vorgeschriebenen Vokale kennt. Heilig heißt kadosh (K D SH); und das aramäische Wort für Ohrring heißt kadasha (K D SH). Die Konsonanten stimmen in beiden Fällen völlig überein, und in der altertümlichen Schrift sahen beide Wörter eins wie das andere aus. Außerdem ist „ein Ohrring in der Schnauze eines Schweins" eine sprichwörtliche Redensart des Talmud für etwas, was völlig unangemessen und fehl am Platze ist. Es ist daher keineswegs ausgeschlossen, daß der Satz ursprünglich lautete: „Ihr sollt den Hunden keine Ohrringe geben und eure Perlen sollt ihr nicht vor die Säue werfen."

Wenn das tatsächlich der Sinn dieses Satzes ist, dann heißt das ganz schlicht, daß manche Menschen nicht imstande, nicht fähig sind, die christliche Botschaft aufzunehmen, die die Kirche ihnen zu vermitteln bereit ist. Dann wäre dies kein Exklusivitätsanspruch, sondern dann würde hier lediglich festgestellt, welchen Schwierigkeiten die Prediger zu allen Zeiten im Hinblick auf die Kommunikation, auf die Mitteilung dessen begegnen, was sie zu verkünden haben. Ganz gewiß gibt es Menschen, die der Wahrheit unzugänglich sind. Es muß erst irgendetwas geschehen mit ihnen, ehe man sie unterweisen kann. So besagt denn auch ein Ausspruch der Rabbinen: „Wie man seine Schätze nicht jedermann zeigen kann, so verhält es sich auch mit den Worten des Gesetzes; nur in Gegenwart geeigneter Menschen soll man sich in sie vertiefen."

Das ist eine allgemeingültige Wahrheit. Wir können nicht mit jedem alles besprechen. Wenn wir uns unter Freunden befinden, mit denen wir über Fragen des Glaubens offen sprechen, in deren Gegenwart wir Fragen über das, was uns verwirrt und wundert, stellen und die verschiedensten Vermutungen aussprechen können, und es kommt plötzlich jemand, der streng, ja geradezu unsympathisch orthodox ist, dann mag dieser Jemand uns wohl für gefährliche Ketzer halten, oder aber, wenn der Eintretende ein schlichtes Gemüt hat, das alles hinnimmt, ohne zu fragen, dann könnte er durch solche Gespräche wohl schockiert und erschüttert werden. Während ein medizinischer Film dem einen Menschen wertvolle, heilsame Aufschlüsse vermittelt, erregt er bei jemand anders womöglich nichts als lüsterne Neugier. Wenn gute alte Freunde beieinandersitzen, sich unterhalten und miteinander scherzen, dann kann es passieren, wenn ein unangenehmer Mensch auf der Bildfläche erscheint, daß jemand sagt: „Laßt uns aufhören und schweigen, da kommt ein Narr."

Es gibt also Menschen, die die christliche Wahrheit nicht aufzunehmen vermögen, sei es, daß sie sich ihr gegenüber verschließen, sei es, daß sie zu brutal und schmutzig sind, sei es, daß ihre Lebensführung sie ihrer Fähigkeit beraubt hat, die Wahrheit zu erkennen, sei es, daß sie von Haus aus alles Heilige verspotten, oder sei es, daß es, was durchaus vorkommt, keine gemeinsame Basis zwischen uns gibt, von der aus sich argumentieren ließe. Wir können nur verstehen, wofür wir eine „Antenne" haben. Unsere Herzensgeheimnisse können wir nicht vor jedermann bloßlegen. Es wird zu allen Zeiten Menschen geben, denen es töricht erscheint, die Lehre Jesu zu verkünden. Bei ihnen wird die Wahrheit, sobald sie in Worten Ausdruck findet, auf eine unüberwindliche Barriere stoßen.

Was soll man mit solchen Menschen anfangen? Soll man sie als hoffnungslose Fälle abschreiben? Sollen wir ihnen die christliche Botschaft ganz einfach vorenthalten? Was Worte nicht vermögen, vermag oft eine christliche Lebensführung zu bewirken. In einem internationalen Jugendlager diskutierten eines Abends die Teilnehmer über die verschiedenen Möglichkeiten, den Menschen etwas von Jesus Christus zu erzählen. Dabei fragte man auch ein Mädchen aus Afrika danach, wie man es bei ihnen anfange. „Wir haben weder Missionare noch geben wir Broschüren heraus", erwiderte sie. „Wir s c h i c k e n lediglich ein oder zwei Familien in ein Dorf, wo sie mit den anderen zusammen leben und arbeiten, und wenn die Leute dann sehen, wie Christen sind, möchten auch sie Christen werden." Das einzig und allein überzeugende Argument für den christlichen Glauben ist letzten Endes nur eine christliche Lebensführung.

Mit bestimmten Menschen kann man zwar nicht über Jesus

Christus sprechen, da ihre Unempfindlichkeit, ihre moralische Blindheit, ihr intellektueller Stolz, ihr zynischer Spott ihren Blick trübt und sie allen Worten über Christus unzugänglich macht; wohl aber können wir den Menschen Christus stets vor Augen halten. Die Schwäche der Kirche beruht nicht auf einem Mangel an Argumenten, wohl aber auf einem Mangel an christlicher Lebensführung.

VON DER GEBETSERHÖRUNG

Matthäus 7, 7–11

Bittet, so wird euch gegeben; suchet, so werdet ihr finden; klopfet an, so wird euch aufgetan. Denn wer da bittet, der empfängt; und wer da sucht, der findet; und wer da anklopft, dem wird aufgetan. Welcher ist unter euch Menschen, so ihn sein Sohn bittet ums Brot, der ihm einen Stein biete? oder, so er ihn bittet um einen Fisch, der ihm eine Schlange biete? So nun ihr, die ihr doch arg seid, könnt dennoch euren Kindern gute Gaben geben, wieviel mehr wird euer Vater im Himmel Gutes geben denen, die ihn bitten.

Jeder, der betet, möchte selbstverständlich wissen, zu welchem Gott er betet. Beten wir zu einem zürnenden Gott, von dem wir jede Gabe erzwingen müssen? Beten wir zu einem Gott, der unser spottet, und dessen Gabe womöglich eine zweischneidige Gabe ist? Oder beten wir zu einem Gott, der so gütig und freundlich ist, daß er bereit ist, uns mehr zu geben, als worum wir ihn bitten?

Jesus gehörte einem Volk an, das eine große Vorliebe fürs Beten hatte. „Gott ist seinen Geschöpfen näher als des Menschen Ohr dem Munde", sagten die Rabbinen. „Uns Menschen ist es kaum möglich, zwei Menschen auf einmal anzuhören; Gott aber hört die Menschen rufen, auch wenn alle auf einmal ihn anrufen." „Den Menschen wird es lästig, wenn ihre Freunde sie um etwas bitten, Gott aber liebt die Menschen umso mehr, je mehr sie mit ihren Nöten und Bitten zu ihm kommen." Jesus hatte in seiner Jugend das Beten lieben gelernt; hier nun empfangen wir von ihm die christliche Gebetsurkunde.

Jesus argumentiert so sehr einfach. Ein jüdischer Rabbi fragte: „Hat je ein Vater seinen Sohn gehaßt?" „Nein", sagte Jesus, „nie verschließe ein Vater sich gegenüber den Bitten seines Sohnes; und so werde Gott, der Vater aller Menschen, sich auch nie den Bitten seiner Kinder verschließen."

Jesus wählt seine Beispiele mit Bedacht. Zu den zwei Beispielen, die wir bei Matthäus finden, fügt Lukas noch ein drittes hinzu. Wird ein Vater seinem Sohn einen Stein bieten, wenn dieser ihn um Brot bittet? Wird ein Vater seinem Sohn, der ihn um einen Fisch bittet, eine Schlange bieten? Wird ein Vater seinem Sohn einen Skorpion bieten, wenn dieser ihn um ein Ei bittet? (Luk. 11, 12). Es geht in jedem der genannten Fälle darum, daß zwischen den beiden ausgeführten Dingen eine große Ähnlichkeit besteht. Die kleinen runden Kalksteine an der Küste sahen nach Form und Farbe genau wie die kleinen Brote aus. Wenn ein Sohn seinen Vater um Brot bittet, wird dieser ihn dann verspotten, indem er ihm einen Stein anbietet, der wie Brot aussieht, aber nicht eßbar ist? Wenn ein Sohn um Fisch bittet, wird sein Vater ihm dann eine Schlange anbieten? Sehr wahrscheinlich handelt es sich bei dieser Schlange um einen Aal, der nach den jüdischen Speisevorschriften als unrein galt und daher nicht gegessen werden durfte. „Denn alles, was nicht Flossen und Schuppen hat im Wasser, sollt ihr verabscheuen" (3. Mose 11, 12). Durch diese Bestimmung schied der Aal als Nahrungsmittel aus. Würde ein Vater des Hungers seines Sohnes je in solcher Weise spotten können? Wenn ein Sohn seinen Vater um ein Ei bittet, wird dieser ihm dann einen Skorpion geben? Skorpione sind kleine, gefährliche Tiere. Sie gleichen kleinen Hummern, die mit ihren Zangen ihr Opfer umklammern. Mit ihrem Schwanzstachel versetzen sie dem Opfer einen Hieb, der außerordentliche Schmerzen verursacht und zuweilen sogar tödlich wirkt. In Ruhestellung sind Zangen und Schwanz des Skorpions eingezogen; es gibt eine blaßfarbene Skorpionart, die in diesem Zustand genau wie ein Ei aussieht. Wenn ein Sohn seinen Vater um ein Ei bittet, wird dieser ihn dann verhöhnen, indem er ihm einen stechenden Skorpion aushändigt?

Gott weist unsere Gebete niemals zurück und ebensowenig verspottet er sie. Die Griechen erzählten sich Geschichten von Göttern, die die Gebete der Menschen zwar erhört hatten, aber derart, daß die Sache einen Widerhaken hatte und eine zweischneidige Angelegenheit war. Nach der griechischen Sage verliebte sich die Göttin Aurora in Tithonos, einen sterblichen Jüngling. Zeus, der Göttervater, versprach ihr jedes beliebige Geschenk für ihren sterblichen Liebhaber. Natürlich erbat auch Aurora sich, daß Tithonos unsterblich sein möge, vergaß aber, darum zu bitten, daß er auch auf immer jung bleiben möge. Und so kam es, daß Tithonos immer älter und älter wurde,

ohne sterben zu können. Die göttliche Gabe war zu einem Fluch geworden.
Daraus können wir etwas lernen. Wohl erhört Gott unsere Gebete; doch er wird sie stets auf seine Weise beantworten, wie seine vollkommene Weisheit und vollkommene Liebe es ihm eingeben. Wenn Gott unsere Gebete stets in der Form erhören würde, wie wir es uns in dem betreffenden Augenblick wünschen, wäre das sehr schlimm für uns, denn in unserer Unwissenheit bitten wir häufig um etwas, was uns zum Verderben gereichen würde. Jesus lehrt uns hier, daß Gott unsere Gebete nicht nur erhört, sondern daß er weise und liebevoll darauf eingeht.
Obwohl in diesem Abschnitt von den Vorrechten des Gebets die Rede ist, sind doch auch gewisse Verpflichtungen unsererseits damit verbunden. Im Griechischen gibt es zwei verschiedene Arten des Imperativs. Einmal den Imperativ des Aorists, der auf einen ganz bestimmten Befehl abzielt. „Mach die Tür hinter dir zu", ist zum Beispiel ein solcher Imperativ im Aorist. Daneben gibt es den Imperativ Präsens, der darauf abzielt, daß etwas ständig geschieht oder fortgesetzt wird. „Mach stets die Tür hinter dir zu", ist ein solcher Imperativ Präsens. In diesem Abschnitt handelt es sich um einen solchen Imperativ Präsens. Jesus sagt also: „Höre nicht auf zu bitten; höre nicht auf, zu suchen; höre nicht auf, anzuklopfen." Er heißt uns, am Gebet festzuhalten; er heißt uns, nicht müde zu werden beim Beten. Darin ist sicher ein Prüfstein unserer Aufrichtigkeit zu sehen. Wünschen wir wirklich etwas von ganzem Herzen? Sehnen wir uns so danach, daß wir immer wieder damit zu Gott kommen können? Der äußerste Prüfstein ist immer noch die Frage: „Kann ich Gott darum bitten?" Jesus hält hier die miteinander gekoppelten Tatsachen fest, daß Gott unsere Gebete stets erhört, aber auf seine Weise, in Liebe und Weisheit, und daß wir uns nicht entmutigen lassen dürfen, immer wieder zu Gott zu beten, denn erst so wird das Gebet zum Prüfstein der Dinge, um die wir bitten und zum Prüfstein der Aufrichtigkeit unserer Bitten.

DER GIPFEL DER ETHIK

Matthäus 7, 12

Alles nun, was ihr wollt, daß euch die Leute tun sollen, das tut ihnen auch! Das ist das Gesetz und die Propheten.

Das ist sehr wahrscheinlich das berühmteste aller Jesusworte. Die ganze Bergpredigt gipfelt in diesem Gebot, das auch als „Schlußstein der ganzen Predigt" bezeichnet worden ist. Diese Aussage stellt den höchstmöglichen Gipfel aller Sozialethik und der Sittenlehre dar.

Zu fast allen Aussagen, die Jesus in der Bergpredigt gemacht hat, lassen sich Parallelen aus der rabbinischen Literatur anführen; nur zu dieser Aussage gibt es dort keine echte Parallele. Hier begegnet uns etwas Neues, bisher noch nicht Formuliertes, eine neue Lehre, eine neue Sicht, eine neue Perspektive des Lebens und der Verpflichtungen, die es mit sich bringt.

Negative Parallelstellen zu dieser Äußerung lassen sich unschwer feststellen. Wie bereits erwähnt, gab es zwei besonders berühmte jüdische Lehrer: Shammai, ein ernster, strenger Mann, und Hillel, ein Mann von großer Freundlichkeit und Güte. Unter den Juden erzählte man sich folgende Geschichte: „Eines Tages kam ein Heide zu Shammai und sagte: ‚Vorausgesetzt, daß du mich mit dem ganzen Gesetz vertraut machst, solange ich auf einem Bein stehen kann, bin ich bereit, als Proselyt dem jüdischen Glauben beizutreten'. Darauf verjagte Shammai den Mann mit einem Zollstock, den er gerade in der Hand hielt. Da suchte der Mann Hillel auf, der ihn als Proselyten aufnahm und zu ihm sagte: ‚Was dir selbst verhaßt ist, das füge auch keinem anderen zu; das ist das ganze Gesetz; alles übrige nur eine Erläuterung dieses Satzes. Geh hin und lerne es.'" Hier haben wir die goldene Regel des Lebens in ihrer negativen Form. Im vierten Kapitel des Buches Tobias gibt der alte Tobias seinem Sohn Ermahnungen fürs Leben mit auf den Weg. Eine seiner Maximen lautet: „Was du nicht willst, das man dir tue, das tu einem andern auch nicht" (Tobias 4, 16). Im Aristeas-Brief, einer jüdischen Schrift, die den Eindruck zu erwecken versucht, als handele es sich um einen Bericht jüdischer Gelehrter, die nach Alexandrien gingen, um dort das Alte Testament ins Griechische zu übersetzen und so die Septuaginta schufen, ist davon die Rede, daß der König von Ägypten ihnen zu Ehren ein Gastmahl veranstaltete, bei dem er verschiedene schwierige Fragen an sie richtete: „Was heißt: Weisheit lehren?" Einer der jüdischen Gelehrten erwiderte: „Wie du möchtest, daß dich kein Übel befalle und daß du an allem Guten teilhabest, so solltest du auch deine Untertanen und alle, die dich beleidigen, diesem Grundsatz gemäß behandeln und die Edlen und Guten freundlich ermahnen. Denn Gott zieht alle Menschen durch Güte zu sich" (Aristeas-Brief 207). Der Form der Aussage Jesu näher steht, was Rabbi Elieser sagte: „Die Ehre deines Freundes soll dir ebenso teuer sein wie deine eigene Ehre." Der negativen Form der Aussage bedient sich dagegen wiederum der Psalmist, bei dem es heißt, wer seinem Nachbarn nichts Arges tue, dürfe sich Gott nahen (Ps. 15, 3). In ihrer negativen Form läßt sich diese Regel in der jüdischen Literatur unschwer feststellen; doch eine Parallele, die der positiven Form der Aussage Jesu entspricht, findet sich dort nicht.

Das gleiche gilt auch für andere Religionen. So ist zum Beispiel die negative Form der Aussagen ein fundamentaler Grundsatz des Konfuzius. Auf die Frage Tsze-Kungs: „Gibt es ein Wort, das zur lebensbeherrschenden Regel für uns werden könnte?" erwiderte Konfuzius: „Ist nicht Gegenseitigkeit ein solches Wort? Was du nicht willst, daß man's dir antue, das tu auch anderen nicht an."

Die buddhistischen Glaubenshymnen enthalten Züge, die der christlichen Lehre sehr nahe kommen:

„Alle Menschen zittern vor der Rute, alle Menschen fürchten den Tod; versetz dich in die Lage der andern; töte nicht noch veranlasse jemanden, zu töten.

Alle Menschen zittern vor der Rute, alle Menschen hängen am Leben; tu, was du willst, daß man es dir tue; töte nicht noch veranlasse jemanden, zu töten."

Ebenso verhält es sich bei den Griechen und Römern. So berichtet Isokrates, König Nikokles habe seinen Beamten den Rat gegeben: „Fügt anderen nichts zu, was euch selbst erzürnt, wenn es euch von seiten anderer widerfährt." Epiktet verurteilte die Sklaverei nach dem Prinzip: „Was du selbst zu erdulden vermeidest, das füge auch anderen nicht zu." Zu den wichtigsten Maximen der Stoiker gehörte der Satz: „Was du nicht willst, daß man es dir zufüge, das füge auch keinem anderen zu." Man sagt, Kaiser Alexander Severus habe diesen Satz in die Mauern seines Palastes einmeißeln lassen, damit er dieser Lebensregel stets eingedenk sei.

In ihrer negativen Formulierung bildet die Regel in der Tat die Grundlage jeder Sittenlehre, doch ihre positive Formulierung finden wir außer bei Jesus nirgendwo sonst. Viele hatten vor ihm gesagt: „Tu anderen nicht, was du nicht willst, daß man es dir tue", doch niemand hatte je gesagt: „Alles, was ihr wollt, daß euch die Leute tun sollen, das tut ihnen auch!"

Matthäus 7, 12 (Fortsetzung)

Inwiefern unterscheidet sich die positive Formulierung dieser goldenen Regel von der negativen Formulierung? Inwiefern verlangt Jesus wesentlich mehr als irgendein Lehrer vor ihm?

In ihrer negativen Form, die besagt, daß wir anderen nicht etwas antun sollen, von dem wir möchten, daß auch sie es uns nicht antun, ist diese Regel ihrem Wesen nach überhaupt nicht religiös, sondern eine schlichte Feststellung, die besagt, daß ohne ihre Befolgung keine menschliche Gesellschaft existenzfähig ist. Jemand hat einmal gesagt: „Wir sind jedem Menschen, dem wir begegnen und der uns nicht tötet, verpflichtet." Das trifft zwar in gewisser Hinsicht zu, doch wenn wir nicht von der Annahme ausgehen könnten, daß das Verhalten der anderen Menschen uns gegenüber den anerkannten Maßstäben zivilisierten Lebens entspräche, wäre das Leben unerträglich. Die negative Form dieser goldenen Regel ist in keiner Weise etwas Besonderes, sondern etwas, ohne daß es keinen Fortbestand des Lebens gäbe.

Ferner besagt die negative Form dieser Regel, daß wir bestimmte Dinge *nicht* tun, das heißt, daß wir uns bestimmter Taten enthalten sollen. Etwas *nicht* zu tun, ist nicht besonders schwer. Daß wir anderen Menschen kein Unrecht zufügen, ist kein ausgesprochen religiöser Grundsatz, sondern eher ein Grundsatz menschlichen Zusammenlebens, das ungläubige und unreligiöse Menschen ebenso zu beachten wissen wie Gläubige. Auch wer jemand anderem nie Unrecht zufügt, kann ein völlig unnützes Mitglied der menschlichen Gesellschaft sein. Der negativen Form dieser Regel können wir durch bloße Untätigkeit Genüge tun: Wer nichts tut, kann diese Regel nicht verletzen. Ein solches Gutsein steht jedoch in völligem Widerspruch zu dem, was Gutsein im christlichen Sinne bedeutet.

Formulieren wir die Regel dagegen positiv, indem wir sagen, daß wir alles, was wir wollen, daß es die Leute uns tun, auch ihnen tun sollen, dann bedeutet das ein neues Lebensprinzip, eine neue Haltung gegenüber unseren Mitmenschen. Es ist ein großer Unterschied, ob wir sagen: „Ich darf niemandem Unrecht zufügen, weil ich nicht möchte, daß mir Unrecht geschieht" — dazu können uns die Gesetze zwingen —, oder ob wir sagen: „Ich muß mich bemühen, freundlich zu den Menschen zu sein und ihnen zu helfen, so wie ich umgekehrt möchte, daß sie mir helfen und mir freundlich begegnen." Es ist ein gewaltiger Unterschied, ob unser Verhalten dem Grundsatz entspringt: „Ich darf niemandem Schaden zufügen", oder aber dem Grundsatz: „Ich muß alles in meiner Kraft Stehende tun, um anderen zu helfen." Das mag uns an einem simplen Beispiel klarwerden: Das Gesetz schreibt Autofahrern zwar vor, sich so zu verhalten, daß sie niemandem auf der Straße Schaden zufügen, aber kein Gesetz kann Autofahrer dazu zwingen, anzuhalten und einen müden Fußgänger ein Stück mitzunehmen. Menschen keinen Schaden und kein Unrecht zuzufügen, ihre Gefühle und Grundsätze zu respektieren, fällt uns meistens nicht besonders schwer; sehr viel schwieriger ist es dagegen, unser ganzes Leben darauf einzustellen und uns zu bemühen, ihnen stets mit der gleichen Güte und Freundlichkeit zu begegnen, die wir unsererseits auch von ihnen erfahren möchten.

Es ist durchaus möglich, der negativen Form der goldenen Regel Genüge zu tun, indem wir ohne allzu große Schwierigkeiten uns dahin bringen, daß wir anderen nichts antun, was uns selbst unangenehm wäre, wenn sie es uns antäten; der positiven Form dieser Regel können wir jedoch erst dann Genüge tun, wenn unser Herz von der Liebe Jesu Christi erfüllt ist. Nur dann werden wir versuchen, zu vergeben, so wie wir möchten, daß uns vergeben werde; zu helfen, so wie wir möchten, daß uns geholfen werde; zu loben, so wie wir möchten, daß wir gelobt werden; zu verstehen, so wie wir möchten, daß man uns versteht. Dann werden wir nicht Ausschau nach Dingen halten, die wir nicht tun dürfen, sondern nach dem, was wir tun können. Unser Leben wird dadurch selbstverständlich nicht einfacher; es bleibt uns wesentlich weniger Zeit für uns selbst, denn immer wieder werden wir anhalten müssen, um jemandem anderem zu helfen. Unser Leben daheim, in der Fabrik, im Bus, im Büro, auf der Straße, im Zuge, beim Sport und überall sonst wird von diesem Grundsatz beherrscht sein. Erst wenn wir unser Ich ausschalten lernen, wenn wir zu neuen Menschen werden, deren Leben um einen neuen Mittelpunkt kreist, können wir diesem Gebot gerecht werden. Die Welt würde eine andere sein, wenn alle versuchten, diese Regel zu befolgen.

AM KREUZWEG DES LEBENS

Matthäus 7, 13. 14

Gehet ein durch die enge Pforte. Denn die Pforte ist weit, und der Weg ist breit, der zur Verdammnis führt, und ihrer sind viele, die darauf wandeln. Und die Pforte ist eng, und der Weg ist schmal, der zum Leben führt, und wenige sind ihrer, die ihn finden.

Das Leben hat etwas Dramatisches, denn „das ganze Leben konzentriert sich auf die Kreuzwege der Menschen", hat einmal jemand gesagt. Bei allem, was wir tun, werden wir vor Entscheidungen gestellt, und weil es keinen Stillstand gibt, kann niemand den Entscheidungen ausweichen. Wir müssen uns immer wieder so oder so entscheiden. Aus diesem Grunde hat zu allen Zeiten eine wesentliche Aufgabe bedeutender Männer darin bestanden die Menschen vor derartige Entscheidungen zu stellen. „Siehe, ich habe dir heute vorgelegt das Leben und das Gute, den Tod und das Böse . . . darum erwähle das Leben, damit du am Leben bleibst, du und deine Nachkommen" (5. Mose 30, 15—20). Als Josua im Alter von seinem Amt zurücktrat, stellte er sein Volk vor die gleiche Wahl: „So wählt euch heute, wem ihr dienen wollt" (Jos. 24, 15). Und Jeremia hörte Gott sprechen: „Und zu diesem Volk sage: So spricht der Herr: Siehe, ich lege euch vor den Weg zum Leben und den Weg zum Tode" (Jer. 21, 8).

Vor diese Wahl stellt auch Jesus die Menschen in diesem Abschnitt. Es gibt einen breiten, bequemen Weg, für den sich viele entscheiden, obwohl er ins Verderben führt. Es gibt einen schmalen, beschwerlichen Weg, für den sich nur wenige entscheiden, doch am Ende dieses Weges wartet das Leben. Ein Schüler des Sokrates hat einmal folgendes gesagt: „Siehst du die kleine Tür, zu der ein nur wenig begangener Weg führt? Das ist der Weg zur wahren Unterweisung." Worin besteht der Unterschied zwischen diesen beiden Wegen?

1. Der eine Weg ist bequem, der andere beschwerlich. Der Weg zur Größe ist niemals leicht, sondern erfordert Mühe und harte Arbeit. „Die Straße, die ins Verderben führt, ist bequem und glatt", hat der griechische Dichter Hesiod einmal gesagt; „doch vor die Tugend haben die unsterblichen Götter den Schweiß gesetzt."

Und bei einem anderen griechischen Dichter heißt es: „Mühsal und Plackerei sind der Preis, den die Götter uns für alles Gute abverlangen." „Ihr Jünglinge, tragt kein Verlangen nach sanften Dingen, damit euch nicht eines Tages das Gegenteil zuteil wird."

Ein Unterhausmitglied hielt eines Tages eine bedeutende Rede. Hinterher fand man seinen Bruder in tiefen Gedanken. Auf die Frage, worüber er nachdenke, erwiderte er: „Ich hab mich gefragt, woher es kommt, daß mein Bruder alle Talente unserer Familie allein mit Beschlag belegt, und bin darauf gekommen, daß er schon als Kind, wenn wir spielten, stets gearbeitet hat." Auch wenn etwas den Anschein von Leichtigkeit erweckt, steckt unermüdliche Arbeit dahinter. Der Künstler am Flügel verdankt seine Erfolge ebenso harter Arbeit wie der Sportsmann in der Arena. Wirkliche Größe ist stets das Ergebnis harter Arbeit; wer anderen Versprechungen Glauben schenkt, täuscht sich und geht in eine Falle.

2. Der eine Weg ist lang, der andere kurz. Nur sehr selten ist die Größe eines Menschen auf eine plötzliche Erleuchtung zurückzuführen; meistens ist sie das Ergebnis langwieriger Arbeit und ständiger Aufmerksamkeit im Kleinen. In der Ars poetica, der Kunst des Dichtens, rät Horaz Piso, wenn er etwas geschrieben habe, jeweils neun Jahre zu warten, ehe er es veröffentliche. Weiter heißt es darin, einem Schüler, der seine Arbeiten dem Kritiker Quintilius vorzulegen pflegte, habe Quintilius jedesmal gesagt: „Radier sie wieder aus oder wirf sie ins Feuer." Die Arbeit an der Aeneis nahm Vergil die letzten zehn Jahre seines Lebens in Anspruch; trotzdem hätte er das Werk kurz vor seinem Tode verbrannt, weil er es für unvollkommen hielt, wenn seine Freunde ihm nicht Einhalt geboten hätten. „Der Staat" von Plato beginnt mit dem schlichten Satz: „Gestern ging ich mit Glaukon, dem Sohn des Ariston, nach Piräus hinab, um zur Göttin zu beten." In Platos Manuskript finden sich nicht weniger als dreizehn verschiedene Fassungen dieses ersten Satzes. Der hervorragende Schriftsteller hatte eine Fassung nach der anderen ausgearbeitet, bis der Satz ihm richtig erschien. Kein Meisterwerk ist je vom Himmel gefallen. Wir stehen ständig vor der Frage, ob wir den kurzen Weg wählen sollen, der uns schnelle Erfolge verspricht, oder aber den langen Weg, der erst in ferner Zukunft Ergebnisse zeitigen wird. Da aber alles, was von Dauer sein soll, Zeit beansprucht, ist der lange Weg schließlich immer noch der beste.

3. Der eine Weg ist diszipliniert, der andere undiszipliniert. Ohne Disziplin geht es nicht, wenn wir etwas erreichen wollen. Manch einer hat sich durch mangelnde Selbstdisziplin zugrundegerichtet, weil er sich stets nur gehen ließ. Ein Musterbeispiel dafür ist der englische Dichter Coleridge. Selten hat ein so großer Geist so wenig hervorgebracht. Coleridge verließ die Universität Cambridge, um zur Armee zu gehen; er verließ die Armee, weil er bei all seiner Belesenheit nicht imstande war, ein Pferd zu striegeln; dann ging er nach Oxford, das er ohne einen Studienabschluß wieder verließ. Er

begann eine Zeitschrift herauszugeben, die nach zehn Nummern ihr Erscheinen einstellte. Er verlor sich stets in Visionen von Arbeiten, die er tun müsse, ohne sie je auszuführen. Trotz seiner dichterischen Begabung fehlte es Colerigde an einem: an konzentrierten Anstrengungen und an der Kraft, durchzuhalten. Er hatte tausend Pläne für Bücher, die in seinem Kopf bereits fertig waren und nur noch aufgeschrieben zu werden brauchten, wie er sagte. „Ich stehe unmittelbar vor der Vollendung zweier Oktavbände", sagte Coleridge, doch dabei blieb es, weil er nicht die Energie aufbrachte, das, was er in Gedanken bereits verfaßt hatte, auch zu Papier zu bringen. Ohne Selbstdisziplin läßt sich auf die Dauer nichts erreichen.

4. Der eine geht nachdenklich, der andere gedankenlos seines Weges. Damit kommen wir zum eigentlichen Kern. Niemand würde den bequemen, den kurzen und gedankenlosen Weg wählen, wenn er ein wenig nachdächte. Jede Sache hat zwei Aspekte: den der Gegenwart und den der Zukunft. Wenn der bequeme Weg im Augenblick auch sehr verlockend aussieht und der schwere Weg sehr entmutigend wirkt, so besteht doch die einzige Möglichkeit, den richtigen Wertmaßstab anzulegen, darin, daß wir nicht an den Anfang, sondern an das Ende des Weges denken, nicht im zeitlichen Lichte, sondern im Licht der Ewigkeit.

DIE FALSCHEN PROPHETEN

Matthäus 7, 15–20

Sehet euch vor vor den falschen Propheten, die in Schafskleidern zu euch kommen, inwendig aber sind sie reißende Wölfe. An ihren Früchten sollt ihr sie erkennen. Kann man auch Trauben lesen von den Dornen oder Feigen von den Disteln? Also ein jeglicher guter Baum bringt gute Früchte; aber ein fauler Baum bringt arge Früchte. Ein guter Baum kann nicht arge Früchte bringen, und ein fauler Baum kann nicht gute Früchte bringen. Ein jeglicher Baum, der nicht gute Früchte bringt, wird abgehauen und ins Feuer geworfen. Darum: an ihren Früchten sollt ihr sie erkennen.

In den Juden weckte nahezu jeder Satz und jedes Wort dieses Abschnittes ganz bestimmte Erinnerungen.

Die Juden wußten Bescheid über die falschen Propheten. So stand Jeremia zum Beispiel im Widerspruch zu jenen Propheten, die sagten: „Friede! Friede!" wenn doch kein Friede war (Jer. 6, 14; 8, 11). Falsche Propheten und falsche Herrscher wurden als Wölfe bezeichnet. Hesekiel hatte einst gesagt: „Die Oberen in seiner Mitte sind wie reißende Wölfe, Blut zu vergießen und Menschen umzubringen um ihrer Habgier willen" (Hes. 22, 27). Zephanja entwirft ein schauriges Bild von den Zuständen in Israel: „Ihre Oberen sind brüllende Löwen und ihre Richter Wölfe am Abend, die nichts bis zum Morgen übriglassen. Ihre Propheten sind leichtfertig und voll Trug" (Zeph. 3, 3. 4). Bei seinem Abschied aus Ephesus warnt Paulus die Ältesten der Gemeinde vor künftigen Gefahren, indem er sagt: „Greuliche Wölfe werden unter euch kommen, die die Herde nicht verschonen werden" (Apg. 20, 29). Jesus sagt, er sende seine Jünger aus wie die Schafe mitten unter die Wölfe (Matth. 10, 16), und spricht von dem guten Hirten, der sein Leben für die Schafe läßt, um sie vor den Wölfen zu schützen (Joh. 10, 11. 12). Hier war tatsächlich ein Bild, das alle wiedererkannten und verstanden.

Jesus sagt, die falschen Propheten seien wie Wölfe in Schafskleidern. Hirten, die ihre Herde auf den Bergen hüteten, trugen ein Schafsfell mit dem Vlies nach innen. Doch nicht alle, die ein Schafsfell trugen, waren deswegen Hirten. Die Propheten trugen ein herkömmliches Gewand. Elia trug einen Mantel (1. Kön. 19, 13. 19), und dieser Mantel war ein härenes Gewand, das zur Tracht der Propheten wurde, so wie in Griechenland die Philosophen an ihrer Tracht erkennbar waren. Dieses Gewand wurde jedoch zuweilen auch von solchen getragen, die kein Recht dazu hatten. Bei Sacharja heißt es von ihnen: „Und sie sollen nicht mehr einen härenen Mantel anziehen, um zu betrügen" (Sach. 13, 4). Es gab Menschen, die sich einen Prophetenmantel anzogen, obwohl ihre Lebensführung keineswegs der eines Propheten entsprach.

Hatte es schon in alter Zeit falsche Propheten gegeben, so gab es auch zur Zeit der Entstehung des Neuen Testaments falsche Propheten. Als das Matthäusevangelium um das Jahr 85 n. Chr. aufgeschrieben wurde, gab es in den Gemeinden noch das Amt des Propheten, Männer ohne festen Wohnsitz, die alles aufgegeben hatten, um durch das Land zu ziehen und den Gemeinden Botschaften zu verkünden, die, wie sie glaubten, unmittelbar von Gott kamen. Die besten von ihnen waren vom Geist der Erleuchtung erfüllt und wahre Diener Gottes und der Gemeinden. Doch war dieses Amt in besonderer Weise der Versuchung ausgesetzt. Es gab Männer, die es dazu benutzten, um

Ansehen zu gewinnen, um auf Kosten der Gemeinden ein bequemes Leben zu führen und die sich regelrecht verwöhnen ließen. Die Bestimmungen, die die Didache, die älteste Kirchenordnung aus der ersten Hälfte des zweiten nachchristlichen Jahrhunderts im Hinblick auf die Wanderpropheten enthält, sind sehr aufschlußreich. Danach sollten echte Propheten hoch geehrt werden; sie sollten in den Gemeinden aufgenommen, ihr Wort sollte beachtet werden und ihre Freiheit unangetastet bleiben. Weiter hieß es in der Didache: „Doch sie sollen nur einen Tag, wenn nötig, auch zwei Tage bleiben; wer jedoch drei Tage lang an einem Ort verweilt, ist ein falscher Prophet." Propheten sollen stets nur um Brot bitten. „Wer um Geld bittet, ist ein falscher Prophet." „Alle Propheten behaupten, im Namen des Heiligen Geistes zu sprechen, doch es gibt einen unfehlbaren Prüfstein dafür: An ihrem Charakter soll man erkennen, ob es sich um einen echten oder falschen Propheten handelt." „Wer die Wahrheit lehrt und sich selbst nicht danach richtet, ist ein falscher Prophet." „Wer immer im Namen des Heiligen Geistes spricht: ‚Gebt mir Geld oder andere Sachen', auf den sollt ihr nicht hören; wer euch aber heißt, für andere etwas zu geben, die dessen bedürfen, den sollt ihr nicht richten." „Wenn ein Wanderlehrer in eine Gemeinde kommt, um sich dort niederzulassen, ‚laßt ihn arbeiten und essen', wenn er ein Handwerk gelernt hat. Wenn dies nicht der Fall ist, erwägt in eurer Weisheit, wie er unter euch als Christ leben kann, ohne dem Müßiggang zu verfallen . . . Ist er dazu nicht bereit, dann handelt es sich bei ihm nur um jemanden, der mit Jesus Geschäfte machen möchte. Vor ihnen hütet euch!" (Didache, Kap. 11. 12). Geschichte und Gegenwart machten die Worte Jesu für alle, die sie damals zum ersten Mal hörten, und für alle, an die Matthäus sie übermittelte, bedeutungsvoll.

AN IHREN FRÜCHTEN SOLLT IHR SIE ERKENNEN

Matthäus 7, 15–20 (Fortsetzung)

Juden, Griechen und Römern war die Vorstellung vertraut, daß man einen Baum nach seinen Früchten beurteilen solle. „Wie die Wurzel, so die Früchte", lautete ein Sprichwort. Später hieß es dann bei Epiktet: „Wie sollte ein Weinstock etwas anderes als Reben und ein Olivenbaum etwas anderes als Oliven hervorbringen?" Seneca erklärte, ebensowenig, wie ein Feigenbaum Oliven tragen könne, könne aus Bösem etwas Gutes erwachsen.

Doch hinter diesen Jesusworten steckt noch mehr als auf den ersten Blick erkennbar ist. „Kann man auch Trauben lesen von den Dornen?" fragt Jesus. Es gab eine Dornenart, den Wegedorn, der schwarze, kleinen Weintrauben sehr ähnliche Beeren trug. „Kann man Feigen von den Disteln lesen?" fragt Jesus. Es gab eine Distelart, deren Blüten man zumindest aus einiger Entfernung für Feigen halten konnte. Hier stoßen wir auf einen wichtigen und heilsamen Gesichtspunkt. Äußerlich gesehen können falsche und echte Propheten einander durchaus ähneln. Falsche Propheten können die richtige Kleidung tragen und die gleichen Worte gebrauchen wie wahre Propheten, doch wir können uns weder von den Beeren des Wegedorns noch von den Blüten der Disteln ernähren. So kann unsere Seele sich auch nicht von der Speise falscher Propheten nähren. Der eigentliche Prüfstein jeder Lehre ist: Gibt sie uns Kraft, die Lasten des Lebens zu tragen und den Weg einzuhalten, den wir gehen sollen? Schauen wir uns die falschen Propheten und ihre Merkmale einmal an. Wenn der Weg schwierig und die Pforte so eng ist, daß sie kaum zu finden ist, dann müssen wir darauf bedacht sein, Lehrer zu finden, die uns helfen, sie zu finden, und nicht Lehrer, die uns von dieser Pforte weglocken.

Der Hauptfehler, dem falsche Propheten verfallen, ist ihr *Eigeninteresse*. Der gute Hirte sorgt sich mehr um seine Herde als um sein eigenes Leben; der Wolf ist nur darauf bedacht, seine eigene Gier und Gefräßigkeit zu befriedigen. Falschen Propheten geht es nicht darum, den anderen etwas zu geben, sondern darum, selbst etwas zu erhalten. Die Juden waren sich dieser Gefahr durchaus bewußt, und so lautete einer der vornehmsten Grundsätze des jüdischen Gesetzes, daß jeder Rabbi einen Beruf ausüben müsse, der ihn ernähren könne, und auf keinen Fall für seine Lehrtätigkeit Geld annehmen dürfe. Rabbi Zodak hat einmal gesagt: „Du sollst deine Gesetzeskenntnisse weder wie eine Krone zur Schau tragen noch wie mit einem Spaten damit zu graben versuchen." Und bei Hillel heißt es: „Wer die Krone des Gesetzes äußeren Zwekken nutzbar zu machen versucht, wird vergehen." Die Juden wußten Bescheid über jene Lehrer, die aus Eigeninteresse lehrten, nur um selbst Profit daraus zu schlagen. Lehrer können auf dreierlei Weise von Eigeninteressen beherrscht sein:

1. Lehrer können ausschließlich *um des Gewinnes willen* lehren. Als es in einer Kirchengemeinde zu Auseinandersetzungen wegen der Gehaltsforderungen eines Geistlichen kam, stand schließlich einer der Kirchenältesten auf und sagte: „Gebt dem Mietling seinen Lohn und laßt ihn ziehen." Nie-

mand kann von nichts leben, und nur wenige Menschen sind imstande, etwas Besonderes zu leisten, wenn materielle Sorgen zu sehr auf ihnen lasten, doch das große Privileg aller Lehrenden besteht nicht im Gehalt, das sie dafür empfangen, sondern darin, daß sie Jungen und Mädchen, Männern und Frauen geistig etwas vermitteln dürfen.

2. Lehrer können ausschließlich aus Prestigegründen lehren. Wir können andere etwas lehren, um ihnen zu helfen, oder aber, um zu beweisen, wie klug wir selbst sind. „Niemand kann gleichzeitig beweisen, daß er selbst klug und daß Jesus Christus wunderbar ist", hat einmal jemand gesagt. Zwei Männer unterhielten sich einst über einen Geistlichen, der sein ganzes Leben dem Dienst in einer kleinen Gemeinde gewidmet hatte, obwohl er auf jeder anderen Kanzel hätte bestehen können. Die Menschen schätzten ihn, und je besser sie ihn kannten, umsomehr liebten sie ihn. Der eine der Männer, der wohl wußte, was der Pfarrer alles getan hatte, ihn jedoch nicht persönlich kannte, sagte: „Er wird im Himmel in der vordersten Reihe sitzen." Der andere, der ihn nicht nur als Geistlichen, sondern auch persönlich gekannt hatte, erwiderte: „Er würde in jeder Vorderreihe eine klägliche Figur machen." Es gibt Lehrer und Prediger, die die Botschaft, die sie übermitteln sollen, dazu benutzen, um sich selbst zur Schau zu stellen. Falsche Propheten stellen sich selbst zur Schau; wahre Propheten haben dagegen das Bedürfnis, sich selbst auszulöschen.

3. Es gibt Lehrer, die nur lehren, um anderen ihre eigenen Gedanken vorzutragen. Falsche Propheten sind darauf aus, die Wahrheit, wie sie sie verstehen, auszustreuen; wahren Propheten liegt nur daran, die Wahrheit Gottes zu verkünden. Es trifft zwar zu, daß jeder alles für sich durchdenken muß, aber ebenso läßt sich nicht leugnen, daß wahre Propheten zuerst auf Gott hören, bevor sie zu den Menschen sprechen. Sie denken stets daran, daß sie nur die Stimme sind, durch die Gott zu den Menschen spricht und ein Kanal, durch den Gottes Barmherzigkeit und Gnade die Menschen erreichen kann. Lehrer und Prediger sind verpflichtet, den Menschen nicht ihre persönlichen Vorstellungen von der Wahrheit zu verkünden, sondern die Wahrheit in Jesus Christus.

Matthäus 7, 15–20 (Fortsetzung)

In diesem Abschnitt wird mancherlei über die argen Früchte der falschen Propheten gesagt. Worin bestehen die schädlichen Einflüsse, die argen Früchte der falschen Propheten?

1. Jede Lehre, die bewirkt, daß Religion hauptsächlich in der Einhaltung von Äußerlichkeiten besteht, ist falsch. Das traf auf die Schriftgelehrten und Pharisäer zu, für die Religion in der Einhaltung aller Vorschriften des Zeremonialgesetzes bestand. Wer die Handwaschungen beachtete, wer am Sabbat keine Last trug, die das Gewicht von zwei Feigen überschritt, wer am Sabbat nicht weiter als zulässig ging, wer peinlich genau darauf achtete, daß bis hinunter zu den Küchenkräutern von allem der Zehnte gegeben wurde, der galt als fromm. Nur zu leicht werden Religion und Religionspraktiken miteinander verwechselt. Es kommt vor, daß gelehrt wird, Religion bestehe darin, daß wir zur Kirche gehen, den Sonntag einhalten, unsere Kirchensteuern bezahlen und in der Bibel lesen. Menschen, die dies alles tun, brauchen deswegen noch lange keine Christen zu sein, denn Christentum zeigt sich nur an unserer Haltung gegenüber Gott und den Mitmenschen.

2. Jede Lehre ist falsch, wenn sie eine Religion bewirkt, die aus Verboten besteht. Alle Religionen, die aus einer Reihe von „du sollst nicht" bestehen, sind falsche Religionen. Es gibt einen bestimmten Typ von Lehrern, die zu dem, der begonnen hat, ein christliches Leben zu führen, sagen: „Von jetzt an wirst du nicht mehr ins Kino gehen, nicht mehr tanzen, nicht mehr rauchen oder ein Make-up benutzen; von jetzt an wirst du keine Romane und Sonntagszeitungen mehr lesen und auch nicht mehr ins Theater gehen." Wenn wir dadurch Christen würden, daß wir uns bestimmter Dinge enthalten, dann wäre es sehr viel leichter, Christ zu sein, als dies tatsächlich der Fall ist. Das Wesen des Christentums besteht nicht darin, daß wir etwas nicht tun, sondern gerade darin, daß wir etwas tun. Wenn wir uns immer nur passiv verhalten, werden wir niemals die Liebe Gottes erwidern können.

3. Jede Lehre ist falsch, wenn sie eine bequeme Religion bewirkt. Zur Zeit des Apostels Paulus gab es falsche Lehrer, deren Lehre Römer 6 noch nachklingt. Diese Lehrer fragten Paulus: „Du glaubst also, daß die Gnade Gottes

größer als alles andere ist?" „Ja." „Glaubst du, daß Gottes Gnade alle Sünden wettmachen kann?" „Ja." „Wenn es sich so verhält, dann laßt uns nach Herzenslust weiter sündigen. Gott wird uns verzeihen. Und außerdem bietet unsere Sünde Gott ja die beste Gelegenheit, seine Gnade walten zu lassen." Eine solche Religion ist keine Religion mehr, sondern eine Beleidigung der Liebe Gottes. Jede Lehre, die der Religion das Eherne entzieht, jede Lehre, die ein Christentum ohne Kreuz lehrt und der Stimme Jesu alles Drohende zu nehmen versucht, jede Lehre, die das Gericht Gottes in den Hintergrund schiebt und die Menschen leichtfertig über die Sünde denken läßt, ist eine falsche Lehre.

4. Jede Lehre, die eine Trennung zwischen Religion und Leben vornimmt, ist falsch. Jede Lehre, durch die die Menschen vom Leben und der Aktivität dieser Welt ausgeschlossen werden, ist falsch. Darin besteht auch der Irrtum der Mönche und Einsiedler, die glaubten, sie müßten sich in Klöster oder in die Einsamkeit zurückziehen, um ein christliches Leben führen zu können, die glaubten, sie müßten der Welt entsagen. Jesus betet für seine Jünger: „Ich bitte nicht, daß du sie von der Welt nehmest, sondern daß du sie bewahrest vor dem Bösen" (Joh. 17, 15). Es wurde uns von einer Journalistin berichtet, die von einer Tageszeitung zu einer christlichen Zeitschrift überwechselte, weil sie meinte, sonst nicht an ihren christlichen Grundsätzen festhalten zu können. Christen sollen Streiter für Jesus sein. Wie aber soll der Teig aufgehen, wenn der Sauerteig sich nicht darunter mischen lassen will? Was nützt ein Zeugnis, solange es nicht denen gegeben wird, die nicht glauben? Jede Lehre, die uns lehrt, das Leben nur von der Zuschauertribüne aus zu betrachten, ist falsch. Als Christen sollen wir keine Zuschauer des Lebens sein, sondern mit beiden Beinen im Leben stehen.

5. Jede Lehre, die bewirkt, daß die Religion etwas Anmaßendes, Separatistisches bekommt, ist falsch. Jede Lehre, die die Menschen ermutigt, sich kleinen Sekten anzuschließen und sich abzukapseln von den anderen, den Sündern, ist falsch. Die Religion ist nicht dazu da, Trennmauern zu errichten, sondern dazu, sie einzureißen. Jesus spricht davon, daß dereinst eine Herde und ein Hirte sein werden (Joh. 10, 16). Exklusivität ist nicht etwas Religiöses, sondern ist unreligiös. Die Religion ist dazu da, um die Menschen einander näher zu bringen, nicht dazu, sie auseinanderzutreiben. Der Glaube soll die Menschen zu einer einzigen Familie machen; er soll sie nicht in feindliche Gruppen aufspalten.

Jede Lehre, die besagt, daß eine bestimmte Kirche oder Sekte einen Monopolanspruch auf die Gnade und Barmherzigkeit Gottes besitze, ist falsch, denn Christus ist nicht gekommen, um die Menschen zu trennen, sondern um sie zu einigen.

UNTER FALSCHEM VORWAND

Matthäus 7, 21–23

Es werden nicht alle, die zu mir sagen: Herr, Herr! in das Himmelreich kommen, sondern die den Willen tun meines Vaters im Himmel. Es werden viele zu mir sagen an jenem Tage: Herr, Herr, haben wir nicht in deinem Namen geweissagt? Haben wir nicht in deinem Namen böse Geister ausgetrieben? Haben wir nicht in deinem Namen viele Taten getan? Dann werde ich ihnen bekennen: Ich habe euch nie gekannt; weichet von mir, ihr Übeltäter!

Dieser Abschnitt hat etwas Überraschendes für uns. Jesus ist durchaus bereit, zuzugeben, daß viele falsche Propheten Wunderbares und Eindrucksvolles tun und sagen. Wir dürfen in diesem Zusammenhang nicht vergessen, welche Zustände in der Antike herrschten. Wunder waren an der Tagesordnung. Die Häufigkeit, mit der sie auftraten, ist auf die damaligen Krankheitsvorstellungen zurückzuführen. Man glaubte in der Antike nämlich, daß alle Krankheiten auf das Wirken böser Geister zurückzuführen seien. Die Menschen wurden krank, weil ein Geist seinen schlimmen Einfluß auf sie geltend gemacht oder Eingang in irgendeinen Körperteil gefunden hatte. Heilungen wurden infolgedessen durch Geisterbeschwörungen bewirkt. Die Folge all dieser Vorstellungen war, daß es sich bei einem großen Teil der Krankheiten um psychologisch bedingte Leiden handelte, ebenso wie Heilungen großenteils auf psychologischen Wirkungen beruhten. Wenn jemand davon überzeugt war, daß er von einem bösen Geist besessen sei, dann war er zweifellos wirklich krank. Wenn ihn dann jemand davon überzeugen konnte, daß die Macht dieses Geistes gebrochen sei, dann wurde der Betreffende mit Sicherheit wieder gesund. Der Glaube daran, daß sie von Dämonen besessen seien, machte die Menschen in der Antike krank; und ebenso machte der Glaube, daß sie durch Geisterbeschwörungen ausgetrieben werden könnten, sie wieder gesund. Die verantwortlichen Männer der Kirche haben die heidnischen Wunder niemals geleugnet. Den Wundern Jesu Christi hielt der griechische Philosoph Celsus die Wunder entgegen, die Äskulap und Apollo zugeschrieben wurden. Der Kirchenschriftsteller Origenes, der sich mit seinen Argumenten auseinandersetzte, bestritt diese Wunder keinen Augenblick, sondern sagte schlicht: „Derartige Heilkräfte sind an sich weder gut noch böse; gottlose Menschen können sie ebenso haben wie andere." Und im Neuen Testament ist von jüdischen Beschwörern die Rede, die bei ihren Beschwörungen den Namen Jesu nannten und mit seiner Hilfe die Dämonen vertrieben (Apg. 19, 13). Mancher Scharlatan legte ein Lippenbekenntnis zu Jesus ab und benutzte seinen Namen dazu, bei Menschen, die von Dämonen besessen waren, wunderbare Wirkungen hervorzurufen. Hier nun sagt Jesus, für alle, die seinen Namen unter falschem Vorwand gebrauchen, werde der Tag der Abrechnung kommen. Dann würden ihre wahren Beweggründe zutage treten und sie würden aus der Gegenwart Gottes verbannt werden.

Dieser Abschnitt enthält zwei bleibende Wahrheiten. Es gibt nur eine Möglichkeit, die Aufrichtigkeit der Menschen festzustellen: ihre Handlungsweise. Taten können durch schöne Worte nie ersetzt werden. Es gibt nur einen einzigen Beweis unserer Liebe: Gehorsam. Es ist sinnlos, zu sagen, wir hätten jemanden lieb, wenn wir durch das, was wir tun, das Herz des betreffenden Menschen brechen. Vielleicht haben wir in unserer Jugend manchmal zu unserer Mutter gesagt: „Ich hab dich lieb, Mutter." Und vielleicht hat unsere Mutter dann ein bißchen wehmütig gelächelt und gesagt: „Wie schön, wenn das in deinem Verhalten ein wenig mehr zum Ausdruck käme." Wie oft bekennen wir Gott mit den Lippen, ohne dies auch durch unsere Lebensführung zu tun. Ein Glaubensbekenntnis herzusagen, ist nicht schwer, wohl aber, ein christliches Leben zu führen. Glaube, der nicht praktiziert wird, ist ein Widerspruch in sich selbst. Liebe ohne Gehorsam ist undenkbar.

Hinter diesem Abschnitt steht der Gedanke an das Gericht. Aus allem Gesagten spricht die Gewißheit, daß der Tag der Abrechnung kommen wird. Eines Tages werden alle noch so erfolgreichen Verstellungen der Menschen als solche offenbar werden. Wenn sich auch die Menschen durch unsere Worte täuschen lassen, Gott läßt sich von uns nicht täuschen. „Du verstehst meine Gedanken von ferne", heißt es Psalm 139, 2. Niemand kann Gott, der unser Herz kennt, auf die Dauer täuschen.

DAS EINZIG WAHRE FUNDAMENT

Matthäus 7, 24–28

Darum, wer diese meine Rede hört und tut sie, der gleicht einem klugen Mann, der sein Haus auf den Felsen baute. Da nun ein Platzregen fiel und die Wasser kamen und wehten die Winde und stießen an das Haus, fiel es doch nicht; denn es war auf den Felsen gegründet. Und wer diese meine Rede hört und tut sie nicht, der ist einem törichten Mann gleich, der sein Haus auf den Sand baute. Da nun ein Platzregen fiel und kamen die Wasser und wehten die Winde und stießen an das Haus, da fiel es und tat einen großen Fall.
Und es begab sich, da Jesus diese Rede vollendet hatte, entsetzte sich das Volk über seine Lehre; denn er lehrte mit Vollmacht und nicht wie ihre Schriftgelehrten.

Jesus war in doppelter Beziehung ein Experte. Er war ein Experte der Heiligen Schrift. Dem Verfasser der Sprüche Salomos verdankt er den Hinweis auf das hier gebrauchte Bild: „Wenn das Wetter daherfährt, ist der Gottlose nicht mehr; der Gerechte aber besteht ewiglich" (Spr. 10, 25). Hier ist im Keim schon das Bild von den beiden Häusern und denen, die sie errichteten, enthalten, wie Jesus es vor seinen Hörern entwirft. Jesus war aber auch ein Experte des Lebens. Als gelernter Zimmermann wußte er über den Hausbau genau Bescheid und wußte, wovon er sprach. Dieses Bild ist also nicht am grünen Tisch erdacht worden, sondern stammt von einem Praktiker.

Es ist auch keineswegs ein weit hergeholtes Beispiel, sondern etwas, was durchaus vorkam. Wer in Palästina ein Haus bauen wollte, mußte ein vorausschauender Mann sein. Manches Gießbachbett bildet im Sommer eine angenehme Mulde, die sich im Winter in ein reißendes Wasser verwandelt. Wer nach einem geeigneten Bauplatz Ausschau hielt, mochte eine solche geschützte Sandmulde für einen geeigneten Platz halten und, wenn er ein kurzsichtiger Mann war, in dem ausgetrockneten Flußbett ein Haus errichten, um dann im Winter erleben zu müssen, wie es wieder zerstört wurde. Selbst wenn man eine andere Stelle auswählte, war es verlockend, auf weichem Sand zu bauen, statt die Fundamente bis zu dem darunterliegenden Felsgestein zu vertiefen. Doch auch in diesem Fall war eine Katastrophe unvermeidbar. Nur festgegründete Häuser können Stürmen standhalten; nur Menschen, deren Leben fest gegründet ist, werden den Test bestehen. Jesus fordert in diesem Abschnitt zweierlei.

1. Er verlangt, daß die Menschen h ö r e n. Eine unserer größten Schwierigkeiten ergibt sich aus der schlichten Tatsache, daß die Menschen heute sehr häufig gar nicht wissen, was Jesus gesagt hat oder was die Kirche lehrt. Noch schlimmer ist es, wenn sie eine falsche Vorstellung von dem haben, was Jesus gesagt hat und was die Kirche lehrt. Anständige Menschen sollten weder Personen noch Einrichtungen verurteilen, ohne sie angehört zu haben, wie es heute leider häufig der Fall ist. Die christliche Lebensführung beginnt damit, daß wir Jesus Christus die Chance geben, gehört zu werden.

2. Jesus verlangt, daß die Menschen h a n d e l n. Erst wenn wir unsere Erkenntnisse in die Tat umsetzen, werden sie bedeutsam. Es ist denkbar, daß jemand ein Examen in christlicher Ethik mit Auszeichnung besteht, ohne Christ zu sein. Erkenntnisse müssen in die Tat umgesetzt, Theorien müssen praktiziert und Theologie muß gelebt werden. Es hat wenig Sinn, zum Arzt zu gehen, wenn wir nicht bereit sind, auf das zu hören, was er uns rät. Es hat wenig Sinn, zum Fachmann zu gehen, wenn wir nicht bereit sind, seinen Rat zu befolgen. Trotzdem gibt es Tausende von Menschen, die jeden Sonntag hören, was Jesus gelehrt hat, die infolgedessen sehr gut wissen, was er gelehrt hat, und trotzdem kaum oder gar nicht den Versuch machen, dies in die Tat umzusetzen. Wenn wir Jesus wirklich nachfolgen wollen, müssen wir h ö r e n u n d h a n d e l n.

Gibt es ein zusammenfassendes Wort für h ö r e n u n d h a n d e l n ? Ja, es gibt ein solches Wort: g e h o r c h e n. Jesus geht davon aus, daß er Gehorsam von uns erwarten kann. Gehorchen lernen gehört zum Allerwichtigsten im Leben und ist die Voraussetzung für jede Disziplin, von der wiederum das Leben der Menschen abhängen kann. Dafür ein Beispiel. Auf einem Motorboot, das bei rauher See ein sehr viel größeres Schiff im Schlepptau hatte, mit dem es durch eine Drahttrosse verbunden war, ertönte plötzlich bei starkem Sturm und starker Gischt ein einziges, durchdringendes Kommandowort des verantwortlichen Offiziers. „Hinlegen!" schrie er, und die ganze Besatzung warf sich zu Boden. In eben diesem Augenblick zerriß auch schon die Drahttrosse, und das lose Ende peitschte wie eine wildgewordene Stahlschlange hin und her. Hätte sie einen der Männer getroffen, wäre er auf der Stelle getötet worden. Doch die Mannschaft hatte automatisch gehorcht, und so wurde niemand verletzt. Hätte jemand erst noch nach dem Grund des Kommandos gefragt und einen Augenblick gezögert, ihm nachzukommen, wäre er jetzt ein toter Mann gewesen. Ihr Gehorsam hatte den Männern das Leben gerettet.

Den gleichen Gehorsam verlangt Jesus von uns, da nur so unser Leben sicher gegründet ist, und er verheißt uns, daß wir sicher sein werden, einerlei, welche Stürme uns auch bedrohen, wenn unser Leben auf den Gehorsam ihm gegenüber gegründet ist.

TÄTIGE LIEBE

Matthäus 8

Von allen vier Evangelisten geht Matthäus am methodischsten vor. Nie verwendet er das Material wahllos oder überläßt die Reihenfolge dem Zufall. Wenn sich im Matthäusevangelium eine bestimmte Reihenfolge feststellen läßt, in der die Dinge aufeinander folgen, dann hat das stets einen besonderen Grund. So verhält es sich auch hier. Kapitel 5, 6 und 7 enthalten die Bergpredigt, das heißt, sie stellen einen Bericht von Jesusworten dar; Kapitel 8 dagegen berichtet von den Taten Jesu. Während uns in Kapitel 5, 6 und 7 die göttliche Weisheit in Worten begegnet, begegnet uns Kapitel 8 die göttliche Liebe der Tat. Kapitel 8 ist ein Kapitel der Wunder. Ehe wir uns im einzelnen mit ihnen befassen, wollen wir sie zunächst als ein Ganzes betrachten. Kapitel 8 ist von sieben wunderbaren Geschehnissen, von sieben Wundern die Rede.

1. Die Heilung eines Aussätzigen (V. 1–4). Jesus berührt die Unberührbaren. Die Aussätzigen wurden aus der menschlichen Gemeinschaft verstoßen; sie zu berühren, ja selbst sich ihnen zu nähern, hieß das Gesetz übertreten. Ein Mensch, von dem sich alle anderen fernhalten, wird eingehüllt vom Mitleid und Erbarmen der Liebe Gottes.

2. Die Heilung des Dieners des Hauptmanns von Kapernaum (V. 5, 13). Der Hauptmann war Heide und nach Auffassung strenggläubiger Juden konnte mit ihm höchstens die Hölle geheizt werden; außerdem gehörte er der Besatzungsmacht an und statt ihm beizustehen hätte man nach Auffassung bestimmter jüdischer Kreise ihn eher meuchlings ermorden sollen; der Knecht des Hauptmanns war zudem ein Sklave, also nicht mehr als ein lebendiges Werkzeug. Wir sehen hier, wie Gott in seiner Liebe darauf bedacht ist, einem Menschen zu helfen, der von allen gehaßt wurde, und einem Sklaven, der von allen verachtet wurde.

3. Die Heilung der Schwiegermutter des Petrus (V. 14. 15). Das Wunder wurde in einer bescheidenen Hütte bewirkt. Kein Publikum war dabei zugegen, das staunend zuschaute. Jesus war mit der Familie ganz allein. Hier wird Gottes grenzenlose Liebe im kleinsten Kreise wirksam.

4. Die Heilung all der Kranken, die man am Abend zu ihm brachte (V. 16. 17). Wir sehen, wie allumfassend die Liebe Gottes ist. Niemals wurden Jesus die Menschen lästig; für ihn gab es keine Dienststunden und ebensowenig dienstfreie Stunden. Die Menschen konnten jederzeit zu ihm kommen, und stets wurde ihnen die barmherzige Hilfe der Liebe Gottes zuteil.

5. Die Reaktion der Schriftgelehrten (V. 18—22). Auf den ersten Blick scheint dieser kleine Abschnitt in einem Kapitel fehl am Platze zu sein, in dem von Wundern berichtet wird, doch hier begegnen wir dem Wunder der Persönlichkeit Jesu. Daß ein Schriftgelehrter sich veranlaßt sah, Jesus zu folgen, ist nichts Geringeres als ein Wunder. Der Schriftgelehrte schien das geschriebene Gesetz irgendwie vergessen zu haben und in Jesus keinen Feind zu sehen, sondern einen Freund, nicht einen Widersacher, sondern einen, der ihm überlegen war, obwohl Jesus alledem widersprach, dem er sein Leben gewidmet hatte. Es muß sich bei ihm um eine instinktive Reaktion gehandelt haben. Jesus muß ihm herrlicher und wunderbarer erschienen sein als alle anderen Menschen bisher.

6. Die Stillung des Sturmes (V. 23—27). Jesus besänftigt die Wellen und Wogen, die die Menschen zu verschlingen drohen. Gottes Liebe bewirkt Ruhe und Frieden, wo Aufruhr und Verwirrung herrscht.

7. Die Heilung zweier Besessener (V. 28—34). In der Antike glaubte man, alle Krankheiten seien auf das Wirken von Dämonen zurückzuführen. Hier nun erkennen wir, wie die Kraft Gottes mit dem Teufel fertig wird: Gott durchdringt mit seiner Güte das Böse; Gott besiegt mit seiner Liebe die Bosheit des Teufels. Durch Güte und Liebe werden die Menschen vor allem Bösen und vor Haß bewahrt, die ihr Verderben bewirken würden.

LEBENDIG TOT

Matthäus 8, 1—4

Als er aber vom Berge herabging, folgte ihm viel Volks nach. Und siehe, ein Aussätziger kam und fiel vor ihm nieder und sprach: Herr, so du willst, kannst du mich wohl reinigen. Und Jesus streckte seine Hand aus, rührte ihn an und sprach: Ich will's tun; sei gereinigt! Und alsbald ward er von seinem Aussatz rein. Und Jesus sprach zu ihm: Siehe zu, sage es niemand, sondern gehe hin und zeige dich dem Priester und opfere die Gabe, die Mose befohlen hat, ihnen zum Zeugnis.

Aussatz war die schlimmste Krankheit, die man in der Antike kannte. Keine andere Krankheit macht die Menschen auf so viele Jahre hinaus zu einem so entsetzlichen Wrack ihrer selbst wie die Lepra, bei der sich anfangs Knötchen auf der Haut bilden, die später zu eitern beginnen. Die Geschwüre enthalten einen ekelerregenden Ausfluß; die Augenbrauen fallen aus; die Augen beginnen starr zu werden, an den Stimmbändern bilden sich Geschwüre, die Stimme wird heiser und der Atem keuchend. Hände und Füße eitern ständig, und der Kranke wird immer mehr von den Geschwüren zerfressen. Durchschnittlich dauert diese Form der Lepra neun Jahre; sie endet mit geistigem Verfall, bis der Mensch einem Koma erliegt und stirbt. Der Aussatz konnte auch ganz harmlos ohne sichtbare Zeichen am Körper beginnen. Dann waren die Nervenstränge erkrankt. Bei dieser Form der Lepraerkrankung kommt es zu Muskelschwund; die Sehnen ziehen sich zusammen, bis die Hände wie Krallen aussehen. Hände und Füße beginnen zu eitern, Finger und Zehen sterben ab, bis schließlich die ganze Hand oder ein Fuß abfällt. Die Krankheitsdauer bei dieser Form der Lepra liegt zwischen zwanzig und dreißig Jahren. Bei fortschreitender Krankheit sterben die Menschen Stück um Stück ab.

War schon der körperliche Zustand der Leprakranken entsetzlich, so kam zu diesen Schrecken noch etwas Schlimmeres hinzu. Der jüdische Geschichtsschreiber Josephus berichtet, daß man die Aussätzigen behandelte, als ob es sich um Tote handele. Sobald der Aussatz festgestellt wurde, wurden die Aussätzigen aus der menschlichen Gemeinschaft ausgestoßen. „Und solange die Stelle an ihm ist, soll er unrein sein, allein wohnen, und seine Wohnung soll außerhalb des Lagers sein", heißt es 3. Mose 13, 46. „Wer aussätzig ist, soll zerrissene Kleider tragen und das Haar lose und den Bart verhüllt und soll rufen: Unrein, unrein!" (3. Mose 13, 45). Wenn im Mittelalter jemand vom Aussatz befallen wurde, nahm der Priester Umhang und Kreuz, führte den Betreffenden in die Kirche und hielt eine Totenmesse für ihn. Für die menschliche Gemeinschaft war der Betreffende damit gestorben.

In Palästina waren zur Zeit Jesu Jerusalem und alle von Mauern umgebenen Städte den Aussätzigen verschlossen. In den Synagogen waren kleine Kammern, getrennt von den übrigen, drei Meter hoch und etwa zwei Quadratmeter groß für sie vorgesehen, die als M e c h i t s a h bezeichnet wurden. Im Gesetz wurden einundsechzig verschiedene Berührungen aufgezählt, die unrein machten, dabei stand die Verunreinigung, die durch die Berührung mit einem Aussätzigen verursacht wurde, an zweiter Stelle und kam gleich nach der Verunreinigung durch die Berührung eines Toten. Wenn ein Aussätziger bloß seinen Kopf durch die Hintertür steckte, wurde das ganze Haus bis hinauf zu den Dachbalken unrein. Selbst auf offenen Plätzen widersprach es dem Gesetz, einen Aussätzigen zu begrüßen. Aussätzigen durfte man sich höchstens bis auf zwei Meter nähern. Wenn der Wind aus der Richtung kam, in der ein Aussätziger stand, mußte die Entfernung mindestens zweihundert Meter betragen. Es gab einen Rabbi, der nicht einmal ein Ei essen wollte, das in einer Straße gekauft war, durch die ein Aussätziger gegangen war. Ein anderer Rabbi brüstete sich damit, daß er mit Steinen nach Aussätzigen geworfen habe, um sie sich fernzuhalten. Andere Rabbinen versteckten sich oder gaben Fersengeld, wenn sie in der Ferne einen Aussätzigen auftauchen sahen. Es gibt keine Krankheit, die die davon Betroffenen so gänzlich von ihren Mitmenschen getrennt hat wie der Aussatz. Und einen solchen Menschen berührte Jesus. Kein Satz des Neuen Testaments konnte einen Juden mehr erstaunen als die schlichte Feststellung: „Und Jesus streckte seine Hand aus und rührte den Aussätzigen an.“

ERBARMEN STATT GESETZLICHKEIT

Matthäus 8, 1–4 (Fortsetzung)

An dieser Geschichte ist zweierlei bemerkenswert: W i e s i c h d e r A u s s ä t z i g e J e s u s n a h t u n d w i e J e s u s a u f i h n e i n g e h t. Drei Dinge lassen sich über den Aussätzigen sagen, der sich Jesus nähert.

1. Der Aussätzige kam voller V e r t r a u e n zu Jesus. Er zweifelte nicht daran, daß Jesus, wenn er wollte, ihn reinigen konnte. Kein Aussätziger hätte je gewagt, sich einem orthodoxen Schriftgelehrten oder Rabbi zu nähern; er wußte zu genau, daß sie ihn mit Steinen fortjagen würden. Dieser Mann dagegen kam zu Jesus und vertraute vollkommen darauf, daß

Jesus bereit war, auch jemanden zu begrüßen, den alle anderen fortgejagt hätten. Niemand braucht zu fürchten, er sei zu unrein, um sich Jesus nähern zu dürfen. Dieser Mann vertraute der Kraft Jesu, obwohl Aussatz die einzige Krankheit war, für die es kein vorgeschriebenes rabbinisches Heilmittel gab. Trotzdem war der Mann gewiß, daß Jesus tun könne, was niemand sonst zu tun vermochte. Seit Jesus Christus in die Welt gekommen ist, braucht niemand sich für unheilbar an Leib und Seele mehr zu halten.

2. Der Aussätzige kam *demütig* und bescheiden zu Jesus. Er kam nicht als ein Forderer; er sagte bloß: „*So du willst*, kannst du mich wohl reinigen." Es war, als ob er damit sagen wolle: „Ich weiß wohl, wie unwichtig ich bin; ich weiß wohl, daß die anderen vor mir fliehen und nichts mit mir zu tun haben wollen; ich weiß wohl, daß ich keinerlei Ansprüche dir gegenüber geltend machen kann; doch vielleicht wirst du in deiner göttlichen Herablassung deine Kraft selbst mir zugutekommen lassen." Zu Christus findet, wer demütig und sich seiner Not bewußt ist.

3. Der Aussätzige kam voller *Ehrfurcht* zu Jesus. In der Lutherbibel heißt es: *Er fiel vor ihm nieder*. Das entspricht der Bedeutung des griechischen Verbs *proskynein*, das stets im Zusammenhang mit der Verehrung und *Anbetung der Götter* verwendet wurde und ausdrückt, was Menschen vor dem Göttlichen empfinden und wie sie sich bei seinem Anblick verhalten. Der Aussätzige hätte niemandem zu sagen vermocht, für wen er Jesus halte; doch er wußte genau, daß er sich in Gegenwart Jesu auch in der Gegenwart Gottes befand. Dazu bedarf es keiner theologischen oder philosophischen Begriffe; es genügt, daß wir, wenn wir mit Jesus Christus konfrontiert werden, überzeugt sind, uns der Liebe und Kraft des allmächtigen Gottes gegenüberzusehen.

Dieses Verhalten des Aussätzigen bewirkte eine ganz bestimmte Reaktion Jesu. Zuerst und vor allem empfand er *Mitleid und* zeigte *Erbarmen*. Nach dem Gesetz durfte Jesus den Mann nicht berühren; nach dem Gesetz drohte ihm schreckliche Unreinheit, wenn er den Aussätzigen näher als zwei Meter an sich herankommen ließ. Dennoch streckte Jesus seine Hand aus und rührte ihn an. Nach den medizinischen Erkenntnissen jener Zeit ging Jesus damit das Risiko der Ansteckung an; dennoch streckte er seine Hand aus und rührte ihn an. Jesus kannte nur eine Verpflichtung: Die Verpflichtung, zu helfen. Er kannte nur ein Gesetz: Das Gebot der Liebe. Diese Verpflichtung und Liebe hatten Vorrang vor allen anderen Bestimmungen, Vorschriften und Satzungen und ließen ihn allen körperlichen Risiken Trotz bieten. Für einen guten Arzt bietet jemand, der an einer ekelerregenden Krankheit leidet, keinen verabscheuungswürdigen Anblick; er sieht in ihm vielmehr den Menschen, der seiner Hilfe bedarf. Der Arzt fühlt sich durch ein Kind, das an einer Infektionskrankheit leidet, nicht bedroht, sondern weiß, daß das Kind seiner Hilfe bedarf. So war auch Jesus; so ist Gott, und so sollen auch wir sein. Wahre Christen werden sich nie nach herkömmlichen Bräuchen richten, sondern jedes Risiko auf sich nehmen, wenn es gilt, einem Mitmenschen in der Not zu helfen.

WAHRE KLUGHEIT

Matthäus 8, 1–4 (Fortsetzung)

Zweierlei in diesem Abschnitt bleibt noch zu beachten, aus dem hervorgeht, daß Jesus, obwohl er dem Gesetz Trotz bot und das Risiko einer Infektion einging, um zu helfen, keineswegs unvernünftig und leichtsinnig war und die Forderungen wirklicher Klugheit und Vorsicht außer acht ließ.

1. Er befahl dem Mann, zu schweigen und niemandem etwas zu sagen. Dieser ausdrückliche Befehl ist nichts Ungewöhnliches an Jesus; wir stoßen immer wieder darauf (Matth. 9, 30; 12, 16; 17, 9; Mark. 1, 34; 5, 43; 7, 36; 8, 26). Weshalb gebot Jesus den Menschen, Stillschweigen zu bewahren? Palästina war ein von den Römern besetztes Land und die Juden ein stolzes Volk. Zu keiner Zeit ihrer Geschichte vergaßen die Juden, daß sie das von Gott erwählte Volk waren. Voller Erwartung sahen sie dem Tag entgegen, an dem ihr göttlicher Erlöser kommen würde. Größtenteils dachten sie dabei an einen militärischen Sieg und an politische Macht. Das war auch der Grund, weshalb kein Land so leicht erregbar war wie Palästina, wo Aufruhr und Erhebungen nichts Ungewöhnliches waren. Ein Anführer nach dem anderen erhob sich, um nach einer kurzen Zeit der Herrlichkeit vom mächtigen Rom vernichtet zu werden. Wenn der Aussätzige hingegangen und überall verbreitet hätte, was Jesus an ihm getan hatte, dann hätte es leicht dahin kommen können, daß sie einen Mann, der solche Kräfte wie Jesus besaß, zu ihrem politischen und militärischen Anführer hätten machen wollen. Und noch ehe Jesus ihnen hätte Einhalt gebieten können, wäre es womöglich zu einer blutigen Erhebung gekommen. Jesus mußte die Menschen erziehen; er mußte sie dahin bringen, daß sie andere Vorstellungen bekamen; er mußte sie fähig

machen, zu erkennen, daß seine Macht die Macht der Liebe war, nicht aber Waffengewalt. Er mußte solange im Geheimen wirken, bis die Menschen ihn als den erkannten, der er war, nämlich einer, der die Menschen liebte und nicht gekommen war, um das Leben der Menschen zu vernichten. Jesus befahl denen, denen er geholfen hatte, zu schweigen, damit die Menschen ihn nicht zur Verwirklichung ihrer eigenen Träume mißbrauchten, statt auf die Verwirklichung dessen zu warten, was Gott beschlossen hatte. Sie mußten solange schweigen, bis sie gelernt hatten, richtige Aussagen über ihn zu machen.

2. Jesus schickte den geheilten Aussätzigen zu den Priestern, damit er das vorgeschriebene Opfer darbringe und eine Bescheinigung darüber empfange, daß er wieder rein sei. Die Juden fürchteten sich so sehr vor der Ansteckungsgefahr der Lepra, daß das Gesetz ein ganz bestimmtes Ritual vorschrieb für den sehr unwahrscheinlichen Fall, daß eine Heilung der Krankheit erfolgte. Dieses Ritual wird 3. Mose 14 beschrieben. Der Priester hatte zu prüfen, ob der Kranke geheilt war. Dann wurden zwei lebendige Vögel genommen, von denen der eine über einem Gefäß mit frischem Wasser geschlachtet wurde. Zusammen mit Zedernholz, scharlachfarbener Wolle und Ysop wurde der lebendige Vogel in das Blut des geschlachteten Vogels getaucht. Danach ließ man den lebendigen Vogel wieder fliegen. Der vom Aussatz Geheilte mußte sich waschen, seine Kleider reinigen und sein Haar abscheren, sich nach sieben Tagen nochmals prüfen lassen, Kopfhaare, Bart und Augenbrauen scheren und am achten Tage bestimmte Opfer bringen, zwei männliche Lämmer ohne Fehler, und ein einjähriges Schaf ohne Fehler; dazu drei Zehntel feinstes Mehl, zum Speiseopfer mit Öl vermengt, und einen Becher Öl. Mit dem Blut des Schuldopfers mußte das rechte Ohrläppchen, der Daumen der rechten Hand und die große Zehe des rechten Fußes betupft werden. Danach wurde der zu Reinigende nochmals untersucht, und wenn er wirklich geheilt war, mit einer Bescheinigung darüber, daß er gereinigt war, entlassen.

Jesus befahl dem Mann, diesen Reinigungsprozeß durchzumachen. Das sollte uns eine Lehre sein. Jesus sagte dem Mann, er dürfe sich der Behandlung, die damals für derartige Fälle vorgesehen war, nicht entziehen. Auch wir werden keine Wunder erleben, wenn wir die medizinischen und naturwissenschaftlichen Erkenntnisse und ihre Anwendungen nicht beachten, die uns zugänglich sind. Erst wenn der Mensch alles in seinen Kräften Stehende tut, wird die Kraft Gottes sich mit unseren Bemühungen verbinden. Wunder kommen nicht dadurch zustande, daß wir untätig alles Gott überlassen, sondern nur dann, wenn die vom Glauben erfüllten Anstrengungen der Menschen mit der grenzenlosen Gnade und Barmherzigkeit Gottes Hand in Hand gehen.

EINES GUTEN MENSCHEN BITTE – DER HAUPTMANN ZU KAPERNAUM

Matthäus 8, 5–13

Da aber Jesus hineinging nach Kapernaum, trat ein Hauptmann zu ihm, der bat ihn und sprach: Herr, mein Knecht liegt zu Hause und ist gichtbrüchig und hat große Qual. Jesus sprach zu ihm: Ich will kommen und ihn gesund machen. Der Hauptmann antwortete und sprach: Herr, ich bin nicht wert, daß du unter mein Dach gehst, sondern sprich nur ein Wort, so wird mein Knecht gesund. Denn auch ich bin ein Mensch, der Obrigkeit untertan, und habe unter mir Kriegsknechte; und wenn ich sage zu einem: Gehe hin! so geht er; und zum andern: Komm her! so kommt er; und zu meinem Knecht: Tu das! so tut er's. Da das Jesus hörte, verwunderte er sich und sprach zu denen, die ihm nachfolgten: Wahrlich, ich sage euch: Solchen Glauben habe ich in Israel bei keinem gefunden! Aber ich sage euch: Viele werden kommen vom Osten und vom Westen und mit Abraham und Isaak und Jakob im Himmelreich sitzen; aber die Kinder des Reichs werden ausgestoßen in die Finsternis hinaus; da wird sein Heulen und Zähneklappern. Und Jesus sprach zu dem Hauptmann: Gehe hin; dir geschehe, wie du geglaubt hast. Und sein Knecht ward gesund zu derselben Stunde.

Obwohl der Hauptmann zu Kapernaum im Neuen Testament nur ganz kurz auftritt, gehört er zu den anziehendsten Charakteren der Evangelien. Die römischen Hauptleute bildeten das Rückgrat des römischen Heeres. Eine römische Legion bestand aus 6 000 Mann und war in sechzig Hundertschaften zu je hundert Mann unterteilt, die jeweils von einem Hauptmann oder Zenturio angeführt wurden. Die Hauptleute waren langgediente Soldaten und verantwortlich für die Disziplin der Truppe. Die Moral des römischen Heeres hing in Krieg und Friedenszeiten gleichermaßen von ihnen ab. Der griechische Geschichtsschreiber Polybius hat uns geschildert, welche Eigenschaften man von einem Hauptmann erwartete. Er brauchte nicht so sehr die Gefahr zu suchen; vielmehr mußte er befehlen können, beständig und zuverlässig im Handeln sein; er sollte sich nicht übereifrig in die Schlacht stürzen, in Bedrängnis dagegen die Stellung halten und bereit sein, auf seinem Posten zu sterben. Die Zenturionen waren die besten Männer der Armee.

Interessant ist, daß, sooft ein Zenturio im Neuen Testament erwähnt wird, es stets voller Achtung geschieht. Da war einmal der Hauptmann, der in dem gekreuzigten Jesus den Sohn Gottes erkannte; da war Kornelius, der erste Heide, der in die christliche Gemeinde aufgenommen wurde; da war der Hauptmann, der plötzlich entdeckte, daß Paulus ein römischer Staatsbürger war und ihn vor dem wütenden Pöbel rettete; da war der Hauptmann, der darüber informiert war, daß die Juden Paulus auf dem Wege von Jerusalem nach Cäsarea ermorden wollten, und Maßnahmen zur Vereitelung ihrer Pläne ergriff; da war der Hauptmann, dem der Landpfleger Felix befahl, sich um Paulus zu kümmern; da war schließlich der Hauptmann, der Paulus auf seiner letzten Reise nach Rom begleitete und Paulus außerordentlich zuvorkommend behandelte, ja, ihn sogar als Führer anerkannte, als das Schiff in Gefahr geriet (Matth. 27,54; Apg. 10,22. 25; 23,17. 26; 24,23; 27,43).

Das Besondere an dem Hauptmann zu Kapernaum war sein Verhalten gegenüber seinem Knecht. Obwohl es sich bei ihm vermutlich um einen Sklaven handelte, war er bekümmert über dessen Krankheit und entschlossen, alles zu tun, was in seiner Macht stand, um ihn zu retten. Das war das genaue Gegenteil der normalen Verhaltensweise gegenüber Sklaven. Sklaven zählten nicht und niemand kümmerte sich darum, ob sie krank waren. In seiner Abhandlung über die Freundschaft schreibt der griechische Philosoph Aristoteles: „Freundschaft und Gerechtigkeit unbeseelten Gegenständen gegenüber sind unangebracht; ja selbst gegenüber Pferden, Ochsen und Sklaven. Herr und Sklave haben nichts gemein miteinander; Sklaven sind lebendige Werkzeuge, ebenso wie Werkzeuge unbeseelte Sklaven sind.“ Sklaven besaßen vor dem Gesetz keinerlei Rechte; der Herr konnte sie nach eigenem Belieben behandeln oder auch mißhandeln. Der römische Jurist Gajus schreibt in seinen Institutionen: Wir sollten festhalten, daß nach allgemeiner Rechtsauffassung jeder Herr Gewalt über Leben und Tod seiner Sklaven besitzt.“ Varro, der größte gelehrte Schriftsteller Roms, teilt in seinem Alterswerk über den Landbau die landwirtschaftlichen Geräte in drei Gruppen: In die deutlich vernehmbaren, die undeutlich vernehmbaren und die stummen

Geräte, wobei die deutlich vernehmbaren Geräte die Sklaven umfassen, die undeutlich vernehmbaren das Vieh und die stummen Geräte die Fahrzeuge. Der einzige Unterschied zwischen Sklaven, Vieh und Wagen bestand demnach darin, daß Sklaven sprechen konnten. Eine Stelle bei Cato, einem anderen römischen Schriftsteller, der ebenfalls über den Landbau geschrieben hat, zeigt, wie ungewöhnlich sich der Hauptmann zu Kapernaum seinem Knecht gegenüber verhielt. Dort wird demjenigen, der ein Landgut übernimmt, folgender Rat erteilt: „Prüfe das lebende Inventar und versteigere, was nichts taugt. Verkaufe das Öl, wenn die Preise dafür günstig sind, und ebenso den überschüssigen Wein und das überschüssige Getreide. Verkaufe ausgediente Zugochsen, fehlerhaftes Rindvieh, fehlerhafte Schafe, Wolle, Felle, alte Lastwagen, alte Werkzeuge, alte und kranke Sklaven und alles sonst noch Überflüssige." Ein anderer Rat lautet, kranke Sklaven einfach wegzujagen. Zusammenfassend heißt es darüber bei dem Kirchenlehrer Petrus Chrysologus: „Was immer auch ein Herr seinem Sklaven zufügte, sei es unverdient, im Zorn, absichtlich, unabsichtlich, aus Vergeßlichkeit, sorgfältig bedacht, wissend oder unwissentlich, stets gilt es als Recht und Gesetz."

Daraus geht eindeutig hervor, daß der Hauptmann zu Kapernaum ein ungewöhnlicher Mensch war, denn er liebte seinen Sklaven. Es ist durchaus möglich, daß diese so völlig ungewöhnliche und unerwartete Güte und Liebe Jesus tief bewegte. Liebe wiegt viele Sünden auf; Menschen, die sich um andere Menschen kümmern, sind Jesus Christus stets nahe.

DER GELEITBRIEF DES GLAUBENS

Matthäus 8, 5—13 (Fortsetzung)

Der Hauptmann zu Kapernaum verhielt sich nicht nur ungewöhnlich gegenüber seinem Knecht, auch sein Glaube war ungewöhnlich. Er wünschte, daß Jesus mit Hilfe der Kraft, die er besaß, seinen Knecht gesund machte; doch hatte die Sache einen Haken. Er selbst war Heide, Jesus dagegen Jude und durfte als solcher nach dem Gesetz das Haus eines Heiden nicht betreten, da alle Orte, an denen Heiden wohnten, als unrein galten. In der Mischna, der Aufzeichnung der jüdischen Religionsgesetze, heißt es: „Die Wohnungen der Heiden sind unrein." Nicht, daß Jesus diese Vorschrift etwas bedeutet hätte, wohl aber stellte er mit seiner Antwort: „Ich will kommen und ihn gesund machen" den Glauben des Hauptmanns auf die Probe. Jetzt zeigte sich, wie stark der Glaube dieses Mannes war. Als Soldat wußte er genau, was es heißt, einen Befehl zu erteilen, der unverzüglich und ohne Widerspruch ausgeführt wird. Deswegen sagte er zu Jesus: „Du brauchst nicht zu mir nach Hause zu kommen; es genügt, wenn du mir etwas befiehlst; ich werde gehorchen." Das war die Stimme des Glaubens, der einzige Geleitbrief zur Seligkeit Gottes.

Jesus bedient sich an dieser Stelle eines den Juden wohlbekannten, anschaulichen Bildes. Die Juden glaubten, wenn der Messias komme, würden alle Juden mit ihm zusammen an einem großen Festmahl teilnehmen. Behemoth, das größte der Landtiere, und Leviathan, der größte Bewohner der Meere, würden den Festteilnehmern dann als Speise dienen. „Du bewahrst sie, auf daß sie verzehrt werden zu ihrer Zeit nach deinem Willen" (4. Esra 6, 52). Behemoth werde hervorkommen und Leviathan aus dem Meer emporsteigen, die beiden Ungeheuer, die am fünften Schöpfungstage erschaffen wurden und allen denen als Speise dienen sollten, die übriggeblieben seien (2. Baruch 29, 4). Diesem Festmahl sahen die Juden voller Erwartung entgegen; nie jedoch kam ihnen der Gedanke, daß auch Heiden daran teilhaben könnten. Zu jener Zeit würden sämtliche Heiden nämlich vernichtet sein. „Denn welche Völker oder Königreiche dir nicht dienen wollen, die sollen umkommen und die Völker verwüstet werden" (Jes. 60, 12). Hier nun sagt Jesus, daß vom Osten und vom Westen viele kommen und an diesem Festmahl teilnehmen werden. Ja, er sagt sogar, daß viele der Kinder des Reichs ausgestoßen werden würden. Kinder sind Erben; Kinder des Reichs sollen mithin das Reich erben; doch die Juden werden ihr Erbe verlieren. Nach jüdischen Vorstellungen ist „Finsternis das Erbe der Sünder" (Psalmen Salomos 15, 11). Ein Wort der Rabbinen besagte: „Finsternis wird die Sünder in der Hölle bedecken." Das Ungewöhnliche und Erschütternde an all diesem war für die Juden, daß die Heiden, die nach ihrer Auffassung ausgeschlossen bleiben sollten, Gäste des messianischen Gastmahls sein würden und daß die Juden, die nach ihrer Auffassung mit offenen Armen erwartet würden, in die Finsternis hinausgestoßen werden sollten. Das aber hieß, den Spieß umdrehen und alle Hoffnungen ins Gegenteil zu verkehren.

Die Juden mußten lernen, daß der Geleitbrief, der uns zu Gott führt, nicht in der Zugehörigkeit zu einem bestimmten Volk besteht, sondern im Glauben. Die Juden glaubten dem auserwählten Volk Gottes anzugehören und aufgrund der Tatsache, daß sie Juden waren, Gott lieb und teuer zu sein. Als Angehörige des Herrenvolkes Gottes glaubten sie, damit sei ihnen automatisch das Heil gewiß. Jesus lehrt dagegen, daß die einzige Aristokratie im Reich Gottes die Aristokratie des Glaubens ist. Jesus Christus ist nicht einer bestimmten Rasse oder einem bestimmten Volk vorbehalten; Jesus Christus gehört allen Menschen aller Rassen und Völker, die vom Glauben erfüllt sind.

DIE KRAFT, DIE JEDE ENTFERNUNG AUFHEBT

Matthäus 8, 5–13 (Fortsetzung)

Jesus sprach, und der Knecht des Hauptmanns wurde gesund. Das war ein Wunder, das bis in die jüngste Zeit hinein die Menschen aufs äußerste verblüffen und erschüttern mußte. Wir können uns unschwer vorstellen, daß Jesus Kranke heilte, mit denen er unmittelbar in Berührung kam; doch daß Jesus auch aus der Ferne Menschen durch sein Wort gesund machen konnte, die er nie gesehen und berührt hatte, schien nahezu, wenn nicht gar völlig unglaublich. Merkwürdig ist jedoch, daß inzwischen wissenschaftlich erwiesen ist, daß es unbestreitbar Kräfte gibt, die auf geheimnisvolle Weise wirksam werden können.

Immer wieder sind die Menschen mit Kräften konfrontiert worden, die uns nicht auf normalem Wege oder durch normale Kanäle erreichen. Ein klassisches Beispiel dafür liefert der schwedische Naturforscher und Theosoph Swedenborg, der 1759 in Göteborg ein Feuer schilderte, das sich zur gleichen Zeit etwa 500 Kilometer entfernt in Stockholm ereignete. Einen Bericht darüber erstattete er der Stadtverwaltung. Er berichtete, wann und wo das Feuer ausgebrochen sei, wer der Besitzer des betreffenden Hauses und wann das Feuer gelöscht worden sei. Die anschließend erfolgten Nachforschungen ergaben, daß seine Aussagen bis in alle Einzelheiten zutrafen. Er hatte auf einem Wege Kenntnis von dem Vorfall erhalten, der den Menschen unbekannt war.

Zu allen Zeiten sind derartige Beispiele angeführt worden, doch erst in unserer Generation hat man damit begonnen, sich auf experimentellem Wege mit sogenannten außersinnlichen Wahrnehmungen wissenschaftlich zu befassen. Es besteht kein Zweifel, daß geistige Einflüsse auch über Entfernungen hinweg ausgeübt werden können, obwohl wir noch weit davon entfernt sind, die Zusammenhänge zu erfassen. Wenn schon der menschliche Geist derartiger Dinge fähig ist, umwieviel mehr dann erst der Geist Jesu! Das Merkwürdige an diesem Wunder ist, daß der Glaube daran durch moderne Erkenntnisse nicht erschwert, sondern eher erleichtert wird.

DAS WUNDER IM HAUSE DES PETRUS

Matthäus 8, 14. 15

Und Jesus kam in des Petrus Haus und sah, daß dessen Schwiegermutter lag und hatte das Fieber. Da ergriff er ihre Hand, und das Fieber verließ sie. Und sie stand auf und diente ihm.

Wenn wir den Bericht des Markus über diesen Vorfall mit dem bei Matthäus vergleichen, erkennen wir, daß er sich in Kapernaum, am Sabbat, nachdem Jesus in der Synagoge gewesen war, zugetragen haben muß. In Kapernaum hielt Jesus sich im Hause des Petrus auf; er selbst besaß kein eigenes Haus. Petrus war verheiratet, und der Legende zufolge soll seine Frau später seine Helferin bei der Verkündigung des Evangeliums gewesen sein. Klemens von Alexandrien (Stromateis 7, 6) berichtet, Petrus habe mit seiner Frau zusammen den Märtyrertod erlitten. Danach soll Petrus haben zusehen müssen, wie man seine Frau zuerst hinweggeführt habe. Er sei froh darüber gewesen, daß sie heimgerufen worden sei, und habe ihr, indem er ihren Namen gerufen habe, mit den Worten: „Gedenke des Herrn!" Mut und Trost zugesprochen.

Als Jesus diesmal in Kapernaum war, lag die Schwiegermutter mit Fieber auf dem Krankenlager. In Palästina kamen vor allem drei Arten von Fieber vor. Das sogenannte Maltafieber bewirkte eine allgemeine Schwäche, Anämie und allmähliches, monatelanges Dahinsiechen und führte häufig zum Tode. Dann gab es das Wechselfieber, bei dem es sich sehr wohl um ein Typhusfieber gehandelt haben kann. Vor allem aber erkrankten die Menschen an Malaria. Dort, wo der Jordan in den See Genezareth mündete, und ebenso dort, wo er ihn wieder verließ, war Sumpfgebiet, in dem die Malariamücken zu Hause waren, und sowohl in Kapernaum als auch in Tiberias erkrankten die Menschen vielfach an Malaria. Begleiterscheinungen waren Gelbsucht und Wechselfieber, unter denen die Kranken zu leiden hatten. Sehr wahrscheinlich litt auch die Schwiegermutter des Petrus an Malaria.

Dieses Wunder lehrt uns eine Menge über Jesus, und nicht wenig über die Frau, die er gesund machte.

1. Jesus kam aus der Synagoge; dort war er einem von einem unsauberen Geist besessenen Manne begegnet und hatte ihn geheilt (Mark. 1, 21–28). Nach Matthäus hatte er auf dem Wege dorthin den Knecht des Hauptmanns geheilt. Jede Heilung kostete Jesus Kraft, und er war zweifellos müde, als er das Haus des Petrus betrat, um sich dort auszuruhen. Doch kaum war er dort, erwartete ihn auch schon eine neue Aufgabe. Obwohl hier kein Publikum zugegen war, obwohl keine bewundernde Menge danebenstand und es sich um ein einfaches Haus handelte, in dem eine arme Frau vom Fieber geschüttelt wurde, setzte Jesus sich auch hier wieder sogleich mit ganzer Kraft ein. Jesus war nie zu müde, um zu helfen; er empfand es nie als eine Belästigung, wenn die Menschen mit ihren Nöten zu ihm kamen. Jesus gehörte nicht zu den Menschen, die sich in der Öffentlichkeit von ihrer besten, privat dagegen von ihrer schlechtesten Seite zeigen. Keiner war ihm zu gering. Er brauchte kein Publikum. Er stand mit seiner Liebe und seiner Kraft allen, die ihn brauchten, jederzeit zur Verfügung, einerlei, ob es vor anderen Menschen oder in der Abgeschiedenheit eines Hauses geschah.

2. Doch diese Verse sagen auch über die Frau, die Jesus heilte, etwas aus. Kaum hatte er sie geheilt, da war sie auch schon damit beschäftigt, für ihn und die anderen Gäste zu sorgen. Offensichtlich war sie der Ansicht, daß sie „gerettet sei, um zu dienen". Nachdem Jesus sie geheilt hatte, war sie nur darauf bedacht, ihre neu erlangte Gesundheit in den Dienst Jesu und der anderen zu stellen. Wie nützen wir die Gaben Jesu? In seiner Autobiographie zitiert der englische Dichter W. B. Yeats die nach Aussage des Verfassers Oscar Wilde „beste Kurzgeschichte der Welt" „in all ihrer schrecklichen Schönheit" wie er schreibt, nämlich in der Urfassung:

„Christus kam von einer weißen Ebene in eine purpurfarbene Stadt. Als er die erste Straße durchschritt, hörte er Stimmen aus einem Hause und sah einen jungen Mann betrunken auf der Fensterbank liegen. „Weshalb zerstörst du deine Seele mit deiner Trunkenheit?" fragte er. Der junge Mann sagte: „Herr, ich war aussätzig, und du hast mich geheilt; was soll ich sonst machen?" Ein kleines Stück weiter begegnete er einem jungen Mann, der einer Hure folgte, und fragte ihn: „Weshalb läßt du deine Seele in solcher Liederlichkeit aufgehen?" Der junge Mann erwiderte: „Herr, ich war blind, und du hast mich geheilt; was bleibt mir da anderes zu tun?" Schließlich sah Christus mit-

ten in der Stadt einen alten Mann, der weinend am Boden hockte und auf die Frage, weshalb er weine, erwiderte: „Herr, ich war tot und du hast mich wieder zum Leben erweckt; was kann ich anderes tun als weinen?"
Das ist ein furchtbares Gleichnis dafür, wozu die Menschen die Gaben Christi und die Barmherzigkeit Gottes mißbrauchen. Die Schwiegermutter des Petrus benutzte das Geschenk der wiedererlangten Gesundheit dazu, Jesus und anderen Menschen zu dienen, und so sollten auch wir die Gaben Gottes gebrauchen.

WUNDER ÜBER WUNDER

Matthäus 8, 16. 17

Am Abend aber brachten sie viele Besessene zu ihm; und er trieb die Geister aus durch sein Wort und machte alle Kranken gesund, auf daß erfüllt würde, was gesagt ist durch den Propheten Jesaja, der da spricht (Jes. 53, 4): „Er hat unsre Schwachheit auf sich genommen, und unsre Krankheit hat er getragen."

Wir haben bereits festgestellt, daß aus dem Markusbericht über diese Vorfälle eindeutig hervorgeht, daß sie sich an einem Sabbat zugetragen haben (Mark. 1, 21–34). Das ist auch die Erklärung dafür, weshalb sich diese Szene erst am Abend dieses Tages abspielte. Nach dem Sabbatgesetz war jede Arbeit am Sabbat verboten und ebenso das Heilen. Man durfte lediglich Maßnahmen ergreifen, um zu verhindern, daß sich der Zustand des Kranken verschlimmerte, nichts dagegen zu seiner Genesung unternehmen. Die allgemeine Vorschrift lautete, daß nur die ärztlich betreut werden dürfen, deren Leben akut bedroht war. Ebenso verstieß es gegen das Gesetz, am Sabbat Lasten zu tragen, wobei als Last alles galt, was über das Gewicht von zwei getrockneten Feigen hinausging. Es verstieß infolgedessen auch gegen das Gesetz, Kranke auf einer Tragbahre, auf dem Arm oder auf der Schulter von einer Stelle zu einer anderen zu tragen, da das ja eine Last tragen hieß. Der Sabbat galt als offiziell beendet, wenn zwei Sterne am Himmel zu sehen waren – Uhren gab es damals noch nicht, nach denen man sich hätte richten können. Deshalb wartete die Menschenmenge in Kapernaum bis zum Abend, ehe sie zu Jesus ging, damit er sie heile, wozu er, wie sie wußten, imstande war.
Dabei müssen wir bedenken, was Jesus an diesem Sabbat

bereits alles hinter sich hatte. Er war in der Synagoge gewesen und hatte den von einem unsauberen Geist besessenen Mann geheilt. Er hatte dem Knecht des Hauptmanns Heilung zuteil werden lassen und die Schwiegermutter des Petrus gesund gemacht. Zweifellos hatte er an diesem Tag gepredigt, die Menschen unterwiesen und war denen entgegengetreten, die ihn scharf zu bekämpfen versuchten. Jetzt war es Abend geworden. Gott hat den Menschen den Tag zum Arbeiten, den Abend zum Ausruhen gegeben. Der Abend gehört der Stille. Doch bei Jesus war es anders. Selbst zu dem Zeitpunkt, zu dem er auf Ruhe gehofft hatte, umringten ihn die Menschen mit ihren Bitten, die Jesus ihnen selbstlos, ohne zu klagen und mit göttlicher Großmut gewährte. Er befriedigte alle. Solange Menschen in Not waren, kannte Jesus Christus keine Ruhe.

Die Szene erinnerte Matthäus an einen Ausspruch Jesajas (Jes. 53, 4), in dem es heißt, der Knecht des Herrn habe unsere Schwachheit und Sünden getragen.

Wer Jesus nachfolgt, kann nicht auf seine Ruhe bedacht sein, solange andere da sind, die Hilfe nötig haben. Und das Merkwürdige ist, daß der Dienst an anderen ihn selbst neu belebt und stärkt. Mit den Anforderungen wachsen auch die Kräfte, und irgendwie gelingt es uns, um des andern willen durchzuhalten, auch wenn wir unseretwegen nicht einen Schritt mehr machen könnten.

VOM ERNST DER NACHFOLGE

Matthäus 8, 18–22

Und da Jesus viel Volks um sich sah, hieß er hinüber ans andre Ufer fahren. Und es trat zu ihm ein Schriftgelehrter, der sprach zu ihm: Meister, ich will dir folgen, wo du hingehst. Jesus sagt zu ihm: Die Füchse haben Gruben, und die Vögel unter dem Himmel haben Nester; aber des Menschen Sohn hat nicht, wo er sein Haupt hinlege. Und ein anderer unter den Jüngern sprach zu ihm: Herr, erlaube mir, daß ich hingehe und zuvor meinen Vater begrabe. Aber Jesus spricht zu ihm: Folge du mir und laß die Toten ihre Toten begraben.

Auf den ersten Blick erscheint dieser Abschnitt aus dem Rahmen des übrigen Kapitels herauszufallen, das ein Kapitel der Wunder ist. Weshalb hat Matthäus ihn trotzdem eingefügt.

Man hat vermutet, Matthäus habe die Stelle gerade hier eingefügt, weil seine Gedanken soeben um Jesus, den leidenden Knecht Gottes, gekreist seien. Eben erst hat er Jesaja 53, 4 zitiert: „Er hat unsre Schwachheit auf sich genommen, und unsre Krankheit hat er getragen" (Matth. 8, 17). Von dort aus sei er folgerichtig auf das Bild dessen gekommen, der nicht habe, wo er sein Haupt hinlege. Jemand hat einmal gesagt, Jesus habe sein Leben in einem fremden Stall begonnen und in einem fremden Grab beendet. Matthäus habe diesen Abschnitt hier eingefügt, so sagt man, weil Jesus sowohl in den eben genannten wie auch in den unmittelbar darauf folgenden Versen als der leidende Knecht Gottes hingestellt werde.

Noch wahrscheinlicher ist indessen, daß Matthäus den Abschnitt gerade hier eingefügt hat, weil er ebenso wie in den übrigen Wundertaten dieses Kapitels darin ein Wunder erblickte. Ausgerechnet ein Schriftgelehrter hatte vor, Christus nachzufolgen. Er nannte Jesus mit dem höchsten Ehrentitel, der ihm bekannt war; er nannte ihn Meister, oder, wie es im Griechischen heißt: didaskalos = Lehrer, Meister. Mit didaskalos wurde normalerweise das hebräische Wort Rabbi ins Griechische übersetzt. Jesus war der größte Lehrer, dem er je begegnet war. Es war tatsächlich ein Wunder, daß ein Schriftgelehrter Jesus diesen Ehrentitel gab und ihm folgen wollte. Jesus bedeutete das Ende der engstirnigen Gesetzesreligion, auf der die Religion der Schriftgelehrten fußte, und es war wirklich ein Wunder, daß ein Schriftgelehrter in Jesus etwas Erstrebenswertes erblickte. Es ist ein Wunder, daß Jesus als Persönlichkeit wirkte, wie überhaupt die Begegnung mit einer Persönlichkeit Einzigartiges bewirken kann. Häufig hat die Begegnung mit bedeutenden Lehrerpersönlichkeiten Menschen veranlaßt, selbst die wissenschaftliche Laufbahn einzuschlagen; manch einer ist durch die Begegnung mit einer bedeutenden christlichen Persönlichkeit selbst zu einer christlichen Lebensführung und zu einem Leben im Dienste an anderen bestimmt worden. Auch die Verkündigung hat man als Vermittlung der Wahrheit kraft der Persönlichkeit des Predigenden bezeichnet. Es gibt Menschen, die eine außerordentliche Ausstrahlungskraft besitzen. So wird von einer bedeutenden englischen Schauspielerin berichtet, sie habe nach dem Tode ihres Mannes Freunde aufgesucht, ganz erfüllt von ihrem Schmerz, und ihnen länger als eine Stunde ihr ganzes Herz ausgeschüttet, so daß der ganze Raum von ihrer Persönlichkeit erfüllt gewesen sei. Noch tagelang danach hätte man das Gefühl gehabt, daß der Raum „elektrisch geladen" gewesen sei, so stark waren die Schwingungen, die von dieser Frau ausgingen. Hier nun hören wir, wie stark die Persönlichkeit Jesu auf das Leben eines Schriftgelehrten einwirkte. Es kommt auch heute vor allem darauf an, die Menschen mit Jesus zu konfrontieren, dann braucht man gar nicht viel über ihn zu reden, sondern kann alles übrige der Kraft der Persönlichkeit Jesu überlassen.

Doch das ist noch nicht alles. Kaum hatte der Schriftgelehrte in dieser Weise reagiert, da sagte Jesus ihm auch schon, die Füchse hätten Gruben und die Vögel unter dem Himmel Nester; aber des Menschen Sohn habe nicht, wo er sein Haupt hinlege. Es ist, als ob Jesus zu diesem Manne gesagt hätte: „Bedenke, was du tust, ehe du mir nachfolgst. Bedenke die Kosten, ehe du mir folgst." Jesus wollte keine Anhänger, die sich in einem Augenblick des Gefühlsüberschwanges hinreißen ließen, um anschließend ebenso rasch wieder anderen Sinnes zu werden. Ihm lag an Menschen, die wußten, was sie taten. Er sprach davon, daß sie ihr Kreuz auf sich nehmen müßten (Matth. 10, 38); er sprach davon, daß er ihnen mehr gelten müsse als ihre liebsten Angehörigen (Luk. 14, 26); und er sagte ihnen, daß sie alles, was sie besäßen, den Armen geben sollten (Matth. 19, 21). Jesus sagte stets zu den Menschen: „Ich weiß wohl, euer Herz schlägt mir entgegen, doch — habt ihr mich lieb genug, um dies alles zu tun?"

In allen Lebensbereichen müssen wir den Tatsachen ins Auge sehen. Wenn jemand eine wissenschaftliche Laufbahn einschlagen möchte, sind wir verpflichtet, ihm zu sagen: „Schön und gut. Aber bist du auch bereit, auf alle möglichen Vergnügungen zu verzichten, weil die Arbeit es erfordert?" Wenn ein Forschungsreisender sein Team zusammenstellt, werden ihm viele ihre Dienste anbieten. Dann muß er die Romantiker unter ihnen von den Realisten scheiden, indem er zu ihnen sagt: „Bist du bereit, Schnee, Kälte und Eis, Morast und Hitze bis zur Erschöpfung zu ertragen?" Jeder Trainer muß die Anfänger fragen: „Bist du bereit zur höchsten Selbstdisziplin, ohne die im Sport niemand etwas erreichen kann?" Das heißt nicht, jemandem die Begeisterung nehmen, wohl aber, daß jeder Enthusiasmus, der nicht bereit ist, den Tatsachen ins Gesicht zu sehen, in kürzester Zeit dahinschwindet. Niemand sollte sagen können, er sei Jesus unter falschen Voraussetzungen gefolgt. Jesus war unnachgiebig in seiner Aufrichtigkeit. Wir erweisen Jesus einen schlechten Dienst, wenn wir die Menschen glauben machen, es sei leicht, ein christliches Leben zu führen. Es gibt keine größere Freude, als den Weg Jesu Christi zu gehen, und keine größere Herrlichkeit als die, die uns am Ende dieses Weges erwartet;

aber Jesus Christus hat nie behauptet, daß dieser Weg leicht sei. Der Weg zur Herrlichkeit führt über das Kreuz.

EIN UNGLÜCK IST ES, DEN RECHTEN AUGENBLICK UNGENÜTZT VERSTREICHEN ZU LASSEN

Matthäus 8, 18—22 (Fortsetzung)

Noch jemand hatte den Wunsch, Jesus zu folgen. Er sagte, er wolle Jesus folgen, aber zuvor möge Jesus ihm erlauben, seinen Vater zu begraben. Die Antwort Jesu lautete: „Folge du mir und laß die Toten ihre Toten begraben." Das scheint auf den ersten Blick ein hartes Wort zu sein. Die Juden sahen es als eine heilige Pflicht an, ihren toten Eltern ein schickliches Begräbnis zuteil werden zu lassen. Als Jakob gestorben war, bat Joseph den Pharao ihm zu gestatten, daß er Jakob begrabe: „Mein Vater hat einen Eid von mir genommen und gesagt: Siehe, ich sterbe; begrabe mich in meinem Grabe, das ich mir im Lande Kanaan gegraben habe. So will ich nun hinaufziehen und meinen Vater begraben und wiederkommen" (1. Mose 50, 5). Wegen der Strenge und des scheinbaren Mangels an Mitgefühl dieser Jesusworte sind sie auf verschiedene Art erklärt worden.

Es wurde vermutet, daß sich bei der Übersetzung aus der Sprache Jesu — dem Aramäischen — ins Griechisch der Evangelien ein Fehler eingeschlichen habe und daß Jesus gesagt habe, der Mann könne das Begräbnis seines Vaters den Totengräbern überlassen, die ja dazu da seien. Bei Hesekiel findet sich ein merkwürdiger Vers: „Und wenn sie im Lande umhergehen und Menschengebeine sehen, sollen sie ein Zeichen aufrichten, bis die Totengräber sie auch im Tal der Heerhaufen des Gog begraben" (Hes. 39, 15). Danach scheint es eine Art offizieller Totengräber gegeben zu haben, und man hat daher vermutet, Jesus habe gesagt, der Mann könne das Begräbnis diesen Leuten überlassen. Diese Erklärung kann jedoch nur geringe Wahrscheinlichkeit für sich beanspruchen.

Weiter ist vermutet worden, daß es sich hier tatsächlich um ein hartes Wort handele, und daß Jesus damit frei heraus habe sagen wollen, daß die Gemeinschaft, in der der Mann aufgewachsen sei, in ihrer Sünde erstorben sei und daß er sich so bald wie möglich von ihr losmachen müsse, selbst wenn das bedeute, daß er seinen Vater unbegraben zurücklassen müsse. Nichts, selbst die heiligste Pflicht dürfe ihn nicht daran hindern, unverzüglich den christlichen Weg einzuschlagen.

Die richtige Erklärung ergibt sich zweifellos aus der Art, in der die Juden den Ausdruck: „Ich muß meinen Vater begraben" verwendeten und in der er noch heute im Orient verwendet wird. Der Missionar A. Waldmeier hat von einem Gespräch mit einem befreundeten intelligenten und reichen jungen Türken folgendes berichtet. Als er dem jungen Mann geraten habe, nach Beendigung seiner Ausbildung eine Europareise zu machen, um dadurch seinen Horizont noch mehr zu erweitern, habe der Türke geantwortet: „Als erstes muß ich zunächst einmal meinen Vater begraben." Der Missionar gab seinem Mitgefühl und seiner Trauer darüber Ausdruck, daß der junge Mann seinen Vater verloren habe. Doch der junge Türke erklärte ihm, daß sein Vater durchaus noch am Leben sei; er habe mit seinen Worten nur sagen wollen, daß er zunächst einmal alle seine Pflichten gegenüber Eltern und Verwandten erfüllen müsse, ehe er sich auf die vorgeschlagene Reise begeben könne, das heißt, daß er erst nach dem Tode des Vaters reisen könne, der womöglich noch in weiter Ferne lag. Das ist fraglos auch hier gemeint. Der Mann meinte also: „Wenn mein Vater eines Tages stirbt, werde ich dir folgen, denn dann steht es mir frei, zu gehn." Er schob also die Nachfolge Jesu auf viele Jahre hinaus.

Jesus war weise. Er kannte die Herzen der Menschen und wußte genau, daß jemand, der ihm nicht sogleich folgte, dies niemals tun werde. Immer wieder erleben wir Momente, in denen wir den Impuls zu Höherem verspüren; immer wieder lassen wir aber auch solche Augenblicke ungenutzt vorübergehen. Es ist ein Unglück, daß wir so oft den rechten Augenblick ungenützt verstreichen lassen. In guten Augenblicken nehmen wir uns vor, etwas Gutes zu tun, von irgendeiner Schwäche oder Gewohnheit zu lassen, jemandem etwas zu sagen, sei es ein Wort des Mitgefühls oder der Ermutigung, doch dann lassen wir diese Augenblicke verstreichen, ohne daß etwas geschieht. Das betreffende Übel wird nicht überwunden, das gute von Herzen kommende Wort wird nie ausgesprochen. Jedem Menschen haftet eine gewisse Trägheit an; wir alle schieben bestimmte Dinge gern vor uns her; wir alle kennen jene gewisse Furcht und Unentschlossenheit; und so werden viele Vorsätze solcher guten Augenblicke niemals in die Tat, in die Wirklichkeit umgesetzt. Jesus sagt hier also zu dem Mann: „Dir ist im Augenblick völlig klar, daß du dich aus deiner toten Umgebung losreißen mußt; du sagst, du werdest es in einigen Jahren tun, wenn dein Vater tot sei; reiß dich jetzt los – sonst wird es nie dazu kommen."

H. G. Wells, der englische Schriftsteller, berichtet in seiner Autobiographie von einem entscheidenden Augenblick seines Lebens. Während seiner Lehre in einem Manufakturwarengeschäft schien die Zukunft wenig aussichtsreich vor ihm zu liegen. Da hörte er eines Tages „eine prophetische Stimme in sich" sprechen, die sagte: „Hör auf mit dieser Arbeit, ehe es zu spät ist; was es auch koste, gib diese Tätigkeit auf." Unverzüglich gab er die Arbeit auf, und so wurde er zu H. G. Wells. Möge Gott uns stets die Kraft zur Entscheidung schenken, damit wir den rechten Augenblick nicht ungenützt verstreichen lassen.

STILLUNG DES STURMS DURCH DIE GEGENWART JESU

Matthäus 8, 23—27

Und er trat in das Schiff, und seine Jünger folgten ihm. Und siehe, da erhob sich ein großes Ungestüm im Meer, so daß auch das Schiff mit Wellen bedeckt ward. Und er schlief. Und die Jünger traten zu ihm und weckten ihn auf und sprachen: Herr, hilf uns, wir verderben! Da sagt er zu ihnen: Ihr Kleingläubigen, warum seid ihr so furchtsam? Und stand auf und bedrohte den Wind und das Meer. Da ward es ganz stille. Die Menschen aber verwunderten sich und sprachen: Was ist das für ein Mann, daß ihm Wind und Meer gehorsam sind?

In gewisser Hinsicht handelt es sich bei diesem Vorgang um eine keineswegs ungewöhnliche Szene auf dem See Genezareth, dem Galiläischen Meer. Der See ist klein. Als größte Länge werden in nordsüdlicher Richtung einundzwanzig Kilometer angegeben, als größte Breite zwölf Kilometer. Das Jordantal bildet einen tiefen Einschnitt in die Erdoberfläche, und der See Genezareth liegt in diesem Einschnitt. Sein Spiegel liegt 208 Meter unter dem Mittelmeerspiegel. Das Klima ist warm und milde. Im Osten und Westen des Galiläischen Meeres liegen fünfhundert Meter hohe, steil zur Strandebene abfallende Hochebenen. Die Berge im Westen sind von Tälern und Schluchten zerfurcht und werden, wenn von Westen ein kalter Wind weht, zu riesigen Luftschächten, in denen der Wind zusammengepreßt wird und mit solcher Heftigkeit und Plötzlichkeit auf das Meer einfällt, daß dieses von einem Augenblick zum andern vom heftigsten Sturm aufgewühlt wird. Die Art, in der Stürme auf dem See Genezareth völlig unvermittelt und in aller Heftigkeit losbrechen, ist einmalig.

Ein englischer Reisender hat seine Erlebnisse am See Genezareth folgendermaßen geschildert: „Drei Tage und Nächte waren wir diesem gewaltigen Sturm ausgesetzt. Wir mußten sämtliche Zeltseile doppelt befestigen und uns dabei häufig mit unserem ganzen Gewicht daran hängen, um zu verhindern, daß das im Winde schwankende Zelt buchstäblich durch die Luft davongetragen wurde . . . Der See war sturmgepeitscht und die Wellen erreichten zuweilen sogar den Zelteingang. Das Schlimmste ist, daß es ganz plötzlich zu diesen Stürmen kommt, oftmals ist der Himmel kurz zuvor noch ganz klar."

Ein anderer Engländer, der lange in Galiläa gelebt und seine Eindrücke ebenfalls geschildert hat, sagt, daß der Wind bei derartigen Stürmen gleichzeitig aus allen Richtungen zu kommen scheine, da er durch die engen Schluchten fege und in verschiedenen Winkeln einfalle. Er schildert folgendes:

Eine Reisegesellschaft stand in Tiberias am Ufer des Sees; beim Anblick der glasigen Wasseroberfläche des kleinen Sees äußerten die Besucher Zweifel daran, daß derartige Stürme, wie sie in den Evangelien beschrieben würden, überhaupt möglich seien. Unmittelbar danach machte sich der Wind auf. Kaum zwanzig Minuten später war der See voller weißer Schaumköpfe. Große Wellen brachen über die Ecktürme der Stadtmauer, und die Besucher sahen sich gezwungen, Schutz vor der spritzenden Gischt zu suchen, obwohl sie fast zweihundert Meter von der Küste entfernt waren.

In einer knappen halben Stunde war das Wetter von strahlendem Sonnenschein in einen wütenden Sturm umgeschlagen.

So erging es auch Jesus und seinen Jüngern. Der griechische Text ist sehr anschaulich. Bei dem großen Ungestüm im Meere, wie es in der Lutherbibel heißt, handelt es sich um das griechische Wort seismos = Erdbeben. Die Wellen gingen so hoch, daß das ganze Schiff dahinter in einer Mulde verschwand (kalyptesthai). Jesus schlief. Bei Markus können wir nachlesen (4, 1. 35), daß Jesus das Boot, ehe sie ausgelaufen waren, als Kanzel benutzt hatte, um von dort aus zu den Menschen zu sprechen. Er war zweifellos erschöpft. Trotzdem weckten ihn die Jünger in ihrer Angst, und das Meer wurde stille.

STILLE INMITTEN DES STURMES

Matthäus 8, 23–27 (Fortsetzung)

Mit der Stillung des Sturmes ist es in dieser Geschichte jedoch längst nicht getan. Wenn Jesus irgendwann um das Jahr 28 n. Chr. tatsächlich einen Sturm auf dem See Genezareth gestillt hat, dann war das zwar etwas Wunderbares, doch es ginge uns heute kaum noch etwas an. Dann wäre es bloß ein einmaliges Wunder, das für uns Menschen des zwanzigsten Jahrhunderts keinerlei Bedeutung mehr hat. Wenn darin der ganze Sinn der Geschichte besteht, dann könnten wir wohl fragen: „Weshalb tut er es nicht jetzt auch?" Wie kann er zulassen, daß Menschen, die an ihm hängen, heute in der brüllenden See umkommen, statt daß er sie vor dem Ertrinken bewahrt?" Wenn wir diese Geschichte lediglich als Bericht von der Stillung eines Sturmes im physikalischen Sinne auffassen, dann wird das entschiedene Schwierigkeiten für uns mit sich bringen.

Der Sinn dieser Geschichte ist jedoch wesentlich umfassender. Sie besagt nicht, daß Jesus einst einem Sturm in Galiläa Einhalt geboten hat, sondern sie besagt: *Wo immer Jesus ist, da werden die Stürme des Lebens gestillt.* In Gegenwart Jesu verwandeln sich selbst die schwersten Gewitter in Stille. Wo Jesus ist, da ist Friede.

Jesus tröstet und besänftigt uns, wenn die kalten, rauhen Winde des Schmerzes und der Trauer uns anwehen. Bei Jesus finden wir Frieden und Sicherheit, wenn der heiße Windstoß der Leidenschaft uns packt. Bei Jesus finden wir Halt, wenn die Stürme des Zweifels unseren Glauben in seinen Grundfesten zu erschüttern suchen. In Jesus Christus finden wir Frieden in allen Stürmen, die unser Herz erschüttern.

Eine Dorflehrerin erlebte einmal folgendes: Nachdem die Lehrerin den Kindern die Geschichte von der Stillung des Sturmes auf dem See Genezareth erzählt hatte und die Schule beendet war, mußte die Lehrerin die kleinen Kinder persönlich durch den Schneesturm schleifen, der inzwischen ausgebrochen war und sie ernstlich gefährdete. Da hörte die Lehrerin plötzlich einen kleinen Jungen vor sich hin sagen, als spräche er mit sich selbst: „Jetzt könnten wir jenen Burschen, den Jesus, hier gebrauchen." Das Kind hatte die Lehrerin richtig verstanden. Der Sinn dieser Geschichte ist, daß ihr Sachverhalt uns lehrt, daß Jesus Christus in allen Stürmen des Lebens bei uns ist und sie besänftigt, so daß ein Friede bei uns einkehrt, den uns kein Sturm je rauben wird.

EINE VON DÄMONEN HEIMGESUCHTE WELT. HEILUNG ZWEIER BESESSENER

Matthäus 8, 28—34

Und er kam ans andere Ufer in die Gegend der Gadarener. Da liefen ihm entgegen zwei Besessene, die kamen aus den Grabhöhlen und waren sehr gefährlich, so daß niemand diese Straße gehen konnte. Und siehe, sie schrien und sprachen: Was willst du von uns, du Sohn Gottes? Bist du hergekommen, uns zu quälen, ehe denn es Zeit ist? Es war aber ferne von ihnen eine große Herde Säue auf der Weide. Da baten ihn die bösen Geister und sprachen: Willst du uns austreiben, so laß uns in die Herde Säue fahren. Und er sprach: Fahret hin! Da fuhren sie aus und fuhren in die Säue. Und siehe, die ganze Herde stürzte sich den Abhang hinunter ins Meer und ersoffen im Wasser. Und die Hirten flohen und gingen hin in die Stadt und sagten das alles und wie es mit den Besessenen ergangen war. Und siehe, da ging die ganze Stadt heraus Jesus entgegen. Und da sie ihn sahen, baten sie ihn, daß er aus ihrer Gegend weichen möchte.

Bevor wir diesen Abschnitt im einzelnen untersuchen, sollten wir eine Unklarheit zu klären versuchen, vor die sich der Leser der Evangelien hier gestellt sieht. Offensichtlich herrscht bei den Verfassern der Evangelien eine gewisse Unsicherheit darüber, wo dieser Vorfall sich tatsächlich zugetragen habe. Während es bei Matthäus heißt, er habe sich im Lande der Gadarener ereignet, sprechen Markus und Lukas vom Lande der Gerasener. Die Schwierigkeit besteht darin, daß niemand Orte dieses Namens authentisch hat identifizieren können. Gerasa kann deswegen kaum richtig sein, weil der einzige Ort dieses Namens, von dem wir etwas wissen, sechzig Kilometer südöstlich über Berg und Tal vom See entfernt in Gilead lag; soweit aber ist Jesus mit Sicherheit nicht ins Landesinnere hineingegangen. Gadara dagegen ist sehr wahrscheinlich deshalb richtig, weil diese Stadt nur etwa zehn Kilometer vom See Genezareth entfernt lag und Grabstätten und Weideplätze sich stets in einiger Entfernung der Städte zu befinden pflegten. Die unterschiedlichen Ortsbezeichnungen in den Evangelien gehen einfach auf die Tatsache zurück, daß diejenigen Männer, die Abschriften der Manuskripte herstellten, nicht genügend mit den geographischen Bedingungen Palästinas vertraut waren, um zu wissen, wo sich dieser Vorfall wirklich ereignet haben konnte. Dieses Wunder konfrontiert uns mit der Vorstellung der Geisterbesessenheit, die in den Evangelien nichts Ungewöhnliches darstellt. Unzweifelhaft ist, daß man in der Antike in hohem Maße an Dämonen und böse Geister glaubte. Die Luft war nach damaliger Auffassung so sehr von ihnen erfüllt, daß es nicht möglich war, auch nur einen stecknadelkopfgroßen Platz darin zu finden, ohne auf sie zu stoßen. Manche behaupteten, es gäbe siebeneinhalb Millionen Geister; zehntausend zur Rechten und zehntausend zur Linken des Menschen warteten angeblich darauf, ihm ein Leid zuzufügen. Die Geister lebten an unreinen Plätzen wie Gräbern oder dort, wo es kein Wasser zum Reinigen gab. Sie lebten in der Wüste, wo man ihr Heulen hören konnte. Noch heute sprechen wir von der h e u l e n d e n Wüste. Besonders gefährlich waren sie für einsame Wanderer, ebenso wie Frauen im Kindbett, Braut und Bräutigam im Brautbett, Kinder, die sich in der Dunkelheit außerhalb des Hauses aufhielten, und Reisende bei Nacht gefährdet waren. Besonders gefährlich waren die Geister in der Mittagshitze und in der Zeit zwischen Sonnenuntergang und Sonnenaufgang. Männliche Geister wurden s h e d i m, weibliche Geister nach Lilith l i l i n genannt. Die weiblichen Dämonen hatten langes Haar und waren Kindern besonders gefährlich, die deshalb auch Schutzengel hatten (vgl. Matth. 18, 10).

Über die Herkunft der Dämonen war man verschiedener Ansicht. Manche Menschen glaubten, es habe sie von allem Anfang an gegeben, andere dagegen hielten sie für die Geister böser, gottloser Menschen, die selbst noch nach ihrem Tode ihr böses Tun fortsetzten. Meistens brachte man sie jedoch mit der merkwürdigen Geschichte 1. Mose 6, 1–8 in Verbindung, der zufolge gefallene Engel, Gottessöhne, auf die Erde gekommen und sterbliche Frauen verführt haben sollten. Ihre Nachkommen aber seien die Dämonen.

Alle Krankheiten wurden bösen Geistern zugeschrieben, und zwar machte man sie nicht nur für Krankheiten wie Epilepsie und Geistesgestörtheit, sondern auch für alle körperlichen Leiden verantwortlich. Die Ägypter waren der Auffassung, daß der menschliche Körper aus sechsunddreißig verschiedenen Teilen bestehe, deren jeder von einem bösen Geist besessen sein könne. Einer der bevorzugten Wege, auf denen sie sich Zugang zum menschlichen Körper verschafften, sei es, den Menschen beim Essen aufzulauern und mit der Speise in sie hineinzugelangen.

Auch wenn es uns fantastisch vorkommt: Die Menschen der

Antike glaubten mit aller Selbstverständlichkeit an böse Geister. War jemand von dem Gedanken erfüllt, von einem bösen Geist besessen zu sein, dann stellten sich unschwer auch alle Symptome der Besessenheit ein. Er konnte sich ohne weiteres selbst davon überzeugen, daß ein böser Geist in ihm wohne. Auch heute noch können sich die Menschen einreden, sie seien krank; umwieviel leichter dann zu jener Zeit, als das Wissen der Menschen allgemein noch wesentlich primitiver war als heute, dafür aber das vorherrschte, was wir heute Aberglauben nennen. Auch wenn wir davon ausgehen, daß es keine bösen Geister gibt, konnten die Menschen nur unter der Voraussetzung geheilt werden, daß die Dämonen zumindest für sie eine wirkliche Realität waren.

DIE BÖSEN GEISTER WERDEN BESIEGT

Matthäus 8, 28—34 (Fortsetzung)

Als Jesus an das andere Seeufer kam, sah er sich zwei Besessenen gegenüber, die in Grabhöhlen hausten, in denen die bösen Geister zu Hause waren. Die Männer waren so gefährlich, daß Vorübergehende sich vor ihnen fürchteten und kluge Wanderer ihnen am liebsten weit aus dem Wege gingen. Der englische Reisende W. M. Thomson ist in Palästina noch im neunzehnten Jahrhundert Männern begegnet, die den beiden Besessenen aus den Grabhöhlen bei Gadara aufs Haar glichen, gefürchtet von der ganzen Umgebung. Von allem übrigen abgesehen, bewies Jesus also ungewöhnlichen Mut, indem er stehenblieb, um mit den beiden Besessenen zu sprechen.

Die Einzelheiten dieser Begebenheit können wir am besten bei Markus nachlesen. Während Matthäus uns nur eine kurze Zusammenfassung von dem Geschehen gibt, unterrichtet Markus uns wesentlich ausführlicher darüber. Die Schilderung dieses Wunders hat eine lebhafte Diskussion ausgelöst, in deren Mittelpunkt die Vernichtung der Schweineherde stand. Vielen wollte es merkwürdig vorkommen und herzlos, daß Jesus eine ganze Herde von Tieren in dieser Weise umgebracht haben sollte. Doch hat Jesus mit an Sicherheit grenzender Wahrscheinlichkeit die Herde gar nicht absichtlich umgebracht. Machen wir uns einmal klar, was geschah. Die beiden Männer schrien und riefen (Mark. 5, 7; Luk. 8, 28). Wir dürfen nicht vergessen, daß sie überzeugt waren, von bösen Geistern besessen zu sein. Nun glaubte man damals ganz allgemein, wenn der Messias komme und damit die Zeit des Gerichts, würden die Dämonen vernichtet und ausgerottet werden. Darum fragten die beiden Männer Jesus auch, weshalb er gekommen sei, um sie zu quälen, bevor es an der Zeit sei. Die beiden waren von ihrer Besessenheit so sehr überzeugt, daß nur der augenscheinliche Beweis, daß die unsauberen Geister aus ihnen ausgefahren seien, sie zu überzeugen vermochte. Es mußte also etwas geschehen, was für sie der unwiderlegliche Beweis dafür war, daß die bösen Geister sie verlassen hatten. Sehr wahrscheinlich rief ihr lautes Schreien Unruhe unter der Schweineherde hervor, die entsetzt die Flucht ergriff und in den See stürzte und ertrank. Wasser aber war lebensgefährlich für die Dämonen. Darauf ergriff Jesus die Gelegenheit, die sich ihm bot, indem er sagte: „Seht, wie die Schweine sich in den See gestürzt haben und mit ihnen auf immer auch die bösen Geister, von denen ihr besessen wart." Jesus wußte, daß er die beiden Männer auf keine andere Weise davon hätte überzeugen können, daß sie tatsächlich gesund waren. Dann aber hat Jesus die Schweineherde nicht absichtlich vernichtet, sondern ihre wilde Flucht lediglich dazu benutzt, um den beiden Männern zu helfen, an ihre Heilung zu glauben.

Aber selbst, wenn Jesus die Schweineherde absichtlich vernichtet hat, könnte ihm daraus kein Vorwurf gemacht werden, denn sicherlich läßt sich der Wert einer Schweineherde nicht mit dem Wert der unsterblichen Menschenseele vergleichen. Kaum jemand von uns würde sich weigern, zu essen, wenn ihm zum Frühstück Schinken und zu Mittag Schweinefleisch vorgesetzt wird. Unser Mitleid mit den Schweinen hindert uns nicht daran, sie zu essen; sollten wir uns also beklagen, wenn Jesus tatsächlich eine Herde Schweine preisgab, um zwei geistesgestörte Menschen wieder gesund zu machen? Das heißt keineswegs, die Menschen zur Grausamkeit gegenüber Tieren zu ermutigen oder diese gar gutzuheißen, sondern bedeutet lediglich, daß wir uns einen Sinn für die rechten Proportionen im Leben erhalten müssen.

Das Schlimmste an dieser Begebenheit sind ihre Folgen. Die Schweinehirten rannten in die Stadt zurück und berichteten dort, was vorgefallen war. Daraufhin beschworen die Stadtbewohner Jesus, ihr Gebiet unverzüglich zu verlassen. Hier zeigt sich der Egoismus der Menschen von seiner schlimmsten Seite. Diesen Menschen bedeutete es nichts, daß zwei Männer wieder gesund und vernünftig geworden waren; für sie zählte nur, daß sie ihre Schweine verloren hatten. Leider sagen die Menschen nur zu oft: „Was anderen passiert, kümmert mich nicht, solange ich selber nicht betroffen bin." Vielleicht sind wir über die Gefühllosigkeit und Härte der Leute zu Gadara erstaunt, doch wir sollten uns nicht weniger als sie davor hüten, Hilfe, die anderen zuteil wird, zu verübeln, sofern unsere eigenen Vorrechte dadurch geschmälert werden.

DER WIDERSTAND WÄCHST

Wir haben schon mehrfach festgestellt, daß im Matthäusevangelium nichts dem Zufall überlassen wird, sondern daß es sorgfältig geplant und aufgebaut ist. Dafür bildet das neunte Kapitel einen weiteren Beweis. Hier erkennen wir die ersten Anzeichen des aufziehenden Sturmes. Der Widerstand gegen Jesus beginnt anzuwachsen. Die ersten Anzeichen der Anklagen, die gegen Jesus erhoben und schließlich zu seinem Tode führen werden, machen sich bemerkbar. Vier Beschuldigungen sind es, die in diesem Kapitel gegen Jesus erhoben werden.

1. Man beschuldigt Jesus der Gotteslästerung. Matthäus 9, 1–8 hören wir, wie Jesus den Gichtbrüchigen heilt, indem er ihm seine Sünden vergibt, und wie ihm die Schriftgelehrten darauf hin vorwerfen, er lästere Gott, da er Anspruch auf etwas erhebe, was nur Gott zu tun vermöge. Blasphemia heißt wörtlich Beleidigung, Verleumdung; Jesus wurde von seinen Feinden mithin beschuldigt, Gott zu beleidigen, weil er sich selbst die Kräfte Gottes anmaßte.

2. Man beschuldigt Jesus eines unmoralischen Verhaltens. Matthäus 9, 10–13 sitzt Jesus im Hause des Zöllners Matthias mit Zöllnern und Sündern zu Tisch. Die Pharisäer wollten wissen, weshalb er das tat, wobei sie stillschweigend voraussetzten, daß er genau so sei wie diese Menschen. Man warf Jesus also vor, er sei unmoralisch, weil er sich in Gesellschaft unmoralischer Menschen aufhielt. Wenn man eine Abneigung gegen jemanden verspürt, läßt sich mit Leichtigkeit alles, was er tut, verdrehen und falsch auslegen, und man unterstellt ihm Beweggründe, die er nie gehabt hat. Ein junger Mann, der am Beginn seiner politischen Laufbahn stand, fragte einmal einen erfahrenen Politiker um Rat, wie er sich am besten verhalten solle. Er erhielt folgende Antwort: „Jeder Staatsmann sollte drei Regeln befolgen: Erstens: Wenn Sie Abonnent einer Nachrichtenagentur sind, die Sie mit Zeitungsausschnitten versorgt, sollten Sie das Abonnement umgehend aufgeben. Zweitens: Lachen Sie niemals über Fehler, die Ihren politischen Gegnern unterlaufen. Drittens: Panzern Sie sich gegen die Unterstellung falscher Beweggründe." Zu

den beliebtesten Waffen, mit denen die Gegner eines im öffentlichen Leben stehenden Mannes vorgehen, gehört, daß sie ihm falsche Motive unterstellen, wie es auch die Widersacher Jesu taten.

3. Man beschuldigt Jesus, es an der erforderlichen Frömmigkeit fehlen zu lassen. Matthäus 9, 14—17 fragen die Jünger Johannes des Täufers die Jünger Jesu, weshalb ihr Meister nicht faste. Die orthodoxen Juden verdächtigten Jesus, weil er bestimmte religiöse Bräuche nicht mitmachte. Wer mit den herkömmlichen Bräuchen bricht, muß darunter leiden, erst recht, wenn es sich um religiöse Bräuche handelt. Man verurteilte Jesus, weil er mit den orthodoxen Bräuchen der Kirchenfrömmigkeit brach.

4. Man wirft Jesus vor, er sei mit dem Teufel im Bunde. Matthäus 9, 31—34 heilt Jesus einen Stummen. Seine Widersacher führen diese Heilung darauf zurück, daß er sich mit dem Teufel verbündet habe. Wenn wir es mit neuen Kräften zu tun bekommen — beispielsweise mit Heilungen aufgrund geistiger Kräfte — gibt es stets Menschen, die sagen: „Vorsicht! Das kann ebensogut das Werk des Teufels sein und nicht von Gott kommen." Merkwürdig, wenn den Menschen etwas begegnet, was ihnen nicht gefällt, was sie nicht verstehen oder was ihre vorgefaßten Meinungen, ihre Vorurteile durchkreuzt, dann schreiben sie es häufig dem Teufel statt Gott zu.

In diesem Kapitel erkennen wir, wie die Gegner Jesu sich zu regen beginnen. Sie verleumden ihn, vergiften mit ihrem Geflüster die Wahrheit und unterstellen ihm falsche Beweggründe. Die Treibjagd auf Jesus, der ihre Ruhe stört, beginnt.

MIT GOTT INS REINE KOMMEN. HEILUNG DES GICHTBRÜCHIGEN

Matthäus 9, 1—8

Da trat er in das Schiff und fuhr wieder herüber und kam in seine Stadt. Und siehe, da brachten sie zu ihm einen Gichtbrüchigen, der lag auf einem Bette. Da nun Jesus ihren Glauben sah, sprach er zu dem Gichtbrüchigen: Sei getrost, mein Sohn, deine Sünden sind dir vergeben. Und siehe, etliche unter den Schriftgelehrten sprachen bei sich selbst: Dieser lästert Gott. Da aber Jesus ihre Gedanken merkte, sprach er: Warum denkt ihr so Arges in euren Herzen? Was ist leichter, zu sagen: Dir sind deine Sünden vergeben, oder zu sagen: Stehe auf und wandle? Auf daß ihr aber wisset, daß des Menschen Sohn Vollmacht hat, auf Erden die Sünden zu vergeben, — sprach er zu dem Gichtbrüchigen: Stehe auf, hebe dein Bett auf und gehe heim! Und er stand auf und ging heim. Da das Volk das sah, fürchtete es sich und pries Gott, der solche Macht den Menschen gegeben hat.

Markus 2, 1 können wir entnehmen, daß dieser Vorfall sich in Kapernaum ereignete. Interessant ist, daß Jesus zu diesem Zeitpunkt bereits so sehr mit Kapernaum identifiziert wurde, daß es seine Stadt genannt wurde. Kapernaum bildete zu dieser Zeit den Mittelpunkt seines Wirkens.

Ein Gichtbrüchiger wurde zu Jesus gebracht, auf einem Bette getragen von seinen Freunden. Wir erleben hier das Wunderbare, daß ein Mensch durch den Glauben seiner Freunde gerettet wird. Ohne diese Freunde wäre der Gichtbrüchige nie zu Jesus gelangt. Vielleicht hatten die Freunde ihn sogar gegen seinen Willen zu Jesus gebracht, weil er selbst bereits alle Hoffnung aufgegeben und resigniert hatte. Wie es sich damit auch verhalten mag, auf jeden Fall wurde dieser Mann durch den Glauben seiner Freunde gerettet. Das eigentliche Kennzeichen eines wirklichen Heiligen besteht darin, daß er sich so lange an wirklich schlechte oder völlig gedankenlose Menschen klammert, bis er sie zu Jesus geführt hat. Wer einen Freund hat, der Jesus Christus nicht kennt oder sich nichts aus ihm macht oder ihm gar feindlich gesinnt ist, sollte sich verpflichtet fühlen, nicht abzulassen, ihn zu Jesus Christus zu führen. Wir können niemanden dazu zwingen, Jesus anzunehmen; doch wir können ihn immer wieder auf den Weg hinweisen, den er dann vielleicht auch von sich aus geht. Wir können niemanden zu einem Christen machen, wohl aber können wir die Menschen zu Jesus hinführen.

Vielleicht wundern wir uns über die Art, in der Jesus diesem Manne entgegentrat. Als erstes sagte er ihm, seine Sünden seien ihm vergeben. Das hatte einen doppelten Grund. In Palästina glaubte man ganz allgemein, daß s ä m t l i c h e Krankheiten die Folge von Sünden der Menschen seien und daß Krankheiten nur geheilt werden könnten, wenn den Menschen ihre Sünden vergeben würden. So lautet ein rabbinischer Ausspruch: „Tod ohne Sünde gibt es nicht und keine Schmerzen ohne Gesetzesübertretungen." Ein anderer Ausspruch besagte: „Erst wenn dem Kranken seine Sünden vergeben sind, wird er sich vom Krankenbett erheben." Diese unzertrennliche Verknüpfung von Leiden und Sünde war Bestandteil des jüdischen

Glaubens zur Zeit Jesu. Es besteht infolgedessen kein Zweifel daran, daß eine Heilung dieses Mannes unmöglich gewesen wäre, wenn er nicht davon überzeugt gewesen wäre, daß seine Sünden ihm vergeben worden seien. Höchstwahrscheinlich hatte dieser Mann tatsächlich gesündigt und war überzeugt, daß seine Krankheit eine Folge seiner Sünden sei, was auch durchaus möglich ist; ohne die Versicherung, daß ihm vergeben sei, wäre er nicht geheilt worden.

Auch die moderne Medizin ist durchaus der Meinung, daß der Geist den Körper zu beeinflussen vermag und es auch tatsächlich tut und daß niemand einen gesunden Körper haben kann, dessen Geist nicht gesund ist. Paul Tournier führt in seinem Buch *Aus der Praxis eines Arztes* ein typisches Beispiel dafür an: „Ein mit mir befreundeter Kollege behandelte ein junges Mädchen mehrere Monate lang ohne großen Erfolg wegen einer Anämie und schickte sie schließlich zum Vertrauensarzt ihres Bezirkes, damit man ihr einen Kuraufenthalt im Gebirge genehmige. Eine Woche später überbrachte die Patientin einen Bericht des Vertrauensarztes, der sich als ein guter Kollege erwies und die Kur genehmigt hatte, seinem Bericht jedoch hinzufügte: ‚Bei der Blutanalyse konnte ich freilich keines der von Ihnen angeführten Merkmale feststellen.' Mein Freund, darüber aus der Fassung gebracht, machte sofort eine neue Blutprobe und stellte fest, daß das Blutbild sich plötzlich verändert hatte. ‚Ging ich nicht stets mit äußerster Sorgfalt bei meinen Untersuchungen vor', versicherte mein Freund, ‚und hätte ich nicht jedesmal bei den Besuchen meiner Patientin das Blutbild erneut untersucht, hätte ich denken müssen, ich hätte mich geirrt.' Zu der Patientin zurückgekehrt, fragte er sie: „Hat sich seit Ihrem letzten Besuch in Ihrem Leben etwas Außerordentliches ereignet?' ‚Ja', erwiderte sie, ‚ich konnte auf einmal jemandem verzeihen, dem ich bis dahin schrecklich gezürnt hatte; und auf einmal konnte ich danach plötzlich wieder ja sagen zum Leben.'" In dem Augenblick, in dem ihre Geisteshaltung sich geändert hatte, hatte sich auch das Blutbild zu seinen Gunsten verändert. Nachdem sie geistig gesundet war, befand sie sich jetzt auch körperlich auf dem Wege der Besserung.

Der Gichtbrüchige wußte, daß er ein Sünder war und war als solcher davon überzeugt, daß Gott sein Feind, und daß er aus diesem Grund gichtbrüchig sei. Nachdem Jesus ihn der Vergebung Gottes versichert hatte und er wußte, daß zwischen ihm und Gott alles in Ordnung war, daß Gott nicht sein Feind, sondern Freund war, wurde er gesund.

Es war die Art der Heilung, die die Schriftgelehrten empörte.

Jesus hatte gewagt, jemandem seine Sünden zu vergeben; die Vergebung der Sünden aber war Gott vorbehalten, und Jesus hatte infolgedessen nach ihrer Meinung Gott beleidigt. Jesus ließ sich durch sie nicht beirren, sondern widerlegte sie auf ihrem ureigensten Gebiet. „Was ist leichter zu sagen", fragte er sie: „Dir sind deine Sünden vergeben, oder zu sagen: Stehe auf und wandle?" Wir dürfen in diesem Zusammenhang nicht vergessen, daß die Schriftgelehrten glaubten, niemand könne aufstehen, es sei denn, seine Sünden seien ihm vergeben. Wenn Jesus also imstande war, diesen Mann zu veranlassen, aufzustehen und zu wandeln, dann war das der unwiderlegliche Beweis dafür, daß dem Manne seine Sünden vergeben waren und daß der Anspruch Jesu zutraf. Jesus bewies also, daß er den Menschen Vergebung der Seele und Gesundheit des Körpers zu geben vermochte. Wir werden körperlich nur gesund sein, wenn uns auch geistig nichts fehlt; Gesundheit des Leibes und Frieden mit Gott gehen Hand in Hand.

DER MANN, DEN ALLE HASSTEN

Matthäus 9, 9

Und da Jesus von dannen ging, sah er einen Menschen am Zoll sitzen, der hieß Matthäus; und sprach zu ihm: Folge mir! Und er stand auf und folgte ihm.

Einen unwahrscheinlicheren Anwärter auf das Apostelamt als Matthäus hat es nie gegeben. Matthäus war Zöllner, wie es in der Lutherbibel heißt, ein Steuereinnehmer.

Die römische Regierung sah sich vor das Problem gestellt, ein möglichst einfaches und zugleich einträgliches Steuersystem einzuführen. Das geschah durch die Versteigerung des Rechtes, in bestimmten Bezirken die Steuern einziehen zu dürfen. Wer das Recht erkauft hatte, in einem bestimmten Gebiet die Steuern einzuziehen, war verantwortlich dafür, daß die vereinbarte Summe an die römische Verwaltung abgeführt wurde; was er darüber hinaus einnahm, konnte er als Kommissionsgebühren für sich behalten. Dieses System barg ganz offensichtlich die Gefahr schweren Mißbrauchs in sich. In einer Zeit, in der es weder Zeitungen noch Rundfunk mit ihrer schnellen Verbreitung von Mitteilungen gab, wußten die Menschen nicht haarscharf, wieviel sie zu zahlen hatten, und besaßen auch nicht das Recht, sich über die Steuereinnehmer zu beklagen. Viele Zöllner wurden infolgedessen dadurch reich, daß sie die Menschen auf illegale Weise erpreßten. Da dieses Steuereinnahmesystem zu derartigem Mißbrauch geführt hatte, war es schon vor der Zeit Jesu in Palästina aufgehoben worden. Doch selbstverständlich mußten weiterhin Steuern gezahlt werden, und selbstverständlich kam es auch jetzt noch zu Ungesetzlichkeiten dabei.

Drei wichtige Steuern waren regelmäßig zu zahlen. Die Grund- und Bodensteuer, die besagte, daß jeder ein Zehntel seines Getreideertrages und ein Fünftel seiner Früchte und seines Weines entweder in Naturalien oder in bar bei der Regierung abliefern mußte. Die zweite der Steuern, die Einkommensteuer, betrug ein Prozent des Einkommens. Und als drittes mußten alle Männer zwischen vierzehn und fünfundsechzig Jahren und alle Frauen zwischen zwölf und fünfundsechzig Jahren die sogenannte Kopfsteuer bezahlen. Diese Steuern waren gesetzlich festgesetzt und konnten daher von den Steuereinnehmern nicht zu ihrem persönlichen Vorteil ausgenutzt werden. Doch zu diesen drei Steuern kamen noch alle möglichen anderen Steuern hinzu. So mußten Im- und Exportwaren verzollt werden; der Satz lag zwischen zweieinhalb und zwölfeinhalb Prozent. Auch für das Begehen der Hauptstraßen mußte eine Steuer entrichtet werden, ebenso wurden ein Brückengeld, ein Marktgeld, ein Hafengeld erhoben, und auch beim Betreten der Städte mußte eine Gebühr bezahlt werden. Packtiere, Räder und Achsen von Lastkarren wurden besteuert, und ebenso mußten alle Waren, die ge- und verkauft wurden, versteuert werden. Es gab bestimmte Gebrauchsgüter, auf die der Staat ein Monopol hatte. So war zum Beispiel in Ägypten der Handel mit salpetersaurem Salz, Bier und Papyrus ein Staatsmonopol. Obwohl das Recht der Steuereinziehung nicht mehr wie früher versteigert wurde, benötigte man alle möglichen Arten von Steuereinnehmern, bei denen es sich um Bewohner der betreffenden Provinzen zu handeln pflegte, die sich häufig freiwillig dazu meldeten.

Für eine Steuer war in jedem Bezirk gewöhnlich ein Steuereinnehmer zuständig, dem es nicht schwerfiel, bei der Einziehung der gesetzlichen Steuern auch seine eigenen Taschen zu füllen. Die Zolleinnehmer waren allgemein verhaßt, weil sie sich in den Dienst der Besatzungsmacht gestellt hatten und sich selbst auf Kosten ihrer Landsleute bereicherten. Modern ausgedrückt waren sie Quislinge und bekannt für ihre Unehrlich- und Unredlichkeit. Sie nahmen nicht nur ihre eigenen Landsleute nach Kräften aus, sondern versuchten auch die römischen Verwaltungsstellen zu beschwindeln, indem sie sich von reichen Leuten bestechen ließen, die sich dadurch um die volle Höhe ihrer

Steuerschulden herumzudrücken versuchten. Steuereinnehmer sind nirgendwo beliebt, doch die Juden haßten sie in besonders hohem Maße, weil sie fanatische Nationalisten waren. Mehr noch als alles andere empörte die Juden jedoch, daß sie einem irdischen Herrscher Steuern zahlen sollten, obwohl nach ihrer Auffassung Gott allein ihr König war und es infolgedessen eine Verletzung seiner Rechte und seiner Majestät bedeutete, einem irdischen Herrscher Steuern zu zahlen. Die Steuereinnehmer waren nach jüdischem Recht von der Synagoge ausgeschlossen und gehörten zu den Unreinen, die nach 3. Mose 20, 5 aus ihrem Volk ausgerottet werden mußten. Sie durften auch nicht als Zeugen auftreten; „Räuber, Mörder und Zöllner" zählten zu derselben Kategorie von Menschen. Als Jesus Matthäus zu sich rief, berief er einen von allen gehaßten Menschen. Hier haben wir eins der großen neutestamentlichen Beispiele dafür vor uns, daß Jesus die Kraft besaß, in den Menschen nicht nur das, was sie waren, zu erkennen, sondern auch das, was sie sein konnten. Niemand hat je so sehr an die Möglichkeiten des Menschen geglaubt wie Jesus Christus.

EIN RUF ERGEHT UND WIRD ANGENOMMEN

Matthäus 9, 9 (Fortsetzung)

Kapernaum lag im Herrschaftsbereich des Herodes Antipas, und Matthäus stand infolgedessen nicht unmittelbar im Dienste der Römer, sondern im Dienst des Herodes. In Kapernaum kreuzten sich wichtige Straßen. Insbesondere berührte die Straße von Ägypten nach Damaskus auch Kapernaum. Hier begann das Herrschaftsgebiet des Herodes. Zweifellos gehörte Matthäus zu den Zollbeamten, die den Zoll eintrieben, der auf alle Waren und Güter erhoben wurde, die durch das Gebiet des Herodes transportiert wurden.

Wir dürfen nun nicht etwa denken, daß Matthäus Jesus zuvor noch nie gesehen hatte. Zweifellos hatte er von diesem jungen Galiläer schon gehört, der eine so atemberaubend neue Botschaft verkündete, der mit einer nie dagewesenen Vollmacht sprach und zu seinen Freunden Männer und Frauen zählte, von denen sich die orthodoxen Frommen jener Zeit entsetzt und unwillig abwandten. Fraglos hatte Matthäus Jesus am Rande der Menge schon vorher gelauscht, und sein Herz war von ihm bewegt worden. Vielleicht hatte Matthäus sich im stillen voller Verlangen schon gefragt, ob es nicht schon zu spät für ihn sei, ein neues Leben zu beginnen. Und dann sah er Jesus plötzlich vor sich stehen; er hörte, wie Jesus ihn rief; und Matthäus folgte diesem Ruf, erhob sich und ließ alles hinter sich und folgte Jesus nach.

Beachten müssen wir auch, *was Matthäus aufgab und was er stattdessen fand*. Er gab einen angenehmen Job auf, um einem schicksalhaften Ruf zu folgen. Er gab ein gesichertes Einkommen auf und ließ sich auf ein ehrenvolles Wagnis ein, von dem er sich nie hätte träumen lassen. Vielleicht erleiden auch wir materielle Einbuße, wenn wir dem Ruf Christi folgen, vielleicht müssen wir deswegen andere ehrgeizige Pläne aufgeben, doch ganz sicher ist, daß jedem, der dem Ruf Jesu Folge leistet, ein nie gekannter Friede, eine nie gekannte Freude zuteil wird. In Jesus Christus wird uns ein Reichtum zuteil, der alles übertrifft, was wir um seinetwillen vielleicht preisgeben müssen.

Beachten müssen wir auch, *was Matthäus zurückließ und was er mitnahm*. Er ließ den Tisch, an dem er den Zoll eingenommen hatte, zurück, doch eins nahm er mit – seine Feder. Hier haben wir wieder ein Beispiel dafür vor uns, wie Jesus alle Gaben gebrauchen kann, die die Menschen ihm bringen. Wenig spricht dafür, daß außer Matthäus sonst noch jemand unter den zwölf Jüngern mit der Feder umzugehen wußte. Woher sollten galiläische Fischer auch gelernt haben, mit der Feder und mit Worten umzugehen? Matthäus aber besaß diese Fähigkeit. Der Mann, den sein Beruf gelehrt hatte, mit der Feder umzugehen, benutzte diese Feder dazu, um als erster die Lehren Jesu zusammenzustellen, um ein Buch zusammenzustellen, das zu den wichtigsten Büchern überhaupt gehört. In materieller Hinsicht gab Matthäus vieles auf, als er den Tisch des Zolleinnehmers verließ, doch in geistiger Hinsicht wurde er Erbe eines Vermögens.

WO DIE NOT AM GRÖSSTEN IST

Matthäus 9, 10–13

Und es begab sich, als er zu Tisch saß im Hause, siehe, da kamen viele Zöllner und Sünder und saßen zu Tische mit Jesus und seinen Jüngern. Da das die Pharisäer sahen, sprachen sie zu seinen Jüngern: Warum isset euer Meister mit den Zöllnern und Sündern? Da das Jesus hörte, sprach er: Die Starken bedürfen des Arztes nicht, son-

dern die Kranken. Gehet aber hin und lernet, was das ist (Hos. 6, 6): „Ich habe Wohlgefallen an Barmherzigkeit und nicht am Opfer." Ich bin gekommen, die Sünder zu rufen und nicht die Gerechten.

Jesus berief Matthäus nicht nur, damit er ihm nachfolge, sondern setzte sich selbst mit Männern und Frauen wie Matthäus zusammen, mit Zöllnern und Sündern. An dieser Stelle erhebt sich die interessante Frage, wo Jesus zusammen mit den Zöllnern und Sündern gegessen hat. Nur bei Lukas heißt es ausdrücklich, daß das Mahl im Hause des Matthäus beziehungsweise des Levi stattgefunden habe (vgl. Matth. 9, 10—13; Mark. 2, 14—17; Luk. 5, 27—32). Nach dem Bericht des Matthäus und Markus kann dieses Mahl ebensogut auch in dem Hause stattgefunden haben, in dem Jesus sich aufhielt. Wenn das Mahl tatsächlich im Hause Jesu ausgerichtet worden ist, dann ist die Aussage Jesu noch zugespitzter als ohnehin schon. Jesus sagt: „Ich bin gekommen, die Sünder einzuladen, nicht die Gerechten." Das an dieser Stelle des griechischen Textes gebrauchte Wort für e i n l a d e n, k a l e i n, ist der übliche griechische Ausdruck für eine Einladung zum Essen. Im Gleichnis von der königlichen Hochzeit zum großen Abendmahl, (Matth. 22, 1—10; Luk. 14, 15—24) ist davon die Rede, wie die geladenen Gäste der Einladung nicht folgten, und wie die Armen, Lahmen, die Krüppel und die Blinden auf den Straßen zusammengeführt wurden, um sich an der Tafel des Königs niederzulassen. Es kann durchaus sein, daß Jesus damit sagen will: „Wenn ihr ein Festmahl veranstaltet, dann ladet ihr die streng Orthodoxen und die Selbstgerechten ein; wenn ich ein Festmahl veranstalte, lade ich die Menschen ein, die sich ihrer Sünden am meisten bewußt sind und Gottes Hilfe besonders nötig haben." Wie es sich damit auch verhalten mag, einerlei, ob das Mahl im Hause des Matthäus oder in dem Hause stattfand, in dem Jesus sich aufhielt, sicher ist, daß dieser Vorgang die Schriftgelehrten und Pharisäer aufs äußerste schockierte. Ganz allgemein läßt sich sagen, daß es in Palästina zwei Gruppen von Menschen gab: Die Orthodoxen, die das Gesetz streng einhielten und jede einzelne Bestimmung und Vorschrift peinlich genau beachteten, und diejenigen, die die kleinlichen Gesetzesvorschriften nicht beachteten und als d i e M e n s c h e n d e s L a n d e s bezeichnet wurden, mit denen die Orthodoxen nicht gemeinsam auf die Reise gehen durften, mit denen sie geschäftlich nichts zu tun haben, denen sie nichts geben und von denen sie nichts annehmen, die sie nicht als Gäste bei sich aufnehmen und die sie in ihren Häusern nicht besuchen durften. Als Jesus sich zu diesen Leuten gesellte, tat er etwas, was kein frommer Jude damals getan haben würde.

Jesus rechtfertigte sich auf höchst einfache Weise, indem er sagte, er gehe dorthin, wo die Not am größten sei. Ein schlechter Arzt wäre, wer nur die Menschen aufsucht, die sich bester Gesundheit erfreuen; es ist dagegen Pflicht des Arztes und gereicht ihm zur Ehre, wenn er die Menschen aufsucht, die ihn brauchen. Der griechische Philosoph Diogenes, ein großer Verehrer der Tugend und ein sehr scharfzüngiger Mann, wurde nie müde, den Sittenverfall in Athen, wo er die meiste Zeit seines Lebens zubrachte, mit der strengen Einfachheit Spartas zu vergleichen. Als eines Tages jemand zu ihm sagte: „Wenn du soviel von Sparta und so wenig von Athen hältst, dann wundert es mich, weshalb du nicht aus Athen fort nach Sparta gehst und dort bleibst", erwiderte Diogenes: „Es geht nicht danach, was ich möchte. Ich muß dort bleiben, wo die Menschen mich am nötigsten haben." Die Sünder brauchten Jesus am meisten, und so bewegte er sich unter Sündern.

Was besagen die Jesusworte: „Ich bin gekommen, die Sünder zu rufen, und nicht die Gerechten"? Sie besagen keineswegs, daß es Menschen gab, die so gut waren, daß sie dessen, was er zu geben vermochte, nicht bedurften, und erst recht nicht besagen sie, daß ihn gute und fromme Menschen nicht interessierten. Dieses Jesuswort ist äußerst komprimiert und besagt: „Ich bin nicht gekommen, um die Menschen zu rufen, die so selbstzufrieden und so sehr von ihrer eigenen Qualität überzeugt sind, daß sie meinen, keiner Hilfe zu bedürfen; ich bin gekommen, um die Menschen zu rufen, die sich ihrer Sündigkeit voll bewußt sind und genau wissen, daß sie eines Erlösers bedürfen." Jesus sagt hier: „Nur, wer erkannt hat, wie sehr er meiner bedarf, wird meinem Ruf folgen."

Die Auffassung, die die Schriftgelehrten und Pharisäer hier vertreten, ist auch heute noch keineswegs ausgestorben.

1. Sie waren mehr darauf bedacht, daß ihrer eigenen Heiligkeit kein Abbruch geschähe als darauf, anderen in ihrer Sünde zu helfen. Sie waren wie Ärzte, die sich weigern, Kranke zu besuchen, weil sie fürchteten, von ihnen angesteckt zu werden. Sie schreckten in ihrer Überheblichkeit vor den Sündern zurück, weil sie mit Menschen wie ihnen nichts zu tun haben wollten. Ihre Religion war ausgesprochen selbstsüchtig, da sie mehr darauf bedacht waren, ihre eigene Seele als die Seelen anderer Menschen zu retten. Doch sie vergaßen, daß das der sicherste Weg war, auch die eigene Seele zu verlieren.

2. Es ging ihnen mehr darum, die Menschen zu kritisieren als sie zu ermutigen. Sie waren mehr daran interessiert, auf die Fehler anderer Menschen hinzuweisen als ihnen zu helfen, diese Fehler zu überwinden. Wenn Ärzte sich einer ekelerregenden Krankheit gegenübersehen, bei deren Anblick sich der Magen anderer Menschen umdrehen würde, packt sie nicht der Abscheu, sondern sie sind von dem Wunsch beseelt, dieser Krankheit abzuhelfen. Auch wir sollten Sünder nicht instinktiv ablehnen, sondern ihnen instinktiv helfen wollen.

3. Sie praktizierten eine Frömmigkeit, die statt zur Vergebung und zu Mitgefühl mit den anderen zu ihrer Verdammung führte. Sie ließen die Menschen lieber in der Gosse liegen, statt ihnen die Hand zum Aufstehen zu reichen. Sie waren wie Ärzte, die nur an der Diagnose von Krankheiten, nicht aber im geringsten an ihrer Therapie interessiert sind. Sie waren wesentlich mehr damit beschäftigt, voller Verachtung auf andere hinabzublicken statt ihnen zu helfen.

4. Sie praktizierten eine Religion, die eher in äußerlicher Rechtgläubigkeit als in praktischer Hilfe für andere bestand. Jesus schätzte dagegen den Ausspruch Hosea 6, 6, der besagt, daß Gott mehr Gefallen an Barmherzigkeit als an Opfern habe, denn er zitiert ihn nicht nur an dieser Stelle (vgl. Matth. 12, 7). Auch wer noch so eifrig alle äußeren Vorschriften der Frömmigkeit beachtet, ist dennoch kein religiöser Mensch, wenn er nicht auch seine Hand hilfreich nach dem Sünder ausstreckt und nach allen, die in Not sind.

GEGENWÄRTIGE FREUDE UND ZUKÜNFTIGER SCHMERZ

Matthäus 9, 14. 15

Da kamen die Jünger des Johannes zu ihm und sprachen: Warum fasten wir und die Pharisäer, und deine Jünger fasten nicht? Jesus sprach zu ihnen: Wie können die Hochzeitleute Leid tragen, solange der Bräutigam bei ihnen ist? Es wird aber die Zeit kommen, daß der Bräutigam von ihnen genommen wird; alsdann werden sie fasten.

Almosengeben, Gebet und Fasten kennzeichneten das religiöse Leben der Juden. Bei der Behandlung des Abschnittes Matthäus 6, 16—18 haben wir uns bereits eingehend mit den jüdischen Fastensitten befaßt. Es ist vermutet worden, daß der hier geschilderte Vorgang sich abgespielt hat, bevor der Herbstregen zu fallen begann, so daß ein allgemeines Fasten angesetzt worden war.

Jesus beantwortete die Frage, weshalb er und seine Jünger nicht ebenfalls fasteten, mit einem sehr anschaulichen Bild.

Hochzeiten wurden bei den Juden stets ganz besonders festlich begangen. Das jungvermählte Paar verbrachte die Flitterwochen daheim. Eine ganze Woche lang herrschte im Hause des jungen Paares ein großes Freudenfest, das mit Schmausen und Jubel gefeiert wurde und bei dem Braut und Bräutigam wie König und Königin behandelt und sogar auch so angeredet wurden. An diesem Freudenfest nahmen die nächsten Freunde teil, die in der Lutherübersetzung als H o c h z e i t l e u t e bezeichnet wurden. Bei derartigen Gelegenheiten herrschte auch bei armen Leuten große Freude und Festlichkeit, die einmalig in ihrem Leben war. Jesus vergleicht sich hier mit dem Bräutigam und seine Jünger mit den engsten Freunden des Bräutigams. Wie sollte eine solche Gesellschaft traurig und betrübt sein? Das war in der Tat keine Zeit zum Fasten, sondern eine Zeit der Fröhlichkeit und des Jubels. Dieser Abschnitt hat uns Wichtiges zu sagen.

1. Er lehrt uns, daß es eine Freude ist, mit Jesus zu leben, daß dort, wo Jesus ist, überschäumendes Leben herrscht, daß Christentum und Trübsinnigkeit sich nicht miteinander vertragen. Wer mit Christus wandelt, wandelt im Strahlenglanz der Freude.

2. Dieser Abschnitt lehrt uns aber auch, daß keine Freude ewig währt. Für die Jünger Johannes des Täufers war die Zeit der Trübsal bereits gekommen, denn Johannes befand sich im Gefängnis; den Jüngern Jesu stand die Zeit der Trübsal erst noch bevor. Zwangsläufig hat im Leben jede Freude einmal ein Ende. So heißt es denn auch bei Epiktet, dem stoischen Philosophen: „Wenn du dein Kind küssest, sprich zu dir selbst: ‚Eines Tages mußt du sterben.'" Deshalb sollten wir Gott und Jesus Christus kennen. Jesus allein ist derselbe gestern, heute und in Ewigkeit; Gott allein bleibt derselbe in allen Wechselfällen des Lebens. Auch die innigsten menschlichen Bande werden eines Tages zerrissen; nur die himmlische Freude währt ewig. Wenn unsere Herzen von ihr erfüllt sind, dann kann nichts und niemand sie uns rauben.

3. Doch der Abschnitt stellt auch eine Herausforderung dar. Vielleicht erkannten das die Jünger in diesem Augenblick nicht; dennoch aber sagt Jesus hier zu ihnen: „Jetzt erlebt ihr, welche Freude es bedeutet, mir zu folgen; werdet ihr auch die Trübsal,

die Mühsal und das Leid des christlichen Kreuzesweges durchstehen?" Christsein bedeutet Freude, aber das Christsein bedeutet auch Blut und Schweiß und Tränen, die uns zwar die Freude nicht zu rauben vermögen, denen wir aber nichtsdestoweniger standhalten müssen. Jesus sagt hier also: „Seid ihr bereit, Freude und Kreuz des Christen gleichermaßen zu bejahen?"

4. Der Mut Jesu ist in diesem Abschnitt beschlossen. Jesus machte sich niemals Illusionen; er erkannte deutlich, daß ihn am Ende seines Weges das Kreuz erwartete. Hier wird der Vorhang gelüftet, und wir dürfen einen Blick in das Innere Jesu tun. Er wußte, daß sein Lebensweg ein Kreuzesweg war, und dennoch wich er nicht einen Schritt von dem vorgezeichneten Wege ab. Hier begegnen wir dem Mut dessen, der weiß, welchen Preis er zahlen muß, und dennoch den Weg Gottes weiter geht.

NEUE GEDANKEN UND DIE SCHWIERIGKEIT, SIE DURCHZUSETZEN

Matthäus 9, 16. 17

Niemand flickt ein altes Kleid mit einem Lappen von neuem Tuch; denn der Lappen reißt doch wieder vom Kleid, und der Riß wird ärger. Man füllt auch nicht jungen Wein in alte Schläuche; sonst zerreißen die Schläuche, und der Wein wird verschüttet, und die Schläuche kommen um. Sondern man füllt jungen Wein in neue Schläuche, so werden sie beide miteinander erhalten.

Jesus war sich durchaus bewußt, daß es neue Gedanken und neue Vorstellungen waren, die er den Menschen brachte, und ebenso wußte er, wie schwierig es ist, neue Ideen bei den Menschen durchzusetzen. Er gebrauchte daher zwei Bilder, die allen Juden verständlich waren.

1. „Niemand", sagte er zu ihnen, „flickt ein altes Kleid mit einem Lappen von neuem Tuch, denn bei der erstbesten Gelegenheit, wenn das Kleid naß wirkt, schrumpft der neue Stoff ein und zerreißt auf diese Weise das Kleid aufs neue, und der alte Riß wird nur noch größer." Die Juden hingen leidenschaftlich an allem Überlieferten. Das Gesetz war für sie das Wort Gottes, das ein für allemal Gültigkeit besaß. Ihm auch nur ein Wort hinzuzufügen oder es um ein Wort zu verringern, galt

ihnen als Todsünde. Schriftgelehrte und Pharisäer befaßten sich anerkanntermaßen damit, „eine Mauer um das Gesetz zu errichten." Sie sahen in neuen Gedanken weniger einen Irrtum als vielmehr eine Sünde. Dieser Geist ist auch heute noch nicht ausgestorben. Auch in der Kirche heißt es nur zu oft, wenn neue Gedanken sich regen, wenn Änderungsvorschläge eingebracht oder neue Wege ausprobiert werden: „Früher hat es so etwas nicht gegeben." Ich hörte einst, wie zwei Theologen sich miteinander unterhielten. Der jüngere von ihnen war ungeheuer an allem interessiert, was die neuere Philosophie zu sagen hat, während der ältere ein Mann von starrer, strenger Orthodoxie war, der dem Jüngeren mit halbverächtlicher Toleranz zuhörte und die Unterhaltung schließlich mit den Worten beendete: „Das Alte ist besser." Die Kirche hat sich zu allen Zeiten an das Alte, Hergebrachte geklammert. Jesus dagegen sagt, daß eine Zeit kommen wird, in der alles Flickwerk unnütz und töricht ist, in der es nur Sinn hat, bestimmte Dinge zum alten Eisen zu werfen und völlig neu zu beginnen. Wieviele Formen der Kirchenverwaltung, des kirchlichen Dienstes, wieviele Äußerungen unseres Glaubens versuchen wir nicht immer wieder zurechtzuflicken, um sie den veränderten Zeiten anzupassen! Niemand wird leichtfertig und unbedacht etwas preisgeben, was sich bewährt hat, was Generationen vor uns ein Trost gewesen ist, auf den sie vertraut haben; trotzdem bleibt es eine Tatsache, daß wir in einer ständig wachsenden und sich ausdehnenden Welt leben; es wird daher die Zeit kommen, in der alles Flickwerk sinnlos ist, in der Kirche und Menschen das Wagnis des Neuen eingehen müssen, wenn sie sich nicht dem Stillstand verschreiben wollen und statt Gott anzubeten, nur noch die eigene Vergangenheit anbeten.

2. Niemand, sagt Jesus, werde versuchen, neuen Wein in alte Schläuche zu füllen. In alter Zeit pflegten die Menschen Wein in Schläuchen statt in Flaschen aufzubewahren. Wurde der Wein in die Schläuche gefüllt, befand er sich noch in Gärung. Die dabei entwickelten Gase übten einen entsprechenden Druck auf die Schläuche aus. Waren diese neu und elastisch, hatte dies keinerlei üble Folgen. Alte Schläuche dagegen, die im Laufe der Zeit hart und brüchig geworden waren und keine Elastizität mehr besaßen, gaben dem Druck der Gase, die junger Wein entwickelte, nicht nach und platzten.

Modern ausgedrückt heißt das: Wir müssen dafür sorgen, daß unser Geist elastisch bleibt, daß wir neuen Ideen gegenüber stets aufgeschlossen bleiben. Die Geschichte des Fortschritts ist die Geschichte der Überwindung von Vorurteilen. Alle neuen

Ideen haben sich gegen den instinktiven Widerstand des menschlichen Geistes durchsetzen müssen. Die Eisenbahn, das Auto, das Flugzeug, ihnen allen ist man anfangs mit Mißtrauen und Skepsis begegnet. Die Einführung des Chloroforms und antiseptischer Mittel erfolgte keineswegs kampflos. Die Feststellung des Kopernikus, daß die Erde um die Sonne kreise und nicht umgekehrt die Sonne um die Erde, wurde kirchlicherseits beanstandet. Und heute begegnet man der Automation mit Mißtrauen und Vorurteilen, nur weil es sich dabei um etwas Neues handelt.

Vorurteilen gegenüber allem, was neu ist, können wir in allen Lebensbereichen begegnen. Die Kirche ist davon nicht ausgenommen, und der Versuch, Neues in alte Formen zu gießen, ist nahezu allgemein. Wir versuchen, die Aktivität einer modernen Gemeinde in alte Kirchengebäude zu zwängen, die dazu nicht geschaffen sind. Wir versuchen, die Wahrheit neuer Erkenntnisse in Glaubensbekenntnisse zu pressen, die auf der Metaphysik der Griechen basieren. Wir versuchen, die moderne Unterweisung in einer abgenutzten Sprache auszudrücken, die dazu nicht fähig ist. Wir lesen das Wort Gottes den Menschen des zwanzigsten Jahrhunderts weitgehend noch in der Sprache des sechzehnten Jahrhunderts vor und versuchen die Nöte der Menschen unserer Zeit in Gebeten zum Ausdruck zu bringen, die einer völlig anderen Zeit angehören.

Wir täten gut daran, stets zu bedenken, daß der Tod dort einsetzt, wo das Wachstum aufhört. Vielleicht haben auch wir es nötig, zu bitten, Gott möge uns freimachen von allzu engen Vorstellungen und uns einen stets aufnahmebereiten Geist schenken. Wir leben in einer Zeit gewaltiger und rapider Veränderungen. Vor hundert Jahren gab es weder Autos, Untergrundbahnen, Fahrräder noch elektrisches Licht, Telefon, Kino, Radio und Fernsehen. Wir leben in einer sich wandelnden, ausdehnenden und wachsenden Welt. Jesus warnt uns hier davor, daß die Kirche nicht zu einer Institution werden darf, die lediglich von der Vergangenheit zehrt.

DER UNVOLLKOMMENE GLAUBE UND DIE VOLLKOMMENE MACHT

Matthäus 9, 18–31

Ehe wir uns im einzelnen mit diesem Abschnitt befassen, wollen wir ihn als Ganzes betrachten.

Es wird darin von drei Wundern berichtet: Von der Heilung der Tochter des Obersten Jairus (V. 18. 19. 23—26), von der Heilung der blutflüssigen Frau (V. 20—22) und von der Heilung zweier Blinder (V. 27—31). Alle Begebenheiten haben etwas Gemeinsames. Wir wollen sie jetzt nacheinander vornehmen.

1. Zweifellos kam der Mann, der zu den Obersten der Gemeinde gehörte, erst zu Jesus, nachdem alles andere fehlgeschlagen war. Es handelte sich bei ihm, wie wir noch sehen werden, um einen Obersten der Synagoge, das heißt, er gehörte zu den Säulen der jüdischen Orthodoxie. Er gehörte zu den Menschen, die Jesus verachteten und haßten und ihn gern aus dem Wege geräumt hätten. Zweifellos hatte er nichts unversucht gelassen, um seine Tochter zu retten, und Jesus war nur seine allerletzte Zuflucht in all seiner Verzweiflung. Das heißt, *der Oberste kam aus sehr unzulänglichen Beweggründen zu Jesus.* Ihn trieb nicht sein Herz zu Jesus, sondern nur die Verzweiflung. Er kam nur, weil er alles andere bereits versucht hatte und nicht wußte, an wen er sich sonst noch hätte wenden sollen.

2. Die Frau mit dem Blutfluß schlich sich von hinten an Jesus heran und berührte den Saum seines Kleides. Angenommen, wir läsen die Geschichte mit wachem, unvoreingenommenem, kritischem Verstand, als was würden wir das Verhalten der Frau dann bezeichnen? Sicherlich doch wohl als Aberglauben. Den Saum des Mantels Jesu berühren heißt nichts anderes als in den Reliquien und Schweißtüchlein der Heiligen heilende Kraft zu suchen. *Diese Frau kam, wie wir vielleicht sagen dürfen, mit einem sehr unzulänglichen Glauben zu Jesus.* Betrachten wir diese Begebenheit mit kritischen Augen, dann erkennen wir darin etwas, was viel eher einem Aberglauben als wirklichem Glauben gleicht.

3. Die beiden Blinden kamen zu Jesus und schrien: „Ach, du Sohn Davids, erbarme dich unser!" *Sohn Davids* war kein Ehrentitel, nach dem Jesus Verlangen trug, denn es war ein Titel, dessen sich wohl jüdische Nationalisten bedienen mochten, nicht aber er. Viele Juden hofften damals auf einen Anführer und Feldherrn aus dem Geschlecht Davids, der sie in den siegreichen Kampf gegen die römischen Herren führen würde. Das ist der Gedanke, der sich hinter der Bezeichnung *Sohn Davids* verbirgt. *Die beiden Blinden kamen also mit einer sehr unzulänglichen Vorstellung von dem, was er sei, zu Jesus.* Sie sahen in ihm nur den siegreichen Helden aus dem Geschlecht Davids.

Wir sehen uns hier also vor der erstaunlichen Tatsache, daß der

Oberste aus *unzulänglichen Beweggründen* zu Jesus kam, das Weib mit *einem unzulänglichen Glauben* und die Blinden mit *einer unzulänglichen Vorstellung* dessen, was und wer er sei, oder anders ausgedrückt, mit *unzulänglichen theologischen Vorstellungen*. Dennoch begegnete er ihnen mit der Liebe und Kraft, deren sie bedurften. Das ist etwas Gewaltiges. Einerlei, wie wir zu Jesus kommen, entscheidend ist nur, daß wir zu ihm kommen. Wie unangemessen und unzulänglich die Art, in der wir zu ihm kommen, auch sein mag, er erwartet uns mit offenen Armen. Der Abschnitt enthält die doppelte Lehre, daß wir auf Jesu Hilfe nicht zu warten brauchen, bis unsere Beweggründe, unser Glauben und unsere Gottesvorstellungen vollkommen sind, sondern daß wir so, wie wir sind, zu ihm kommen dürfen; und er enthält außerdem die Lehre, daß wir kein Recht haben, andere zu verurteilen, deren Beweggründe uns suspekt erscheinen, deren Glauben wir infrage stellen und deren Gottesvorstellungen wir für falsch halten. Nicht wie wir zu Christus kommen, ist wichtig, sondern nur, daß wir überhaupt zu ihm kommen; denn er ist bereit, uns so anzunehmen, wie wir sind, und fähig, uns zu Menschen zu machen, die wir sein sollten.

DIE LEBENSPENDENDE BERÜHRUNG

Matthäus 9, 18. 19. 23–26

Da er solches mit ihnen redete, siehe, da kam einer von den Obersten der Gemeinde und fiel vor ihm nieder und sprach: Meine Tochter ist soeben gestorben; aber komm und lege deine Hand auf sie, so wird sie lebendig. Und Jesus stand auf und folgte ihm und seine Jünger. Und als er in des Obersten Haus kam und sah die Pfeifer und das Getümmel des Volks, sprach er: Weichet! denn das Mägdlein ist nicht tot, sondern es schläft. Und sie verlachten ihn. Als aber das Volk hinausgetrieben war, ging er hinein und ergriff es bei der Hand. Da stand das Mägdlein auf. Und diese Kunde erscholl in jenes ganze Land.

Matthäus berichtet viel weniger ausführlich von dieser Begebenheit als die anderen Evangelisten. Wollen wir weitere Einzelheiten erfahren, müssen wir daher Markus 5, 21–43 und Lukas 8, 40–56, nachlesen. Dort erfahren wir, daß der Oberste

Jairus hieß und daß er Oberster der Synagoge war (Mark. 5, 22; Luk. 8, 41). Bei dem Obersten der Synagoge handelte es sich um eine sehr wichtige Person, den die Ältesten der Gemeinde aus ihrer Mitte wählten. Er hatte kein Predigtamt, sondern hatte für den geordneten Verlauf des Gottesdienstes zu sorgen und die Oberaufsicht über alle Belange der Synagoge. Er bestimmte, wer beim Gottesdienst vorlesen und beten mußte, und forderte die Männer zur Predigt auf. Seine Aufgabe war es, darauf zu achten, daß sich alle geziemend verhielten in der Synagoge, und er hatte ebenso die Oberaufsicht über die Instandhaltung der Synagoge. Die gesamte praktische Verwaltung der Synagoge lag in seinen Händen.

Es versteht sich, daß ein solcher Mann bei Jesus nur seine letzte Zuflucht suchte. Als strenggläubiger Orthodoxer gehörte er zu der Gruppe von Menschen, die in Jesus einen gefährlichen Ketzer sahen, und kam nur aus Verzweiflung zu ihm, weil alle anderen Mittel fehlgeschlagen waren. Jesus hätte also sehr wohl zu ihm sagen können: „Solange es dir gut ergangen ist, hättest du mich am liebsten umgebracht; jetzt, wo du dir nicht anders mehr zu helfen weißt, flehst du mich um Hilfe an", und ihm jede Hilfe verweigern können. Doch Jesus hegte keinen Groll gegen ihn. Hier war ein Mensch, der seiner bedurfte, und Jesus war stets bereit, zu helfen. Er kannte weder verletzten Stolz noch den Geist der Unversöhnlichkeit.

So ging Jesus denn mit dem Obersten der Synagoge zu dessen Haus, wo ein Höllenlärm herrschte. Die Juden gaben ihrer Trauer über den Tod eines Menschen leidenschaftlichen und lauten Ausdruck. „Wer es an lauter Klage über den Tod eines Weisen fehlen läßt", sagten sie, „verdient bei lebendigem Leibe verbrannt zu werden." Es gab drei Trauerbräuche, die für jedes Haus charakteristisch waren, in dem der Tod eingekehrt war.

Das Zerreißen der Gewänder war in nicht weniger als neununddreißig verschiedenen Vorschriften und Bestimmungen genauestens festgelegt. Es mußte im Stehen erfolgen und zwar bis auf die Haut, so daß diese sichtbar wurde. Bei der Totenklage über den Tod des Vaters oder der Mutter mußten die Kleider direkt über dem Herzen zerrissen werden, bei der Klage über andere Tote an der rechten Seite. Der Riß mußte so groß sein, daß man mit der Faust hineinfahren konnte. Die ersten sieben Tage mußte der Riß klaffend offen bleiben, dann dreißig Tage lang lose zugenäht werden, so daß man ihn noch erkennen konnte, und erst danach konnte er dauerhaft ausgebessert werden. Da es unschicklich gewesen wäre, hätten Frauen ihre Kleider so zerrissen, daß ihre Brust dadurch entblößt worden wäre, lautete die Bestimmung für Frauen, daß sie ihr Unterkleid insgeheim zerreißen und dann so anziehen sollten, daß das Vorderteil nach hinten kam. Anschließend mußten die Frauen dann vor den anderen ihr Oberkleid zerreißen.

Die Totenklage im Trauerhause wurde ununterbrochen durchgeführt, und zur Verstärkung der Klage rief man Klageweiber ins Haus, die die Totenklage berufsmäßig ausübten. Diese Sitte hat sich im Orient bis heute erhalten. In dem Buch eines englischen Reisenden heißt es darüber: „In jeder Stadt, in jeder Gemeinde gibt es Frauen, die sich auf dieses Geschäft verstehen. Sie halten sich ständig in Bereitschaft, um beim Eintritt neuer Besucher, die ihr Beileid aussprechen wollen, sogleich mit ihren Klagen zu beginnen, so daß die Neuankömmlinge umso leichter selbst in Tränen ausbrechen. Sie kennen die häuslichen Verhältnisse jeder einzelnen Person, und stimmen sofort aus dem Stegreif eine laute Klage ein, wobei sie die Namen ihrer kürzlich verstorbenen Angehörigen anführen, und so in den Herzen dieser Menschen eine empfindliche Saite berühren. Alle weinen infolgedessen mehr oder weniger um die eigenen Toten, und so wirkt das Ganze vollkommen natürlich, was andernfalls wesentlich schwieriger, wenn nicht gar unmöglich wäre." So erfüllten die unaufhörlichen schrillen Klagen der berufsmäßigen Klageweiber auch an jenem Tage das Haus des Jairus.

Die Musik der Flötenspieler gehörte ebenfalls zur Totenklage. Im Talmud, der bedeutendsten Zusammenfassung der Lehren, Vorschriften und Überlieferungen des nachbiblischen Judentums, heißt es: „Der Ehemann soll sein totes Weib begraben und Totenklage erheben, wie es in allen Ländern Brauch ist. Und selbst bei den ärmsten Israeliten sollen wenigstens zwei Flötenspieler und ein Klageweib dabei sein, bei reichen dagegen sollen es entsprechend ihrem Vermögen mehr sein." Sogar in Rom waren Flötenspieler in der Zeit der Trauer charakteristisch. So waren zum Begräbnis des Kaisers Claudius Flötenspieler zugegen. Bei Seneca heißt es darüber, sie hätten einen solchen schrillen Lärm verursacht, daß selbst der tote Claudius sie hätte hören können. So eindringlich und leidenschaftlich erregt war das Flötenspiel bei solchen Gelegenheiten, daß nach römischem Recht ihre Zahl bei Begräbnissen auf zehn beschränkt war.

Wir können uns also die Szene im Hause des Obersten der Gemeinde lebhaft vorstellen. Man zerriß sich die Kleider, die Klageweiber stießen in künstlichem Mitgefühl ihre Schreie aus, und dazwischen schrillten laut und unheimlich die Flöten. Im

Hause herrschte der bei Totenklagen im Orient übliche Lärm. Das war die Atmosphäre, die Jesus vorfand. Gebieterisch wies er die Menschen aus dem Hause und sagte ruhig zu ihnen, das Mädchen sei nicht tot, sondern schlafe nur. Sie antworteten darauf mit spöttischem Gelächter. Hier begegnen wir einem merkwürdigen menschlichen Zug. Die Klageweiber und Totenkläger schwelgten so in ihrer Trauer, daß jede Hoffnung ihnen ein Ärgernis bedeutete. Sehr wahrscheinlich hat Jesus es buchstäblich so gemeint, als er sagte, das Mädchen schlafe. Sowohl im Griechischen als auch im Deutschen sprechen wir vom Totenschlaf. Im Griechischen gibt es zwei Wörter für schlafen, koimasthai, womit das natürliche Schlafen ebenso bezeichnet wird wie der Todesschlaf, und katheudein, ein Wort, das nicht annähernd so häufig für den Todesschlaf verwendet wird, sondern meistens nur für den natürlichen Schlaf. In diesem Abschnitt nun wird katheudein benutzt. Im Orient war Bewußtlosigkeit, die mit Starre Hand in Hand ging, nichts Ungewöhnliches. Wegen der klimatischen Verhältnisse erfolgte das Begräbnis der Toten schon sehr bald, nachdem der Tod eingetreten war. „Die Bestattung erfolgt spätestens am Abend des Todestages, häufig sogar nachts, wenn der Verstorbene noch nach Sonnenuntergang gelebt hat", heißt es in einer Reisebeschreibung. Infolge der Häufigkeit, mit der diese Form der Bewußtlosigkeit auftrat, und infolge der sehr rasch nach dem Tode erfolgenden Bestattung wurden die Menschen nicht selten lebendig begraben. Ein Beweis dafür sind die Grabhöhlen. Es ist durchaus möglich, daß wir hier weniger ein Beispiel der göttlichen Heilkräfte Jesu als vielmehr der göttlichen Diagnose vor uns haben, der es zu verdanken war, daß Jesus das Mädchen vor einem schrecklichen Tode bewahrte. Auf jeden Fall rettete Jesus an jenem Tage ein jüdisches Mädchen in Kapernaum aus der Gewalt des Todes.

ALLE HIMMELSKRAFT FÜR EINE BLUTFLÜSSIGE FRAU

Matthäus 9, 20—22

Und siehe, eine Frau, die zwölf Jahre den Blutfluß gehabt, trat von hinten zu ihm und rührte seines Kleides Saum an. Denn sie sprach bei sich selbst: Könnte ich nur sein Kleid anrühren, so würde ich gesund. Da wandte sich Jesus um und sah sie und sprach: Sei getrost, meine Tochter, dein Glaube hat dir geholfen. Und die Frau ward gesund zu derselben Stunde.

Nach jüdischer Auffassung konnte die Frau an keiner schrecklicheren und erniedrigenderen Krankheit leiden als am Blutfluß. Dieses Leiden trat in Palästina sehr häufig auf, und im Talmud werden nicht weniger als elf verschiedene Heilmittel dafür angeführt. Bei einigen von ihnen handelte es sich um zusammenziehende oder stärkende Arzneien, die durchaus heilende Wirkung gehabt haben können, bei anderen dagegen um reinen Aberglauben wie zum Beispiel darum, daß die Kranke die Überreste eines Straßeneis im Sommer in einem Leinen-, im Winter in einem Baumwollbeutel bei sich tragen oder ein Gerstenkorn, das man im Dung einer weißen Eselin gefunden habe, bei sich tragen solle. Aus dem Bericht bei Markus geht hervor, daß diese Frau alles versucht hatte, daß sie viele Ärzte aufgesucht hatte und daß ihr Leiden statt besser immer nur schlimmer geworden war (Mark. 5, 26).

Diese Krankheit war deshalb so gefürchtet, weil sie unrein machte. Im Gesetz hieß es: „Wenn aber eine Frau den Blutfluß eine lange Zeit hat, zu ungewöhnlicher Zeit oder über die gewöhnliche Zeit hinaus, so wird sie unrein, solange sie ihn hat; wie zu ihrer gewöhnlichen Zeit, so soll sie auch da unrein sein. Jedes Lager, worauf sie liegt die ganze Zeit ihres Blutflusses, soll gelten wie ihr Lager zu ihrer gewöhnlichen Zeit. Und alles, worauf sie sitzt, wird unrein wie bei der Unreinheit ihrer gewöhnlichen Zeit. Wer davon etwas anrührt, der wird unrein und soll seine Kleider waschen und sich mit Wasser abwaschen und unrein sein bis zum Abend" (3. Mose 15, 25–27). Das heißt, Frauen mit Blutfluß galten als unrein, und alles und jeder, den sie berührten, wurde gleichfalls unrein. Sie blieben vom Gottesdienst ebenso ausgeschlossen wie von der Gemeinschaft mit anderen Frauen und Männern. Eigentlich hätte diese Frau sich gar nicht in der Menge aufhalten dürfen, die Jesus umgab, denn wenn es bekannt geworden wäre, hätte das bedeutet, daß sie mit ihrer Unreinheit alle angesteckt hätte, die sie berührt hatte. Wir brauchen uns also nicht zu wundern, daß diese Frau alles versuchte, um der Isolation und Erniedrigung ihres bisherigen Lebens zu entgehen und geheilt zu werden.

So näherte sie sich Jesus unbemerkt von hinten und rührte seines Kleides Saum an, wie es in der Lutherbibel heißt. Das entsprechende Wort des griechischen Textes ist k r a s p e d o n, das entsprechende hebräische Wort z i z i t h. So wurden die vier hyazinthblauen Quasten genannt, die die Juden an den Zipfeln ihres Obergewandes trugen, wie es das Gesetz 4. Mose 15, 37–41 und 5. Mose 22, 12 ausdrücklich vorschrieb. Matthäus bezieht sich Kapitel 14, 36 und 23, 5 nochmals darauf. Die Quasten hatten einen doppelten Sinn. Einmal sollte man alle Juden daran als Angehörige des erwählten Volkes erkennen können, einerlei, wo sie sich befanden, und zum andern sollten die Juden sich jedesmal, wenn sie das Kleid anzogen oder ablegten, daran erinnern, daß sie Gott gehörten. Später, als die Juden allgemein verfolgt wurden, trug man die Quasten am Unterkleid. Heute befinden sie sich am Gebetsschal, den fromme Juden beim Beten tragen. Diese Frau berührte also die Quasten am Kleid Jesu. Als sie dies tat, schien die Zeit stillzustehen, ähnlich, wie wenn wir einen Film sehen, der plötzlich nicht mehr weiterläuft, so daß wir immer nur eine Szene und die Bewegungen eines Augenblicks vor uns haben. Ungewöhnlich und bewegend ist an dieser Szene, wie Jesus plötzlich stehen bleibt und es für ihn trotz der Menge um ihn her im Augenblick niemanden außer der Frau in ihrer Not zu geben scheint. Sie war nicht nur eine arme Frau, die sich in der Menschenmenge verlor, sondern ein Mensch, dem Jesus sich ganz hingab. Weil Jesus wie Gott ist, geht kein Mensch für ihn in der Menge unter. Er gibt vielmehr alles, was er ist und hat, jedem einzelnen Menschen.

Die Menschen sind anders; sie sind sehr wohl imstande, ihre Mitmenschen nach wichtigen und unwichtigen Personen zu unterscheiden. So wurde nach dem tragischen Untergang der Titanic, einem englischen Schnelldampfer, der auf seiner ersten Fahrt – im Wettbewerb um das Blaue Band – im April des Jahres 1912 im Nordatlantik mit einem Eisberg zusammenstieß und mit 1517 Menschen an Bord unterging, in einem Leitartikel der New Yorker Zeitung The American nur des Millionärs John Jacob Astor gedacht und alle übrigen Opfer nur beiläufig am Schluß erwähnt. So können sich nur Menschen verhalten, nicht aber Gott. Gott ist im besten Sinne von ungeheurem Zartgefühl. Im Gegensatz zu anderen bedeutenden Zeitgenossen verstand auch der englische Schriftsteller Chesterton seine Mitmenschen in hohem Maße. Die Sorgen eines Jockeis waren ihm ebenso vertraut wie die Schwierigkeiten der Richter. Mehr als andere Menschen besaß Chesterton Einfühlungsvermögen und schenkte Schuhputzern die gleiche Aufmerksamkeit wie jedem anderen Menschen. Er besaß jene Großmut des Herzens, die wir als Güte bezeichnen und die alle Menschen zu unseren Nächsten macht. Darin spiegelt sich die Liebe Gottes, die keinen Menschen in der Menge übersieht.

Das sollten wir, die wir in einer Zeit leben, in der der einzelne in der Menge unterzugehen droht, ganz besonders bedenken. Wir leben in einer Zeit, in der der einzelne zu einer Nummer des Wohlfahrtsstaates zu werden droht, zum Mitglied einer

Gesellschaft, in der das Individuelle immer mehr dahinzuschwinden scheint. Vor Gott gleicht kein Mensch dem anderen; Gott betrachtet uns alle als seine Kinder, und er wendet sich jedem von uns mit seiner ganzen Liebe und mit seiner ganzen Kraft zu. Vor Jesus ging diese Frau nicht in der Menge unter, sondern in der Stunde ihrer Not galt ihr seine ganze Aufmerksamkeit und Hilfe. Ebenso verhält Jesus sich auch uns gegenüber.

GLAUBENSPROBE UND LOHN DES GLAUBENS

Matthäus 9, 27—31

Und als Jesus von dannen weiterging, folgten ihm zwei Blinde nach, die schrien und sprachen: Ach, du Sohn Davids, erbarme dich unser! Und da er heimkam, traten die Blinden zu ihm. Und Jesus sprach zu ihnen: Glaubt ihr, daß ich euch solches tun kann? Da sprachen sie zu ihm: Herr, ja. Da rührte er ihre Augen an und sprach: Euch geschehe nach eurem Glauben. Und ihre Augen wurden geöffnet. Und Jesus bedrohte sie und sprach: Sehet zu, daß es niemand erfahre! Aber sie gingen hinaus und verbreiteten die Kunde von ihm in jenem ganzen Lande.

Blindheit war in Palästina ein weit verbreitetes Leiden. Sie war einerseits auf das blendende Sonnenlicht und die ungeschützten Augen der Menschen zurückzuführen, andererseits aber auch auf mangelnde Sauberkeit und Hygiene. Besonders durch die unzähligen Fliegen- und Insektenschwärme wurden die Krankheitserreger übertragen, die dazu führten, daß die Menschen ihr Augenlicht einbüßten.

Die beiden Blinden begrüßten Jesus als den Sohn Davids. Wenn wir die Evangelienberichte auf das Vorkommen dieses Titels hin untersuchen, stellt sich heraus, daß fast nur die Menge oder Menschen, die Jesus nur aus der Entfernung kannten, ihn verwendete (Matth. 15, 22; 20, 30. 31; Mark. 10, 47; 12, 35. 36. 37). Sohn Davids ist der populäre Ausdruck für den Messias. Seit Jahrhunderten hofften die Juden auf den verheißenen Erlöser aus dem Geschlecht Davids, der ihnen nicht nur die Freiheit wiederschenken, sondern sie auch zu großer Macht und Herrlichkeit über alle Welt führen sollte. In dieser Weise dachten die beiden Blinden an Jesus, in dem sie den Wunder bewirkenden Anführer sahen, der das Volk Israel zum Sieg, zur

Freiheit und zur Weltherrschaft führen würde. Sie kamen also mit einer unzulänglichen Vorstellung von dem, was und wer Jesus sei, zu Jesus. Dieser aber heilte sie trotzdem. Die Art, in der Jesus sich mit den beiden Männern befaßte, ist sehr aufschlußreich.

1. Jesus antwortete nicht sofort, als sie ihn riefen, weil er sicher gehen wollte, daß es ihnen ernst sei mit ihrem Anliegen an ihn. Es konnte ja auch sein, daß sie nur an zu schreien gefangen hatten, weil alle übrigen es auch taten, und ihn wieder vergaßen, sobald er an ihnen vorübergegangen war. Jesus wollte zunächst einmal sicher sein, daß es ein echtes Anliegen war, das sie zu ihm trieb, und daß sie sich wirklich bewußt waren, seiner zu bedürfen. Es hatte schließlich auch Vorteile, ein Bettler zu sein, der aller Verantwortung ledig war, für sich und die Seinen zu arbeiten und zu sorgen, und ebenso hatte es Vorteile, Invalide zu sein. Es gibt Menschen, die in Wirklichkeit gar nicht wollen, daß sie von ihren Ketten befreit werden. So gibt es zum Beispiel Alkoholiker, die sich zwar todunglücklich fühlen, sich jedoch mit aller Kraft dagegen wehren, eine Entziehungskur durchzumachen, weil sie in Wirklichkeit gar nicht geheilt werden wollen. Es gibt genug Menschen, denen ihre Schwächen im Grunde ihres Herzens gar nicht unangenehm sind, und viele Menschen, die sich, wenn sie aufrichtig wären, eingestehen müßten, daß sie gar nicht von ihren Sünden lassen möchten. Jesus muß sich also erst einmal vergewissern, daß die beiden Männer aufrichtig und ernsthaft danach verlangte, daß er sie von ihrer Krankheit heilte.

2. Interessant ist auch, daß Jesus die beiden Männer in Wirklichkeit zwang, ihn allein aufzusuchen. Weil er ihnen auf der Straße keine Antwort gab, mußten sie zu ihm ins Haus kommen. Es ist ein Gesetz geistlichen Lebens, daß wir Jesus früher oder später allein gegenübertreten müssen. Es ist nichts dagegen einzuwenden, daß die Menschen sich bei großen Zusammenkünften oder auch durch kleinere, geistlich starke Gruppen mitreißen lassen und sich für Jesus entscheiden, doch dann sollten sie anschließend nach Hause gehen, um allein zu sein. Ebenso wie menschliche Gemeinschaft nottut, tut uns das Alleinsein not. Zählen wird letzten Endes nur, was wir tun, wenn wir allein mit Christus sind, nicht aber das, wozu wir in der allgemeinen Begeisterung der Menge fähig sind. Jesus zwang die beiden Blinden, ihm allein gegenüberzutreten.

3. Jesus stellte den Männern nur eine Frage: „Glaubt ihr, daß ich euch solches tun kann?" Der Glaube an das Wunder ist das Entscheidende. Daran ist nichts Geheimnisvolles oder theolo-

gisch Ausgeklügeltes. Kein Arzt vermag einen Kranken zu heilen, wenn dieser in der Überzeugung zu ihm kommt, daß sein Fall gänzlich hoffnungslos sei. Wer glaubt, er könne ebensogut Wasser trinken wie eine Arznei einnehmen, dem wird keine Medizin je etwas nützen. Der Weg zum Wunder führt über die Bereitschaft, unser Leben in die Hände Jesu Christi zu legen und zu sagen: „Ich weiß, daß du mich zu dem machen kannst, was ich sein sollte."

ZWEI VERSCHIEDENE REAKTIONEN

Matthäus 9, 32—34

Da nun diese waren hinausgegangen, siehe, da brachten sie zu ihm einen Menschen, der war stumm und besessen. Und da der böse Geist war ausgetrieben, redete der Stumme. Und das Volk verwunderte sich und sprach: Solches ist noch nie in Israel gesehen worden. Aber die Pharisäer sprachen: Er treibt die bösen Geister aus durch ihren Obersten.

Kaum eine andere Stelle macht so deutlich wie diese, daß es unmöglich ist, sich Jesus gegenüber neutral zu verhalten. Hier erleben wir zwei Verhaltensweisen gegenüber dem, was Jesus tat. Die Menge ist darüber verwundert, die Pharisäer sind erbost. Das Auge nimmt wahr, was das Herz empfindet. Alles, was der Mensch sieht, kann und wird die Farbe seines Herzens annehmen.

Die Menge verwunderte sich über das, was Jesus tat, weil sie sich aus einfachen Menschen zusammensetzte, die sich ihrer schreienden Not nur zu gut bewußt war und erkannte, daß dieser Not in Jesus auf erstaunliche Weise Genüge getan wurde. Menschen, die sich ihrer Not bewußt sind, wird Jesus stets wunderbar vorkommen. Je stärker sie sich ihrer Not bewußt sind, desto wunderbarer wird ihnen Jesus vorkommen.

Die Pharisäer sahen in Jesus dagegen jemanden, der mit den Mächten des Bösen im Bunde war. Sie leugneten seine wunderbaren Kräfte zwar nicht, doch sie schrieben sie der Tatsache zu, daß Jesus sich mit dem obersten Teufel verbündet habe. Dieses Urteil der Pharisäer ist auf eine ganz bestimmte Geisteshaltung zurückzuführen.

1. Die Geleise, auf denen sie sich bewegten, waren so eingefahren, daß sie keine Änderung zuließen. Wir haben bereits

gehört, daß nach ihrer Auffassung dem Gesetz nicht ein Wort hinzugefügt noch genommen werden durfte. Alles Große gehörte nach ihrer Auffassung der Vergangenheit an. Das Überlieferte und Hergebrachte ändern zu wollen, war in ihren Augen eine Todsünde, alles Neue falsch. Als daher Jesus auftrat und eine neue Deutung dessen gab, was Religion sei, haßten sie ihn, wie sie einst die Propheten gehaßt hatten.

2. Ihre stolze Selbstzufriedenheit ließ es nicht zu, daß sie sich irgendjemandem unterwarfen. Wenn Jesus recht hatte, hatten sie unrecht. Erst wenn wir uns mit unserem Willen und Leben Jesus ergeben, kann er etwas für uns tun. Die Pharisäer aber waren so selbstzufrieden, daß sie es nicht für nötig hielten, sich zu ändern, und jeden haßten, der sie zu ändern versuchte. Das Tor zum Reich Gottes heißt Buße. Buße aber heißt, daß wir unsere Irrtümer erkennen, daß wir erkennen: In Jesus allein ist Leben, und daß wir uns ihm, seinem Willen und seiner Macht ergeben, die allein uns zu ändern vermögen.

3. Ihr Vorurteil verbaute ihnen den Weg zur Erkenntnis. Sie waren so sehr in ihren eigenen Vorstellungen und Vorurteilen befangen, daß sie die Wahrheit und die Kraft Gottes in Jesus nicht erkannten.

Wer sich seiner Not und Bedürftigkeit bewußt ist, wird in Jesus stets den Wundertäter erblicken. Wer sich so festgefahren hat auf seinen eigenen Wegen, daß eine Umkehr nicht mehr möglich ist, wer in seiner Selbstgerechtigkeit so stolz ist, daß er sich nicht ergeben kann und alle, die ihre Vorurteile so blind machen, daß sie nichts mehr erkennen können, werden Jesus Christus stets hassen und versuchen, ihn auszuschalten.

DREIFACHES WIRKEN

Matthäus 9, 35

Und Jesus ging umher in alle Städte und Dörfer, lehrte in ihren Synagogen und predigte das Evangelium von dem Reich und heilte alle Krankheit und alle Gebrechen.

Hier wird in einem einzigen Satz die dreifache Wirksamkeit umrissen, die das Leben Jesu bestimmte und ausmachte.

1. Jesus war der Herold, der die Botschaft seines Königs verkündete, die Botschaft Gottes. Wie der Herold stets verkündet, was gewiß ist, so soll auch in der Predigt verkündigt werden, was gewiß ist. Doch die Kirche darf sich nicht aus Menschen

zusammensetzen, die stellvertretend durch den Prediger Gewißheit haben, sondern die Menschen müssen die Gewißheit selbst haben. Solche Gewißheit ist nie nötiger gewesen als heute. Wir stehen heute an einem Kreuzweg, an dem die Wegweiser fehlen. Von einem Interview mit einem führenden Katholiken Englands berichtet der Interviewer: „Es tat mir außerordentlich leid, daß Herr X. zumindest einige seiner Fahnen an den falschen Mast gehängt zu haben schien; noch mehr betrübte es mich freilich, daß ich selbst und meine Generation überhaupt keine Fahnen mehr besitzen, die wir an einen Mast hängen könnten.“ Wir leben in einer Zeit der Unsicherheit, in der die Menschen in allem unsicher geworden sind. Jesus kam als Herold Gottes, um die Gewißheiten zu verkünden, von denen die Menschen leben. Und auch wir sollten sagen können: „Ich weiß, an wen ich glaube.“

2. Jesus war ein Lehrer der Menschen. Es genügt nicht, die christliche Wahrheit, das, was gewiß ist, zu verkünden, und es dabei bewenden zu lassen, wir müssen auch imstande sein, aufzuzeigen, welche Bedeutung diesen Gewißheiten in unserem Leben zukommt. Das heißt lehren. Das Problem liegt dabei in dem Umstand, daß wir die Menschen nicht den christlichen Glauben lehren können, indem wir darüber sprechen, sondern nur, indem wir ihn leben. Es ist auch nicht Christenpflicht, den Glauben mit anderen zu diskutieren, wohl aber, ihn vorzuleben. Ein ehedem in Indien stationiertes englisches Bataillon pflegte pflichtschuldigst zum Gottesdienst zu gehen, mitzusingen, soweit es ihnen gefiel und der Predigt zu lauschen, soweit sie daran interessiert waren, im übrigen aber die Kirche Kirche sein zu lassen. Das Verhalten des Bataillons bei einem schweren Erdbeben und ihr Rettungswerk dagegen beeindruckte einen Brahmanen so sehr, daß er sich unmittelbar darauf taufen ließ, weil, wie er sagte, nur der christliche Glaube die Soldaten so habe handeln lassen können. Christentum der Tat hatte den Brahmanen gelehrt, was christlicher Glaube heißt. Unsere Aufgabe besteht nicht darin, über Christus zu den Menschen zu sprechen, wohl aber darin, ihnen zu zeigen, wie Christus ist und wirkt. Jemand hat die Heiligen einmal als Menschen bezeichnet, in denen Christus zu neuem Leben erwacht sei. Als Christen sollten wir alle Lehrer sein, die andere lehren, was christlicher Glaube heißt, und zwar nicht mit Worten, sondern mit unserem Leben.

3. Jesus war ein Heilender. Das Evangelium, das Jesus verkündete, begnügte sich nicht mit Worten, sondern wurde in die Tat umgesetzt. Beim Lesen der Evangelien erkennen wir, daß

Jesus wesentlich mehr Zeit darauf verwandte, Kranke gesund zu machen, Hungrige zu speisen und die Betrübten zu trösten als darauf, nur über Gott zu sprechen. Er setzte die Worte der christlichen Wahrheit in Taten christlicher Liebe um. Erst wenn unser christlicher Glaube sich in christlichen Taten auszuwirken beginnt, werden wir zu wirklichen Christen. Während die Priester sagten, Religion bestehe in der Darbringung von Opfern, und die Schriftgelehrten, Religion bestehe im Gesetz und seiner Erfüllung, sagte Jesus, daß Religion in der Liebe zu unseren Mitmenschen besteht.

GÖTTLICHES ERBARMEN

Matthäus 9, 36

Und da er das Volk sah, jammerte ihn desselben; denn sie waren verschmachtet und zerstreut wie die Schafe, die keinen Hirten haben.

Als Jesus das einfache Volk erblickte, jammerte ihn desselben. Das an dieser Stelle des griechischen Textes verwendete Wort (splagchnisteis) ist der stärkste Ausdruck für erbarmendes Mitleid in der griechischen Sprache. Es ist abgeleitet von splagchnon = Eingeweide und kennzeichnet ein Mitleid und Erbarmen, das den Menschen im Tiefsten erschüttert. Abgesehen von der Verwendung dieses Wortes in einigen Gleichnissen, wird es in den Evangelien nur auf Jesus angewandt (Matth. 9, 36; 14, 14; 15, 32; 20, 34; Mark. 1, 41; Luk. 7, 13). Bei der Behandlung dieser Abschnitte werden wir noch sehen, welche Dinge Jesus am meisten bewegten.

1. Jesus jammerten die Schmerzen der Menschen. Es jammerte ihn der Kranken (Matth. 14, 14), der Blinden (Matth. 20, 34), der Besessenen (Mark. 9, 22). Ihn betrüben all unsere Gebrechen. Wenn er sah, wie die Menschen leiden mußten, trieb es ihn, ihre Schmerzen zu lindern.

2. Es jammerte ihn die Trauer und Trübsal der Menschen. Beim Anblick der Witwe zu Nain, die dem Leichnam ihres Sohnes folgte, jammerte ihn. Ihn verlangte danach, die Tränen der Menschen abzuwischen.

3. Es jammerte ihn des Hungers in der Welt. Der Anblick des müden und hungrigen Volks war für ihn eine Herausforderung seiner Kräfte (Matth. 15, 32). Als Christen sollten wir nicht damit zufriedensein, daß andere noch hungern müssen.

4. Es jammerte ihn der Verlassenen. Der Anblick des Aussätzigen, der aus der Gemeinschaft der Menschen verstoßen war und bei lebendigem Leibe das Leben eines Toten führte, von allen verlassen und verstoßen, bewirkte, daß er sich seiner erbarmte und ihm seine Macht erwies (Mark. 1, 41).

5. Es jammerte ihn die Verwirrung der Menschen. Das ist an dieser Stelle der Fall. Obwohl sich die einfachen Menschen verzweifelt nach Gott sehnten, hatten die Schriftgelehrten und Pharisäer, die Priester und Sadduzäer, die Säulen der orthodoxen Religion jener Zeit, ihnen nichts anzubieten.

Der Zustand, in dem sich das einfache Volk befand, wird mit sehr anschaulichen Worten geschildert. Das Wort, das wir mit Verwirrung übersetzt haben – in der Lutherübersetzung heißt es: Sie waren verschmachtet –, heißt im Griechischen eskylmenoi und kann einen geschundenen, zerstückelten Leichnam bedeuten oder jemanden, der von Räubern ausgeplündert, von erbarmungslosen Menschen gequält oder mutwillig unverschämt behandelt wird, oder auch jemanden, der aufs äußerste von einer endlosen Reise erschöpft ist. Der zweite griechische Ausdruck – bei Luther heißt es: verstreut wie die Schafe – errimenoi, besagt, daß jemand sich niedergeworfen hat und ausgestreckt daliegt, sei es, daß er betrunken oder von tödlichen Wunden getroffen niedergesunken ist.

Die jüdischen Anführer und Obersten, die die Menschen hätten stärken sollen, verwirrten sie bloß mit ihren ausgeklügelten, spitzfindigen Argumenten bezüglich des Gesetzes, das keine Hilfe und keinen Trost für sie barg. Statt den Menschen zu helfen, aufrecht zu stehen, duckten sie die Menschen unter der unerträglichen Last unzähliger Gesetzesvorschriften. Sie boten den Menschen eine Religion an, die keinen Trost, sondern eine Last darstellte. Wir sollten nie vergessen, daß das Christentum nicht dazu da ist, um die Menschen zu entmutigen, sondern um sie zu ermutigen, nicht um sie niederzudrücken unter einer unerträglichen Last, sondern um sie zu beflügeln.

DIE ERNTE WARTET

Matthäus 9, 37. 38

Da sprach er zu seinen Jüngern: Die Ernte ist groß, aber wenige sind der Arbeiter. Darum bittet den Herrn der Ernte, daß er Arbeiter in seine Ernte sende.

Diese Worte gehören zu den für Jesus besonders charakteristischen Aussagen. Für ihn war das einfache Volk etwas völlig anderes als für die orthodoxen Anführer des Judentums jener Zeit. Während die Pharisäer in diesen Menschen nichts als Spreu sahen, die verbrannt zu werden verdiente, erblickte Jesus in ihnen eine Ernte, die eingebracht werden muß. Die Pharisäer waren in ihrem Hochmut darauf bedacht, die Sünder zu vernichten; Jesus in seiner Liebe starb, um die Sünder zu retten.

Diese Verse beinhalten zugleich eine wichtige christliche Wahrheit und eine der größten christlichen Herausforderungen. Wenn es keine Erntearbeiter gibt, die die Ernte einbringen, wird die Ernte nie eingebracht werden. Eine der markanten, grundlegenden Wahrheiten christlichen Glaubens und christlicher Lebensführung besteht in der Tatsache, daß Jesus Christus Menschen braucht. Zu Lebzeiten erreichte seine Stimme nur wenige Menschen, da Jesus niemals über Palästina hinauskam. Auch heute noch braucht Jesus Menschen, die auf die gute Nachricht des Evangeliums hören. Doch dazu bedarf es anderer, die ihnen die Frohe Botschaft verkünden. Jesus Christus will, daß alle Kinder unterwiesen werden; dazu bedarf es des Lehrers, der sie unterweist. Er will, daß alle Menschen die Frohe Botschaft vernehmen; dazu ist es nötig, daß andere bereit sind, hinauszugehen und ihnen die Frohe Botschaft zu verkünden.

Beten genügt nicht. „Ich werde jeden Tag beten, daß das Reich Gottes kommen möge", ist nicht genug. Gebete ohne Werke sind tot. Martin Luther besaß einen gleichgesinnten Freund, der wie er Mönch war und im Kloster blieb, während Luther sich außerhalb der Klostermauern in die Hitze des Gefechts um die Erneuerung der Kirche wagte. Der Freund betete indes für Luther. Eines Nachts jedoch hatte er einen Traum. Er sah ein riesiges Getreidefeld vor sich — so groß wie die Welt — und darin einen einzelnen Mann, der versuchte, es zu mähen — ein unmögliches Unterfangen und ein herzerschütternder Anblick. Dann sah er plötzlich das Gesicht des Schnitters — das Gesicht Martin Luthers — und ebenso plötzlich erkannte Luthers Freund die Wahrheit. „Ich muß aufhören zu beten und mit dem Werk beginnen." Er verließ seine fromme Einsamkeit, um in die Welt zu gehen und bei der Ernte mitzuwirken.

Jesus träumte davon, daß alle Menschen zu Missionaren und Schnittern werden müßten. Wohl gibt es Menschen, die in ihrer Lage nichts anderes tun können als beten, und ihre Gebete dienen tatsächlich der Stärkung der Arbeitenden, doch dieser Weg ist nicht für die Mehrzahl der Menschen bestimmt, die körperlich und geistig gesund sind. Auch Geldspenden genügen nicht. Wenn die Ernte der Menschen je eingebracht werden soll, dann müssen wir alle zu Schnittern werden, denn jeder von uns kann und soll jemanden zu Gott führen.

BOTSCHAFTER DES KÖNIGS – BERUFUNG DER ZWÖLF JÜNGER

Matthäus 10, 1–4

Und er rief seine zwölf Jünger zu sich und gab ihnen Vollmacht über die unsauberen Geister, daß sie die austrieben und heilten alle Krankheit und alle Gebrechen. Die Namen aber der zwölf Apostel sind diese: der erste Simon, genannt Petrus, und Andreas, sein Bruder; Jakobus, des Zebedäus Sohn, und Johannes, sein Bruder; Philippus und Bartholomäus; Thomas und Matthäus, der Zöllner; Jakobus, des Alphäus Sohn, und Thaddäus; Simon Kananäus und Judas Ischarioth, welcher ihn verriet.

Methodisch, jedoch nicht ohne eine gewisse Dramatik, breitet Matthäus die Geschichte Jesu vor uns aus. In der Erzählung von der Taufe Jesu zeigt Matthäus uns, wie Jesus den ihm erteilten Auftrag annimmt. In dem Bericht von Jesu Versuchung erfahren wir, wie Jesus sich für den Weg entscheidet, den er gehen wird, um seiner Aufgabe gerecht zu werden. In der Bergpredigt hören wir Worte der Weisheit aus dem Munde Jesu. Matthäus 8 haben wir Taten der Macht Jesu vor uns. Matthäus 9 läßt sich die wachsende Opposition und ihr Zusammenschluß gegen Jesus erkennen. Und hier nun sehen wir, wie Jesus seine Jünger erwählt. Wer etwas Großes vorhat, muß als erstes für einen entsprechenden Mitarbeiterstab sorgen. Von ihm hängt sowohl der gegenwärtige als auch der zukünftige Erfolg des Unternehmens ab. Hier wählt Jesus die Männer aus, die seine rechte Hand, zu seinen Lebzeiten und später, wenn er wieder in seine Herrlichkeit zurückgekehrt sein würde, seine Helfer sein sollten.

Zweierlei fällt uns an diesen Männern auf den ersten Blick auf. 1. Es waren ganz gewöhnliche Menschen, die weder reich noch gebildet waren und keinerlei Stellungen im öffentlichen Leben bekleideten. Jesus erwählte sie aus dem einfachen Volk, Menschen, die gewöhnliche Arbeiten verrichteten, die keine besondere Erziehung genossen hatten und keinerlei gesellschaftliche

Vorrechte besaßen. Jemand hat einmal gesagt, Jesus komme es nicht so sehr auf ungewöhnliche Menschen an als vielmehr darauf, daß gewöhnliche Menschen gewöhnliche Dinge ungewöhnlich gut machten. Jesus sieht in jedem Menschen nicht nur den, der er ist, sondern den, zu dem er ihn machen kann. Jesus wählte diese Männer nicht nur als die aus, die sie waren, sondern als die, die sie unter seinem Einfluß und durch seine Kraft zu werden vermochten. Niemand braucht zu denken, daß er Jesus Christus nichts anzubieten habe; Jesus Christus kann auch das, was der Geringste zu geben vermag, zu etwas Großem verwenden.

2. Die Zusammensetzung der Jüngerschar war höchst ungewöhnlich. Da war zum Beispiel Matthäus, der Zöllner, den alle für einen Quisling hielten, für einen Menschen, der sich um des eigenen Vorteils willen an die Besatzungsmacht verkauft hatte, für das Gegenteil eines Mannes also, der sein Vaterland liebt. Ungewöhnlich war auch Simon Kanaanäus, den Lukas Simon Zelotes nennt (Luk. 6, 16), Simon den Zeloten. In den Jüdischen Altertümern beschreibt der jüdische Geschichtsschreiber Josephus diese Zeloten (8, 1. 6). Er nennt sie den vierten Teil der Juden; die anderen drei Teile waren die Pharisäer, die Sadduzäer und die Essener. Josephus schreibt, die Freiheit sei den Zeloten geradezu heilig gewesen und sie behaupteten, Gott sei ihr Herr und König. Sie waren jederzeit bereit, für ihr Land zu sterben und ließen sich selbst durch den Tod ihrer liebsten Angehörigen im Kampf um die Freiheit nicht beirren. Sie weigerten sich, einem irdischen Herrscher den Königstitel einzuräumen. Ihre Entschlossenheit war unerschütterlich, selbst wenn sie deswegen Qualen erdulden mußten. Sie schreckten selbst vor heimlichem Meuchelmord nicht zurück, wenn sie glaubten, dadurch ihre Freiheit wiedererlangen zu können. Sie galten als die Patrioten unter den Juden und waren die größten Nationalisten, die man sich denken kann. Ganz gewiß hätte Simon, der Zelot, wäre er Matthäus irgendwoanders begegnet, diesen erdolcht. Daran erkennen wir, daß Menschen, die einander hassen, zu Freunden werden können, wenn sie beide Jesus Christus liebhaben. Leider hat die Religion allzu oft eine Trennung der Menschen bewirkt, obwohl sie doch ein Mittel sein soll, die Menschen zusammenzuführen, die voneinander getrennt sind, wie es zu Zeiten Jesu tatsächlich der Fall gewesen ist.

Weshalb erwählte Jesus gerade zwölf Männer zu seinen besonderen Jüngern? Sehr wahrscheinlich geschah dies, weil es zwölf Stämme gab; so wie es nach der alten Ordnung zwölf Stämme gegeben hatte, so sollte es auch nach der neuen Ordnung zwölf Apostel des neuen Israel geben. Im Neuen Testament selbst erfahren wir nur sehr wenig über diese Männer, da darin das Werk, nicht aber die, die es bewirken, verherrlicht wird, wie einmal jemand gesagt hat. Wenn wir im Neuen Testament auch nicht sehr viel über sie erfahren, so sind sich seine Verfasser ihrer Bedeutung für die Gemeinde doch durchaus bewußt. So heißt es zum Beispiel in der Offenbarung des Johannes, daß auf den zwölf Grundsteinen des neuen Jerusalem die Namen der zwölf Apostel stünden (Offb. 21, 14). Diese schlichten Männer einfacher Herkunft, Männer unterschiedlichster Auffassungen, bildeten die Grundsteine, auf denen die Kirche errichtet wurde. Das Material, aus dem die Gemeinde Christi sich zusammensetzt, sind gewöhnliche Männer und Frauen.

DIE ERNENNUNG DER BOTSCHAFTER DES KÖNIGS

Matthäus 10, 1–4 (Fortsetzung)

Den drei Berichten über die Berufung der zwölf Jünger (Matth. 10, 1–4; Mark. 3, 13–19; Luk. 6, 13–16) lassen sich drei aufschlußreiche Tatsachen entnehmen.

1. Jesus erwählte sie. Lukas 6, 13 heißt es, Jesus habe seine Jünger gerufen und aus ihnen zwölf erwählt. Es ist, als ob Jesus zunächst die Menschen überschaut habe, die ihm folgten, und danach die kleinere Schar, die bei ihm geblieben war, nachdem das Volk sich zerstreut hatte, und als habe er dabei ständig Ausschau nach den Männern gehalten, denen er sein Werk anvertrauen konnte. „Gott hält ständig Ausschau nach Menschenhänden", hat einmal jemand gesagt. Gott sagt beständig: „Wen soll ich senden? Wer will unser Bote sein?" (Jes. 6, 8). Im Reich Gottes gibt es viele Aufgaben; Aufgaben für Menschen, die hinausgehen müssen, und für Menschen, die daheim bleiben; für Menschen, die ihre Hände, und für Menschen, die ihren Geist benutzen; Aufgaben, die die Augen aller auf den lenken, der sie vollbringt, und Aufgaben, die insgeheim zu bewältigen sind, wo sie niemand sieht. Immer aber hält Jesus Ausschau nach Menschen, die sein Werk weiterführen.

2. Jesus rief sie. Er zwingt niemanden, in seinem Sinne zu wirken, er bietet es uns nur an. Nicht mit Gewalt, sondern freiwillig sollen wir zu ihm kommen. Wir Menschen sollen uns frei entscheiden, ob wir glauben wollen oder nicht, wenn wir dazu

aufgefordert werden. Wir können der Einladung Jesu folgen oder sie ablehnen.

3. Er ernannte sie. Der Lutherübersetzung: Er ordnete zwölf entspricht im griechischen Text das Wort poiein = machen, tun, das jedoch häufig im Sinne von jemanden ernennen oder dazu bestimmen, etwas zu tun gebraucht wird. Jesus war wie ein König, der seine Minister ernennt. Die Männer gerieten nicht zufällig in den Dienst Jesu Christi, sie wurden ganz bewußt dazu bestimmt. Wenn wir schon stolz darauf sein können, zu einem irdischen Amt ausersehen zu werden, um wieviel stolzer sollten wir dann sein, wenn uns der König aller Könige zu einem Amt erwählt.

4. Die zwölf Männer wurden aus der Schar der Jünger erwählt. Die Jünger waren Lernende. Jesus braucht Menschen, die bereit sind, zu lernen. Wer nicht aufgeschlossen ist, kann Jesus Christus nicht dienen. Als Knechte Jesu Christi müssen wir bereit sein, täglich etwas hinzuzulernen. Jeder Tag sollte uns Jesus und Gott einen Schritt näher bringen.

5. Sehr bezeichnend sind die Gründe, aus denen diese Männer erwählt wurden. Sie wurden erwählt, daß sie bei ihm sein sollten (Mark. 3, 14). Wenn sie in seinem Sinne in der Welt wirken wollten, mußten sie zunächst einmal in seiner Gegenwart leben, ehe sie in die Welt hinausgingen; bevor sie zu den Menschen gehen konnten, mußten sie bei Jesus gewesen sein. Niemand kann im Sinne Christi wirken, wenn er nicht unmittelbar von Jesus kommt. In der Fülle der Aufgaben, die uns in Ausschüssen, in der kirchlichen Verwaltung und in anderen Gremien in Anspruch nehmen, vergessen wir nur zu leicht, daß alle diese Dinge in Wirklichkeit unwichtig sind, sofern sie von Menschen ausgeführt werden, die nicht unmittelbar aus der Gegenwart Jesu kommen.

6. Jesus ernannte die zwölf zu Aposteln (Luk. 6, 13), zu Abgesandten, wie die wörtliche Übersetzung dieses griechischen Wortes lautet; Gesandte und Botschafter wurden so bezeichnet. Christen sollen Botschafter Christi unter de[r] Menschen sein. Christus beruft uns, damit wir von ih[m] den Menschen gehen, um ihnen zu vermitteln, was Jesu[s] stus gelebt und gelehrt hat.

7. Sie wurden berufen, um Herolde Christi zu s[ein] 10, 7 wird ihnen geheißen, zu predigen Text als keryssein bezeichnet. Dieses V[...] = Herold abgeleitet. Als Christen s[...] Christi sein, die den Menschen die B[...] gen. Deshalb bildet Jesus Christus den

s. 322

Wir sollen den Menschen nicht sagen, was wir denken und meinen, sondern ihnen die Botschaft Jesu von der göttlichen Gewißheit überbringen. Dazu aber sind wir nur imstande, wenn wir sie von ihm selbst empfangen haben.

DER AUFTRAG DER KÖNIGSBOTEN

Matthäus 10, 5—8a

Diese Zwölf sandte Jesus, gebot ihnen und sprach: Gehet nicht auf der Heiden Straße und ziehet nicht in der Samariter Städte, sondern gehet hin zu den verlorenen Schafen aus dem Hause Israel. Geht aber und predigt und sprecht: Das Himmelreich ist nahe herbeigekommen. Macht Kranke gesund, weckt Tote auf, reinigt Aussätzige, treibt böse Geister aus.

So lautet also der Anfang des Auftrages, den Jesus seinen Boten erteilte. Sehr aufschlußreich ist dabei das griechische Wort, mit dem Jesus den Jüngern *gebot*, was sie tun sollen, das Wort *paraggellein*, dem vier Spezialbedeutungen zukamen. 1. Es ist das für militärische Befehle übliche Wort: Jesus war wie ein Feldherr, der seine Befehlshaber in Kenntnis setzt, bevor sie in die Schlacht ziehen. 2. Es ist das Wort, mit dem man seine Freunde um ihren Beistand bittet. Jesus war wie jemand, der seine Freunde auffordert, ein großes Ideal zu verwirklichen. 3. Es ist das Wort, das Lehrer und Philosophen benutzten, wenn sie ihren Schülern Richtlinien mit auf den Weg gaben. Jesus war wie ein Lehrer, der seine Schüler entläßt, wohl ausgerüstet mit seiner Lehre und Botschaft. 4. Es ist das Wort, das bei der Erteilung herrscherlicher Befehle üblich war. Jesus war wie ein König, der seine Botschafter entsendet, damit sie seine Aufträge ausführen und sich für ihn einsetzen.

Der Abschnitt beginnt mit einer uns merkwürdig berührenden Anweisung, nämlich mit dem Verbot, zu den Heiden und Samaritern zu gehen. Vielen Menschen fällt es schwer, zu glauben, daß Jesus etwas Derartiges gesagt haben könne; die darin zum Ausdruck kommende Exklusivität entspricht ihm so ganz und gar nicht. Man hat daher die Vermutung ausgesprochen, daß diese Worte ihm von denen in den Mund gelegt worden seien, die später das Evangelium ausschließlich den Juden vorbehalten wissen wollten, denselben Männern, die die schärfsten Widersacher des Apostels Paulus waren, als dieser die Absicht hatte, das Evangelium auch den Heiden zu verkünden. Doch sollten wir dabei folgendes nicht vergessen. Diese Aussage sieht Jesus so unähnlich, daß sie schwerlich jemand erfunden haben dürfte. Er muß diese Worte tatsächlich gesprochen haben, und es muß infolgedessen auch eine Erklärung dafür geben. Wir dürfen mit Sicherheit annehmen, daß es sich dabei nicht um einen Befehl von dauernder Gültigkeit gehandelt hat. Die Evangelienberichte selbst sind ein Beweis dafür, daß Jesus sich diesen Menschen voller Güte zugewandt hat. Wir erfahren, daß er sich freundlich und liebevoll mit einer Samariterin unterhielt und sich ihr offenbarte (Joh. 4, 4—42); wir hören ihn das Gleichnis vom barmherzigen Samariter erzählen (Luk. 10, 30—37); wir erleben, wie er die Tochter des kanaanäischen Weibes, einer Syro-Phönizierin, gesund macht (Matth. 15, 22—28); und Matthäus selbst berichtet uns, wie der letzte Auftrag Jesu an die Jünger gelautet habe, in alle Welt hinauszugehen und allen Völkern das Evangelium zu verkünden (Matth. 28, 10. 20). Wie lassen sich dann aber die Worte Jesu an dieser Stelle erklären?

Den zwölf Jüngern wird verboten, zu den Heiden zu gehen; das hieß, daß sie weder ins nördlich gelegene Syrien noch in das östlich des Jordans gelegene Gebiet der „Zehn Städte", nach Dekapolis gehen durften. Auch in das südlich gelegene Samarien durften sie nicht gehen. Der Befehl zielt also darauf ab, daß die zwölf Jünger sich bei ihrer ersten Aussendung auf Galiläa beschränken sollen mit ihrer Tätigkeit. Dafür gab es drei gute Gründe. 1. Den Juden kam nach göttlichem Ratschluß eine besondere Stellung zu; ihnen mußte daher das Evangelium zuerst angeboten werden. Zwar wiesen sie es zurück, doch war ihre ganze Geschichte darauf angelegt, daß sie als erste Gelegenheit haben sollten, es anzunehmen. 2. Die zwölf Jünger waren entschieden nicht gerüstet, den Heiden zu predigen. Aufgrund ihrer Herkunft verfügten sie weder über die dazu erforderlichen Kenntnisse noch über entsprechende Erfahrungen und Eignung. Es bedurfte eines Mannes wie Paulus, ehe das Evangelium erfolgreich auch den Heiden vermittelt werden konnte. Jede Botschaft ist zum Mißerfolg verurteilt, wenn der, der sie übermittelt, nicht über entsprechende Kenntnisse und Erfahrungen verfügt. Kluge Lehrer und Prediger kennen ihre Grenzen und wissen, wozu sie sich eignen und wozu nicht.

3. Der Hauptgrund für diesen Befehl ist jedoch ganz einfach: Jeder kluge Befehlshaber weiß, daß er sich nicht zuviel auf einmal vornehmen darf, sondern sich beschränken muß. Wer seine Kräfte zersplittert, kann dies nur auf Kosten seiner Gesamtstärke tun und läuft Gefahr, überhaupt keinen Erfolg zu haben.

Je kleiner die Truppe, desto begrenzter sollte auch das angestrebte Ziel sein. Das wußte auch Jesus, und so beschränkte er sich zunächst auf Galiläa, das allem Neuen gegenüber besonders aufgeschlossen und daher mehr als jeder andere Teil Palästinas auch für die neue Botschaft des Evangeliums empfänglich war (vgl. Matth. 4, 12–17). Der Befehl Jesu war zeitlich begrenzt. Als kluger Gebieter lehnte er es ab, seine Kräfte zu zersplittern und konzentrierte seine Bemühungen stattdessen lieber auf ein begrenztes Ziel, um so schrittweise den endgültigen Sieg zu erlangen.

WORTE UND WERKE DER KÖNIGSBOTEN

Matthäus 10, 5–8a (Fortsetzung)

Die Königsboten erhielten den Auftrag, zu sprechen und zu wirken.

1. Sie sollten verkünden, das Himmelreich sei nahe herangekommen. Wir haben bereits festgestellt, daß es sich beim Reich Gottes um eine Gemeinschaft auf Erden handelt, in der Gottes Wille ebenso geschieht wie im Himmel (vgl. Matth. 6, 10. 11). Von allen, die je auf Erden gelebt haben, war und ist Jesus der einzige, der Gottes Willen vollkommen gehorsam war und ihn vollkommen gelebt und erfüllt hat. In ihm war daher das Reich Gottes gekommen. Es ist, als ob die Boten Jesu sagen sollten: „Seht nur! Ihr hofft auf das Reich Gottes und sehnt euch danach. Hier und jetzt, in Jesus ist das Reich Gottes gekommen und wirksam. Seht auf ihn, dann werdet ihr erkennen, was es heißt, im Reich Gottes zu sein." Mit Jesus ist das Reich Gottes zu den Menschen gekommen.

2. Die zwölf Jünger sollten sich jedoch nicht darauf beschränken, sie sollten auch etwas tun. Sie sollten Kranke gesund machen, Tote aufwecken, Aussätzige reinigen und böse Geister austreiben. Alle diese ausdrücklichen Anweisungen sind doppelt zu verstehen: Einmal körperlich – Jesus ist gekommen, um die Menschen leiblich gesund zu machen –, zum andern aber auch geistig, da damit auch der Wandel gemeint ist, den Jesus in den Menschen selbst bewirkt.

a) Sie sollen die Kranken gesund machen. Das an dieser Stelle des griechischen Textes für krank verwendete Wort hängt mit dem Verb asthenein zusammen, das in erster Linie schwach sein bedeutet, und asthenes ist das übliche griechische Adjektiv für schwach. Jesus stärkt uns in unserer Willensschwäche, er bestärkt uns in unserer Widerstandskraft, er macht uns Mut zum Kampf, er stärkt uns in unserer Entschlußlosigkeit. Jesus Christus erfüllt uns in unserer Schwachheit mit göttlicher Kraft.

b) Sie sollen die Toten aufwecken. Wir Menschen können in unseren Sünden ersterben, unser Widerstandswille kann gebrochen werden und unsere Vorstellungen vom Guten können sich derartig verfinstern, daß sie schließlich überhaupt nicht mehr vorhanden sind; wir können hilflos und hoffnungslos der Sünde ausgeliefert sein, blind und taub gegenüber der Güte Gottes. Wenn Jesus Christus in unser Leben tritt, erweckt er uns zum Guten. Er belebt das Gute in uns aufs neue, das unsere Sünden ertötet haben.

c) Sie sollen die Aussätzigen reinigen. Wir haben bereits festgestellt, daß Aussätzige als unrein galten. Im dritten Buch Mose heißt es von den Aussätzigen: „Und solange die Stelle an ihm ist, soll er unrein sein, allein wohnen, und seine Wohnung soll außerhalb des Lagers sein" (3. Mose 13, 46). 2. Könige 7, 3. 4 lesen wir, daß die Aussätzigen sich nur in Zeiten der schlimmsten Hungersnot in die Stadt hineinwagten. 2. Könige 15, 5 heißt es, daß König Asarjar vom Aussatz befallen wurde und bis zu seinem Tode in einem besonderen Hause wohnen mußte. Interessant ist, daß man auch in Persien glaubte, die Aussätzigen seien unrein. Bei Herodot (1, 138) heißt es: „Wer in Persien vom Aussatz befallen wird, darf keine Stadt betreten und keinen Umgang mit anderen Persern haben; er soll, wie es heißt, sich gegen die Sonne vergangen haben." Die zwölf Jünger sollen also die Menschen, die als unrein galten, reinigen. Wir können unser Leben mit unseren Sünden beflecken; wir können Geist, Leib und Seele vergiften mit unserer Sünde. Unsere Worte, unsere Taten und der Einfluß, den wir ausüben, können so schmutzig sein, daß wir alle, mit denen wir in Berührung kommen, ebenfalls besudeln. Jesus Christus kann uns reinigen, wenn wir uns selbst durch unsere Sünden befleckt haben. Er besitzt das göttliche Antispektikum gegen die Sünde. Er reinigt die Menschen durch seine göttliche Reinheit von ihren Sünden.

5. Sie sollen die bösen Geister austreiben. Wer von Dämonen besessen war, befand sich in der Gewalt des Bösen; er war nicht mehr Herr seines Tuns und seiner selbst, sondern das Böse in ihm hatte die Oberhand über ihn gewonnen. Auch wir können dem Bösen unterliegen und uns von schlimmen Gewohnheiten beherrschen lassen. Das Böse kann eine hypnotische Anziehungskraft auf uns ausüben. Jesus ist

nicht nur gekommen, um uns von der Sünde zu befreien, sondern auch, um die Macht der Sünde ein für allemal zu brechen. Durch die Kraft Gottes macht Jesus Christus die der Sünde verfallenen Menschen frei; er befreit uns aus der Knechtschaft der Sünde.

DAS RÜSTZEUG DER KÖNIGSBOTEN

Matthäus 10, 8b–10

Umsonst habt ihr's empfangen, umsonst gebt es auch. Ihr sollt nicht Gold noch Silber noch Kupfer in euren Gürteln haben, auch keine Tasche zur Wegfahrt, auch nicht zwei Röcke, keine Schuhe, auch keinen Stecken. Denn der Arbeiter ist seiner Speise wert.

Jeder Satz und jeder Ausdruck dieses Absatzes mußte in den Juden ein Echo auslösen, denn hier erteilt Jesus seinen Jüngern Anweisungen, wie auch die besten unter den Rabbinen sie ihren Schülern erteilten.

„Umsonst habt ihr's empfangen, umsonst gebt es auch", sagt Jesus. Die Rabbinen waren durch das Gesetz dazu verpflichtet, die Menschen unentgeltlich zu unterweisen. Sie durften kein Geld dafür nehmen, daß sie das Gesetz lehrten, das Mose umsonst von Gott empfangen hatte. Nur für die Unterweisung von Kindern durfte der Rabbi eine Bezahlung annehmen, da es eigentlich Aufgabe der Eltern war, ihre Kinder zu unterweisen und niemand erwarten konnte, daß jemand anders Zeit und Mühe daran verschwendete, etwas zu tun, wozu die Eltern verpflichtet waren. Jede tiefergehende Unterweisung hatte jedoch unentgeltlich zu erfolgen. In der Mischna, der um 200 n. Chr. abgeschlossenen Aufzeichnung des bis dahin mündlich überlieferten jüdischen Religionsgesetzes, heißt es zum Beispiel, das Urteil eines Mannes, der sich seine Richtertätigkeit bezahlen lasse, sei ungültig, und ebenso sei eine Zeugenaussage nichtig, wenn der Zeuge sich dafür bezahlen lasse. Rabbi Zadok hat gesagt: „Laß das Gesetz nicht zu einer Krone werden, mit der du dich selbst verherrlichst, und auch nicht zum Spaten, mit dem du gräbst." Hillel sagte: „Wer weltlichen Nutzen aus der Krone des Gesetzes zieht, wird vergeben. Wer die Worte des Gesetzes dazu benutzt, für sich selbst einen Profit zu erzielen, trägt damit zu seinem eigenen Untergang bei." Es hieß: „Wie Gott Mose umsonst lehrte, so sollst auch du lehren." Über

Rabbi Tarphon erzählt man sich folgendes. Als die Feigenernte beendet war, betrat er einen Garten und aß ein paar der hängengebliebenen Feigen. Als daraufhin der Wächter zu ihm trat und ihn schlug, sagte er, wer er sei, und da er ein bekannter Rabbi war, ließ man ihn gehen. Sein ganzes Leben lang bedauerte Rabbi Tarphon, daß er seinen Status als Rabbi dazu mißbraucht hatte, sich selbst zu helfen. „Weh mir", sagte er, „daß ich die Krone des Gesetzes zu meinem eigenen Vorteil ausgenutzt habe." Als Jesus seinen Jüngern gebot, was sie umsonst empfangen hätten, müßten sie auch umsonst weitergeben, lehrte er sie nichts anderes, als was die Lehrer seines Volkes ihre Schüler seit langem gelehrt hatten. Kostbare Gaben sind dazu da, daß wir sie mit anderen teilen. Und so sollen wir auch anderen Menschen an den Schätzen Gottes teilhaben lassen.

Jesus hieß die zwölf Jünger, nicht darauf bedacht zu sein, ihre Geldbeutel mit Gold, Silber und Bronze zu füllen, oder wie es wörtlich übersetzt in der Lutherbibel heißt: „Ihr sollt nicht Gold noch Silber noch Kupfer in euren Gürteln haben." Die Gürtel, die die Juden tragen, waren ziemlich breit und an beiden Enden doppelt. In diesem doppelten Teil des Gürtels wurde das Geld aufbewahrt, so daß der Gürtel bei den Juden also gleichzeitig der Geldbeutel war. Jesus ordnete an, daß die zwölf Jünger keine Taschen mit auf den Weg nehmen sollten. Bei diesen Taschen kann es sich um zweierlei gehandelt haben, entweder um einen einfachen Brotbeutel oder aber um einen Bettelsack, was nach dem griechischen Text ebenfalls möglich ist, da dort das Wort pera verwendet wird, das diese Bedeutung haben kann. Die umherziehenden Philosophen veranstalteten damit zuweilen Sammlungen, nachdem sie zu den versammelten Menschen gesprochen hatten.

Bei all diesen Anweisungen geht es nicht darum, daß Jesus den Jüngern die Reise absichtlich schwer und unbequem machen wollte, sondern auch hier sprach er den Juden wohlvertraute Worte. So heißt es zum Beispiel im Talmud: „Niemand gehe zum Tempel hinauf mit einem Stab in der Hand, mit Schuhen, mit Geld im Gürtel oder mit staubigen Füßen." Dahinter stand der Gedanke, daß die Männer, wenn sie den Tempel betraten, eindeutig alles hinter sich lassen sollten, was etwas mit ihrem Beruf und mit ihren weltlichen Geschäften zu tun hatte. Jesus sagt hier also zu den Jüngern: „Ihr sollt die ganze Welt als einen Tempel Gottes betrachten. Wenn ihr Gottesmänner seid, dann dürft ihr auch nicht den Eindruck erwecken, als wäret ihr Geschäftsleute." Die Anweisung Jesu besagt, daß jeder, der ein Mann Gottes ist, dies auch durch seine Einstellung zu materiellen Dingen zum Ausdruck bringen sollte. Sein Hauptinteresse soll Gott und nicht materiellen Dingen gehören.

Als letztes sagt Jesus, der Arbeiter sei seiner Speise wert. Auch das war den Juden nicht fremd. Zwar durfte ein Rabbi kein Geld annehmen, doch betrachteten alle es als ihre Pflicht und als ein Vorrecht, ihn zu speisen, wenn er ein wirklicher Gottesmann war. Rabbi Elieser ben Jakob hat einmal gesagt: „Wer einen Rabbi bei sich aufnimmt und bewirtet und läßt ihn teilhaben an dem, was er besitzt, der ist nach der Schrift wie jemand, der ständig Opfer darbringt." An anderer Stelle heißt es, jede Gemeinde sei verpflichtet, die Rabbinen zu unterstützen, umsomehr, als diese ihre eigenen Angelegenheiten vernachlässigen müßten, um sich auf alles zu konzentrieren, was Gott beträfe.

Es ist mithin eine Doppelwahrheit, die wir hier vor uns haben: Der Mann Gottes soll sich nicht übermäßig um materielle Angelegenheiten kümmern, und das Gottesvolk soll sich stets verpflichtet fühlen, den Gottesmann angemessen zu unterstützen. Dieser Abschnitt ist für Lehrer und Gemeinde gleichermaßen verpflichtend.

VOM VERHALTEN DER KÖNIGSBOTEN

Matthäus 10, 11–15

Wenn ihr aber in eine Stadt oder ein Dorf geht, da erkundigt euch, ob jemand darin sei, der es wert ist; und bei demselben bleibet, bis ihr von dannen zieht. Wenn ihr aber in ein Haus geht, so grüßet es; und wenn es das Haus wert ist, wird euer Friede auf sie kommen. Ist es aber nicht wert, so wird sich euer Friede wieder zu euch wenden. Und wenn euch jemand nicht aufnehmen wird noch eure Rede hören, so geht heraus von jenem Hause oder jener Stadt und schüttelt den Staub von euren Füßen. Wahrlich, ich sage euch: Dem Lande der Sodomer und Gomorrer wird es erträglicher gehen am Tage des Gerichts als solcher Stadt.

Dieser Abschnitt enthält eine Fülle praktischer Ratschläge für die zwölf Jünger.

Wenn sie in eine Stadt oder ein Dorf gehen, sollen sie sich erkundigen, ob jemand darin sei, der es wert ist. Es geht bei diesem Rat darum, daß es ihre Tätigkeit ernsthaft behindern würde, wenn sie sich in einem Haus aufhielten, das in einem schlechten Ruf stand, sei es nun in moralischer oder sonstiger Hinsicht. Sie sollten sich nicht mit Leuten identifizieren, die sich als ein Hemmnis bei ihrer Tätigkeit erweisen könnten. Das heißt keineswegs, daß sie nicht versuchen sollten, diese Menschen für Christus zu gewinnen, wohl aber, daß die Boten Christi sorgfältig bedenken sollen, wen sie zu ihren vertrauten Freunden machen.

Sie sollten das Haus, in das sie gegangen waren, erst wieder verlassen, wenn sie sich an einen anderen Ort begaben. Das gebot die Höflichkeit. Es konnte sein, daß sie am liebsten in ein anderes Haus gezogen wären, in dem sie es bequemer und angenehmer gehabt hätten, nachdem sie Anhänger dort gefunden hatten. Die Boten Christi sollen niemals den Eindruck erwecken, als ob sie um materieller Dinge den Menschen zu gefallen versuchten und als ob sie lediglich um ihrer eigenen Bequemlichkeit willen woanders hingehen.

Der Abschnitt über das Grüßen und das Zurücknehmen des Grußes ist typisch orientalisch. Man glaubte im Orient, jedes Wort entfalte, einmal ausgesprochen, eine Art eigener Aktivität und existiere unabhängig fort. Dieser Auffassung begegnen wir im Alten Testament immer wieder, besonders im Zusammenhang mit dem Wort Gottes. So hört Jesaja Gott sprechen: „Ich habe bei mir selbst geschworen, und Gerechtigkeit ist ausgegangen aus meinem Munde, ein Wort, bei dem es bleiben soll" (Jes. 45, 23). „So soll das Wort, das aus meinem Munde geht, auch sein: Es wird nicht wieder leer zu mir zurückkommen, sondern wird tun, was mir gefällt, und ihm wird gelingen, wozu ich es sende" (Jes. 55, 11). Sacharja sieht eine fliegende Schriftrolle und hört eine Stimme sprechen: „Das ist der Fluch, der ausgeht über das ganze Land" (Sach. 5, 3). Noch heute kann man es im Orient erleben, daß jemand im Vorübergehen einen Segensgruß ausspricht und umkehrt, wenn er feststellt, daß der Betreffende anderen Glaubens ist als er, um den Segen wieder zurückzunehmen. Hinter diesen Worten steht der Gedanke, daß die Boten des Herrn ihren Segen auf einem Hause ruhen lassen oder aber ihn zurücknehmen können, wenn sich herausstellt, daß seine Bewohner ihn nicht wert sind.

Wenn ihre Botschaft zurückgewiesen wird, sollen die Boten des Herrn den Staub dieses Ortes von ihren Füßen schütteln und weiterziehen. In den Augen der Juden stellte der Staub eines heidnischen Ortes oder einer heidnischen Straße eine Besudelung dar, und so schüttelten die Juden jedesmal, wenn sie die Grenze Palästinas in der Richtung ihrer Heimat nach einer Reise wieder überschritten, den Staub der heidnischen

Straßen von den Füßen, damit auch die letzte Unreinheit verschwände. Jesus sagt hier also: „Wenn man euch in einem Dorf oder in einer Stadt nicht aufnehmen will, dann sollt ihr euch ebenso wie bei heidnischen Orten verhalten." Auch hier müssen wir uns wieder klar darüber sein, was Jesus sagt. Der Absatz enthält eine zeitliche und eine ewige Wahrheit.

1. Folgende zeitliche Wahrheit ist darin enthalten. Diese Anweisung entspricht der eingangs erwähnten Anweisung, nicht zu den Heiden und Samaritern zu gehen, und besagt keineswegs, daß die Botschaft des Evangeliums für bestimmte Menschen nicht gedacht ist. Sie ergibt sich ebenfalls aus den gegebenen Verhältnissen. Die zur Verfügung stehende Zeit war kurz. Soviele wie nur irgend möglich sollten etwas erfahren von der Ankündigung des Reiches Gottes. Jetzt blieb keine Zeit zu langen Auseinandersetzungen und auch nicht dazu, die Hartnäckigen zu gewinnen zu versuchen. Das mußte auf später verschoben werden. Im Augenblick ging es darum, daß die Jünger das Land so schnell wie möglich durchreisten, und darum sollten sie auch weiterziehen, wenn ihre Botschaft nicht freundlich aufgenommen wurde.

2. Folgende ewig gültige Wahrheit ist darin enthalten. Es ist eine unbestreitbare Tatsache, daß es im Leben einmalige Gelegenheiten gibt, die sich uns nie wieder bieten. Den Menschen im damaligen Palästina bot sich die Gelegenheit, das Evangelium willkommen zu heißen, eine Gelegenheit, die sich ihnen womöglich nicht nochmals bot, wenn sie sie jetzt nicht wahrnahmen. „Drei Dinge kehren nicht zurück", lautet ein Sprichwort: „Das gesprochene Wort, abgesandte Pfeile und verpaßte Gelegenheiten." Das trifft auf alle Bereiche des Lebens zu. Wie oft besteht das Unglück der Menschen aus verpaßten Gelegenheiten!

Am Schluß des Absatzes heißt es, Sodom und Gomorra werde es am Tage des Gerichts erträglicher gehen als der Stadt oder dem Dorf, die die Botschaft von Christus und dem Reich Gottes zurückweisen. Sodom und Gomorra stehen im Neuen Testament sprichwörtlich für Verderbnis und Gottlosigkeit (Matth. 11, 23. 24; Luk. 10, 12. 13; 17, 29; Röm. 9, 29; 2. Petr. 2, 6; Judas 7). Interessant und nicht unwichtig ist in diesem Zusammenhang, daß die Menschen sich kurz vor dem Untergang Sodoms und Gomorras eines schweren Vergehens gegen die Gesetze der Gastfreundschaft schuldig gemacht hatten (1. Mose 19, 1–11). Auch sie hatten sich geweigert, die Boten Gottes bei sich aufzunehmen. Freilich hatten die Bewohner von Sodom und Gomorra auch niemals Gelegenheit gehabt, die Botschaft Christi und seines Reiches abzulehnen. Und deshalb werde es ihnen letztlich auch erträglicher ergehen als den Städten und Dörfern Galiläas, denn es läßt sich nicht leugnen: Je größer die Vorrechte, desto größer auch die Verantwortung.

JESUS FORDERT SEINE BOTEN AUF, IHR BESTES ZU GEBEN. MAHNUNG ZUM MUTIGEN BEKENNEN

Matthäus 10, 16–22

Siehe, ich sende euch wie Schafe mitten unter die Wölfe. Darum seid klug wie die Schlangen und ohne Falsch wie die Tauben. Hütet euch aber vor den Menschen; denn sie werden euch überantworten den Gerichten und werden euch geißeln in ihren Synagogen. Und man wird euch vor Fürsten und Könige führen um meinetwillen, ihnen und den Heiden zum Zeugnis. Wenn sie euch nun überantworten werden, so sorget nicht, wie oder was ihr reden sollt; denn es soll euch zu der Stunde gegeben werden, was ihr reden sollt. Denn ihr seid es nicht, die da reden, sondern eures Vaters Geist ist es, der durch euch redet. Es wird aber ein Bruder den andern zum Tod überantworten und der Vater den Sohn, und die Kinder werden sich empören wider ihre Eltern und ihnen zum Tode helfen. Und ihr müsset gehaßt werden von jedermann um meines Namens willen. Wer aber bis ans Ende beharret, der wird selig.

Bevor wir diesen Abschnitt im einzelnen untersuchen, sollten wir zweierlei beachten.

Bei der Besprechung der Bergpredigt (S. 83–112) haben wir festgestellt, daß Matthäus eine ausgesprochene Vorliebe dafür hat, den Stoff so zu gliedern und zusammenzufassen, wie es dem an dieser Stelle behandelten Thema entspricht, ohne Rücksicht darauf, daß Jesus selbst die Worte womöglich bei anderen Gelegenheiten ausgesprochen hat. Matthäus war Lehrer und Systematiker. Auch dieser Abschnitt ist ein Beispiel dafür. Er faßt hier zusammen, was Jesus bei verschiedenen Anlässen über das Verfolgtwerden gesagt hat. Zweifellos hat er den Jüngern auch, als er sie zum ersten Mal aussandte, gesagt, was sie erwartete. Doch während Matthäus zu Beginn berichtet, Jesus habe den Jüngern befohlen, nicht zu den Heiden und Samaritern zu gehen, hören wir hier von Matthäus, daß Jesus ihnen

Verfolgung und Verhöre vor Fürsten und Königen prophezeit, das heißt, daß er damit die Grenzen Palästinas bei weitem überschreitet. Das erklärt sich daraus, daß Matthäus hier alle Hinweise Jesu auf die Verfolgung seiner Anhänger gesammelt und zusammengefaßt hat: Sowohl, was Jesus sagte, als er die Jünger zum ersten Mal aussandte, als auch das, was Jesus ihnen nach seiner Auferstehung sagte, als er sie in alle Welt hinaussandte. Matthäus führt hier also nicht nur die Worte des Jesus aus Galiläa an, sondern auch die Worte des auferstandenen Christus.

Weiter müssen wir beachten, daß Jesus in diesem Abschnitt Bilder und Vorstellungen der jüdischen Denkwelt verwendet. Immer wieder haben wir feststellen müssen, daß es bei den Juden üblich war, wenn sie von der Zukunft sprachen, die Zeit in zwei Epochen einzuteilen. Da war einmal das gegenwärtige Zeitalter, das durch und durch schlecht war; da war zum andern das zukünftige Zeitalter, das Zeitalter Gottes, die Zeit des Heils; und dazwischen lag der Tag des Herrn, eine chaotische Epoche der Zerstörung und des Gerichts. Zu den immer wieder erwähnten Merkmalen des Jüngsten Tages gehörte nach jüdischen Denkvorstellungen auch, daß Freunde und Verwandte sich entzweien würden und daß sich die innigsten Bande zwischen den Menschen in bittere Feindschaft verwandeln würden. „Alle Freunde werden einander umbringen (4. Esra 5, 9). „Zu der Zeit werden Freunde sich bekämpfen wie Feinde" (4. Esra 6, 24). „Und sie werden streiten, diese mit jenen, Jünglinge mit alten Leuten, alte Leute mit Jünglingen, der Arme mit dem Reichen, der Niedrige mit dem Großen, der Bettler mit dem Mächtigen wegen des Gesetzes und des Bundes (Buch der Jubiläen 23, 19). „Und sie werden einander hassen und sich gegeneinander zum Krieg anreizen; und es werden die Verachteten über die Angesehenen schalten, und die Geringen werden sich überheben über die Gepriesenen (Syr. Baruchapokalypse 70, 3). „Sie werden untereinander das Morden beginnen und ihre Rechte wird gegen sie selbst erstarken. Ein Mann wird nicht seinen Bruder, noch der Sohn seinen Vater oder seine Mutter kennen, bis ihre Leichen durch ihr Morden unzählbar geworden sind" (Henoch 56, 7). „In jenen Tagen werden die, welche Not leiden, hingehen, ihre Kinder zerfleischen, und sie werden sie verstoßen. Fehlgeburten werden ihnen abgehen; sie werden Säuglinge verstoßen, zu ihnen nicht zurückkehren und sich ihrer Lieben nicht erbarmen" (Henoch 99, 5). „In jenen Tagen werden die Väter mit ihren Söhnen an einem Ort erschlagen werden, und Brüder einer mit dem andern getötet fallen, bis es von ihrem

Blute strömt dem Strome gleich. Denn ein Mann wird seine Hand nicht mitleidig zurückhalten, seinen Sohn oder Enkel zu erschlagen; der Sünder wird seine Hand nicht zurückhalten, seinen verehrtesten Bruder zu töten. Vom Morgengrauen bis Sonnenuntergang werden sie einander hinmorden (Henoch 100, 1. 2).

Alle diese Zitate stammen aus Büchern, die die Juden kannten und liebten, aus denen sie ihre Hoffnungen nährten und die in der Zeit zwischen dem Abschluß des Alten und der Entstehung des Neuen Testaments aufgeschrieben wurden. Auch Jesus und seine Freunde kannten diese Bücher. Als Jesus von den kommenden Schrecken und von den Trennungen sprach, die die innigsten irdischen Bande zunichte machen würden, sagte er in Wirklichkeit: „Der Tag des Herrn ist gekommen." Und seine Jünger wußten, daß er es sagte, und gingen in dem Bewußtsein hinaus, daß sie in einer gewaltigen Zeit lebten.

JESU AUFRICHTIGKEIT GEGENÜBER SEINEN BOTEN

Matthäus 10, 16—22 (Fortsetzung)

Niemand wird diesen Abschnitt lesen können, ohne von der Aufrichtigkeit tief beeindruckt zu sein. Er scheute sich nie, den Menschen zu sagen, was sie erwarte, wenn sie ihm folgten. Es ist, als ob er sagte: „Das ist die Aufgabe, die ich euch anzubieten habe — so wird es euch schlimmstenfalls ergehen — seid ihr trotzdem bereit, sie zu übernehmen?" In einem Kommentar heißt es in diesem Zusammenhang: „Das ist nicht der übliche Weg, um Anhänger zu gewinnen." Jesus bot den Jüngern keinen rosenbestreuten Weg an, der ihnen alle möglichen Vorteile und die Verwirklichung ehrgeiziger Pläne erschloß; was Jesus ihnen zu bieten hatte, waren vielmehr Mühsal, Bedrängnis und Tod. Und doch hat die Geschichte Jesus rechtgegeben. In der tiefsten Tiefe unseres Herzens bejahen wir Menschen das Wagnis, das lehrt die Geschichte uns immer wieder, ganz besonders in verzweifelten Situationen. Vielleicht muß auch die Kirche wieder lernen, daß sie niemanden damit lockt, wenn sie ihm einen leichten Weg anbietet. Letztlich fühlen sich die Menschen immer noch am meisten angesprochen, wenn sie zum Äußersten herausgefordert werden.

Jesus nannte den Jüngern drei Arten von Prüfungen, die ihnen womöglich bevorstanden.

1. Der Staat werde sie verfolgen; sie würden vor Gericht

gestellt werden und sich vor Königen und Statthaltern verantworten müssen. Lange zuvor hatte der griechische Philosoph Aristoteles sich bereits gefragt, ob ein guter Mensch überhaupt ein guter Staatsbürger sein könne, denn als solcher habe er die Pflicht, dem Staat allezeit zu gehorchen und ihn zu unterstützen, obwohl es doch Zeiten gebe, in denen dies einem guten Menschen unmöglich sei. Jesus sagte, wenn sie den Gerichten überantwortet würden, brauchten sie sich keine Gedanken darüber zu machen, was sie reden sollten, denn Gott werde ihnen schon die rechten Worte eingeben. „Ich will mit deinem Munde sein und dich lehren, was du sagen sollst" (2. Mose 4, 12). Die ersten Christen fürchteten sich weniger vor grausamen Schmerzen und dem Tode als davor, daß sie in ihrer Unerfahrenheit im Umgang mit Worten der Sache des Glaubens eher Schaden zufügen könnten, statt sie zu verteidigen. Gott aber verheißt uns, daß uns die rechten Worte kommen werden, wenn wir um des Glaubens willen vor Gericht stehen.

2. Die Kirche werde sie verfolgen. Er sagte, man werde sie in den Synagogen geißeln. Die Kirche ist gegen jede Unruhe und geht auf ihre Weise gegen Menschen vor, die ihre Ruhe stören. Die Christen waren und sind diejenigen, die den ganzen Weltkreis erregen (Apg. 17, 6). Nur zu oft sehen Menschen, die eine Botschaft Gottes zu verkünden haben, sich dem Haß und der Feindschaft der verknöcherten Orthodoxie ausgesetzt.

3. Die Familie werde sie verfolgen. Jesus sagte, ihre nächsten und liebsten Angehörigen würden sie für verrückt halten und die Tür vor ihnen verschließen. Es gibt Zeiten, in denen Christen vor der härtesten aller Entscheidungen stehen, vor der Wahl, Christus gehorsam zu sein oder den eigenen Angehörigen und Freunden.

Jesus warnt seine Freunde davor, daß sich in Zukunft womöglich Staat, Kirche und Familie gegen sie verbünden könnten.

WARUM WURDEN DIE BOTEN DES KÖNIGS VERFOLGT?

Matthäus 10, 16—22 (Fortsetzung)

Von unserem heutigen Standpunkt aus gesehen erscheint es uns unverständlich, weshalb der Regierung an der Verfolgung der Christen lag, die doch kein anderes Ziel kannten, als ein reines und gottesfürchtiges Leben voller Nächstenliebe zu führen. Doch glaubte Rom in späterer Zeit begründeten Anlaß zu haben, die Christen zu verfolgen.

1. Es kursierten bestimmte üble Gerüchte über die Christen. Man beschuldigte sie des Kannibalismus, weil in den Sakramentsworten davon die Rede war, daß es der Leib und das Blut Christi seien, die die Menschen beim Abendmahl zu sich nähmen. Man warf ihnen Sittenlosigkeit vor, weil das gemeinsame Mahl, das allwöchentlich stattfand, a g a p e, Liebesmahl genannt wurde. Man warf ihnen vor, sie seien Brandstifter; das war auf die Schilderung der christlichen Prediger vom bevorstehenden Weltende zurückzuführen. Außerdem warf man ihnen vor, sie seien unzufriedene und ungetreue Staatsbürger, weil sie nicht bereit waren, dem Kaiser göttliche Verehrung zuteil werden zu lassen und einen entsprechenden Eid abzulegen.

2. Es bleibt anzuzweifeln, ob die Heiden selbst an diese verleumderischen Anklagen glaubten. Doch man warf den Christen noch Schlimmeres vor, nämlich „Einmischung in Familienangelegenheiten". Tatsächlich bewirkte der christliche Glaube sehr häufig, daß Familien sich spalteten, wie wir bereits festgestellt haben. Den Heiden mußte es infolgedessen vorkommen, als ob das Christentum grundsätzlich Eltern und Kinder, Mann und Frau auseinanderbringe.

3. Eine echte Schwierigkeit ergab sich aus der Stellung der Sklaven in der christlichen Kirche. Im römischen Weltreich gab es insgesamt 60 000 000 Sklaven, und man lebte in Rom in der ständigen Furcht, daß es zu einem Aufstand der Sklaven kommen könne. Wenn das römische Weltreich in seiner Struktur nicht gefährdet werden sollte, mußte alles beim alten bleiben. Wer die Sklaven daher ermutigte, sich zu empören, mußte mit unvorstellbar schrecklichen Folgen rechnen. Die christliche Kirche machte zwar keinen Versuch, die Sklaven zu befreien oder die Sklaverei zu verdammen; wohl aber behandelte man sie innerhalb der Gemeinde als gleichberechtigt. So sagte zum Beispiel Klemens von Alexandrien: „Sklaven sind Menschen wie wir auch." Und an anderer Stelle heißt es: „Die Sklaven sind in unseren Augen keine Sklaven; wir betrachten sie als Brüder im Geist, als Mitknechte im Glauben." Bemerkenswert ist auch, daß uns auf keiner christlichen Grabinschrift Roms die Bezeichnung S k l a v e begegnet, obwohl Tausende von Sklaven zur christlichen Gemeinde gehörten. Es war auch durchaus möglich, daß Sklaven ein hohes kirchliches Amt versahen. So waren zum Beispiel die beiden Bischöfe Callistus und Pius Anfang des dritten Jahrhunderts Sklaven gewesen. Auch unter den Ältesten und Diakonen gab es Sklaven. Damit nicht genug, erklärte Callistus, der, wie schon erwähnt, selbst Sklave gewesen war, im Jahre 220 n. Chr., daß die Kirche künftig auch Heiraten zwi-

schen hochgeborenen Mädchen und Freigelassenen gutheißen werde, die nach römischem Recht verboten waren und daher auch nicht anerkannt wurden. In der Frage der Sklavenbehandlung muß die christliche Kirche der römischen Obrigkeit zwangsläufig also als eine Kraft erschienen sein, die die Basis ihrer Zivilisation sprengte und die Existenz des römischen Weltreiches dadurch gefährdete, daß sie Sklaven eine Stellung einräumte, die sie nach römischem Recht nie hätten einnehmen dürfen.

4. Zweifellos wirkte sich das Christentum auch auf bestimmte, herkömmliche Interessen im Zusammenhang mit heidnischen Religionen nachteilig aus. Als das Christentum zum Beispiel in Ephesus Fuß faßte, wurde den Goldschmieden der Stadt damit ein tödlicher Schlag versetzt, denn fortan kauften sehr viel weniger Menschen als bisher die von ihnen angefertigten Götterbilder (Apg. 19, 24—27). Plinius, unter Kaiser Trajan Statthalter von Bithynien, schreibt in einem Brief an den Kaiser (Plinius, Briefe, 10, 96), er habe erfolgreiche Maßnahmen getroffen, um dem rapiden Anwachsen des Christentums Einhalt zu gebieten, so daß „die bis dahin verlassenen Tempel sich jetzt wieder zu bevölkern beginnen; die heiligen Feste sind nach langer Unterbrechung wieder aufgelebt, so daß allgemein große Nachfrage nach Opfertieren herrscht, für die sich eine Zeitlang kaum noch Käufer fanden". Es versteht sich von selbst, daß die Ausbreitung des Christentums die Abschaffung bestimmter Berufe und Tätigkeiten mit sich brachte und dazu führte, daß die, die ihren Beruf und Geld einbüßten, dadurch verstimmt wurden.

Kein totalitärer Staat kann die christliche Auffassung vom Menschen akzeptieren. Das Christentum zielt bewußt darauf ab, bestimmte Gewerbe, Berufe und Wege, zu Geld zu kommen, abzuschaffen. Das hat sich bis heute nicht geändert, und darum sind die Christen auch heute noch Verfolgungen ausgesetzt.

DIE KLUGHEIT DER KÖNIGSBOTEN

Matthäus 10, 23

Wenn sie euch aber in einer Stadt verfolgen, so fliehet in eine andere. Wahrlich, ich sage euch: Ihr werdet mit den Städten Israels nicht zu Ende kommen, bis des Menschen Sohn kommt.

In diesem Abschnitt wird den Jüngern empfohlen, sich klug zu verhalten. In Zeiten der Verfolgung war das christliche Zeugnis stets mit einer gewissen Gefahr verbunden. Es gab stets Menschen, die den Märtyrertod geradezu herausforderten; sie waren von einer derartig fanatischen und hysterischen Begeisterung erfaßt, daß sie es förmlich darauf absahen, Märtyrer des Glaubens zu werden. Jesus dagegen war weise. Er sagte seinen Freunden, sie dürften ihr Leben nicht unnötig gefährden und es sinnlos fortwerfen. Jemand hat einmal gesagt, das Leben eines jeden christlichen Zeugen und Missionars sei kostbar, und man dürfe es nicht leichtfertig und unbesonnen wegwerfen. „Prahlerei ist kein Märtyrertum." Wenn die Christen oft auch um ihres Glaubens willen sterben mußten, so sollten sie ihr Leben doch nicht in einer Weise fortwerfen, die der Sache des Glaubens keineswegs zugute kam. Später hieß es, die Menschen müßten auf gesetzliche Weise für den Glauben kämpfen.

Jesus sprach in einer Sprache, die die Juden wohl verstanden, denn kein Volk ist mehr verfolgt worden als die Juden. Kein Volk wußte aber auch genauer, welche Pflichten Zeugen hatten. Aus den Lehren der Rabbinen ging klar hervor: Handelte es sich um Fragen der öffentlichen Heiligung oder der öffentlichen Entweihung des Namens Gottes, dann mußten die Menschen bereit sein, ihr Leben dafür zu lassen. Doch wenn es sich nicht um eine öffentliche Erklärung handelte, durften die Menschen ihr Leben dadurch retten, daß sie das Gesetz übertraten; auf keinen Fall jedoch durften sie Götzendienst treiben, der Unkeuschheit frönen oder einen Mord begehen.

Die Rabbinen pflegten folgenden Fall zu zitieren: Angenommen, ein Jude wird von einem römischen Soldaten ergriffen, der im Scherz und aus keinem anderen Grunde als dem, den Juden zu demütigen und ihn zum Narren zu halten, zu ihm sagt: „Iß das Schweinefleisch hier!" Dann mag der Jude ruhig davon essen, „denn Gottes Gesetze dienen dem Leben, nicht dem Tode". Angenommen dagegen, der Römer sagt: „Iß dies Fleisch zum Zeichen, daß du dich vom Judentum lossagst; iß das Fleisch zum Zeichen, daß du bereit bist, Jupiter und den Kaiser anzubeten", dann soll der Jude lieber sterben als essen. In Zeiten offizieller Verfolgung sollten die Juden sterben, statt ihrem Glauben zu entsagen. Ein Wort der Rabbinen besagte: „Wer um des Gesetzes willen bereit ist zu sterben, der ist ein wirklich standhafter Mensch." Den Juden war es verboten, ihr Leben bei einem sinnlosen Akt der Glaubensbezeugung wegzuwerfen, wohl aber mußten sie bereit sein, zu sterben, wenn es darum ging, den Glauben wahrhaft zu bezeugen.

Das sollten auch wir beherzigen. Wenn es sich unausweichlich ergibt, sollen wir bereit sein, um unseres Glaubens willen zu leiden; wir sollen die Leiden aber von uns aus nicht herausfordern, denn damit fügen wir der Sache des Glaubens mehr Schaden als Nutzen zu. Menschen, die sich selbst zu Märtyrern machen, gibt es in allen Lebensbereichen.

Es soll manchmal mehr Heldenmut erfordern, vor einer Gefahr zu fliehen als stehenzubleiben und sich ihr auszuliefern. Es gehört große Klugheit dazu, zu erkennen, wann wir einer Gefahr besser zu entkommen versuchen sollten. Wie sich ein Hummer in der Zeit, in der er seine Schale abwirft, in Felshöhlungen zurückzieht und dort geduldig wartet, bis ein neuer Rückenschild nachgewachsen ist, ehe er sich wieder hinausbegibt, um seinen Lebensunterhalt zu erkämpfen, so gibt es auch im menschlichen Leben Situationen, in denen es besser ist, sich zurückzuziehen und neue Kräfte zu sammeln, statt sich in geradezu selbstmörderischer Weise schutzlos Gefahren auszusetzen.

Wer schwach im Glauben ist, sollte sich nicht in Streitgespräche über Zweifelsfragen verwickeln lassen. Wer weiß, daß er bestimmten Versuchungen nur schwer zu widerstehen vermag, sollte Orte, an denen er ihnen ausgesetzt ist, am besten gar nicht aufsuchen. Wer weiß, daß bestimmte Menschen ihn ärgern und irritieren, so daß er selbst sich von seiner schlechtesten Seite zeigt, sollte ihre Gesellschaft meiden statt sie zu suchen. Mut hat nichts mit Unbesonnenheit zu tun; unnötige Risiken einzugehen, gereicht uns nicht zur Ehre; Gott beschützt in seiner Barmherzigkeit und Gnade nicht die Tollkühnen, sondern die Umsichtigen und Klugen.

VOM KOMMEN DES KÖNIGS

Dieser Abschnitt enthält eine merkwürdige Aussage, die wir ehrlicherweise nicht unberücksichtigt lassen können. Matthäus schildert, wie Jesus, als er seine Jünger aussendet, zu ihnen sagt: „Ihr werdet mit den Städten Israels nicht zu Ende kommen, bis des Menschen Sohn kommt." Das scheint auf den ersten Blick zu bedeuten, daß der Tag der Herrlichkeit und Wiederkunft in Kraft kommen werde, noch ehe sie mit der Verkündigung im Lande, die er ihnen befohlen habe, zu Ende gekommen sein würden. Die Schwierigkeit, die uns diese Aussage verursacht, besteht darin, daß dieses Ereignis nicht eintrat und daß Jesus, sofern er in diesem Augenblick tatsächlich diese Hoffnung gehegt hatte, sich irrte. Wenn er in dieser Weise zu den Jüngern gesprochen hat, sagte er tatsächlich etwas, was in Wirklichkeit nicht geschah. Für diese offensichtliche Schwierigkeit gibt es jedoch eine hinreichende und völlig befriedigende Erklärung.

In der Urkirche glaubte man fest an die Wiederkunft Jesu, und zwar glaubten die Menschen, daß er sehr bald schon und noch zu ihren Lebzeiten kommen werde. Das war in einer Zeit grausamer Verfolgungen nur zu natürlich. Die Menschen sehnten den Tag ihrer Erlösung und Herrlichkeit herbei. Infolgedessen klammerten sie sich an alle möglichen Aussagen Jesu, die als Prophezeiung seiner triumphierenden Wiederkehr in Herrlichkeit gedeutet werden konnten; dabei lasen sie zuweilen in Jesusworte etwas hinein, was in dieser ausgesprochenen, entschiedenen Form nicht ursprünglich darin enthalten gewesen war. Dieser Vorgang läßt sich nicht im Neuen Testament selbst verfolgen, das drei Fassungen ein und derselben Aussage Jesu enthält. Es handelt sich um folgende Stellen:

Wahrlich, ich sage euch: Es stehen etliche hier, die nicht schmekken werden den Tod, bis daß sie des Menschen Sohn kommen sehen in seinem Reich (Matth. 16, 28).

Und er sprach zu ihnen: Wahrlich, ich sage euch: Es stehen etliche hier, die werden den Tod nicht schmecken, bis daß sie sehen das Reich Gottes kommen mit Kraft (Mark. 9, 1).

Ich sage euch aber wahrlich: Es sind etliche von denen, die hier stehen, die werden den Tod nicht schmecken, bis daß sie das Reich Gottes sehen (Luk. 9, 27).

Hier handelt es sich eindeutig um drei Fassungen der gleichen Aussage Jesu. Da das Markusevangelium als erstes entstand, ist die Fassung des Markus sehr wahrscheinlich die exakteste. Markus sagt, etliche von denen, die Jesus jetzt lauschten, würden nicht eher sterben, als bis sie das Reich Gottes mit Kraft kommen sähen. Das bewahrheitete sich auf wunderbare Weise, denn dreißig Jahre nach dem Kreuzestod Jesu war die Kreuzesbotschaft, die Botschaft Christi, bereits über die ganze damalige Welt bis nach Rom vorgedrungen, der Hauptstadt der damaligen Welt. Die Menschen wurden tatsächlich in das Reich Gottes hineingerissen; das Reich Gottes kam tatsächlich mit Kraft. In der gleichen Weise wie Markus überliefert auch Lukas dieses Jesuswort.

Betrachten wir dagegen die Aussage bei Matthäus, so stellen wir fest, daß seine Fassung leicht von der der beiden anderen Evangelisten abweicht. Er sagt nämlich, daß es etliche gebe, die nicht sterben würden, bis des Menschen Sohn komme. Das trat freilich nicht ein. Zu erklären ist diese Formulierung der Jesusworte daraus, daß das Matthäusevangelium zwischen 80 und 90 n. Chr. aufgeschrieben wurde, also in einer Zeit grausamer Verfolgungen. Die Menschen klammerten sich daher an alles, was ihnen Erlösung von ihren Qualen verhieß, und so änderte Matthäus den Ausspruch Jesu von der Ausbreitung des Reiches Gottes auf Erden in eine Vorhersage der Wiederkunft Christi innerhalb eines Menschenalters. Wer wird ihm daraus einen Vorwurf machen wollen?

Wir sollten daher diesen Ausspruch so verstehen, wie er bei Markus und Lukas überliefert ist: „Ihr werdet mit den Städten Israels nicht zu Ende kommen, bis das Reich Gottes kommt." Das aber war nur zu wahr, denn je weiter sie im Lande umherkamen, umsomehr wandten sich die Herzen der Menschen Jesus zu, in dem sie ihren Herrn und Meister sahen.

Bei Abschnitten wie diesem sollten wir nicht meinen, Jesus habe sich geirrt; vielmehr hat Matthäus in die Verheißung vom Kommen des Reiches Gottes eine Verheißung der Wiederkunft Jesu Christi hineininterpretiert, weil die Menschen sich in jener Schreckenszeit an die Hoffnung auf Jesus Christus klammerten. Tatsächlich war Christus im Geist bei ihnen, denn niemand wird von ihm allein gelassen, der seinetwegen leiden muß.

DIE KÖNIGSBOTEN UND DES KÖNIGS LEIDEN

Matthäus 10, 24. 25

Der Jünger ist nicht über den Meister noch der Knecht über seinen Herrn. Es ist dem Jünger genug, daß er sei wie sein Meister und der Knecht wie sein Herr. Haben sie den Hausvater Beelzebub geheißen, wieviel mehr werden sie seine Hausgenossen so heißen!

Jesus warnt die Jünger. Er sagt, sie müßten darauf gefaßt sein, daß ihnen das gleiche widerfahre wie ihm. Den Juden war der Spruch: „Es ist dem Jünger genug, daß er wie sein Meister und der Knecht wie sein Herr sei" wohlbekannt und wendeten ihn später in folgender Weise an. Als im Jahre 70 n. Chr. Jerusalem so völlig zerstört wurde, daß nichts erhalten blieb und die Juden in alle Welt verstreut wurden, da jammerten und klagten viele Menschen über das harte Schicksal, das sie persönlich getroffen hatte. Damals sagten die Rabbinen zu ihnen: „Wie kann ein einzelner Jude sein persönliches Schicksal beklagen, wenn der Tempel Gottes zerstört ist?"

Diese Aussage Jesu beinhaltet zweierlei.

1. Sie stellt eine W a r n u n g dar. Wie Jesus das Kreuz auf sich nehmen muß, so muß auch jeder Christ sein Kreuz auf sich nehmen. Das mit H a u s g e n o s s e n übersetzte Wort heißt im Griechischen o i k i a k o i. So wurden insbesondere auch die zum Haushalt von Staatsbeamten gehörenden Personen genannt, das heißt der Stab eines Beamten. Es ist also, als ob Jesus hier sagt: „Wenn ich, euer Anführer, leiden muß, dann werdet auch ihr als meine Stabsangehörigen dem nicht entgehen." Jesus ruft uns, nicht nur, damit wir an seiner Herrlichkeit teilhaben, sondern auch, damit wir Kampf und Qualen mit ihm teilen; wer sich weigert, den Kampf Jesu mitzukämpfen, ist nicht wert, mit ihm die Früchte des Sieges zu teilen, die das Ergebnis dieses Kampfes sind.

2. Sie dokumentiert ein V o r r e c h t. Um Christi willen leiden heißt am Werk Christi teilhaben; um des Glaubens willen Opfer bringen heißt am Opfer Christi teilhaben. Wenn es uns schwer wird, ein christliches Leben zu führen, dann sollten wir uns immer sagen, daß Christus diesen Weg schon vor uns gegangen ist. Sich in guter Gesellschaft zu befinden, bedeutet stets Ansporn und Freude. Wir sollten uns stets darum bemühen. Wenn unser christlicher Glaube einen Preis von uns fordert, sind wir der Gemeinschaft mit Jesus Christus stets näher als sonst; und wenn wir seine Leiden mit ihm teilen, dann sollten wir auch um die Kraft seiner Auferstehung wissen.

DIE KÖNIGSBOTEN KENNEN KEINE FURCHT

Matthäus 10, 26—31

Darum fürchtet euch nicht vor ihnen. Es ist nichts verborgen, was nicht offenbar werde, und es ist nichts heimlich, was man nicht wissen werde. Was ich euch sage in der Finsternis, das redet im Licht; und was euch gesagt wird in das Ohr, das predigt auf den Dächern. Und fürchtet euch nicht vor denen, die den Leib töten und die Seele nicht können töten; fürchtet euch aber vielmehr vor dem, der Leib und Seele verderben kann in der Hölle. Kauft man nicht zwei Sperlinge um einen Pfennig? Dennoch fällt deren keiner auf die Erde ohne euren Vater. Nun aber sind auch eure Haare auf dem Haupte alle gezählt. Darum fürchtet euch nicht; ihr seid besser als viele Sperlinge.

Dreimal heißt Jesus in diesem Abschnitt die Jünger, sich nicht zu fürchten. Die Boten des Königs müssen eine gewisse Furchtlosigkeit und Mut besitzen, die sie vor anderen Menschen auszeichnen.

1. Zum ersten Mal spricht Jesus dieses Gebot Vers 26 und 27 aus, und zwar ist darin von einer doppelten Furchtlosigkeit die Rede. a) Sie sollen sich nicht fürchten, weil nichts verborgen sei, was nicht offenbar werde, und nichts heimlich, was man nicht wissen werde. Der Sinn dieser Worte ist: D i e W a h r h e i t w i r d t r i u m p h i e r e n. Ein lateinisches Sprichwort lautet: „Groß ist die Kraft der Wahrheit; sie wird den Sieg davontragen." Die Wahrheit läßt sich auf die Dauer nicht unterdrücken. Selbst wer um seines Glaubens willen leiden und Opfer bringen und womöglich sogar sterben muß, sollte nie vergessen, daß der Tag kommen wird, an dem die Tatsachen für ihn sprechen werden. Dann wird man die Macht der Verfolger und den Heroismus der christlichen Zeugen in ihrem wahren Wert erkennen. b) Sie sollen sich nicht fürchten, die Botschaft, die sie empfangen haben, kühn und mutig zu verkünden. Sie sollen den Menschen sagen, was Jesus ihnen gesagt hat. In einem einzigen Vers (V. 27) wird hier gesagt, wo die eigentlichen Aufgaben des Predigers liegen. Zunächst soll der Prediger einmal h ö r e n ; er muß Jesus in der Stille lauschen und so zu ihm stehen, daß er auch in dunklen Stunden zu ihm spricht und daß Christus ihm auch in der Einsamkeit etwas zuflüstert. Nur derjenige kann für Christus sprechen, mit dem Christus zuvor selbst gesprochen hat; nur wer der Wahrheit gelauscht hat, kann sie verkünden; wir können nur von dem sprechen, was wir kennen. Zu Beginn des Reformationszeitalters lud der englische Theologe Colet Erasmus von Rotterdam nach Oxford ein und bat ihn, eine Reihe von Vorlesungen über Mose oder Jesaja abzuhalten. Erasmus, der wußte, daß er darauf nicht vorbereitet war, schrieb zurück: „Ich habe stets für mich allein gelebt und weiß, wie wenig ich für eine solche Aufgabe gerüstet bin. Es fehlt mir sowohl an der erforderlichen Gelehrsamkeit als auch an der Geistesstärke, die nötig ist, um den Neid und die Eifersucht der vielen Menschen zu ertragen, die immer nur darauf bedacht sind, ihre eigene Stellung zu behaupten. Wie in der Schlacht ein erfahrener Feldherr und kein Anfänger benötigt wird, so auch hier. Nennt mich nicht unbescheiden, weil ich eine Stellung ablehne, die anzunehmen wahrhaft unbescheiden von mir wäre. Ihr handelt nicht weise, wenn ihr Wasser von einem Bimsstein verlangt, wie Paulus einmal gesagt hat. Welche Unverschämtheit, wollte ich lehren, was

ich nie gelernt habe! Wie soll ich andere erwärmen, wenn ich selbst vor Kälte zittere?" Wer lehren und predigen will, muß zuvor an einem stillen Ort selbst hören und lernen. Wer predigt, soll zweitens sagen, was er von Christus gehört hat, auch wenn er sich damit den Haß der Menschen zuzieht und sein Leben aufs Spiel setzt. Die Menschen hören die Wahrheit nicht gern; die Wahrheit ist für sie wie das Licht für empfindliche Augen, wie der griechische Philosoph Diogenes einmal gesagt hat. Einst war König Heinrich zugegen, als der englische Reformator Latimer predigte, der sich wohl bewußt war, daß er im Begriff stand, etwas zu sagen, woran der König kein Gefallen haben werde. Daher führte er auf der Kanzel stehend folgendes Selbstgespräch: „Latimer! Latimer! Latimer! Sei vorsichtig! Bedenke, was du sagst! König Heinrich ist anwesend." Dann machte er eine Pause und fuhr anschließend fort: „Latimer! Latimer! Latimer! Sei vorsichtig und bedenke, was du sagst. Der König der Könige ist anwesend." Wohl spricht der Überbringer der Botschaft zu Menschen, aber er spricht sie in Gegenwart Gottes. Als man den Reformator John Knox begrub, hieß es: „Hier liegt ein Mann, der Gott so sehr fürchtete, daß er sich vor keinem Menschen fürchtete."

Als Zeugen Christi sollen wir keine Furcht kennen, weil wir wissen, daß das Urteil der Ewigkeit das zeitliche Urteil korrigieren wird. Christliche Prediger und Lehrer sollen Gott ehrfürchtig lauschen und mutig sprechen, weil sie wissen, daß sie sich in Gegenwart Gottes befinden, einerlei, ob sie hören oder sprechen.

DIE KÖNIGSBOTEN SIND FREI VON ANGST – DER MUT DER GERECHTEN

Matthäus 10, 26–31 (Fortsetzung)

Vers 28 enthält das zweite Gebot. Schlicht gesagt spricht Jesus hier davon, daß keine Strafe, die Menschen einem anderen Menschen aufzuerlegen vermögen, sich mit dem ewigen Schicksal vergleichen läßt, das den trifft, der sich der Untreue und des Ungehorsams gegenüber Gott schuldig macht. Unseren Leib können Menschen wohl töten, doch nur Gott kann unsere Seele zum Tode verurteilen. Drei wichtige Dinge müssen wir hier beachten.

a) Es gibt einen Unsterblichkeitsglauben, der als Glaube an die bedingte Unsterblichkeit bezeichnet wird und besagt, daß der Lohn der Frömmigkeit darin bestehe, daß die Seele frommer und guter Menschen immer höher steige, bis sie eins werde mit allem Unsterblichen und den Segnungen und der Seligkeit Gottes, während die Strafe aller gottlosen und schlechten Menschen, die trotz aller dringender Appelle Gottes nicht von ihrem bösen Lebenswandel lassen, darin bestehe, daß die Seele immer tiefer und tiefer sinke, bis sie schließlich ganz ausgelöscht werde und zu existieren aufhöre. Eine Doktrin läßt sich nicht aufgrund einer einzelnen Textstelle errichten, aber etwas Derartiges sagt Jesus hier. Die Juden wußten, wie schrecklich die Strafe Gottes war. „Denn dein ist die Macht über Leben und Tod, und du führst die Menschen zur Hölle hinab und führst sie hinauf", heißt es in den Psalmen Salomos. „Wohl kann der Mensch in seiner Gottlosigkeit töten, doch den Geist kann er nicht zurückholen noch die Seele erlösen, die in der Hölle schmachtet" (Psalmen Salomos 16, 13. 14). In der mörderischen Zeit der Makkabäerkämpfe ermutigten sich die sieben zum Märtyrertod verurteilten Brüder gegenseitig, die nicht zu fürchten, die glaubten, sie könnten sie töten, denn ewige Qualen der Seele erwarteten alle, die Gottes Gebote übertreten.

Auch wir sollten bedenken, daß die Qualen, die Menschen uns zufügen können, nichts sind im Vergleich zur Strafe Gottes und zum Lohn Gottes.

b) Weiter lehrt dieser Abschnitt uns, daß es auch im Leben des Christen so etwas wie eine heilige Furcht gibt, die den Juden als Furcht Gottes wohlvertraut war. In einer rabbinischen Erzählung ist von Rabbi Jochanan die Rede, der krank war. Beim Anblick seiner Schüler, die kamen, um ihn zu besuchen, begann er zu weinen. Seine Schüler fragten ihn: „O, du Leuchte Israels, Säule des Glaubens, und mächtiger Hammer! Warum weinst du?" Rabbi Jochanan erwiderte: „Selbst wenn man mich vor einen König der Menschen führte, der heute hier und morgen im Grabe ist, würde ich weinen, obwohl sein Zorn nicht ewig währen würde, falls er ergrimmt wäre über mich, obwohl er mich nicht auf ewig gefangenhalten könnte, falls er mich gefangennähme, obwohl der Tod nicht ewig sein würde, selbst wenn er mich zum Tode verurteilen würde, und obwohl ich ihn mit Worten beschwichtigen und mit Geld bestechen könnte — ich würde trotzdem weinen. Doch jetzt werde ich vor den König der Könige geführt, den Heiligen, gesegnet sei er, der lebt und in Ewigkeit währt, dessen Zorn, wenn er ergrimmt über mich ist, ewig ist, dessen Gefängnis, falls er mich gefangennimmt, ein ewiges Gefängnis ist, dessen Tod, wenn er mich dazu verurteilen sollte, ein ewiger Tod sein wird, ihn kann ich weder mit

Worten noch mit Geld bestechen – nein, mehr noch, wenn vor mir zwei Wege liegen, einer, der in den Garten Eden, und einer, der in die Hölle führt, und ich weiß nicht, welchen Weg ich geführt werde – wie sollte ich da nicht weinen?"

Es ist nun nicht etwa so, daß die jüdischen Denker die Liebe vergaßen und daß sie das Größte von allem sei. „Doppelten und vierfachen Lohn wird ernten, wer aus Liebe handelt", hieß es auch bei ihnen. „Handle aus Liebe, den es ist keine Liebe, wo Furcht herrscht, noch Furcht, wo Liebe ist, Gott ausgenommen." Die Juden waren gewiß, daß in ihrem Verhältnis zu Gott sowohl Furcht als auch Liebe beteiligt waren. „Fürchte Gott und liebe Gott", sagt das Gesetz; „handle sowohl aus Liebe als auch aus Furcht; aus Liebe, denn kein Liebender haßt; aus Furcht, denn niemand, der Gott fürchtet, wird sich gegen Gott auflehnen." Eines vergaßen die Juden jedoch niemals – und auch wir sollten es nicht vergessen: Die Heiligkeit Gottes. Als Christen sollten wir uns umsomehr verpflichtet fühlen, denn wir fürchten nicht, daß Gott uns bestraft, sondern mehr noch, wir fürchten, daß wir seiner Liebe Kummer bereiten könnten. Bei den Juden bestand keine Gefahr, die Liebe Gottes zu sentimentalisieren, und ebenso wenig war dies bei Jesus der Fall. Gott ist die Liebe, aber Gott ist auch heilig, denn Gott ist Gott. Unser Herz und Denken sollten daher sowohl von Liebe und dem Echo der Liebe Gottes erfüllt sein, als auch von Ehrfurcht vor der Heiligkeit Gottes.

c) Weiter erfahren wir in diesem Abschnitt, daß es etwas Schlimmeres als den Tod gibt. Treulosigkeit ist schlimmer als der Tod. Das Leben wird unerträglich, wenn wir uns der Untreue schuldig machen, wenn wir unsere Sicherheit auf unredliche Weise erkaufen wollen. Dann können wir weder den Menschen, noch uns selbst, noch Gott ins Gesicht blicken. Es gibt Zeiten, in denen Komfort, Sicherheit, Bequemlichkeit, ja das Leben selbst zu kostspielig werden können.

DIE KÖNIGSBOTEN SIND FREI VON FURCHT – GOTT SORGT FÜR SIE

Matthäus 10, 26–31 (Fortsetzung)

Das dritte Mal gebietet Jesus den Jüngern Vers 31, sie sollten sich nicht fürchten, da sie die Gewißheit hätten, daß Gott für sie sorgen werde. Wenn Gott für die Sperlinge sorgt, wird er ganz gewiß auch für die Menschen sorgen.

Matthäus sagt, obwohl man zwei Sperlinge für einen Pfennig kaufen könne, falle keiner von ihnen ohne Wissen Gottes auf die Erde. Bei Lukas heißt dieser Ausspruch Jesu leicht verändert: „Verkauft man nicht fünf Sperlinge um zwei Pfennige? Dennoch ist vor Gott deren nicht einer vergessen" (Luk. 12, 6). Es geht hier um folgendes. Zwei Sperlinge kosteten einen Pfennig. Wer jedoch bereit war, zwei Pfennige auszugeben, erhielt dafür nicht bloß vier, sondern f ü n f Sperlinge. Der fünfte Sperling war eine Zugabe, die überhaupt nicht zählte. Gott sorgt sogar für den Sperling, der nach menschlichen Maßstäben überhaupt keinen Wert besitzt. Selbst der Sperling, der als Zugabe zählt, ist Gott lieb. Doch damit ist das Bild noch nicht ausgeschöpft. Das griechische Wort, das in dem Satz: „Dennoch f ä l l t deren keiner auf die Erde ohne euren Vater" gebraucht wird, ist höchstwahrscheinlich seinerseits ein aus dem Aramäischen übersetztes Wort, das besagt: s i c h n i e d e r l a s s e n auf dem Boden. Gott nimmt den Sperling nicht nur wahr, wenn er tot zu Boden fällt, sondern auch, wenn er auf der Erde herumhüpft. Jesus argumentiert hier also, indem er sagt, wenn Gott sich schon der Spatzen in dieser Weise annehme, umwieviel mehr werde er dann erst recht für die Menschen sorgen.

Auch dies verstanden die Juden gut. Kein anderes Volk besaß derartig detaillierte Vorstellungen von der Fürsorge Gottes für seine Schöpfung. So lautet ein Ausspruch Rabbi Chaninas: „Niemand verletzt sich auch nur einen Finger, ohne daß Gott es vorgesehen hat." Ein anderer Ausspruch besagte: „Gott speist die ganze Welt, angefangen bei den Hörnern der Büffel bis hin zu den Larven der Läuse." Wunderschön hat Rabbi Hillel Psalm 136 interpretiert, der damit beginnt, in dichterischer Weise Aussagen über Gott zu machen, der der Gott der Schöpfung ist, der Gott, der Himmel und Erde gemacht hat, die Sonne, den Mond und die Sterne (V. 1–9); weiter ist darin die Rede von dem Gott, der der Gott der Geschichte ist, der Israel aus Ägypten geführt und von seinen Feinden erlöst hat (V. 11–24); und zum Schluß ist darin von dem Gott die Rede, „der Speise gibt allem Fleisch" (V. 25). Der Gott, der die Welt erschaffen hat, der Gott, der der Herr der Geschichte ist, ist auch der Gott, der den Menschen Speise gibt. Daß wir unser tägliches Brot haben, ist ebenso ein Akt Gottes wie der Schöpfungsakt und die Befreiung Israels aus Ägypten. Die Liebe Gottes zu den Menschen zeigt sich nicht nur in der allmächtigen Schöpfung und bei großen geschichtlichen Ereignissen, sondern auch darin, daß er die Menschen jeden Tag speist.

Der Mut des Königsboten basiert auf der Überzeugung, daß

er, was immer auch geschehe, der Liebe und Fürsorge Gottes gewiß sein darf. Seine Zeit steht in Gottes Händen; Gott wird ihn nicht verlassen; Gott wird stets für ihn sorgen. Wenn es aber so ist — wovor sollten wir uns dann fürchten?

DIE TREUE DER KÖNIGSBOTEN UND IHR LOHN

Matthäus 10, 32. 33

Wer nun mich bekennet vor den Menschen, den will ich auch bekennen vor meinem himmlischen Vater. Wer mich aber verleugnet vor den Menschen, den will ich auch verleugnen vor meinem himmlischen Vater.

Hier ist von der zweifachen Treue im Leben der Christen die Rede. Wer Jesus Christus in diesem Leben treu ist, dem wird Jesus Christus auch im künftigen Leben Treue erweisen. Wer zu stolz ist, zu bekennen, daß Jesus Christus sein Herr ist, zu dem wird Jesus Christus sich auch nicht als zu seinem Knecht bekennen. Die Geschichte lehrt uns, daß es heute keine christliche Kirche gäbe, wenn es in der Urkirche keine Menschen gegeben hätte, die sich selbst angesichts des Todes und aller möglichen Qualen weigerten, Jesus Christus zu verleugnen. Die heutige Kirche basiert auf der unverbrüchlichen Treue jener, die ihrem Glauben auch unter schwersten Anfechtungen treu geblieben sind. Der Statthalter Plinius von Bithynien hat Kaiser Trajan brieflich darüber unterrichtet, welche Maßnahmen er gegen die Christen ergriff. Anonyme Informanten unterrichteten ihn davon, daß bestimmte Leute Christen waren. Plinius berichtet, wie er diesen Menschen Gelegenheit gegeben habe, die Götter Roms anzuflehen, dem Standbild des Kaisers Wein und Weihrauch als Opfergaben darzubringen und den Namen Christi zu verfluchen. Und dann heißt es weiter: „Niemand von denen, die wirklich Christen sind, läßt sich zu diesen Handlungen zwingen." Selbst der römische Statthalter bekennt seine Hilflosigkeit im Hinblick auf die Treue wahrhafter Christen, die durch nichts zu erschüttern sei.

Auch heute noch können wir Jesus Christus verleugnen.

1. Wir können ihn mit W o r t e n verleugnen. Ein bekannter Wissenschaftler soll auf die Frage, ob er Christ sei, geantwortet haben: „Ja, aber keiner von der offensiven Sorte." Er wollte damit sagen, daß er dem Christentum keine Einmischung in seinen persönlichen Umgang und seine Vergnügungen gestatte.

Zuweilen sagen wir wohl, daß wir der Kirche zwar angehören, aber uns nicht allzusehr darum kümmern, daß wir gar nicht die Absicht haben, anders zu sein, sondern daß wir vollen Anteil an den weltlichen Vergnügungen haben möchten und daß wir nicht erwarten, daß andere auf irgendwelche vagen Prinzipien, die wir vielleicht haben, Rücksicht nehmen. Als Christen können wir der Verantwortung nicht ausweichen, anders zu sein. Wir sollen nicht wie die andern sein, sondern uns wandeln.

2. Wir können ihn durch unser Schweigen verleugnen. Ein französischer Schriftsteller berichtet, wie eine junge Frau in eine alte Familie einheiratet, die diese Heirat zwar nicht billigt, aber aus konventioneller Höflichkeit ihre Einwände auch nie zum Ausdruck gebracht hatte. Die junge Frau jedoch bekannte später, daß ihr ganzes Leben unter der ständigen „Bedrohung durch alles, was unausgesprochen blieb" gelitten habe. Auch im Leben eines Christen kann derartiges vorkommen. Immer wieder ergeben sich Gelegenheiten, ein Wort für Christus einzulegen, gegen ein Übel zu protestieren, einen Standpunkt zu vertreten, und zu zeigen, auf wessen Seite wir stehen. Und immer wieder ist es bei derartigen Gelegenheiten leichter zu schweigen als zu sprechen. Doch dieses Schweigen bedeutet ein Verleugnen Jesu Christi. Sehr wahrscheinlich verleugnen weitaus mehr Menschen Jesus Christus durch ihr feiges Schweigen als dadurch, daß sie ihn mit Worten verleugnen.

3. Wir können ihn durch unsere Handlungen verleugnen. Wir können so leben, daß unser Leben eine fortgesetzte Verleugnung des Glaubens darstellt, zu dem wir uns mit unseren Worten bekennen. Wer sich dem Evangelium der Reinheit verschrieben hat, kann sich trotzdem alle möglichen Unredlichkeiten zuschulden kommen lassen. Auch wer sich vorgenommen hat, dem Herrn zu folgen, der uns heißt, unser Kreuz auf uns zu nehmen, kann ein Leben führen, das nur der eigenen Bequemlichkeit Aufmerksamkeit schenkt. Und wer sich dem Dienst dessen verschrieben hat, der selbst vergab und auch seinen Jüngern befahl, zu vergeben, kann dennoch ein Leben voller Bitterkeit und Uneinigkeit mit seinen Mitmenschen führen. Auch jene, deren Augen auf Christus gerichtet sein sollten, können ein Leben führen, in dem christlicher Dienst, christliche Nächstenliebe und christliche Freigebigkeit nur an ihrem Nichtvorhandensein erkennbar werden.

DER KAMPF DER KÖNIGSBOTEN

Matthäus 10, 34—39

Ihr sollt nicht wähnen, daß ich gekommen sei, Frieden zu bringen auf die Erde. Ich bin nicht gekommen, Frieden zu bringen, sondern das Schwert. Denn ich bin gekommen, den Menschen zu erregen wider seinen Vater und die Tochter wider ihre Mutter und die Schwiegertochter wider ihre Schwiegermutter. Und des Menschen Feinde werden seine eignen Hausgenossen sein. Wer Vater oder Mutter mehr liebt als mich, der ist mein nicht wert; und wer Sohn oder Tochter mehr liebt als mich, der ist mein nicht wert. Und wer nicht sein Kreuz auf sich nimmt und folgt mir nach, der ist mein nicht wert. Wer sein Leben findet, der wird's verlieren; und wer sein Leben verliert um meinetwillen, der wird's finden.

Nirgendwo tritt die Lauterkeit und Redlichkeit Jesu anschaulicher zutage als hier. Kompromißlos und geradezu fordernd wird hier ausgesprochen, was der christliche Glaube von den Menschen verlangt. Jesus sagt den Jüngern genau, was sie womöglich erwartet, wenn sie als seine Boten hinausziehen.

1. Kampf. In diesem Kampf werden die Feinde vielfach die eigenen Hausgenossen sein. Jesus spricht hier in einer Sprache, die den Juden völlig vertraut war. Ihre Vorstellungen vom Tag des Herrn, an dem Gott in die Geschichte eingreifen werde, besagte nämlich, daß es zu Spaltungen in den Familien kommen werde. „Zu der Zeit, da der Sohn Davids kommen wird", sagten die Rabbinen, „wird sich die Tochter gegen ihre Mutter und die Schwiegertochter gegen ihre Schwiegermutter erheben." „Der Sohn wird seinen Vater verachten, die Tochter erregt sich wider die Mutter, die Schwiegertochter wider ihre Schwiegermutter, und des Menschen Feinde werden seine eigenen Hausgenossen sein." Es ist, als ob Jesus sagt: „Das Ende, auf das ihr gewartet habt, ist gekommen; das Eingreifen Gottes in die Geschichte bewirkt Spaltungen in den Familien und Hausgemeinschaften." Wenn etwas Großes seinen Anfang nimmt, kommt es zu Spaltungen unter den Menschen; während die einen positiv darauf reagieren, weigern sich die andern, die Herausforderung anzunehmen. Mit Jesus konfrontiert zu werden, heißt zwangsläufig auch, vor der Wahl stehen, sich für oder gegen ihn zu entscheiden. Die Welt wird stets aufgespalten sein in Menschen, die Jesus annehmen und ihn abweisen.

2. Er stellt die Menschen vor eine Entscheidung, die manchmal bedeuten kann, daß sie wählen müssen zwischen den innigsten irdischen Bindungen und der Treue zu Jesus Christus. Bunyan, der Verfasser der Pilgerfahrt hat es an sich selbst erfahren. Als er wegen unbefugten Predigens als Laienprediger ins Gefängnis kam, bekümmerte ihn am meisten, wie sich diese Tatsache auf seine Frau und Kinder auswirken würde. Was sollte aus ihnen werden, wenn er sie nicht unterstützen konnte? Immer wieder mußte er an das Elend denken, und an die Not, die ihnen bevorstand, besonders seinem blinden Kind, das seinem Herzen ganz besonders nahe stand. „Der Gedanke an das Ungemach, dem mein blindes Kind ausgesetzt sein würde, drohte mein Herz zu zerreißen ... Doch dann wieder sagte ich mir, ich muß es um Gottes willen wagen. Ich war ein Mann, der schuld daran war, daß das Dach seines Hauses auf Frau und Kinder herabstürzte. Und dennoch dachte ich: Ich muß es tun! Ich muß es tun!"

Nochmals: Nur wenige Menschen werden vor eine solche Wahl gestellt; Gott erspart sie in seiner Barmherzigkeit den meisten von uns. Dennoch müssen wir bereit sein, um der Treue zu Gott willen allem anderen untreu zu werden.

DER PREIS, DEN DIE BOTEN DES KÖNIGS BEZAHLEN MÜSSEN

Matthäus 10, 34—39 (Fortsetzung)

3. Jesus bot den Jüngern das Kreuz an. Die Bewohner Galiläas wußten, was das bedeutete. Als der römische Feldherr Varus den Aufstand des Judas von Galiläa niedergeschlagen hatte, ließ er zweitausend Juden kreuzigen. Ihre Kreuze standen entlang den Straßen Galiläas. Damals mußten die zum Kreuzestod Verurteilten das für sie bestimmte Kreuz selbst bis an die Stelle tragen, an der sie gekreuzigt wurden, und die Menschen, zu denen Jesus sprach, hatten gesehen, wie diese Männer unter der Last dieses Kreuzes getaumelt waren, ehe sie gekreuzigt wurden und qualvoll starben.

Nach seinem Verhör in Scarborough Castle schrieb George Fox, der Begründer der Quäkergemeinde: „Oft drohte man mir, mich zu erhängen. Dann sagte ich zu den Männern, wenn sie das wollten und dazu berechtigt seien, sei auch ich bereit dazu. Als Bunyan sich vor der Behörde verantworten mußte, sagte er: „Das Gesetz (das Gesetz Christi) sieht zwei Wege des Gehorsams vor: daß ich tue, wozu mich mein Gewissen treibt, oder, sofern mir dies nicht gestattet wird, bereitwillig zu erdulden, was mir auferlegt wird."

4. Jesus bot ihnen ein Abenteuer, ein Wagnis an. Er sagte, wer sein Leben finde, der werde es verlieren; und wer sein Leben um seinetwillen verliere, der werde es finden. Das hat sich in wortwörtlichem Sinne immer wieder bewahrheitet. Manch einer hätte unschwer mit dem Leben davon kommen können; doch dann hätte er es in Wahrheit verloren gehabt, da niemand je etwas von ihm gehört und seine historische Leistung unvollbracht geblieben wäre und ihm niemals ein Platz in der Geschichte eingeräumt worden wäre. So heißt es bei Epiktet von Sokrates: „Weil er nicht floh, rettete ihn sein Tod." Es wäre Sokrates ein leichtes gewesen, zu entfliehen, doch damit wäre der eigentliche Sokrates gestorben und niemand hätte je etwas von ihm gehört.

Im Leben eines Christen sollte kein Platz sein für eine solche Sicherheitspolitik. Wer nach Bequemlichkeit, Sicherheit und nach Befriedigung seines persönlichen Ehrgeizes trachtet, dem mag all dies vielleicht auch beschieden sein – glücklich wird er trotzdem nicht. Denn wir sind in die Welt hineingestellt worden, um Gott und den Mitmenschen zu dienen. Wer sein Leben schont, der wird damit alles einbüßen, was sein Leben für andere und ihn selbst lebenswert macht. Anderen dienen, nach Gottes Ratschluß handeln und ein glückliches Leben führen wird nur, wer sein Leben hingibt, denn nur so wird er leben, hier und im künftigen Leben.

DER LOHN, DER DIE MENSCHEN ERWARTET, DIE DIE BOTEN DES KÖNIGS WILLKOMMEN HEISSEN

Matthäus 10, 40–42

Wer euch aufnimmt, der nimmt mich auf; und wer mich aufnimmt, der nimmt den auf, der mich gesandt hat. Wer einen Propheten aufnimmt darum, daß er ein Prophet ist, der wird eines Propheten Lohn empfangen. Wer einen Gerechten aufnimmt darum, daß er ein Gerechter ist, der wird eines Gerechten Lohn empfangen. Und wer einen dieser Geringen nur mit einem Becher kalten Wassers tränkt darum, daß er mein Jünger ist, wahrlich, ich sage euch: es wird ihm nicht unbelohnt bleiben.

Jesus bedient sich hier einer Sprechweise, wie sie bei den Juden üblich war. Die Juden waren zu allen Zeiten der Auffassung, daß den Boten eines Mannes aufzunehmen dasselbe sei, wie den Mann selbst aufzunehmen. Wer dem Gesandten eines Königs mit Achtung begegnete, erwies damit auch dem König seine Hochachtung, der ihn gesandt hatte. Den Boten eines Freundes bei sich aufnehmen, hieß den Freund selbst bei sich aufnehmen. Etwas sehr Schönes und Tröstliches können alle schlichten, bescheidenen Menschen diesem Abschnitt entnehmen.

1. Nicht alle können Propheten sein, die das Wort Gottes predigen und verkündigen; dennoch werden alle, die den Boten Gottes auch nur die bescheidenste Gastfreundschaft gewähren, keinen geringeren Lohn empfangen als die Propheten selbst. Manch einer spielt im öffentlichen Leben eine bedeutende Rolle; manch einer entzündet mit seiner Stimme in Tausenden von Herzen ein Licht; manch einer nimmt eine fast unerträgliche Last der Verantwortung für andere auf sich; und sie alle könnten bezeugen, daß sie den Anforderungen dieser Aufgaben nie gewachsen gewesen wären, wenn die Liebe und Fürsorge, die ihnen daheim zuteil wurde, sie nicht immer wieder getragen hätte, ohne daß in der Öffentlichkeit etwas davon bekannt war. Vor Gott stellt sich oft heraus, daß die Größe eines Menschen, der die Welt erschüttert hat, abhängig ist von jemandem, von dem die Welt nichts weiß. Auch Propheten brauchen jemand, der ihnen das Frühstück zubereitet, ihre Kleidung in Ordnung hält und ihnen ein Dach über dem Kopf anbietet.

2. Nicht alle Menschen können strahlende Beispiele an Frömmigkeit und Vorzüglichkeit sein; nicht alle Menschen können vor der Welt als Gerechte dastehen; doch wer einem guten Menschen hilft, gut zu sein, wird auch den Lohn eines guten Menschen empfangen.

Das Besondere an diesem Abschnitt ist, daß darin solches Gewicht auf ganz schlichte Dinge gelegt wird. Christus und die Kirche werden stets große Redner brauchen, leuchtende Beispiele der Frömmigkeit, große Lehrer, deren Namen zu geflügelten Worten werden; aber nicht weniger auch Menschen, die Gastfreundschaft ausüben, die alle häuslichen Arbeiten verrichten und aus deren Fürsorge die Liebe Jesu hervorleuchtet. Vor Gott gibt es keine Unterschiede, auch nicht Unterschiede des Dienstes.